THE ARGENTINE NOVEL

An Annotated Bibliography, Supplement

Myron I. Lichtblau

The Scarecrow Press, Inc.
Lanham, Maryland, and Oxford
2002

SCARECROW PRESS, INC.

Published in the United States of America
by Scarecrow Press, Inc.
A Member of the Rowman & Littlefield Publishing Group
4720 Boston Way, Lanham, Maryland 20706
www.scarecrowpress.com

PO Box 317
Oxford
OX2 9RU, UK

British Library Cataloguing in Publication Information Available

Library of Congress Cataloging-in-Publication Data
Lichtblau, Myron I., 1925–
    The Argentine novel : an annotated bibliography. Supplement / Myron I.
    Lichtblau.
        p. cm.
    Includes bibliographical references.
    ISBN 0-8108-4294-7 (cloth : alk. paper)
        1. Argentine fiction—Bibliography. 2. Argentine fiction—History and
    criticism—Bibliography. I. Title.
Z1624.F4 L5 1997 Suppl.
[PQ7697]
016.863008′0982—dc21   2001057706
The Argentine Novel: An Annotated Bibliography by Myron I. Lichtblau;
Scarecrow Press; Lanham, Md.; 1997; ISBN 0-8108-3242-9

For Bernice, always

CONTENTS

PREFACE

This supplementary volume of *An Annotated Bibliography of the Argentine Novel* covers the years 1990 through 1999. Citations from this last decade included in the original bibliography *(The Argentine Novel: An Annotated Bibliography*, Lichtblau, Scarecrow Press, 1997)* are listed here as well, but without the critical commentaries and bibliographical references. Also listed and annotated in this supplement are some one hundred pre-1990 novels and critical studies omitted from the original work. Books and articles published after 1990 on novels from all periods are also cited under the appropriate novelist. Critical references to a particular novel are placed directly after the citation, or, in those cases of multiple editions or translations, after the last entry pertaining to that work.

An error appeared in the original bibliography which I would like to correct. On p. 125, reference to a novel by Jorge Luis Borges is the result of a hoax; the review of this nonexistent novel in a Mexican journal was supposed to be an April Fool's joke, of which I, unfortunately, was the victim.

I wish to thank Robert G. Jensen, dean of the College of Arts and Sciences of Syracuse University, and Gerald Greenberg, chair of the department of Languages, Literatures, and Linguistics, for their continued financial and moral support of my work. I am also indebted to several Syracuse University librarians for their efficient and always cheerful service: Dorcas MacDonald, Carl F. Braun, Carol Gibbs, and Betty Reid. Seymour Menton's wise counsel about thorny editorial and bibliographical matters is much appreciated, as is Ken Frieden's and Harvey Pearl's aid in translating some Argentine Yiddish texts. My thanks, too, to Oscar Sbarra Mitre, director of the Biblioteca Nacional of Argentina, and to his professional staff, for their generous assistance during my stay in Buenos Aires in 1999. The generosity of the newspapers *La Nación* and *La Prensa* in making their libraries and archives readily accessible to me is also gratefully acknowledged.

My sincere thanks also to Donald Wagner for his help in solving computer problems when I was at my lowest level of frustration, and to Geraldine Wagner, without whose extraordinary computer and editorial skills this book could never have been published.

And lastly, I want to acknowledge the loving support and patience of my wife Bernice, who had to endure long companionless hours while I labored in post-retirement bibliography.

ACKNOWLEDGMENTS

I wish to thank the following publishers and authors for granting me authorization to reprint previously published copyrighted material:

Permission granted to quote from material previously published in *Catálogos de la Librería García Cambeiro*, Buenos Aires, Argentina.

Permission granted by *La Gaceta de Tucumán*, San Miguel de Tucumán, to reprint material from book reviews from 1990 to 1999.

Permission granted to quote from book reviews previously published in the *Handbook of Latin American Studies: Humanities*, 1990-1999, by the University of Texas Press, Dolores Moyano Martin, editor, and the Hispanic Division of the Library of Congress.

Permission granted by the *Diario La Nación*, Buenos Aires, República Argentina, to reprint material from book reviews from 1990 to 1999.

Permission granted by Saúl Sosnowski, editor, to reprint material from *Hispamérica*.

Permission granted to quote from book reviews and articles previously published in *La Voz del Interior*, Córboba, Argentina.

Permission granted to quote from book reviews and articles previously published in *World Literature Today*, William Riggan, editor, University of Oklahoma, Norman.

ABBREVIATIONS

Acad.	Academia
AIH	Asociación Internacional de Hispanistas
Amer.	America
Anon.	Anónimo
Arg.	Argentina
Asoc.	Asociación
Assoc.	Association
Aum.	Aumentada
BAAL	Boletín de la Academia Argentina de Letras
c.	Circa
Catal.	Cataluña, catalán
CEAL	Council on East Asian Libraries
Cult.	Cultura. Cultural
CUNY	City University of New York
ECM	Ediciones Culturales de Mendoza
Ed.	Editorial, editor
Edic.	Edición
EUDEBA	Ediciones de la Universidad de Buenos Aires
F.G.C.	Catálogos, Librería Fernando García Cambeiro
FNA	Fondo Nacional de las Artes
Fund.	Fundación
GEL	Grupo Editor Latinoamericano
H.	Hijo
Hisp.	Hispánico
Hist.	Historia, histórico
HLAS	Handbook of Latin American Studies
Inst.	Instituto
Introd.	Introducción
Lit.	Literatura
m.	Muerto
M.I.L.	Myron I. Lichtblau
n.	Nacido
Nac.	Nacional
N.Y.	New York

PMLA	Publications of the Modern Language Association of America
Prol.	Prólogo
Prom.	Promoción
Prov.	Provincia
Reimpr.	Reimpresión
SADE	Sociedad Argentina de Escritores
SALR	Sociedad de Amigos del Libro Rioplatense
SCEL	Sociedad Cooperativa Editorial Limitada
s.e.	Sin editor
Secc.	Sección
Selecc.	Selección
Seud.	Seudónimo
s.f.	Sin fecha
s.l.	Sin lugar
Supl.	Suplemento
Trad.	Tradducción, traductor
UDEBA	Unidade de Desenvolvimento de Educação Básica
Univ.	University, Universidad
Vol.	Volumen

A

1. ABARCA, ALFREDO E. (1941-). Fuerza de mujer. Buenos Aires: Planeta, 1993. 320pp.
"Historia de una madre de familia convencional cuya vida se ve trastornada por el asesinato de su marido." [F.G.C. (1993-95): 1].

2. ABDALA, ELIANA EDITH (1951-). La fuerza de los Monterrey: La leyenda de Quinteros. Mendoza: Zeta, 1997. 175pp.
"Novela que ensalza el valor de la familia, con una trama ágil y moderna." [F.G.C. (Dic. 1998): 26].

3. ———. Restos humanos. Buenos Aires: Puntosur, 1990. 206pp.

4. ———. Restos humanos. Buenos Aires: La Urraca, 1994. 162pp.

5. ———. El simulacro. Buenos Aires: Sudamericana, 1994. 231pp. Premio Jaén, 1993.
"Dos historias autónomas y paralelas avanzan sin encontrarse. La primera es una anécdota casi policial. Está protagonizada por un detective encargado de seguir a una mujer presuntamente adúltera. La otra historia tiene que ver con un poeta italiano, quien se refugia en un hotel en Turín, para cumplir un viejo sueño: suicidarse. Césare Pavese ha elegido morir mucho tiempo atrás. Mientras llega la hora, medita, recuerda, revé su vida." [María E. de Miguel, La Nación (4 sept. 1994): 7/4].

6. ABSATZ, CECILIA (1943-). ¿Dónde estás, amor de mi vida, que no te puedo encontrar (Sobre una idea de Juan José Jusid). Buenos Aires: Espasa-Calpe, 1995. 286pp.
"The central idea is a call-in radio show dedicated to the lonely and loveless/lovelorn of the extensive Buenos Aires night that often seems longer and more interesting than the day. Octavio runs the show and Liliana, a professional psychologist, provides interpretive support. Individuals call in with their frustrations and problems in finding a companion. Octavio and Liliana do their best to advise them, to assuage their solitude. [. . . .] Jusid is a well-known film director, but in this case his function is as the director of a television series of the same title and nature for which Absatz has written the scripts. In a typical Argentine post-modern neoliberalist fashion, Absatz's novel is based on her scripts for the television show (about the radio show) and the pacing of the narrative segments reveals very clearly their origins in the blocks that are defined by the sponsor-induced way of 'reading' television narratives." [David W. Foster, World Literature Today (Spring 1997): 71/2, 351].

Flori, Mónica. "Identidad y discurso de la femineidad en Los años pares, de Cecilia Absatz." Explicación de Textos Literarios 22/1 (1993-1994): 87-97.

Gimbernat González, Ester. "En los nones de Los años pares." Aventuras del desacuerdo: Novelistas Argentinas de los '80. Buenos Aires: D. Albero Vergara, 1992. 94-99.

7. ACOSTA, JUL. Y ROBERTO FUENTES. Y la muerte llenaba la casa. Buenos Aires: Beas Ediciones, 1993. 298pp.
"Esta historia se refiere al despertar frente a la vida de un adolescente que se ve trasladado desde un colegio capitalino hasta la estancia de un pariente desconocido que está a punto de morir. Y lo requiere para transmitirle sus últimas instrucciones. En este medio agreste tomará contacto con la vida, descubrirá el amor y verá de cerca a la muerte. El paralelismo

entre el joven que comienza a caminar por la vida y su tío que se hunde en las garras de la muerte motiva interesantes pasajes." [Daniel Celis, *La Nación* (5 sept. 1993): 7/7].

8.   ACUÑA, PATRICIA. *Demasiado tarde para volver.* Buenos Aires: Juárez, 1995. 200pp.

"En la presentación editorial, se nos informa acerca de la vida de Patricia Acuña, que se parece curiosamente a la de su protagonista, pero ahí termina el paralelismo. Como si quisiera levantar una separación entre ambas, Acuña construye su relato en tres partes, para poner en escena una serie de personajes dotados de vida propia: La madre cuadripléjica, los ávidos hermanos y cuñados, los hijos indiferentes, el hombre amado, la fiel ama de llaves o la amiga intrigante." [Norberto García Yudé, *La Prensa* (19 mar. 1995): Secc. Cult., 9].

9.   ADA, ALMA FLOR. *Encaje de piedra.* Buenos Aires: Guadalupe, 1990. 91pp.

"Excelente novela de sostenida acción que, ambientada en la Edad Media de Burgos y con todas las particularidades propias de su lenguaje, captura un universo atemporal de riqueza espiritual perenne." [V.P., *La Voz del Interior* (24 jun. 1990): F/4].

10.   ADAMO, TERESA. *Azul ultramar.* Buenos Aires: GEL, 1994. 246pp.

"En un imaginario puente tendido entre Buenos Aires y la costa, donde se desata la intriga, Adamo construye *Azul ultramar,* novela policial que escapa a los moldes de la literatura negra. Detectives no tan detectives y policías no tan policías desentrañan una historia de traiciones y mentiras, donde la intriga prevalece sobre la ornamentación violenta y la sutileza irónica sobre las convenciones trágicas." [Solapa].

11.   AGUAD, SUSANA. *Herrumbre y oro.* Buenos Aires: Letra Buena, 1992. 227pp.

"Novela con marco histórico-geográfico concreto: Córdoba durante el año 1966. Irse o quedarse en un lugar conflictivo, irse o quedarse en una época explosiva que terminaría con el derrocamiento por golpe militar del entonces presidente Illia. Allí los personajes desfilan entre anécdotas de juventud y destinos de frustraciones. Madurez de estilo y solvencia en lo narrado son las armas de Aguad." [M.R., *La Maga* (4 nov. 1992): 28].

12.   AGUINIS, MARCOS (1935-). *El combate perpetuo.* (Una biografía admirable, con ritmo de novela). Buenos Aires: Sudamericana, 1995. 212pp. Pról. de Fermín Chávez.

"La obra versa sobre la vida y las peripecias del Almirante Guillermo Brown (1777-1857), héroe de la Guerra de Independencia y las primeras décadas de la república." [M.I.L.].

13.   ———. *La conspiración de los idiotas.* 1979. Buenos Aires: Sudamericana, 1996. 333pp.

14.   ———. *La cruz invertida.* 1970. Barcelona: Planeta, 1990. 247pp. Reimpr., 1995.

Mantero, José M. "*Los curas comunistas* de José M. Vigil y *La cruz invertida* de Marcos Aguinis: Dos novelas y el contexto de una época." [Tesis de doctorado, Univ. of Georgia, 1996].

15.   ———. *La gesta del marrano.* Buenos Aires: Planeta, 1991. 446pp. Reimpr., 1996.

16.   ———. *La gesta del marrano.* Buenos Aires: Sudamericana, 1999. 598pp.

"*La gesta del marrano* es en realidad la saga del marrano, la historia de cada uno de aquellos seres que vivió en el temor de ser conducido a una cárcel inquisitorial, ser juzgado y condenado. Aguinis describe con certeza el 'modus operandi' de la inquisición, las torturas, los interrogatorios, los autos de fe. Aguinis capta la sicología frágil del marrano, siempre en peligro de ser descubierto. *La gesta del marrano* no sólo narra la historia de Maldonado da Silva y su época, sino que trasciende a la nuestra y nos enseña lecciones de ética." [José Schraibman, *Hispamérica* 21/63 (Dic. 1992): 89-90].

Guiñazú, María Cristina. "*La gesta del marrano.*" *HLAS* 54 (1995): 561.

17. ———. *La matriz del infierno.* Buenos Aires: Sudamericana, 1997. 559pp.

"El amor y la política se entrelazan en esta novela que tiene como telón de fondo la vida cotidiana de las comunidades judías y germanas en la Argentina y en la Alemania de los años 30." [Aviso, *La Nación* (22 mar. 1998): 6/7].

A. A. "*La matriz del infierno.*" *La Nación* (2 nov. 1997): 6/1-2.

18. ———. *Profanación del amor.* 1989. Buenos Aires: Sudamericana, 1997. 383pp.

Aguinis, Marcos. "Secretos de novelistas: *Profanación del amor.*" *La Nación* (6 abr. 1997): 6/5. Bastos, María L. "*Profanación del amor.*" *HLAS* 54 (1995): 561.

19. ———. *Refugiados: Crónica de un palestino.* 1969. Buenos Aires: Sudamericana, 1995. 355pp.

Estrella, Jorge. "*Refugiados: Crónica de un palestino.*" *Gaceta de Tucumán* (7 enero 1996), Supl. Lit., 3.

Izaguirre, Ester de, y Juana Arancibia. "Entrevista con Marcos Aguinis." *Alba de América* 22-23 (1994).

20. AIRA, CÉSAR (1949-). *La abeja.* Buenos Aires: Emecé, 1996. 170pp.

"Novela donde el escritor despliega su inventiva, esta vez en torno a un apicultor en apuros económicos que secuestra a la esposa de su contador. La abeja aparece como presencia obsesiva dentro de una historia violenta." [Anon., *La Voz del Interior* (31 oct. 1996): C/10].

21. ———. *El bautismo.* Buenos Aires: GEL, 1991. 154pp.

22. ———. *Canto Castrato.* 1984. Trad. al francés por Gabriel Iaculli. Paris: Gallimard, 1992. 338pp.

23. ———. *Cómo me hice monja.* Rosario: Beatriz Viterbo, 1993. 106pp.

24. ———. *Cómo me hice monja.* En un volumen con *La costurera y el viento.* Rosario: Beatriz Viterbo, 1999. 247pp.

"Novela autobiográfica, en la que desfilan las experiencias de la infancia." [F.G.C. (1993-95): 1].

25. ———. *El congreso de literatura.* Buenos Aires: Tusquets, 1999. 126pp.

"El narrador de *El congreso de literatura* es escritor e inventor. Invitado a un congreso en la ciudad de Mérida, intenta hacer clones de Carlos Fuentes para dominar el mundo con un ejército de intelectuales poderosos. Después de que el narrador se ha presentado, averiguamos que ha escrito una pieza teatral cuyo título ('En la corte de Adán y Eva') resulta de la combinación de los dos obras de Mark Twain." [Luis Chitarroni, *La Nación* (7 mar. 1999): 6/3].

Carrera, Arturo. "*El congreso de literatura.*" *Clarín* (4 abr. 1999), Secc. Cult.

26. ———. *La costurera y el viento.* Rosario: Beatriz Viterbo, 1994. 127pp.

27. ———. *La costurera y el viento.* En un volumen con *Como me hice monja.* Rosario: Beatriz Viterbo, 1999. 247pp.

"Narración del viaje fantástico de una costurera al rescate de su hijo, amigo del pequeño Aira, llevado a la Patagonia por el viento sur." [F.G.C. (1993-95): 1].

28.   ——. *Las curas milagrosas del doctor Aira*. Buenos Aires: Simurg, 1998. 89pp.

"Como en otras novelas suyas, en *Las curas milagrosas del doctor Aira*, Aira introduce un elemento épico que sostiene la acción, un 'enemigo' contra el que luchar. En este caso es el Dr. Actyn, quien procura destruir mediante el ridículo público ('mass media' mediante) el prestigio del Dr. Aira (el protagonista, no el autor). Los temas sobre los que gira la novela son la realidad –real y las otras– el Mal, lo razonable, lo verosímil, lo ficcional, la novela, el teatro." [Raúl Brasca, *La Nación* (18 oct. 1998): 6/7].

29.   ——. *Ema, la captive*. 1981. Trad. al francés por Gabriel Iaculli. Paris: Gallimard, 1994. 216pp.

30.   ——. *Ema, la prigioniera*. Trad. al italiano. Torino: Bollati Boringhieri, 1991. 184pp.

Cedola, Estela. "La crónica de viaje y su recuperación paródica: *Ema, la cautiva*." *Alba de América* 13/24 (Jul. 1995): 283-295.

31.   ——. *Embalse*. Buenos Aires: Emecé, 1991. 273pp.

"Cabe destacar que *Embalse* es una fantasía aligerada por la constante y a veces socarrona ironía de Aira, por su condición de observador perspicaz; también, indica el riesgo que supone la fantasía cuando los hechos de la realidad la superan. El apocalíptico final incluye la incorporación de la Argentina a la URSS." [Carlos Gómez, *La Nación* (23 feb. 1992): 7/4].

32.   ——. *Los fantasmas*. Buenos Aires: GEL, 1990. 107pp.

"Novela fantástica. Con originalidad, añade a la crítica social un nivel simbólico, sugerido por comentarios provenientes de Lévi-Strauss." [María C. Guiñazú, *HLAS* 54 (1995): 561].

Barisone, José. "Reformulación de la categoría de lo fantástico en una novela de César Aira." *Primeras Jornadas Internacionales de Literatura Argentina Comparística: Actas*. Ed. T. Frugoni de Fritzsche. Buenos Aires: EUDEBA, 1996. 137-142.

33.   ——. *La fuente*. Rosario: Beatriz Viterbo, 1995. 95pp.

"Los habitantes de una isla se empeñan en un proyecto: Construir un canal de la fuente a la costa y con ella endulzar el agua del mar." [F.G.C. (1993-95): 1].

34.   ——. *La guerra de los gimnasios*. Buenos Aires: Emecé, 1993. 178pp.

"Para embellecer su físico, Ferdie Calvino, joven actor de teleteatros, resuelve ir a un gimnasio. Pero una insólita guerra se ha desatado entre estos institutos, y Ferdie, último avatar genético de cierta liebre recurrente y apocalíptica, se ve envuelto en las hostilidades de la virilidad, la belleza y el amor, que tuercen curiosamente sus intenciones." [Aviso, *La Gaceta de Tucumán* (11 abr. 1993): 4/2].

Gudiño Kieffer, Eduardo. "*La guerra de los gimnasios*." *La Nación* (6 jun. 1993): 7/4.

35.   ——. *La liebre*. Buenos Aires: Emecé, 1993. 251pp.

"La intención es derrumbar las fronteras culturales, revelándonos otra mirada del indio, la Pampa y el hombre. El enunciado rompe con ciertos valores canonizados desde el binomio civilización/barbarie. El narrador se burla de ciertos estereotipos. Podríamos ejemplificarlo con las divagaciones filosóficas del cacique Cafulcurá, quien resulta poseer una 'gran cultura' científica, conoce las teorías de Darwin y hace su interpretación mapuche sobre la transformación de las especies." [Liliana Massara, "*La liebre* de César Aira: Hacia la subversión de algunas relaciones dicotómicas." *III Jornadas de literatura desde la cultura popular* (1995): 44-45].

Capano, Daniel. "La voz de la nueva novela histórica: La estética de la clonación y de la aporia en *La liebre.*" *Historia, ficción y metaficción en la novela latinoamericana contemporánea.* Ed. M. Domínguez. Buenos Aires: Corregidor, 1996. 91-119.

Delgado, V. "Una nación presumiblemente necesaria (a propósito de *La liebre* de Aira)." *Literatura argentina y nacionalismo.* Ed. Miguel Daimarón. Buenos Aires, 1996.

Garramuño, Florencia. "Genealogía y reescritura: Novelas rioplatenses de fin de siglo." *Hispamérica* 26/26-27 (1997): 77-87. Sobre *La liebre* de C. Aira, *El entenado* de J. J. Saer, y *Fuegía* de E. Belgrano Rawson.

"*La liebre* de C. Aira, o lo que quedó de la Campaña del Desierto." *Revista de Crítica Literaria Latinoamericana* 24/48 (1998): 149-158.

36.   ———. *El llanto.* Rosario: Beatriz Viterbo, 1992. 76pp.

"La materia narrativa adormece con un aburrimiento inquebrantado, pese a algunos hechos insólitos que se filtran en esa fluencia sostenida, como, por ejemplo, en *El llanto*, la muerte de un primer ministro argentino por un subversivo japonés en pleno restaurante porteño. El protagonista narra en primera persona. Es un novelista que nos da su 'ensoñación,' como califica a su versión de los hechos, del frustrado matrimonio con Claudia, después de doce años de casados: El insospechable amor de ella por Isso, el activista japonés mentado, su doble embarazo de mellizos, las fatigosas intermitencias en el trato de marido y mujer respecto del perro Rin-Tin-Tin." [Pedro L. Barcia, *La Nación* (10 jun. 1992): 7/5].

37.   ———. *La mendiga.* Buenos Aires: Mondadori, 1998. 168pp.

"La acción comienza cuando Rosa, la mendiga, cae en la calle y medio mundo la cree víctima de algo fatal, aunque en realidad sólo se ha torcido un tobillo. Cecilia Roth aparece como ángel guardián, espíritu tan compenetrado en su misión que desaparecerá durante casi todo el transcurso del relato, dejando a su protegida a merced de los recuerdos. Los recuerdos dicen que Rosa no es únicamente Rosa sino también Iris, dos personas en una y una en dos. Aira toca aquí, sin psicologismos inútiles, el tema del doble, que le sirve tan sólo, por suerte, para iluminar la historia desde más de un ángulo." [Eduardo Gudiño Kieffer, *La Nación* (27 dic. 1998): 6/6].

Núñez, Jorgelina. "*La mendiga.*" *Clarín* (28 feb. 1999): Secc. Cult., 14.

38.   ———. *Los misterios de Rosario.* Buenos Aires: Emecé, 1994. 200pp.

"César Aira ha realizado en esta novela un experimento insólito en realismo: Todos los personajes son seres reales, estudiosos de su obra, en la que aquí se internan a la búsqueda de su clave apocalíptica." [Aviso, *La Nación* (31 jul. 1994): 7/3].

39.   ———. *La prueba.* Buenos Aires: GEL, 1992. 87pp.

"El otro novelín, *La prueba*, es una nota diferente en Aira. Aquí, en medio de una calle céntrica de Flores, se instala, desde el comienzo, una violencia de trato, o de destrato. Una brutalidad en los planteos sexuales que dos 'punks,' dos lesbianas, hacen a una ingenua y apacible Marcia. Ella es compulsada en la conversación por las dos jóvenes, quienes deciden imponer a la inocente su voluntad posesiva. El tema primero es la violación de la inocencia, luego, se tratará de una 'prueba de amor' en que ambas 'punks' deciden asaltar un supermercado." [Pedro Barcia, *La Nación* (10 jun. 1992): 7/5].

Bastos, María L. "*La prueba.*" *HLAS* 54 (1995): 561.

40.   ———. *La serpiente.* Rosario: Beatriz Viterbo, 1997. 159pp.

"El humor se vuelve un instrumento inigualable desde sus primeras irrupciones hasta consolidarse en el tono, en juegos de palabras, en los propios movimientos de la trama." [Susana Szwarc, *La Nación* (22 mar. 1998): 6/5].

41.   ——. *El sueño*. Buenos Aires: Emecé, 1998. 197pp.
"La imaginación delirante y exquisita de Aira pone a los protagonistas en el centro de una siniestra conspiración tecnológica y religiosa." [R.L., *La Nación* (19 abr. 1998): 6/12].

Hopenhayn, Silvia. "*El sueño.*" *La Nación* (10 mayo 1998): 6/7.

42.   ——. *El volante*. Rosario: Beatriz Viterbo, 1992. 95pp.
"'Nouvelle' armada con las asociaciones de ideas ingenuas y triviales de una protagonista obsesionada por la ilusión del control." [María Bastos, *HLAS* 54 (1995): 562].

Carcamo, Silvia. "César Aira: 'Insignificancia' de la literatura y posmodernidad." *Alba de América* 14/26 (Jul. 1996): 307-312.

Della Barca, Nancy. "Las cuentas del azar: Notas sobre César Aira." *Escritura* 19-37 (Enero 1994): 61-69.

Mathieu, Corina. "'El vestido rosa' de C. Aira: ¿Puro cuento o novela?" *Romance Language Annual* 5 (1993): 469-471.

Montaldo, Graciela. "Un argumento contraborgiano en la literatura argentina de los años '80: Sobre C. Aira, A. Laiseca, y Copi." *Hispamérica* 19/55 (Abr. 1990): 105-112. Sobre *Una novela china.*

43.   AISEMBERG, ISAAC (1928-). *La guerra del cuarto mundo*. Buenos Aires: Corregidor, 1993. 189pp.
"¿Qué pasaría si las fuerzas armadas de la ex-Unión Soviética y grupos nacionalistas africanos e indoamericanos, aliándose, deciden tomar el poder mundial? Solamente unos pocos agentes de los servicios británico, norteamericano, argentino y un disidente de la KGB tratarán de evitar el estallido de la guerra del cuarto mundo." [Contratapa].

44.   ——. *No hay ojos aquí*. Buenos Aires: Plus Ultra, 1992. 212pp.
"Según los editores, 'inicia en la Argentina la literatura de espionaje.' Relato confuso cuya oralidad excesiva carece de una mínima precisión que parecería imprescindible para el género." [María L. Bastos, *HLAS* 54 (1995): 562].

45.   ALBERDI, JUAN BAUTISTA (1810-1884). *Peregrinación de Luz del Día o Viaje y aventuras de la Verdad en el Nuevo Mundo*. 1871. Buenos Aires: Theoría, 1994. 225 pp. Pról. de Arturo Ponsati.

46.   ALBERO, DANILO. *Confesiones de un dandy: El Buenos Aires de los '20 en el diario de un pasante*. Buenos Aires: Sudamericana, 1997. 222pp.
"Un diplomático retirado inicia su diario en 1922; en él describe los acontecimientos diarios de Buenos Aires y del mundo: El mandato de Alvear, los programas de la Liga Patriótica, el nazismo, el golpe de Primo de Rivera. Su amante argelina en París, su amigo Azevedo, novelista y diplomático brasileño, sus criados y otros personajes urbanos desfilan en esta novela de la vida porteña de los '20." [F.G.C. (1996-97): 10].

Brasca, Raúl. "*Confesiones de un dandy.*" [*La Nación* (8 mar. 1998): 6/5].

47.   ALBERTELLA, JORGE LUIS. *Crónica de dos mujeres solitarias*. Buenos Aires: Galería, 1990. 197pp.
——. "Jorge Luis Albertella." *Alba de América* 11/20 (Jul. 1993): 59-68.

48. ALCANTARA, CELIA. *Echa tu pan sobre las aguas*. Madrid: Cid, c.1956. 241pp.

"Andrés Talbot, después de diez años de ausencia, regresa a su pueblo, a su madre y a Valería Clarke, la novia que dejó al partir. Muchas cosas han cambiado en diez años: Valería es ahora la prometida de Jaime D'Elía, amigo de Andrés desde la niñez." [Contratapa].

49. ———. *Ella, la ausente*. Madrid: Cid, 1958. 202pp.

"Prisionera en casa de su madre–una viuda de rígidos principios–sin amigos, sin relación alguna con el mundo exterior, Marcela comprende que está malgastando su juventud y acepta las sugerencias de una tía suya a quien su propia hermana robara el novio muchos años atrás. Gracias a tan inesperada rebeldía conoce a Fernando Spencer, un joven catedrático de Filosofía." [Contratapa].

50. ———. *Rosa de lejos*. Buenos Aires: Ed. del autor, 1993. 616pp.

51. ALCORTA, GLORIA (1916-).

Requeni, Antonio. "Gloria Alcorta evoca a su amigo Albert Camus." *La Nación* (29 enero 1995), Supl. Lit., 2.

"Entretiens avec Gloria Alcorta." *Jorge Luis Borges*. Paris: L'Herne, 1964. 404-408.

52. ALEANDRO, NORMA. *Diario secreto*. Buenos Aires: Emecé, 1991. 191pp.

"Diario secreto relata la vida de una niña muy especial. Como todo diario íntimo, refleja un mundo interior de rara sensibilidad. La suya es una visión hiperrealista, de fantasía exacerbada, que se filtra por entre los resquicios de lo cotidiano, transmutándolo. Allí afuera están 'Ellos,' sus enemigos, el mundo de los adultos y de la autoridad." [Solapa].

53. ALGERI, CARLOS (1956-). *Plomo en las alas*. Buenos Aires: Torres Agüero, 1998. 150pp.

"*Plomo en las alas* es una novela atrapante. Dejando de lado sus dos, tres o varias lecturas, es la digna sucesora local y actual de la picaresca iniciada siglos ha. Es conmovedora, convincente, tierna, humorística. La búsqueda de Dios (del Amor) presente entre calabozos y borracheras, la mediocridad y el pasado rescatados por la música, el final que no es final sino principio de otro final que será principio." [Eduardo Gudiño Kieffer, contratapa].

Dubatti, Jorge. "La poesía de lo real: *Plomo en las alas.* " Solapa de *Plomo en las alas,* 1998.

54. ALMADA ROCHE, ARMANDO (1942-). *La celeste historia de mi corazón*. Buenos Aires: El Pez del Pez, 1995. 200pp.

"Historia de una pareja durante la represión de los años '70 en la Argentina." [M.I.L.].

55. ALONSO, DIANA. *Memoria y olvido*. (Modelo atemporal de la vida prehistórica en el archipiélago americano austral). Buenos Aires: Cabo de Hornos, 1992. 435pp.

"El pueblo yámana da origen a la novela fundacional de la literatura marítima fueguina: *Memoria y olvido.* La obra da evidencias del estilo de vida del pueblo yámana que lo definen en su conjunto como a una sociedad nómade armónicamente organizada, con un fuerte apego a sus tradiciones ancestrales, y con una actitud solidaria entre los diferentes grupos de canoeros." [Roberto Santana, *Literatura fueguina, 1975-1995.* 115].

56. ALONSO, JORGE VICTORIANO (1936-). *Vientos de noviembre para el amor*. Buenos Aires: Espasa-Calpe, 1998. 333pp.

"La novela procura la construcción de un espacio narrativo mítico, que sin embargo mantiene conexiones con un sitio real. Se trata de un pueblo situado en Mar del Sur. El centro temporal, que avanza y retrocede en forma pendular, es el día de ag. de 1970 en que se festeja el centenario de la inauguración del pueblo, construida como saga o mosaico narrativo que quiere abarcar más de cien años y lo acaecido a varias generaciones en la novela." [Mónica Sifrim, *Clarín* (17 enero 1999): Supl. Cult., 15].

57. ALVAREZ, AGUSTIN S. *Aventuras de loberos.* Adaptada por Ema Wolf. Buenos Aires: Aique, 1981. 47pp.

"The adventures of a young student who joins a group of gold prospectors in the southernmost part of Argentina are full of excitement and action. The well-drawn characters, exotic setting and fast tempo of this adaptation will amaze and delight young readers." [Isabel Schon, *Juvenile Literature*, p. 97].

58. ALVAREZ, JOSE SIXTO (1858-1903). Spagnuolo, Marta. *Fray Mocho: el estilo matrero.* Paraná: Entre Ríos, 1994.

Venturini, Aurora. "Fray Mocho el matrero." *La Prensa* (17 sept. 1995): 2/3.

59. ALVAREZ, RUBEN. *El hombre de los dos corazones.* Buenos Aires: Producciones Periodísticas Independientes, 1993. 347pp.

"Su primera obra de ficción, en la que indaga sobre una generación para la que 'hacer la revolución' fue el gran objetivo de su existencia." [F.G.C. (1993-95): 2].

60. ALVAREZ TUÑON, EDUARDO (1957-). *El desencuentro.* Buenos Aires: Ameghino, 1999. 172pp.

"Cuando Celia, obesa y enferma, está a punto de morir, sus hermanos deciden 'pagarle un simulado romance' con un joven contador. Pero una de las partes del secreto acuerdo no firmó." [M.I.L.].

61. ——. *El diablo en los ojos.* Buenos Aires: Galerna, 1994. 168pp.

"El tema es el transplante de órganos. Casi ciego, el protagonista entra en un peregrino acuerdo con una mujer recién enviudada para que le done los ojos de su marido fallecido." [M.I.L.].

62. ALLENDE, IGNACIO MANUEL (1928-). *La independencia recobrada.* Buenos Aires: Atlantida, 1998. 410pp.

"El telón de fondo es la intriga política y las figuras controvertidas de Sarmiento, Alberdi, Mitre y Pellegrini en la época del gran desarrollo de Buenos Aires." [M.I.L.].

63. ALLENDE DE BUFFO, LEONOR (1883-1931). *Flavio Solari.* Córdoba: Imprenta Argentina, 1907. 125pp.

Torres Roggero, Jorge. "Leonor Allende: La reclusión del cuerpo en el corpus." *La donosa barbarie.* Córdoba: Alción, 1998. 91-104.

64. AMSTER, ENRIQUE. *Marcela y Judith.* Buenos Aires: Acervo Cultural, 1999. 139pp. Primer Premio Acervo Cultural, Novela, 1999.

"La protagonista es una mujer argentina-judía, que se ve involucrada en la controversia entre quienes sostienen que la única realización posible del judaísmo es emigrar a Israel, hacer 'aliá,' y los que sostienen que la 'aliá' debe entenderse como un viaje interior a la tierra prometida." [F.G.C., Nov. 1999].

65. ANDAHAZI, FEDERICO (1963-). *El anatomista*. Buenos Aires: Planeta, 1997. 282pp. Primer Premio Narrativa Joven de la Fundación Amalia Lacroze de Fortabat.

66. ———. *L'Anatomiste*. Trad. al francés por Bernard Cohen. Paris: Laffont, 1998. 256pp.

67. ———. *L'Anatomista*. Trad. al italiano por A. Riccio. Milano: Frassinelli, 1998. 224pp.

"El anatomista Mateo Colón, a punto de ser condenado por la Inquisición, descubre el centro del placer sexual femenino. Quiere utilizar su descubrimiento para someter, dominar, colonizar, apropiarse del objeto descubierto, posesión que le permitirá (así lo cree) doblegar la independiente voluntad de la mujer que ama–Mona Sofía, la prostituta más bella y más cara de Venecia." [María R. Lojo, *La Nación* (4 mayo 1997): 6/5].

Chiaravalli, Verónica. "Entrevista con Federico Andahazi." *La Nación* (2 mar. 1997): 6/6.

68. ———. *Las piadosas*. Buenos Aires: Sudamericana, 1998. 222pp.

"La novela está ambientada en Ginebra, en un verano famoso (1816). Lord Byron, Mary y Percy Shelley se encerraron en la Villa Diodati y acordaron un histórico desafío: Demostrar cuál de los tres escribía el mejor relato de terror. Así cuenta la leyenda y afirma que el resultado fue la hermosísima *Frankenstein*, que escribió Mary." [Susana Silvestre, *La Nación* (29 nov. 1998): 6/8].

69. ANDERSON IMBERT, ENRIQUE (1910-2000). *Amoríos (y un retrato de dos genios)*. Buenos Aires: El Francotirador, 1997. 158pp.

"Más que la acción, la discusión es lo importante en este relato que se urde desde varios niveles: El del peligroso 'ángel guardián' que a cada paso interviene para desviar o criticar las intenciones del novelista; el de los personajes que se mueven en el plano supuestamente 'real' de la ficción; y el de otras ficciones que se analizan en el relato primero. Un profesor universitario descubre en una librería una enigmática novela, que parece policial. Pero el texto no se ocupa de crímenes sino de la vida literaria, del arte de escribir. Fascinado por la peculiar construcción del texto, Langlois decide hacer del libro el tema central de su seminario." [María R. Lojo, *La Nación* (15 jun. 1997): 6/5].

70. ———. *La buena forma de un crimen*. Buenos Aires: Almagesto, 1998. 157pp.

71. ———. *Evocación de sombras en la ciudad geométrica*. 1989. Buenos Aires: Corregidor, 1994.

Dellepiane, Angela B. "La última novela de Anderson Imbert: O teoría y práctica de la ficción auto-consciente." *Revista Hispánica Moderna* 47/2 (Dic. 1994): 436-448.

72. ———. *Génesis de una luna*. En un volumen con *Historia de una rosa*. Buenos Aires: Corregidor, 1999. 109-154.

"En *Génesis de una luna*, el protagonista es el propio Anderson Imbert, o mejor dicho, una especie de alter ego suyo, camuflado y convertido a la vez en narrador y personaje de la ficción. El texto incluye documentos literarios auténticos y anécdotas autobiográficas." [Fernando Sánchez Sorondo, *La Nación* (11 jul. 1999): Secc. Cult.].

73. ———. *Historia de una rosa*. En un volumen con *Génesis de una luna*, 1999. 7-107.

"En *Historia de una rosa*, se narran las tribulaciones de un ex-guerrillero hoy paranoico que, luego de recuperar su libertad, vuelve a su hogar para buscar a su amada Rosa, aun contra la más absoluta evidencia de su muerte. Cree reconocerla en la oculta hermanastra de Rosa, en quien despierta primero rechazo, después compasión y, finalmente, amor." [Fernando Sánchez Sorondo, *La Nación* (11 jul. 1999): Secc. Cult.].

74.   ———. *Narraciones completas.* Vol. 2. Buenos Aires: Corregidor, 1990. 156pp.

Pedraza, Graciela. "En el telar de Enrique Anderson Imbert." *La Voz del Interior* (29 abr. 1990): F/1.

Sloer de Godfrid, Fanny, y Edda Lucchesi de Ramacciotti. "Las huellas de Hawthorne en Anderson Imbert." *II Coloquio Internacional de Literatura Comparada: El cuento.* Ed. M. Vanbiesem de Burbridge. Buenos Aires: Fund. M. T. Maiorana, 1995. II: 103-108.

Vázquez, María. "La juventud del intelecto: Anderson Imbert." *La Nación* (14 jul. 1996), Supl. Lit. 3.

75.   ANDRADI, ESTHER. *Tanta vida.* Buenos Aires: Simurg, 1998. 187pp.

"Una mezcla de cortesana y papisa del siglo XVI y una mujer que acaba de perder a su hijo recién nacido realizan un viaje en sesenta y cuatro compases. El cuerpo, como rehén o creador, y la memoria del cuerpo protagonizan este recorrido por una dimensión regida por leyes propias." [Contratapa].

76.   ANDRUETTO, MARIA TERESA (1954-). *Historia de Nato y el caballo que volaba.* Aique, pre 1993.

77.   ———. *Stefano.* Buenos Aires: Sudamericana, 1998. 106pp.

"Andruetto recrea, con lenguaje austero y profundo, el universo de un joven inmigrante italiano que busca su lugar en el mundo." [*Catál,* Ed. Sudamericana (1998-99): 61].

78.   ———. *Tama.* Córdoba: Municipalidad, 1993. 118pp.

79.   ANTOGNAZZI, CARLOS O. (1963-). *Cuesta arriba.* En *El décimo cuarto.* Santa Fe: Univ. Nac. del Litoral, 1991. 13-49.

80.   ———. *Llanura azul.* Santa Fe: Univ. Nac. del Litoral, 1992. 329pp.

81.   ANZORREGUY, CHUNY. *La delfina, una pasión.* Buenos Aires: Atlántida, 1999. 253pp.

"Una novela histórica que trata el amor del Supremo Entrerriano con la Delfina. Uno puede admirar la potencia de los sentimientos de los protagonistas y seguir sus destinos trágicos sumidos en sus ambientes naturales. Sus palabras y modismos son del lugar y la época (Entre Ríos, tiempos de las montoneras), tienen el impulso salvaje de gente primaria. Tiene incluso esta obra valor didáctico. Nos deja ver de cerca cómo fue Buenos Aires en 1820." [Octavio Hornos Paz, *La Nación* (9 ag. 1999)].

82.   ———. *Escuché cómo aúllan los vientos.* Buenos Aires: GEL, 1992. 179pp.

"El sentido de la vida, las ilusiones, el desencanto y la realidad son algunos de los temas que esta novela repasa en un atractivo relato que refiere la transición espiritual de un hombre y su angustiosa búsqueda de objetivos capaces de justificar su existencia. Una mirada profunda muestra al protagonista Vladimir, un ignoto profesor de colegio, en un pueblo de provincia, sobreviviendo apenas en un medio hostil y en unas oscuras circunstancias que se encarnan en la figura brutal de su esposa Peonia, que lo somete a continuas humillaciones." [Daniel Celis, *La Nación* (13 dic. 1992): 7/5].

83.   ———. *Espejo de sombras.* Buenos Aires: Vinciguerra, 1990. 246pp.

"Excelente novela, que se introduce con igual pericia en un creciente suspenso y en un lúcido estudio del alma femenina. Como en los mejores libros policiales, la anécdota se introduce en siniestros recovecos." [Adolfo Martínez, *La Nación* (15 dic. 1991): 7/2].

84. APOLO, IGNACIO (1969-). *Memoria falsa*. Buenos Aires: Atlántida, 1996. 191pp. Premio Proyección, 1995.

"*Memoria falsa* está atravesada por cuatro voces que cuentan sus propias historias, las cuales van develando al lector la historia central que las involucra. Esta estructura encierra el punto esencial de algo que Apolo maneja a la perfección: El uso coloquial de la lengua, rasgo que le permite delinear verdaderos personajes con sólo hacerlos hablar. Todo ocurre a partir del 30 de jun. de 1994: Soledad desaparece. Primero uno, después dos, finalmente cuatro personajes salen en su búsqueda. Esta chica de veinte años ha desaparecido en el país de los desaparecidos, y esto puede encerrar muchas cosas." [Diego Bagnera, *La Nación* (2 feb. 1997): 6/4].

85. ARAZI, SILVIA. *La maestra de canto*. Buenos Aires: GEL, 1999. 188pp.

"Ana es una muchacha frágil que está intentando transformarse en una buena cantante lírica. Está casada con un muchacho que toca el oboe y pinta y vive acosado por dudas sobre la verdad de su arte. Entre Ana y su marido se inmiscuirá Ursula, otra aprendiz de cantante, para establecer el triángulo amoroso." [*La Nación* (25 jul. 1999): 6/7].

86. ARCIDIÁCONO, CARLOS (1929-). *Ay de mí, Jonathan*. Buenos Aires: Corregidor, 1976. 200pp.

87. ——. *Las otras intoxicaciones*. Buenos Aires: Atlántida, 1997. 201pp.

"Esta no es sólo la historia de Ricardo, torturado por su mente conflictuada que adopta la forma de un súcubo perverso y que lo acosa con reflexiones; ni la historia de Guillermito, hijo de unos condes húngaros afincados en Argentina. Aunque sí aquí se relatan algunas de las vivencias de estos personajes, *Las otras intoxicaciones* es sobre todo un mosaico de figuras desopilantes." [Contratapa].

88. ——. *La vidente no tenía nada que ver*. Buenos Aires: Altántida, 1993. 309pp.

"*La vidente* is first and foremost absolutely hilarious in its irreverence and in its parodic stance toward local narratives. The metafictional discourse disarticulates individualist identities, which is particularly interestingly done through the use of a Cortazarian series of excursuses that are equal in length to the main narrative." [David W. Foster. *World Literature Today* 68/3 (Summer 1994): 535].

Gudiño Kieffer, Eduardo. "*La vidente no tenía nada que ver.*" *La Nación* (6 nov. 1993): 7/5.

Vázquez, María E. "Entrevista con Carlos Arcidiácono." *La Nación* (17 oct. 1993): 7/2.

89. ARDANAZ, JOSÉ (1956-). *El cerebro dormido*. Buenos Aires: GEL, 1993. 110pp.

"*El cerebro dormido* es un juego de espejos entre la muerte y la vida, entre la debilidad del cuerpo agotado y la equivalente opacidad de los que asisten al espectáculo del fin predecible. Quizá la figura del nieto–protagonista, ya adulto, de la segunda parte de la novela–proporcione el único rasgo solidario en esta disección realista del mundo familiar." [Contratapa].

90. ARDILES GRAY, JUL. (1922-). *Elegía*. 1952. Buenos Aires: Orión, 1974. 115pp.

91.   ARES, DANIEL (1956-). *Banderas en los balcones*. Buenos Aires: De La
       Flor, 1994. 221pp.

       "Miguel Nogueira retorna en esta novela convertido en protagonista de una época
       convulsionada y contradictoria, donde la muerte y el horror convivían con aparente
       normalidad. Corre 1982 y un Nogueira veinteañero hace sus primeras armas en el
       periodismo. Repentinamente es enviado a cubrir la Guerra de Malvinas. La estada en el
       archipiélago dura poco; la base de operación será Tierra del Fuego, donde Nogueira habrá
       de instalarse, al mismo tiempo que conoce personajes marginales." [Daniel Celis, *La Nación*
       (5 jun. 1994): 7/5].

92.   ———. *La curva de la risa*. Buenos Aires: De la Flor, 1992. 266pp.

       "En *La curva de la risa*, Daniel Ares presentó a un personaje (Miguel Nogueira), que vivía
       innumerables peripecias en el curso de un viaje turístico a Bariloche, y que le servía al autor
       para dibujar una metáfora sobre el país y su gente." [Daniel Celis, *La Nación* (5 jun. 1994):
       7/5].

93.   AREU CRESPO, JUAN MARIANO (n. España, 1909-).

       Bajada vieja. 1959. Varios trozos de la novela, con comentario, aparecieron en *Historia de la
       literatura en Misiones* (1995), por Guillermo Kaul Grunwald. 148, 149-151.

94.   ARGEMI, RAUL. *El Gordo, el Francés, y el Ratón Pérez*. Buenos Aires:
       Catálogos, 1996. 191pp.

       "Hölderin sostiene que los hombres, cuando sueñan, actúan como dioses y cuando intentan
       llevar a cabo sus sueños se bestializan. Los personajes de este policial siguen esta
       recomendación poética. De a ratos se elevan muy por encima de su limitada estatura moral
       para despeñarse, en el transcurso del relato, al fondo de su abismo personal." [Cubierta].

95.   ARIAS, ABELARDO (1918-). *Juan Facundo*. Buenos Aires: Galerna,
       1995. 212pp.

       "Con una documentación elegida y un juicio comprensivo, basados en una imaginación
       auténticamente novelesca que arranca desde la primera juventud del caudillo, Arias evoca de
       un modo admirable la sociedad, el medio y las pasiones que mueven no sólo a su figura
       central sino también a las circundantes. Y hace hincapié de los hechos políticos, de las
       ambiciones personales, y de las circunstancias económicas que sirven de telón de fondo al
       material narrativo." [Rodolfo Modern, *La Gaceta de Tucumán* (7 enero 1996): Supl. Lit., 2].

96.   ———. *Minotauroamor*. 1966. Mendoza: Ediciones Culturales, 1991. 158pp.

97.   ———. *Polvo y espanto*. 1971. Buenos Aires: Sudamericana, 1995. 317pp.

       Aldecua, Francisco F. *Bibliohemerografía de Abelardo Arias*. Mendoza: Ediciones Culturales,
       1994.

       González Arrili, Zoraida. "El mito del Edén perdido de Benito Lynch y Abelardo Arias."
       Coloquio Internacional de Literatura Comparada. Ed. M. Vanbiesem de Burbridge. Buenos Aires:
       Fund. M. T. Maiorana, 1995. II, 186-191.

       Poletti, Syria, ed. *Páginas de Abelardo Arias seleccionadas por el autor*. Buenos Aires: Celtia, 1990.

98.   ARLT, ROBERTO (1900-1942). *El amor brujo*. 1932. Buenos Aires:
       Losada, 1995. 239pp.

99.   ———. *El juguete rabioso*. 1926. Buenos Aires: CEAL, 1992. 123pp.

100.   ———. *El juguete rabioso*. Buenos Aires: Colihue, 1993. 157pp.

101. ——. *El juguete rabioso.* Ed. de Teodosio Muñoz Molina. Buenos Aires: Espacio, 1993. 188pp.
102. ——. *El juguete rabioso.* Buenos Aires: Altamira, 1995. 157pp. Pról. de Horacio González.
103. ——. *El juguete rabioso.* Buenos Aires: Losada, 1995. 135pp.
104. ——. *El juguete rabioso.* Buenos Aires: Santillana, 1996. 176pp.

Villaceque, Sol. "Stereotype et modernité: Quelques repères morphogenetiques à propos de *El juguete rabioso.*" *Imprevue* 1 (1995): 7-50.

105. ——. *Los siete locos.* 1929. Buenos Aires: Losada, 1995. 239pp.
106. ——. *Los siete locos.* La Plata: Altamira, 1996. 238pp.

Corona, Ignacio. "¿Dónde está la ciudad de Roberto Arlt? Representación del espacio urbano y modernidad en *Los siete locos.*" *Lucero* 5 (Spring 1994): 95-105.

Gilman, Claudia. "*Los siete locos*: Novela sospechosa de Roberto Arlt." *Cuadernos Hispanoamericanos* (Vol. Supl. 11, 1993): 77-94.

Gnutzmann, Rita. "Roberto Arlt: *Los siete locos/Los lanzallamas.*" *Der hispanoamerikanische Roman.* Ed. V. Roloff. Darmstadt: Wiss. Buchgesell, 1991. 155-166.

Thonis, Luis. "Roberto Arlt y el cero imperativo: Androginia, unisexualidad, terror." *Tokonoma* 4 (1996): 120-135.

107. ——. *Los lanzallamas.* Segunda parte de *Los siete locos.* 1931. Buenos Aires: Losada, 1994. 280pp.

CRITICAL STUDIES ON ROBERTO ARLT

Ainsa, Fernando. "La provocación como antiutopía en Roberto Arlt." *Cuadernos Hispanoamericanos* (Vol. Supl. 11, 1993): 15-22.

Amicola, José. *Astrología y fascismo en la obra de Arlt.* Rosario: Beatriz Viterbo, 1994.

Borre, Omar. *Arlt y la crítica (1926-1990): Estudio, cronología y bibliografía.* J. Suárez: América Libre, 1996.

Bravo de Rueda, José. "El cuerpo humano: Un nexo entre la narrativa y la dramática de R. Arlt." Tesis de doctorado, Univ. of Maryland, 1996.

Close, Glen S. "Anarchist Conspiracy in the Modern Hispanic Novel: Pío Baroja and Roberto Arlt." Tesis de doctorado, Yale Univ., 1996.

Correas, Carlos. *Arlt literario.* Buenos Aires: Atuel, 1997.

Cox, Maud A. "Marginality and Otherness in the Works of André Gide and Roberto Arlt." Tesis de doctorado, Univ. of South Carolina, 1995.

Crisafio, Raúl. "Roberto Arlt: El lenguaje negado." *Cuadernos Hispanoamericanos* (Vol. Supl. 11, 1993): 37-46.

Dapia, Silvia, y Guillermo Gregorio. "Roberto Arlt y los saberes marginales." *Romance Language Annual* 7 (1995): 441-445.

——. "Roberto Arlt: Lo reprimido de la literatura argentina." *Romance Language Annual* 6 (1994): 434-438.

Drucaroff, Elsa. *Roberto Arlt; profeta del miedo.* Buenos Aires: Catálogos, 1998.

Flawia de Fernández, Nilda. "Roberto Arlt y las nuevas formas narrativas." *Río de la Plata* 4-6 (1987): 353-363.

Fornet, Jorge. "Homenaje a Roberto Arlt: O, la literatura como plagio." *Nueva Revista de Filología Hispánica* 42/1 (1994): 115-141.

Gnutzmann, Rita. "Bibliografía de y sobre Roberto Arlt." *Chasqui* 25/2 (Nov. 1996): 44-62.

——. "Roberto Arlt y la literatura española." *Revista de Literatura Hispanoamericana* 30 (Enero-Jun. 1995).

——. "Viaje real y viaje mental en la obra de Roberto Arlt." *Travellers' Tales, Real and Imaginary, in the Hispanic World and Its Literature.* Ed. A. Kenwood. Melbourne: Voz Hispánica, 1993. 127-134.

González, Horacio. *Arlt: Política y locura.* Buenos Aires: Colihue,1996.

Larra, Raúl. *Roberto Arlt, el torturado: Una apasionada biografía.* Buenos Aires: Ameghino, 1998.

Masotta, Oscar. *Sexo y traición en Roberto Arlt.* Buenos Aires: Corregidor, 1998.

Riera Rehren, Jaime. "En los orígenes de la modernidad literaria hispanoamericana: La novela urbana de R. Arlt." *Quaderni Ibero-Americani* 78 (Dic. 1995): 44-57.

Rivera, Jorge B. *Borges y Arlt: Literatura y periodismo.* Buenos Aires: Univ. de Buenos Aires, 1992.

Zarlenga, Marcelo. "Roberto Arlt y la justicia." *La Capital* (Mar del Plata, 15 mar. 1999): 9.

108. ARNEDO CRUZ, FELIPE. *Quila-Quina.* Buenos Aires: Septiembre, 1995. 130pp.
"Una historia sobre la violencia y la discriminación ejercida sobre los indígenas de Neuquén." [F.G.C., 1995].

109. ARRECHEA, ANTONIA (n. Brasil). *Amor a la tierra.* 1953. Un trozo de la novela, con comentario, apareció en *Historia de la literatura en Misiones* por Guillermo Kaul Grunwald (1995). 151-152.
"*Amor a la tierra,* novela de amores puros en que privan las escenas familiares de plenitud idílica. Un sentido de amor a la tierra gira en torno a la línea argumental que narra la historia de un yerbatero empresario, Antonio, y que se desarrolla desde Misiones hasta la estancia 'Los Pinares' en territorio brasileño. [. . . .] Como novela, adolece de fallas técnicas, pero a diferencia de otras páginas sobre el tema, donde los personajes en relación de patrón y mensú se mueven dentro de una atmósfera de pasiones violentas, aquí el egoísmo y la injusticia quedan neutralizados por un hondo sentir cristiano." [G. Kaul Grunwald, *Historia de la literatura en Misiones.* 152].

110. ASIS, JORGE (1946-). *Don Abdel Zalim, el burlador de Domínico.* 1972. Buenos Aires: Sudamericana, 1986. 186pp.

111. ——. *La familia tipo.* (Una pintura amena y sagaz de nuestros tiempos.) 1974. Buenos Aires: Merayo, 1975. 214pp.

112. ——. *Flores robadas en los jardines de Quilmes.* Primera parte de la trilogía *Canguros.* 1980. Buenos Aires: Javier Vergara, 1995. 341pp.

113. ——. *Fleurs violées dans les jardins de Quilmes.* Trad. al francés por Patrice Toulat. París: Renaudot, 1990. 323pp.
Maristany, José. "Contestations ostentoires et adhesion: *Flores robadas en los jardines de Quilmes* de Jorge Asís." *Imprevue* 1 (1995): 51-68.

114. ———. *Carne picada*. Segunda parte de la trilogía *Canguros*. 1981. Buenos Aires: Javier Vergara, 1995. 299pp.

115. ———. *La línea Hamlet o la ética de la traición*. Buenos Aires: Javier Vergara, 1995. 291pp.

"Una trama de amor y muerte en el escenario de la Europa posterior a la caída del Muro de Berlin, en que los espías norteamericanos han perdido a su enemigo y los espías del Este pretenden ser funcionarios de sus países." [F.G.C. (Sept. 1995): 11].

116. ———. *Los reventados*. 1974. Buenos Aires: Javier Vergara, 1995. 341pp.

117. ———. *Sandra, la trapera*. Buenos Aires: Catálogos, 1996. 222pp.

"Un texto que describe un mundo diferente, el de la trapería, en un Buenos Aires conmovedor cruzado por las pasiones de personajes de distintas nacionalidades, religión y extracción social." [F.G.C., 1996-97].

Katra, William. "Novelizando el proceso argentino: *La calle de los caballos muertos* de Jorge Asís." *Revista de Crítica Literaria Latinoamericana* 18/35 (1992): 147-153.

118. ASSAD, ISMAEL. *Argentina de Perón a Menem: La vida de un ciudadano como tantos otros: ¿Novela?* Buenos Aires: Vinciguerra, 1998. 150pp.

"Relato de la vida de un hijo de inmigrantes, que se inicia en la década del '40 con Perón y termina con Menem; el protagonista desgrana sus recuerdos y deja entrever un sentimiento de frustración y amargura ante una realidad que no se corresponde con sus expectativas." [F.G.C. (Sept. 1998): 57].

119. ASUAJE, JORGE P. *El día que hicimos entre todos: Anti-tesis*. Berisso: La Gráfica del Sur, 1994. 346pp. Pról. de Fermín Chávez.

"Crónica novelada de los orígenes del 17 de octubre de 1945, que originalmente fue concebida como una tesis para la Facultad de Periodismo de la Universidad de La Plata, que debía complementarse con un video con la participación del pueblo de Berisso, protagonista de esa fecha clave en la historia argentina. No es una enumeración sistemática de los hechos sino un entrecruzamiento de historias con personajes ficticios y reales, que describen la llegada de los primeros indígenas, las huelgas de principio de siglo y su represión, culminando el 17-12-43." [F.G.C. (Sept. 1995): 19].

120. ATANASIÚ, ANDRÉS HOMERO (1926). *Preludio y muerte de amor*. Buenos Aires: GEL, 1994. 307pp.

"La creación de una novela puede constituir, como ocurre en esta obra, el argumento de otro relato, que cumplirá su cometido a condición de que el lector se avenga a aceptar dos narraciones paralelas en las que las vicisitudes cotidianas, el bien y el mal, el amor y el desprecio devastador juegan su juego." [Contratapa].

121. AVELLANEDA, JOSÉ MANUEL. *Las lonas verdes*. Buenos Aires: Corregidor, 1994. 286pp.

"Una nueva novela del escritor tucumano, en la que elabora literariamente un grave problema colectivo: El de las villas de emergencia." [Aviso, *La Nación* (30 oct. 1994): 7/5].

122. AXPE, LUISA. *La mancha de luz*. Buenos Aires: Sudamericana, 1993. 122pp.

"Al principio, en dos casas de un pueblito ocurren manifestaciones extrañas. Las mujeres de esas casas sufren, las primeras, la presencia de los aparecidos. Ambas están perplejas por los problemas de sus maridos que ahora ya no se realizan a la luz sino de noche y para esos trabajos viene gente a buscarlos. Pronto los aparecidos se infiltran por todos lados. El

pueblo convive con miedo, con las ánimas en pena, pero siguiendo su vida humilde."
[Elvira Orphée, *La Nación* (6 nov. 1993): 7/4].

123. AYALA, NORA. *Mis dos abuelas: Cien años de historias.* Buenos Aires:
Vinciguerra, 1997. 207pp.
"Novela autobiográfica que trata de las dos abuelas de Nora Ayala, una de descendencia
germánica, la otra de puro cepo criollo." [M.I.L.].

124. AYALA GAUNA, VELMIRO (1905-1967). *Perurima: Andanzas y
malandanzas de un Bertold guaraní.* Buenos Aires: Huemul, 1975. 102pp.
Paris, Marta de. "Desde la intertextualidad, una interpretación de *Perurima* de
V. Ayala Gauna." *Literatura como intertextualidad: IX Simposio Internacional de
Literatura.* Ed. J. Arancibia. Buenos Aires: Inst. de Lit. y Cult. Hisp., 1993. 384-
393.

B

125. BADIA, JUAN ALBERTO. *El día que Juan Lennon vino a la Argentina.*
Buenos Aires: Sudamericana, 1990. 195pp.
"En el curso de un solo día, los dos hombres tienen tiempo de hablar mucho, de compartir
pasiones y dudas. Juntos recorren Buenos Aires. Durante veinticuatro horas intensas, el
desconocido y su reciente amigo recuperan imágenes del pasado. Surgen así las aventuras de
la adolescencia, los sueños y la esperanza de una generación." [Contratapa].

126. BAIDAL, JOSE (1920-). *El país del largo viaje.* Alicante: Fondo Editorial
del Ayuntamiento, 1973. 302pp.
"La novela trata de los araucanos del Neuquén. Lo que les narré es verdad. Todas las
anécdotas sucedieron. Lo del Caitrú, lo del Carruhuinca, lo que le hicimos a la Rayén, lo de
las patrullas extraviadas en la nieve; lo mismo que el suceso del Cheuquepán." [J. Baidal,
'Introducción,' 17].

127. BAIGORRIA, OSVALDO. *Llévatela, amigo, por el bien de los tres.* Buenos
Aires: GEL, 1989. 152pp.

128. BAJARLIA, JUAN JACOBO (1914-). *El endemoniado señor Rosetti.*
1977. Buenos Aires: Almagesto, 1995. 125pp.

129. BAJO, CRISTINA. *Como vivido cien veces.* Córdoba: Del Boulevard, 1996.
363pp.
"*Como vivido cien veces* es la vida de una mujer apasionante y argentinísima, Luz Osorio,
miembro de una familia tradicional cordobesa, transgresora y vital. Enamorada de un indio,
Luz no vacila en ceder a su pasión, aunque el amado muere, sigue presente en la
protagonista, que encontrará otro ardor en un inglés y en la novela. Todo comienza poco
antes del asesinato de Dorrego, se desarrolla entre 1828 y 1837. Una novela de calidad tanto
por sus valores formales como conceptuales, creíble por la verosimilitud de personajes y
situaciones, fuerte por sus contenidos sociopolíticos." [E. Gudiño Kieffer, *La Nación* (9 feb.
1997): 6/5.

130. ——. *En tiempos de Laura Osorio.* Buenos Aires: Atlántida, 1998. 507pp.

"Esta novela retoma la saga de los Osorio, familia tradicional cordobesa del siglo XIX, que la autora iniciara con *Como vivido cien veces*. Después del asesinato de Quiroga, el poder político de Rosas avanza sobre el interior del país. Laura Osorio, joven impetuosa, debe suplir la ausencia de los hombres de la familia, dispersos en luchas y alejados de sus hogares por motivos políticos." [F.G.C. (1998): 4].

131. BALER, PABLO (1967-). *Circo*. Buenos Aires: Galerna, 1999. 130pp. Segundo Premio Nacional de Narrativa.

"Es un 'thriller,' una historia de suspenso en la que se mezcla la filosofía con el humor." [F.G.C., Jul. 1999].

132. BALIÑA, JAVIER. *¿Por qué no?* Buenos Aires: Corregidor, 1996. 206pp.

"El tema del relato es el esfuerzo de un adicto por deshacerse de su vicio." [M.I.L.].

133. BALZARINO, ANGEL (1943-). *Cenizas del roble*. (1985). En *La casa y el exilio*. Santa Fe: Sudamerica, 1994. 81-151.

". . . largo relato en torno de Marcelino Belardi de un viejo instrumento convertido en símbolo y en excusa para pintar un tiempo y un espacio, porque allí sitios y anécdotas son fácilmente reconocibles en nuestra latitud histórica y geográfica." [Elda Massoni, Prólogo, x].

134. ———. *Horizontes en el viento*. Santa Fe: Rafaela, 1990. 82pp.

"La ubicación de los personajes en *Horizontes en el viento* tiene íntima vinculación con el paisaje de pampa abierta, de ráfagas arrastrándose en las almas y en el suelo, levantando a veces su batir de alas hacia un firmamento que la miseria humana insiste en negar para la dicha." [E.U.B., *La Voz del Interior* (22 jul. 1990): F/4].

135. ———. *Territorio de sombras y esplendor*. Rafaela, Argentina: Fondo Editorial Municipal, 1997. 126pp.

"Gracias a su genio literario consumado (y a sus excelentes dotes para bucear en el pasado), Balzarino nos sumerge en el fermento original de nuestra sociedad, a principios del siglo. *Territorio de sombras y esplendor* es una novela testimonial, que no sólo refleja la realidad a través de un cronista de ficción, sino que hace crítica social." [Liliana Friedrich, contratapa, 7, 9].

136. BALLA, ISABEL (n. Hungría). *Avenida Jozsef 79: (Antes que se cierren las tumbas)*. Buenos Aires: Milá, 1987. 299pp.

137. BALLESTERO, GRACIELA. *Sombras y árboles*. Buenos Aires: Colihue, 1996. 204pp. Tercer Premio, Novela Juvenil, Concurso Colihue.

138. BAÑEZ, JOSÉ GABRIEL (1951-). *El curandero del cuarto oscuro*. Buenos Aires: Sudamericana, 1990. 326pp.

139. ———. *Los chicos desaparecen*. Buenos Aires: Atlántida, 1993. 176pp.

"Un discapacitado, unido a su silla de ruedas: Desde ella establece las leyes del juego de la vida. Es relojero: Aprende a amar el tiempo; a veces se siente como su dueño. Hasta que el desastre desposita a la ciudad de su cómoda inercia; empiezan a desaparecer chicos. Las investigaciones se organizan; por imperio del azar él se convierte en figura destacada—si hasta un ministro lo cita para una audiencia, que le servirá para sus juegos políticos—el absurdo empieza a jugar sus cartas convirtiéndole en el principal sospechoso, a él en la víctima." [M. Jofre Barroso, *La Nación* (1 ag. 1993): 7/4].

140.   ——. *Les enfants disparaissent.* Trad. al francés de *Los chicos desaparecen,* por Eric Fishbach. Paris: Alfil, 1996. 220pp.

141.   ——. *Hacer el odio.* 1985. Buenos Aires: Almagesto, 1995. 159pp.

"Damián Daussen, ex-seminarista, de veintiséis años y manías fronterizas con la psicosis, es el protagonista de esta historia, en la cual se encadenan el sexo, las pasiones de muerte y, por supuesto, el odio que clama desde el título. Báñez aplica en su ficción uno de los odios por excelencia, que la barbarie nazi institucionalizó como ningún otro movimiento histórico: El antisemitismo. Daussen, sin embargo, responde inconscientemente a un modelo del existencialismo más puro; su actitud ante la sucesión de hechos que lo rodean recuerda incluso al extranjero de Camus. [Gabriel Sánchez Sorondo, *La Prensa* 15 oct. 1995): Secc. Cult., 9].

142.   ——. *Octubre amarillo.* Buenos Aires: Almagesto, 1994.

"En octubre de 1992 una familia es asesinada en La Plata. A las pocas horas es detenido el autor material del hecho, acusado de haber dado muerte a su mujer, sus dos hijas y su suegra. Este relato está inspirado en hechos que obedecen a la más estricta ficción." [Contratapa].

143.   ——. *Paredón, paredón.* Buenos Aires: Sudamericana, 1992. 167pp.

"Para regenerar al mundo de sus modernidades perversas, Mandarino intenta construir un paredón, a semejanza del que otrora preservó los valores occidentales en Europa. Se hace necesario un albañil y el albañil aparece. Aparecen muy pronto también los hombres de la ley. El final de la historia, reservado para los lectores, Báñez lo consigue en esta extravagante pero coherente novela." [José Isaacson, *La Nación* (8 nov. 1992): 7/4].

144.   ——. *Virgen.* Buenos Aires: Sudamericana, 1998. 280pp.

"Historia de amor entre un cura y una chica belga, judía y milagrosa, en una ciudad en la provincia de Buenos Aires, en los años 40. Novela de enorme poder evocativo y prosa precisa y mágica." [F.G.C. (1998): 9].

145.   BARCELONA, EDUARDO, y JUL. VILLALONGA. *Relaciones carnales.* Buenos Aires: Planeta, 1993. 252pp.

146.   BARLETTA, ANGELICA. *Las camisas de bramante.* Buenos Aires: Nusud Narrativa, 1995. 175pp.

147.   BARLETTA, LEONIDES (1902-1975). *Historia de perros.* 1950. Buenos Aires: Macedonio, 1997. 126pp.

148.   BARLETTI, AGUSTIN M. *Salteadores nocturnos.* (Novela histórica sobre la vida de Arturo Umberto Illia). Buenos Aires: Homo Sapiens, 1998. 163pp.

"Novela que recorre la vida de Illia develando los pliegues ocultos de su personalidad y el rol histórico que le tocó desempeñar desde una doble óptica: La del protagonista a partir de sus recuerdos y la de un conscripto que formó parte del escuadrón de lanzagases que lo desalojó de la Casa Rosada el 28 de jun. de 1966." [F.G.C., 1998].

149.   BARNATAN, MARCOS RICARDO (1946-). *Con la frente marchita.* Buenos Aires: Losada, 1990. 181pp.

150.   BARON BIZA, JORGE. *El desierto y su semilla.* Buenos Aires: Simurg, 1998. 249pp.

151. BARRA, EMMA DE LA (1861-1947). *La dicha de Malena*. Buenos Aires: Tor, 1943. 189pp.

152. ——. *Eleonora*. 1933. Buenos Aires: Tor, 1947. 190pp.

"*Eleonora* era una novela con situaciones convencionales pero hábilmente desarrollada, siempre con la mujer como protagonista." [Lily Sosa de Newton, *Narradoras argentinas (1852-1932)*, 1995, 17].

153. ——. *Mecha Iturbe*. Buenos Aires: Tor, 1943. 144pp.

"Sin lograr el éxito de la primera (*Stella*), esta novela fue asimismo un valeroso intento de escritura de protesta, que hasta entonces, en lo respecta a las mujeres, estaba relegada al panfleto." [Lily Sosa de Newton, *Narradoras argentinas (1852-1932)*, 1995, 17].

Oyuela, Calixto. "*Mecha Iturbe*, novela por César Duayen." *Estudios literarios. Anales de la Academia de Filosofía y Letras*. Tomo IV. Buenos Aires: Coni, 1915. 309-311.

154. BARRIOS, ALICIA. *Bendito tú eres*. Buenos Aires: Beas Ediciones, 1992. 154pp.

155. BARRIOS, VALENTIN JOSE. *Misiones, oasis maravilloso*. Trozos de la novela, publicada en 1953, aparecen en *Historia de la literatura en Misiones*, por G. Kaul Grunwald, 1995. 144-145.

156. BARYLKO, JAIME (1936-). *David Rey*. Buenos Aires: Emecé, 1995. 248pp.

"El rey David fue un ser complejo, espiritual, pero también guerrero, capaz de sensualidad, odios, ambiciones. Barylko narra la historia de David en esta novela que recoge el relato bíblico y las interpretaciones de los comentaristas de la Edad Media." [F.G.C., Sept. 1995].

157. BATTAGLIOTTI, GRACIELA. *De muerte natural*. Córdoba: Municipalidad de Córdoba, 1986. 132pp. Premio Luis de Tejeda de Córdoba.

158. BATTISTA, VICENTE (1940-). *Siroco*. Buenos Aires: Emecé, 1994. 232pp.

159. ——. *Sucesos argentinos*. Buenos Aires: Planeta, 1999. 239pp.

Gallone, Osvaldo. "*Sucesos argentinos*." *La Prensa* (Dic. 1995): Secc. Cult.

Litvinoff, Edgardo. "Entrevista con Vicente Battista." *La Voz del Interior* (30 oct. 1996): C/11.

Maunas, Delia. "Entrevista con Vicente Battista." *La Prensa* (1 oct. 1995): Secc. Cult, 4.

Vázquez, María E. "Entrevista con Vicente Battista." *La Nación* (8 nov. 1992): 7/2.

160. BAUDUCCO, RUBEN TOMAS. *El caso de los médicos*. Buenos Aires: Vinciguerra, 1995. 147pp.

"La obra podría encuadrarse entre las novelas de suspenso, cuyo protagonista no es un detective estilo inglés sino un atribulado inspector de pueblo. Sin embargo, no todo el tratamiento de Bauducco transita por el camino de un estricto clasicismo dentro del género policial. La 'sorpresa final' va en este caso más allá del mero remate no previsible: Al alivio momentáneo del lector se suma una situación casi inédita." [M. I. Clucellas, *La Prensa* (19 feb. 1995): Secc. Cult., 9].

161. ——. *Diabólico*. Buenos Aires: Cinco, 1999. 157pp.

"Intriga y violencia en una atmósfera asfixiante en esta novela que participa de la estructura clásica del género." [F.G.C. (Dic. 1999): 33].

162. ——. *La novela de Jesús Camacho.* Buenos Aires: Vinciguerra, 1996. 159pp.
"Novela policial de horripilante violencia y sadismo." [M.I.L.].

163. BAUER, ALFREDO (1924-). *La emperatriz: Un destino de mujer.* Buenos Aires: Dirple, 1997. 221pp.
"Reconstrucción novelesca de los sucesos de los años 1805-1815 en la vida de Napoleón Bonaparte, con particular referencia a la relación entre él y su esposa, María Luisa, hija del Emperador de Austria." [M.I.L.].

164. ——. *El hombre de ayer y el mundo.* (El trágico desarraigo de Stefan Zweig). Buenos Aires: Colihue, 1990. 370pp.
"Poco después de la muerte de Stefan Zweig, se inició en el mundo el gran viraje: El retroceso de los enemigos de la humanidad y la declinación de su estrella. Tres años más y aquella mancha de oprobio fue borrada de la faz de la tierra, y entonces se agregaron, con respecto a la actitud adoptada por el escritor, otros reproches a los que en su momento formulará Thomas Mann: No sólo irresponsable, sino también insensata. Un poco más de paciencia y los motivos del suicidio habrían desaparecido." [Contratapa].

165. ——. *El Martín Fierro que yo viví.* (La novela de los traidores de la patria). Buenos Aires: Letra Buena, 1992. 175pp.

166. BAZAN, OSVALDO (1963-). *Un día Nico se fue.* Rosario: Bajo la Luna Nueva, 1999. 220pp.
"Una historia que narra el amor entre dos hombres, con humor y emoción." [F.G.C. (Dic. 1999): 33].

167. BECERRA, JUAN JOSE (1965-). *Santo.* Rosario: Beatriz Viterbo, 1994. 124pp.

168. BEHERAN, MARIA LAURA (1973-). *Estar a prueba.* Buenos Aires: Vinciguerra, 1997. 118pp.

169. BELGRANO RAWSON, EDUARDO (1943-). *Fuegia.* Buenos Aires: Sudamericana, 1991. 219pp.

170. ——. *Fuegia.* Buenos Aires: Seix Barral, 1999. 245pp.

171. ——. *Fuegia.* Trad. al francés por François Maspero. Paris: Actes Sud, 1997. 250pp.

172. ——. *El naufragio de las estrellas.* 1979. Buenos Aires: Sudamericana, 1992. 216pp.

173. ——. *El naufragio de las estrellas.* Buenos Aires: Planeta, 1999. 260pp.

174. ——. *No se turbe vuestro corazón.* 1974. Buenos Aires: Sudamericana, 1994. 245pp.

175. ——. *Noticias secretas de América.* Buenos Aires: Planeta, 1998. 449pp.

176. ——. "Entrevista con Belgrano Rawson." *La Maga* (6 jul. 1994): 39.

177. BELTRAN, JORGE. *Cicuta fizz.* Buenos Aires: GEL, 1996. 189pp.

178. ——. *Invocación a la vida.* Buenos Aires: GEL, 1990. 90pp.

"Este libro nos sitúa ante la anhelada aventura de alcanzar el conocimiento y traza una profunda reflexión acerca del amor, los encuentros, los desencuentros y los inquietantes hilos del destino." [Aviso, *La Prensa* (1 abr. 1990): Supl. Cult., 2].

Lojo, María R. *"Invocación a la vida."* *La Nación* (20 mayo 1990): 4/5.

179. BELLONE, LILIANA (1954-). *Fragmentos de siglo*. Buenos Aires: Del Robledal, 1999. 200pp.

"Los años 70; un grupo de jóvenes estudiantes e intelectuales huyen, acosados por la represión, hacia un refugio cordillerano. Desde allí se dispersan; algunos se reencontrarán en Europa, otros desaparecerán. Los temas del exilio y la soledad presentados con lenguaje poético." [F.G.C., Ag. 1999].

180. BENCHETRIT, CARLOS (1927-). *Los prisioneros de la isla*. Buenos Aires: GEL, 1994. 268pp.

181. BENESDRA, SALVADOR (1952-1996). *El traductor*. Buenos Aires: De la Flor, 1998. 638pp.

"Delirio y densidad en este retrato del imaginario del macho porteño y de la 'postmodernidad' empresarial." [R.L., *La Nación* (19 abr. 1998): 6/12].

182. BENETTI, LAURA (1956-). *Guante blanco*. Rosario: Bajo la Luna Nueva, 1999. 69pp.

"Una analista recibe a un asesino a sueldo. La había buscado porque últimamente había comenzado a titubear antes de realizar un trabajo. Sólo se ven un par de veces, pero esa fugaz intimidad desata, en ella, las palabras del engranaje que hace girar la propia vida, en ascenso y descenso por los círculos del crimen." [Liliana García, contratapa].

183. BENITEZ, RUBEN (1928-). *Los dones del tiempo*. Buenos Aires: GEL, 1998. 196pp.

"Relato de la odisea de una inmigrante, que llega muy joven a la Argentina, donde se radica y vive el resto de su vida, entre alegrías y sinsabores." [F.G.C. (Dic. 1998): 27].

184. ———. *La mies de la tierra está madura*. Buenos Aires: GEL, 1999. 246pp.

"Relato que tiene sus raíces en experiencias vividas por el autor en su adolescencia, cuando trabajó en un hogar de ancianos." [F.G.C. (Jul. 1999): 32].

185. BERBEGLIA, CARLOS ENRIQUE. *Ventanas de acceso*. Buenos Aires: RundiNuskin, 1991. 109pp. Escrita en 1969. Premio, FNA, 1976.

"Desde su geografía escorzada de búsqueda y fracasos, la comarca de la ficción, una vez más, patentiza y alivia nuestras penas." [Contratapa].

186. BERNARDEZ, JORGE, y DIEGO ROTTMAN. *Ni yanquis, ni marxistas . . . humoristas*. Buenos Aires: Belgrano, 1997. 195pp.

"Los autores se valen de las revistas de humor para construir una crónica del país desde 1974 hasta el presente." [M.I.L.].

187. BERNARDEZ JACQUES, ELBIO (1894-1963).

"The Gaucho Revival in Argentina in the 1930s and 1940s: The Gaucho as a Symbol of National and Social Values in the Works of Elbio Bernárdez Jacques." *Studies in Latin American Popular Culture* 14 (1995): 171-198.

188. BERNATEK, CARLOS (1955-). *La pasión en colores*. Buenos Aires: Planeta, 1994. 245pp.

"Nada hay más reñido con la pasión que el cinismo. Por eso, en principio no resulta demasiado claro que sea el padecimiento o el ardor propio de la pasión lo que guía al protagonista, Javier Parra, sino el interés por el dinero o el poder. Y hay ira escondida en el crimen que llega a cometer, y precisamente a instancias del idealista. Javier es un joven de los años 90 y Bernatek quizá quiere que este joven metido en el mundo de los adultos pueda encarnar a las nuevas generaciones pragmáticas, escépticas, y lejanas a las generaciones utópicas y revolucionarias de los 70." [Liliana Díaz Mindurry, *La Prensa* (21 mayo 1995): Secc. Cult., 8].

189. BERNAZZA, CLAUDIA (1960-). *Crónicas de la ciudad perfecta.* Buenos Aires: Al Margen, 1997. 183pp.

190. BERRETEAGA, CHOLY. *La casa olvidada.* Buenos Aires: Atlántida, 1995.

191. BERTHET, ELIAS. *Los misioneros del Paraguay.* (Novela histórica). Apareció en *El Plata Científico y Literario* (1855): VI/83-133. Información de N. Auza, *Estudio e Indice general de 'El Plata Científico y Literario,'* p. 34.

192. BERTI, EDUARDO (1964-). *Agua.* Buenos Aires: Tusquets, 1997. 238pp.

193. ———. *La mujer de Wakefield.* Buenos Aires: Tusquets, 1999. 247pp.
"El célebre relato de Hawthorne, en el que Charles Wakefield, en la Inglaterra del siglo XIX, abandona a su mujer por años, llevando una vida furtiva a pocas calles de su casa, es retomado por Berti desde una perspectiva nueva y conmovedora." [F.G.C., Jul. 1999].

194. BETANZOS, MIGUEL (1962-). *La máquina solar. (Galileo, la verdad frente al dogma).* Barcelona: Edhasa, 1996. 184pp.
"En primera persona, Galileo Galilei narra su vida y su lucha con la Iglesia y el Santo Oficio por defender sus creencias científicas." [M.I.L.].

195. ———. *Matar al Virrey: Historia de una conspiración.* Buenos Aires: Sudamericana, 1999. 287pp.
"Por desafiar las autoridades durante el virreinato de Arredondo, Augusto Velazco es desterrado en la Colonia de Sacramento. La única manera de escaparse es fraguar un complot para matar al Virrey. La novela da un excelente retrato de la vida colonial a fines del siglo XVIII." [M.I.L.].

196. ———. *Las tierras exuberantes: En busca del paraíso terrenal.* Buenos Aires: Sudamericana, 1998. 230pp.
"En las Misiones Jesuíticas del Guaira, a mediados del siglo XVIII, un sacerdote muere dejando unos manuscritos en los que describe un sitio paradisiaco, descubierto por él cerca de la Misión. Comienza una búsqueda de lo que tal vez fuera el Paraíso Terrenal bíblico, en medio de discusiones, intrigas y recelos." [F.G.C. (Sept. 1998): 59].

197. BIANCIOTTI, HECTOR (1930-). *Ce que la nuit raconte au jour.* Autobiografía novelada. Paris: Grasset, 1992. 331pp. Obra escrita originalmente en francés. Reimpr., 1994.

198. ———. *Lo que la noche le cuenta al día.* Trad. del francés por Thomas Kauf. Buenos Aires: Tusquets, 1993. 280pp.

199.   ——. *Ciò che la notte racconta al giorno.* Trad. al italiano por Y. Melaouah. Milano: Feltrinelli, 1993. 248pp.

"Es el relato de la lenta separación de su tierra natal y de aquél que fue; al mismo tiempo, es el anuncio de un encuentro futuro. Al abandonar su tierra natal sabía, oscuramente, que iba al encuentro de sí mismo. Bianciotti no describe; evoca, convoca. Se sirve de todos los recursos de la novela, especialmente de la ambigüedad. Se trata más que de un recurso, de un atributo que la novela comparte con la poesía." [Octavio Paz, *La Nación* (8 nov. 1992): 7/1].

Malinow, Inés. "*Ce que la nuit raconte au jour.*" *La Nación* (19 jul. 1992): 7/2.

Richmond Ellis, Robert. "Homoeroticism and the Ever-Recurring Illusion of Selfhood: The Argentine 'Life' of Héctor Bianciotti." *Revista Canadiense de Estudios Hispánicos* 22/3 (Spring 1998): 431-446.

Villordo, Oscar Hermes. "*Lo que la noche le cuenta al día.*" *La Nación* (22 ag. 1993): 4/7.

200.   ——. *El paso tan lento del amor.* Barcelona: Tusquets, 1996. 310pp.

"Esta novela es la historia de una persona que nació en la pampa cordobesa, que corrió el riesgo de morirse de hambre en Roma, que estuvo cuatro años contra su voluntad en España, que llegó a Francia y se ganó la vida miserablemente, que al cabo de veinte años no podía escribir en castellano." [S.B., *La Voz del Interior* (17 oct. 1996): C/10].

González, Juan Carlos. "Entrevista con Héctor Bianciotti." *La Voz del Interior* (8 ag. 1996): C/9.

201.   ——. *Passo lento dell'amore.* Trad. al italiano por G. Cillario: Baldini e Castoldi, 1996. 260pp.

202.   BIGI, JOSE LUIS. *Un guacho apellidado Paz.* Córdoba: Alción, 1990. 115pp.

203.   BILBAO, SUSANA (1945-). *Luna federal: Las mujeres que desobedecieron a Urquiza.* Buenos Aires: Sudamericana, 1997. 193pp. Reimpr., 1999.

"Novela inspirada en las memorias de Manuel A. Albariño, abuelo materno de la autora, que fue hombre de confianza de Urquiza. Narra una misión secreta llevada a cabo por militares de Urquiza para aclarar el enigma de Tabacué, un caserío perdido en el monte entrerriano y habitado sólo por mujeres, que se han negado a parir niños que al crecer les serían arrebatados por el ejército." [F.G.C. (Dic. 1999): 33].

204.   BILMEZIS, DIANA. *El baile de los Benguela.* En *La boda del fin del mundo.* Buenos Aires: Atlántida, 1997. 59-106. Premio Proyección 1996, Fundación Banco Patricios.

"Juan Manuel de Rosas en convivencia con el ángel que baila un candombe benguela." [Fernando Sánchez Sorondo, *La Nación* (30 nov. 1997): 6/4].

205.   ——. *La boda del fin del mundo.* En *La boda del fin del mundo,* 1997. 141-223.

206.   ——. *Cuando caiga Somoza, amor mío.* En *La boda del fin del mundo,* 1997. 11-56.

"Aquí, Bilmezis plantea el reencuentro de dos hermanas separadas por tiempos y espacios adversos. Un encuentro concedido por esa apertura del corazón que dan los años cuando se corresponden con una sabia ancianidad." [F. Sánchez Sorondo, *La Nación* (30 nov. 1997): 6/4].

207. BINI, RAFAEL. *La venganza de Killing.* Buenos Aires: Ultimo Reino, 1993. 199pp. Premio Fundación Antorchas, 1992.
208. BIOY CASARES, ADOLFO (1914-1999). *Un campeón desparejo.* Barcelona: Tusquets, 1993. 112pp.
209. ——. *De un mundo a otro.* Buenos Aires: Temas Grupo Editorial, 1998. 78pp.

"Dos argentinos, un periodista y un astronauta, parten en una nave espacial hacia el décimocuarto planeta de nuestro sistema solar. En medio del viaje, un accidente los precipita en un mundo misterioso, habitado por seres racionales con costumbres muy semejantes a las de los humanos." [R.L., *La Nación* (19 abr. 1998): 6/12].

210. ——. *Diario de la guerra del cerdo.* 1969. Buenos Aires: Emecé, 1996. 228pp.
211. ——. *Diario della guerra del maiale.* Trad. al italiano por A. Devoto. Milano: Zanzibar, 1997. 256pp.
212. ——. *Dormir al sol.* 1973. Buenos Aires: Emecé, 1992. 229pp.

Filer, Malva E. "*Dormir al sol* de Adolfo Bioy Casares: Fechorías de un discípulo porteño del Dr. Moreau." *Alba de América* 6/10 (Jul. 1988): 109-115.

213. ——. *La invención del Morel.* 1940. Buenos Aires: Colihue, 1992. 139pp.
214. ——. *La invención de Morel.* Buenos Aires: Emecé, 1993. 155pp.

Dowling, Lee. "Derridean 'Traces' in *La invención de Morel.*" *Discurso* 9/2 (1992): 55-66.

Gilard, Jacques. "Les Anagrammes de Morel: Notes sur un récit de Bioy Casares." *Cahiers du Monde Hispanique et Luso-Brésilien* 64 (1995): 139-145.

215. ——. *Clave para un amor.* Buenos Aires: Losada, 1998. 93pp.
216. ——. *Obras completas de Adolfo Bioy Casares.* Vol. 1. Bogotá: Norma, 1997. 379pp. Contiene *La invención de Morel, Plan de evasión, El sueño de los héroes.*
217. ——. *Plan de evasión.* 1945. Buenos Aires: Emecé, 1994. 218pp.
218. ——. *El sueño de los héroes.* 1954. Buenos Aires: Emecé, 1990. 239pp.
219. ——. *El sueño de los héroes.* Buenos Aires: Nuevo Siglo, 1995. 217pp.

Navascúes, Javier de. "*El sueño de los héroes* : Un conflicto trágico entre dos lealtades." *Revista Canadiense de Estudios Hispánicos* 17/3 (Spring 1993): 453-463.

Rossner, Michael. "*El sueño de los héroes.*" *Der hispanoamericanische Roman, I.* Ed. V. Roloff. Darmstadt: Wiss. Buchgesell, 1992. 254-265.

CRITICAL STUDIES ON ADOLFO BIOY CASARES

"Entrevista con Bioy Casares." *La Voz del Interior* (17 oct. 1991): D/4.

Bach, Caleb. "The Inventions of A. Bioy Casares." *Americas* 45/6 (Nov. 1993): 14-19.

Barcia, Pedro L. "Bioy Casares o la madriguera de la ficción." *La Nación* (18 sept. 1994): 7/3.

Beltrán del Río, Pascal. "Cartas de Bioy Casares a Elena Garro." *La Nación* (30 nov. 1997): 6/1.

Blanco, José J. "El lado oscuro de Bioy Casares." *Nexos* 22/259 (Jul. 1999): 90-92.

Bocco, Andrea, y Ximena Triquell. "Bioy, ese discreto encanto de contar." *La Voz del Interior* (6 jun. 1991): D/1.

Bozzetto, Roger. "L'Invention de Morel: Robinson, les choses y les simulacres." *Etudes Françaises* 35/1 (Spring 1999): 65-77.

Cela, Camilo José. "Un Sancho aquijotado: Bioy Casares." *La Nación* (14 mar. 1999): 6/1-2.

Coleman, Alexander. "Fantastic Argentine." *The New Criterion* (Oct. 1994): 13/2: 65-70.

Francescato, Martha Paley. "Cuarta versión de *La aventura de un fotógrafo en La Plata* de A. Bioy Casares." *Studies in Honor of Myron Lichtblau.* Ed. F. Burgos. Newark: Juan de la Cuesta, 2000. 265-273.

Garet, Leonardo. "Dos problemas para Bioy Casares." *A. Bioy Casares en Uruguay; de la amistad y otras coincidencias.* Ed. L. Block de Behar. Montevideo: Centro Internac. de Salto, 1993. 145-166.

Giordano, Alberto. "La otra aventura de Bioy Casares." *Cuadernos Hispanoamericanos* 545 (Nov. 1995): 116-122.

Godino, Marcelo. "El extremo fantástico de la evasión." *La Voz del Interior* (22 nov. 1990): D/1.

Jozef, Bella. *Homenagem a A. Bioy Casares. América Hispánica* 5/8 (Jul. 1992).

Kociancich, Vlady. "Humor y anticipación." *La Nación* (11 sept. 1994): 7/3.

Lojo, María R. "Culminación del héroe, culminación de la escritura." *La Nación* (11 sept. 1994): 7/4.

Maldavsky, David. "La narrativa de Bioy Casares y sus parentescos: Estudio sobre el lenguaje del erotismo." *Hispamérica* 24/71 (Ag. 1995): 3-21.

Mansau, Andrée. "Máscaras venecianas y amores con la muerte en la obra de A. Bioy Casares." *Studies in Honor of Gilberto Paolini.* Ed. M. Vidal Tibbits. Newark, Juan de la Cuesta, 1996. 457-463.

Martínez, Tomás Eloy. "Crónica de un desencuentro." *La Nación* (14 mar. 1999): 6/2.

Mazzei, Angel. "La visión porteña de Bioy Casares." *La Nación* (11 sept. 1994): Supl. Lit., 7.

Miguel, María E. de. "La sonrisa de la felicidad." *La Nación* (14 mar. 1999): 6/8.

Monmany, Mercedes. "Las mujeres imposibles en Bioy Casares." *Cuadernos Hispanoamericanos* 513 (Mar. 1993): 117-122.

Navascúes, Javier de. *El esperpento controlado: La narrativa de Adolfo Bioy Casares.* Navarra: Univ. de Pamplona, 1995.

Scheines, Graciela. "Claves para leer a A. Bioy Casares." *Cuadernos Hispanoamericanos* 487 (Enero 1991): 13-22.

Schollhammer, Karl. "Mundos posibles e imposibles: Lo fantástico. Crisis de interpretación." *Texto Crítico* 1/1 (Jul. 1995): 25-34.

Serafín, Silvana. "I mondi infiniti di Adolfo Bioy Casares." *Quaderni Ibero-Americani* 79 (1996): 8-12.

Snook, Margaret. *In Search of Self: Gender and Identity in Bioy Casares' Fantastic Fiction.* New York: Peter Lang, 1998.

Soria, Giuliano. "Entrevista a Bioy Casares." *Quaderni Ibero-Americani* 79 (1996): 13-26.

Sosnowski, Saúl. "Adolfo Bioy Casares." *Hispamérica* 25/74 (Dic. 1996): 49-59.

Teobaldi, Daniel. "Adolfo Bioy Casares e Italo Calvino: Las formas del laberinto." *Primeras Jornadas Internac. de Lit. Arg.* Ed. T. Frugoni de Fritzsche. Córdoba: Univ. Nac. de Córdoba, 1996.

Torres Zavaleta, Jorge. "La muerte en el espejo de la conciencia." *La Nación* (14 mar. 1999): 6/3.

Ulacia, Manuel. "Entrevista a Bioy Casares." *Adolfo Bioy Casares en Uruguay; de la amistad y otras coincidencias.* Ed. L. Block de Behar. Montevideo: Centro Internac. de Salto, 1993. 213-226.

Ulla, Noemí. *"Los Bioy."* La Nación (14 mar. 1999): 6/6.

Vázquez, María E. "Conversación con Bioy Casares." *La Nación* (13 jun. 1993): 7/3.

220. **BIRMAJER, MARCELO** (1966-). *El alma del diablo.* Bogotá: Norma, 1994. 100pp.

"Es la historia de un niño judío y de los habitantes de una oscura y misteriosa casa. La curiosidad del protagonista lo llevará a involucrarse en una trama de suspenso que derivará en la verdad. Una excelente novela juvenil." [Aviso, *La Nación* (30 abr. 1995): 7/7].

221. ——. *Un crimen secundario.* Buenos Aires: Colihue, 1992. 102pp.

"Aslamin y Tognini—los dos protagonistas de la novela—comparten con su creador el deseo de evitar la rutina. Los tres quieren encontrar los hechos asombrosos que se esconden en los asuntos de todos los días. En esa búsqueda, los personajes se sumergen en la trama de un suceso policial e investigan un delito que finalmente resulta secundario." [Judith Gociol, *La Maga* (25 mar. 1992): 5].

222. **BISCHOFF, EFRAIN U.** (1912-). *Los esclavos no saben morir.* Córdoba: Copiar, 1998. 190pp. Escrita en 1953. Primer Premio, Literatura, Prov. de Córdoba, 1954.

"Uno de los principales protagonistas es un negro en la época de la gobernación intendencia del marqués de Sobre Monte, en los últimos tramos del siglo XVII. La trama está vinculada al paisaje y las costumbres de la ciudad y la campaña cordobesa." [F.G.C. (Dic. 1998): 27].

223. **BIZZIO, SERGIO** (1956-). *El divino convertible.* Buenos Aires: Catálogos, 1990. 238pp.

224. ——. *Infierno Albino.* Buenos Aires: Sudamericana, 1992. 176pp.

"Manejada desde un trasfondo de hechos sutiles más que desde la realidad exterior, *Infierno Albino* se convierte en una novela de suspenso más que en una novela de intriga. Ese suspenso deja también de lado la crítica social implícita en la trama y aún el momento histórico en que transcurre la acción. El protagonista es un vendedor de instrumentos médicos. El punto de apoyo en este caso, como en el de los restantes personajes, es la exacta pintura psicológica, pintura acompañada con la descripción minuciosa de una ciudad alienante, en ciertas circunstancias misteriosa y mágica." [Oscar H. Villordo, *La Nación* (18 oct. 1992): 7/4].

225. ——. *Más allá del bien y lentamente.* Buenos Aires: Sudamericana, 1995. 214pp.

"El tema de la novela es la miserable vida que sufren los vagabundos porteños." [M.I.L.].

226. ——. *Planet.* Buenos Aires: Sudamericana, 1998. 239pp.

"Una trama divertida: Dos actores de telenovela son raptados y transportados a un planeta cuyos habitantes son los más cultos del universo. Compiten entre sí y ambos logran un gran éxito y desatan una oleada de interés por la Argentina. Pero pronto se ven envueltos en una trama de engaños y traiciones." [F.G.C. (Dic. 1998): 13].

227. ——. *Son de Africa.* México: Fondo de Cultura Economica, 1993. 149pp.
"El tema es el tráfico de esclavos desde los poblados costeros africanos hasta Pernambuco, alrededor de 1600. Los personajes principales son un traficante blanco, adicto a un preparado de opio y mandrágora; un negro joven que ha llegado a trabajar al ingenio azucarero de su padre. Pero en el momento de la captura, el blanco ha matado al hijo del negro. La novela es la historia de una venganza." [S. Bizzio, entrevistado por María E. Vázquez, *La Nación* (10 abr. 1994): 7/2].

228. BLANCO AMOR, JOSE (1910-).
Vecchio. Frank. "The Theme of Isolation in the Novels of José Blanco Amor." Tesis de doctorado, Univ. of Washington, 1964.

229. BLASEOTTO, HECTOR R. *Y el señor dijo basta.* Buenos Aires: Terra Mater, 1997. 154pp.
"Historia satírica en la que, a través de las peripecias de una sociedad de animales, se critican las organizaciones humanas." [F.G.C., 1997].

230. BLAUSTEIN, EDUARDO (1957-). *Cruz diablo.* Buenos Aires: Emecé, 1997. 292pp. Premio Emecé, 1996.

231. BLOMBERG, HECTOR PEDRO (1890-1955).
"Héctor Blomberg es el narrador artista de los barrios extraños y siniestros de Buenos Aires. Estos barrios son 'las puertas de Babel' por las que se penetra en la 'ciudad monstruosa e inquietante' donde todos los idiomas del mundo y las razas se confunden y mezclan.'" [Horacio Quiroga, prólogo a "Las puertas de Babel" de Blomberg, citado en el artículo "La Novela Semanal" de Mabel Alarcia, en *Historia de revistas argentinas*, por Alejandro Eujanian (1999), 371-372].

232. BOGGIANO, SILVANA. *La madriguera.* Buenos Aires: Vinciguerra, 1997. 109pp.
"La autora rescata el tema del 'Edipo' de Sófocles, instalándolo en una problemática existencial." [F.G.C. (1997): 109].

233. BOGLIONE, DANIEL (1949-). *Rosagasario Blues.* Novela policial. Rosario: Univ. Nac. de Rosario, 1998. 145pp. En un vol. con *Formas de morir*, de Patricio Pron.

234. BOLDORI, ROSA. *La morada de los cuatro vientos.* Buenos Aires: GEL, 1992. 205pp.

235. BOLLO, HECTOR DANIEL. *Los duendes de El Salvador.* Córdoba: Lerner, 1993. 440pp.
"La obra penetra en los misterios de una región (El Salvador) casi desconocida por el gran público internacional, en su verdadera realidad e idiosincrasia. La trama argumental se basa, principalmente, en la concatenación de hechos aislados, pero auténticos. Una maraña de ineludibles lealtades envuelve a los personajes." [Contratapa].

236. BONZINI, SILVIA. *Y todo por esta luz.* Buenos Aires: Pivote, 1992. 150pp.

237. BORGHELLO, JOSE MARIA. *Plaza de los lirios.* Buenos Aires: Galerna, 1985. 372pp.

"Flavio y Nicolás, unidos por una pasión que debe enfrentar las leyes y la moral común. Flavio avanza desde una adolescencia plena de interrogantes, hasta encontrarse con Nicolás, el hombre casado, criado en un suburbio de burdeles y matones." [Contratapa].

238. ——. *La salida*. En *La salida y otros encierros*. Buenos Aires: Galerna, 1992. 115-154.

239. BORINSKY, ALICIA (1946-). *Cine continuado*. Buenos Aires: Corregidor, 1997. 207pp.

240. ——. *Mina cruel*. Buenos Aires: Corregidor, 1989. 125pp.

241. ——. *Sueños del seductor abandonado*. Novela vodevil. Buenos Aires: Corregidor, 1995. 191pp.

242. ——. *Dreams of the Abandoned Seducer*. Trad. al inglés por Colla Franzen. Lincoln: U of Nebraska P, 1998. 211pp.

243. BOSCO, MARIA ANGELICA (1917-). *Las burlas del porvenir*. Buenos Aires: Atlántida, 1993. 206pp.

"Toda la historia narrada gira en torno de Román Villegas, juez impecable–en apariencia por cierto–y los oscuros entretelones que le han permitido usufructuar las benéficas posibilidades ofrecidas por el poder. Dinero, ascenso social, sabor complaciente de la adulación, compensaciones amorosas–todo es materia redituable para el hombre que vive entre la apariencia de honorabilidad suma, que exteriormente representa, y el caos íntimo en que está sumergido." [María E. de Miguel, *La Nación* (31 oct. 1993): 7/4].

244. ——. *Tres historias de mujeres: María (la conquista), Sancha (la fundación), Bernabela (la independencia)*. Buenos Aires: Vinciguerra, 1996. 173pp.

"En torno a la conquista, la fundación e independencia de Colonia del Sacramento, tres mujeres enfrentan las contradicciones de la pasión, la disyuntiva de traicionar a la raza y la moral mojigata de la época." [F.G.C., 1996-97].

Bosco, María Angélica. *Memoria de las casas*. Buenos Aires: Vinciguerra, 1998. Autobiografía.

Dunn, Kelly. "Representative Detective Fiction Writers from Mexico and Argentina: Socio-Political Factors and Literary Content." Tesis de doctorado, Univ. of Virginia, 1998. Sobre Bosco, Poletti, Giardinelli.

245. BOSSERT, GUSTAVO (1938-). *El atropello*. Buenos Aires: Sudamericana, 1995. 132pp.

246. ——. *La trampera*. En *La trampera*. Buenos Aires: Legasa, 1988. 123pp.

247. BOTOSCHANSKY, JACOBO (n. Besarabia, 1895-). *Mir viln lebn (Queremos vivir)*. (Roman in fir teyln). Buenos Aires: Farlag Idish, 1944. 521pp.

248. BOTTA, MIRTA (1948-). *El rapto*. Buenos Aires: Simurg, 1998. 214pp.

249. BOTTINI, CLARA (1940-). *La depresión de Minnie Mouse*. Buenos Aires: Torres Agüero, 1989. 106pp. Premio FNA, 1988.

"Novela que en forma de diario íntimo registra la vida de una mujer. La escritura como terapia contra la fragmentación del yo fracasa con un texto circular cuyo fin envía al comienzo." [María C. Guiñazú, *HLAS* 54 (1995): 562].

250. BRACELI, RODOLFO. *Borgesperón.* Buenos Aires: Atlántida, 1995. 319pp.

251. BRAILOVSKY, ANTONIO ELIO (1946-). *No abrirás esta puerta.* Buenos Aires: Atlántida, 1996. 221pp. Relatos unidos por un protagonista común.

252. ———. *Esta maldita lujuria.* Havana: Casa de las Américas, 1991. 185pp. Premio Casa de las Américas, 1990.

253. ———. *Esta maldita lujuria.* Buenos Aires: Planeta, 1992. 188pp.

    "El tema es el hallazgo de la mítica ciudad de los Césares. Se relata la trayectoria de un grupo de españoles que intentan esa loca travesía donde la lujuria imponía sus más crueles leyes. Sobre la base de un bello lenguaje en el que lo poético se engarza con lo trágico, Brailovsky desarrolla ese itinerario a través de las cartas enviadas por un armero español, integrante de la expedición, a su virrey." [Adolfo C. Martínez, *La Nación* (31 enero 1993): 7/5].

    Case, Thomas E. *"Esa maldita lujuria." World Literature Today* 67/1 (Winter 1993): 155.

    Guiñazú, María C. *"Esta maldita lujuria." HLAS* 54 (1995): 562].

254. ———. *Isaac Halevy, rey de los judíos.* Buenos Aires: Tusquets, 1997. 293pp. Es la misma novela que apareció en 1980 bajo el título *Identidad.*

255. ———. *Me gustan sus cuernos.* Barcelona: Tusquets, 1995. 156pp.

    "De la misteriosa relación entre narración, erotismo y muerte; de la seducción satánica de la palabra. En ésas y otras fuentes abreva Brailovsky para construir una novela que ubica ese misterio en el punto en que la mentira se transforma en ficción. Laura, profesora de historia, recibe de un sacerdote el encargo de dilucidar el contenido de unas actas inquisitoriales del siglo XVII, descubiertas por casualidad." [Florinda Goldberg, *Hispamérica* 24/72 (Dic. 1995): 112].

256. BRANDAN ARAOZ, MARIA. *Caso reservado.* Buenos Aires: Emecé, 1993. 214pp.

257. ———. *Refugio peligroso.* Buenos Aires: Torres Agüero, 1988. 89pp.

258. BRAÑAS, BALBINO. *El amor de la hija del campesino.* Inconclusa.

    "Publicada en el periódico *Sarmiento* (1928-1929). No entramos a juzgar dicha obra por no haber encontrado más que los capítulos VII y VIII de dicho trabajo." [G. Kaul Grunwald, *Historia de la literatura en Misiones* (1995): 137].

259. BRASCO, MIGUEL. *Quejido Huacho.* Buenos Aires: Tusquets, 1999. 297pp.

260. BREST, RAUL C. M. *Historias de hombres.* Buenos Aires: Faro, 1996. 85pp.

261. BRIANTE, MIGUEL (1944-1995). *A lo largo de esa calle que da al río.* 1968. En *Ley de juego (1962-1982).* Buenos Aires: Folios, 1983. 127-198.

262. ———. *Kincón.* 1975. Buenos Aires: Aguilar Argentina, 1993. 254pp.

    Russo, Miguel. "Entrevista con M. Briante." *La Maga* (3 nov. 1993): 50.

263. BRIZUELA, LEOPOLDO (1963-). *Inglaterra, una fábula.* Buenos Aires: Clarín-Aguilar, 1999. 403pp. Premio Clarín de Novela,1999.

"El argumento pasa de un protagonista a otro y sugiere, finalmente, el encuentro ineludible de los opuestos: El de la cultura occidental 'civilizada' con la apariencia silente de los salvajes sudamericanos; el amor entre una niña y un viejo homosexual; el del idioma inglés con el lenguaje de los indios patagónicos. Es una fábula. En el libro hay humor, aventuras, los relatos épicos de los primeros viajeros, la fascinación religiosa." [Laura Pérez, *Clarín* (Dic. 1999)].

264.   BRUMANA, HERMINIA (1901-1954). *Obras Completas*. Buenos Aires: Amigos de Herminia Brumana, 1958.

——. *Ideario y presencia de Herminia Brumana*. Buenos Aires: Amigos de H. Brumana, 1964.

Fletcher, Lea. *Una mujer llamada Herminia*. Buenos Aires: Catálogos, 1987.

265.   BUBLIK, ARMANDO (1930-). *Poncho y Talmud*. Buenos Aires: Atlántida, 1998. 315pp.
"La historia de la vida de Zito, cercada por los límites de Moisés Ville, una colonia de inmigrantes en Santa Fe, a principios del siglo. La narración nunca pierde de vista a su personaje, siempre en el centro a pesar del color que van tomando la vida de un pueblo de provincia y las tradiciones judías de los colonos. Zito se convierte en héroe porque, marcado desde su nacimiento, se mueve en ese escenario creando sus propias reglas, aunque esto significa ganarse enemigos y dejar de ser considerado judío." [Gabriela Leonard, *La Nación* (22 mar. 1998): 6/7].

266.   BUGLIANI, LEONARDO (1971-). *El retorno de Mozart*. RundiNuskin, 1991. 97pp.
"*El retorno de Mozart* es una interpretación de la presencia de la obra y figura del genio en nuestro tiempo. Edward Dent es el científico más prestigioso del Instituto Tecnológico de Massachusetts. Su rutina científica es transformada por completo cuando las autoridades del Mozarteum de Salzburgo le hacen llegar un cráneo presuntamente de Mozart, para su análisis." [Contratapa].

267.   BULLRICH, SILVINA (1915-1990). *Los burgueses*. 1964. Buenos Aires: Perfil, 1998. 124pp.

268.   ——. *Mis novelas escogidas*. Buenos Aires, Emecé, 1990. El vol. incluye *Bodas de cristal*; *Los burgueses*; *Historia de un silencio*; *Mal don*; *Mañana digo basta*; *Un momento muy largo*; *Los pasajeros del jardí*; *Te acordarás de Taormina*.

269.   ——. *Relato de Leni. Una infancia*. (Crónica novelada). Buenos Aires: Private, 1994. 114pp.
". . . esta obra breve, que narra con grata sencillez los recuerdos del hogar, de la escena primaria, de las vacaciones de verano junto al mar, en una casa cuyas dimensiones amplias permiten albergar a familias enteras, en una convivencia cordial que también marca el signo de una época." [Angel Mazzei, *La Nación* (30 abr. 1994): 7/5].

270.   ——. *Tomorrow I'll Say, Enough*. Traducción al inglés de *Mañana digo basta*, por Julia Shirek Smith. Pittsburgh: Latin American Literary Review P, 1996. 189pp.
Tompkins, Cynthia. "Tomorrow I'll Say, Enough." *World Literature Today* 71/4 (Autumn 1997): 765.

271.   BURGOS, FAUSTO (1888-1951).

Tacconi de Gómez, María del Carmen. *Identidad y mito en novelas de Fausto Gómez y Tomás Eloy Martínez.* Tucumán: Univ. Nac. de Tucumán, 1996.

272. BUSTAMANTE, JOAQUIN T. *Djarsa de Roma.* Río Cuarto: Blanco y Barchiesi, 1987. 230pp.

"*Djarsa de Roma* es crónica intencionalmente frívola y novela; en tanto ésta refleja la realidad, aquélla sostiene la inventiva. De igual modo, Djarsa es persona y personaje. Djarsa [. . . .] guiamos al autor a través de la Roma antigua, arqueológica y renacentista." ["Tizziana," contratapa].

273. BUTAZZONI, FERNANDO (1953-). *Príncipe de la muerte.* Buenos Aires: Seix Barral, 1997. 394pp.

274. BUTELER, MARIA ESTHER. *Memorias de un perro.* Buenos Aires: Faro, 1993. 107pp.

275. BUTTI, ENRIQUE (1949-). *Indi.* Buenos Aires: Losada, 1998. 216pp. Premio de Novela Mario de Andrade, 1993.

"Novela nada original en su concepción, pero ágilmente escrita y desarrollada, *Indi* versa sobre un ingeniero italiano que trabaja en una algodonera chaqueña." [M.I.L.].

276. ———. *No me digan que no.* Buenos Aires: Colihue, 1990. 114pp.

"Tema: Las insospechadas derivaciones de unas ansiadas vacaciones en el campo, en la estancia de los abuelos del mejor amigo del narrador. Dos novelas de corte netamente popular que tanto en la concepción como en el lenguaje se suman a la tendencia modernista de la novela juvenil." [K.P.G., *La Voz del Interior* (6 mayo 1990): E/2].

C

277. CABAL, GRACIELA BEATRIZ. *Secretos de familia.* Buenos Aires: Sudamericana, 1995. 276pp.

"Si dijéramos que *Secretos de familia* es un libro autobiográfico sobre la infancia de la autora, desde los primeros recuerdos hasta el final de la escuela primaria, estaríamos diciendo la verdad y al mismo tiempo ni siquiera nos acercaríamos a su esencia. Lo que marca la diferencia es la voz protagónica que relata, no desde la experiencia adulta de Cabal, sino como la niñita que fue y que en el libro intenta comprender el mundo de los adultos." [Irene Ferrari, *La Prensa* (26 nov. 1995): Secc. Cult., 8].

278. CABALLERO, TERESA (1932-). *El cuarto hostil.* Buenos Aires: Corregidor, 1996. 175pp.

"La voz más inquietante de esta novela es la del monstruo; el cuarto mismo, el rincón hostil que desea desprenderse de los invasores humanos. El cuarto es unególatra. En realidad por momentos obra como un pequeño diós del Mal, con poderes verdaderos. Odia a los habitantes por sus virtudes. Su nuevo inquilino, Estanislao, no sabe lo que le espera. Desde el mundo de los espíritus, el cuarto le habla (sin que él se percate). [Graciela Scheines, *La Gaceta de Tucumán* (3 mar. 1996): Supl. Lit., 3].

279. CABRAL, CESAR AUGUSTO. *La ciudad de los cuatro siglos.* Buenos Aires: Argenta Sarlep, 1994. 312pp.

280. ———. *Fiesta y fuga del estío.* Buenos Aires: GEL, 1998. 179pp.

"Novela que describe, con una mezcla de ficción e historia real, el nacimiento, crecimiento y desarrollo de lo que hoy es Pinamar y su gente." [F.G.C. (Dic. 1998): 28].

281. ———. *El proyecto de Pancracio.* Buenos Aires: GEL, 1996. 220pp.

282. ———. *Los sones de la nada.* Buenos Aires: GEL, 1997. 199pp.

283. CABREJAS, ELENA. *Algo habrán hecho (monjas francesas desaparecidas).* Buenos Aires: Solaris, 1998. 200pp.

"Narración basada en el caso verdadero del secuestro y desaparición de la monja Alice Domond durante la dictadura militar." [M.I.L.].

284. CABRERA, ANA MARIA. *Felicitas Guerrero, la mujer más hermosa de la República.* Buenos Aires: Sudamericana, 1998. 190pp.

"Esta novela narra los avatares de un drama pasional que conmovió a la alta sociedad argentina en 1872. Felicitas Guerrero, joven viuda de inmensa fortuna, halló la muerte a manos de un pretendiente rechazado, Enrique Ocampo, quien luego se quitó la vida." [F.G.C. (Sept. 1998): 60].

285. CABRERA, JUL. (1945-). *El lógico y la bestia: Logodrama en seis etapas.* Buenos Aires: Alción, 1995. 178pp.

286. CAIROLI, IRMA.

Negri, F. Irma Cairoli, scrittrice 'universale.' *Fenarete* 17-1 (1965): 44-45.

287. CALCAGNO, CELIA. *Edimbra.* Buenos Aires: Sudamericana, 1992. 262pp.

288. CALVEYRA, ARNALDO (1929-). *La cama de Aurelia.* Buenos Aires: Tusquets, 1999. 180pp.

"Aurelia, una joven provinciana, decide no volver a levantarse de su cama, a pesar que no está enferma. Esa situación es aceptada por sus hermanas solteronas. El pueblo entero parece latir a través de la conciencia de Aurelia, quien recibe a todos desde su lecho." [F.G.C., Ag. 1999].

289. CALVO, RUBEN. *Señal de ausencia.* Buenos Aires: Corregidor, 1993. 125pp.

"Novela ambientada en el Buenos Aires de los años sesenta, protagonizada por un hombre joven que se ve perdido en una ciudad hostil." [F.G.C. (1993-95): 4].

290. CAMARASA, JORGE (1953-). *La enviada. El viaje de Eva a Europa.* Novela histórica. Buenos Aires: 1998.

291. ———. *La ola.* Buenos Aires: Planeta, 1984. 215pp.

292. CAMAÜER, SOLANGE (1965-). *Las delicias del jardín.* Buenos Aires: Sudamericana, 1999. 230pp.

"Conveleciente de una enfermedad, un cirujano plástico es obsequiado con un libro de arte (de Bosch y comentarios sobre su obra) que pone en crisis su profesión, su matrimonio y sus conceptos sobre la vida y la estética. El contacto con ese libro lo lleva a profundizar acerca de aspectos que antes había encarado con escepticismo y complaciente resignación." [María M. Estrada, *La Nación* (13 jun. 1999): Secc. Cult.].

293. CAMBACERES, EUGENIO (1843-1888). *Música sentimental–silbidos de un vago*. 1884. Buenos Aires: Losada, 1994. 197pp.

294. ——. *Sin rumbo*. 1885. Buenos Aires: Bramihuemul, 1985. 192pp.

295. ——. *Sin rumbo*. Ed. de Rita Gnutzmann. Bilbao: Univ. del País Vasco, 1993. 173pp.

296. ——. *Sin rumbo*. Buenos Aires: Plus Ultra, 1993. 298pp.

297. ——. *Sin rumbo*. Buenos Aires: El Ateneo, 1994. 101pp.

298. ——. *Sin rumbo*. Buenos Aires: Losada, 1994. 197pp.

299. ——. *Sin rumbo*. Buenos Aires: Nuevo Siglo, 1995. 128pp.

Fernández, Nancy. "Violencia, risa y parodia: 'El niño proletario' de O. Lamborghini y *Sin rumbo* de E. Cambaceres." *Revista Interamericana de Bibliografía* 43/3 (1983): 413-417.

George, David R., Jr. "Entre el paseo y la decadencia: La figura del 'flaneur' en *Sin rumbo*." *Romance Languages Annual* 9 (1997): 496-500.

CRITICAL STUDIES ON EUGENIO CAMBACERES

Bazán-Figueras, Patricia. *Eugenio Cambaceres: Precursor de la novela argentina contemporánea*. New York: Peter Lang, 1994.

Cymerman, Claude. "La imagen de la mujer en *Potpourri* de Eugenio Cambaceres." *Studies in Honor of Myron Lichtblau*. Ed. Fernando Burgos. Newark: Juan de la Cuesta, 2000. 53-64.

——."Las imágenes zoomorfas y sexuales en la obra de Eugenio Cambaceres." *Actas del X Congreso de la AIH*. Ed. A. Villanueva. Barcelona: Promoc. Univ., 1992. II: 563-572.

Ferrari, Irene. "Eugenio Cambaceres: Un adelantado del naturalismo argentino." *La Prensa* (23 jul. 1995): Secc. Cult. 1.

Gnutzmann, Rita. "Bibliografía sobre Eugenio Cambaceres." *Revista Internacional de Bibliografía* 44/2 (1994).

Jitrik, Noé. *Suspender toda certeza: Antología crítica (1959-1976)*. Buenos Aires: Biblos, 1997. Incluye estudios sobre Cambaceres.

Panesi, Jorge. "Cambaceres, un verdadero chismoso." *Revista Interamericana de Bibliografía* 45/3 (1995): 339-346.

300. CAMPOR DE VISINTIN, SUSANA. *Por fin viaje de estudios. Bariloche nos espera*. Buenos Aires: Lerner, 1990. 100pp.
"Susana Campor evidencia en esta novela adolescente una singular percepción de los intereses de su público. La totalidad de estas páginas responde a estos intereses a través de las experiencias protagonizadas por un grupo de estudiantes organizando primero y efectuando después su ansiado viaje a Bariloche; una meta rebosante de días mágicos o casi, porque ese puñado de días encierra también sus dificultades." [V.P., *La Voz del Interior* (11 feb. 1990): Secc. Cult.].

301. CAMPORA, ALICIA (1953-). *El ritual de la última semana*. Buenos Aires: Vinciguerra, 1996. 92pp.
"Novela que aborda la historia de una familia a través de cuatro generaciones. Como toda familia numerosa, y luego de la muerte de la madre, algunos de sus integrantes se atreven a 'ventilar' antiguas desavenencias." [Contratapa].

302. CAMPRA, ROSALBA. *Los años del arcángel.* Córdoba: Del Boulevard, 1998. 166pp.

"Un arcángel, en cumplimiento de misiones que le son encargadas por una autoridad imprevisible y lacónica, interviene en episodios de la historia argentina: Las guerras calchaquíes, el levantamiento universitario de 1775, la campaña del desierto, el Proceso." [F.G.C. (Mar. 1999): 28].

303. CANCELA, ARTURO (1892-1956). *Historia funambulesca del profesor Landormy.* 1944. Buenos Aires: CEAL, 1994. Vol. I, 191pp.; Vol. II, 154 pp.

304. ———. *Tres relatos porteños.* Buenos Aires: A-Z, 1994. 111pp.

Modern, Rodolfo. "El centenario de Arturo Cancela." *BAAL* 57/223 (Enero 1992): 127-134.

Zubieta, Ana María. *Humor, nación y diferencias: Arturo Cancela y Leopoldo Marechal.* Rosario: Beatriz Viterbo, 1995.

305. CANCLINI, ARNOLDO. *El fueguino: Jemmy Button y los suyos.* Buenos Aires: Sudamericana, 1998. 338pp.

"Resultado de una minuciosa investigación, esta novela trata la historia de Jemmy Button, indígena fueguino que fue llevado con otros tres a Inglaterra, en el 'Beagle,' comandado por el capitán Fitz Roy, para ser civilizados y recibir formación religiosa. A la vez que reconstruye este episodio y sus consecuencias, Canclini traza un retrato de la vida y la psicología de los yámanas, hoy extinguidos." [F.G.C. (Sept. 1998): 61].

306. CANDIOTTI, LUIS. *Una memoria insolente.* Rosario: Fundación A. Ross, 1998. 386pp.

"Historia de dos mujeres y un hombre de clase media argentina en los años de la última dictadura militar." [F.G.C. (Sept. 1998): 61].

307. CANE, CORA. *Espectros a la hora de jugar.* Buenos Aires: El Francotirador, 1995. 64pp.

"Esta 'nouvelle' es el claro rescate de una experiencia infantil, y, por lo tanto, como decía Rilke, constituye por ello un acto poético, realizado por la pericia de una escritora que sabe dotar a su narración de diáfana belleza expresiva. Con segura gradación de las tensiones, Cora instala al lector en el problema de las vivencias infantiles. La protagonista tiene esa fuerza real distintiva de tradicionales novelas inglesas, de añorable interés narrativo." [Angel Mazzei, *La Nación* (21 abr. 1996): 6/7].

Renard, María. "*Espectros a la hora de jugar.*" *La Prensa* (15 oct. 1995): Secc. Cult., 9.

308. CANE, MIGUEL (h.) (1851-1905). *Juvenilia.* 1884. Buenos Aires: Colihue, 1982. 110pp.

309. ———. *Juvenilia.* Buenos Aires: Atlántida, 1984. 122pp.

310. ———. *Juvenilia.* Buenos Aires: Altamira, 1993. 112pp.

311. ———. *Juvenilia.* Buenos Aires: Bramihuemul, 1993. 176pp.

312. ———. *Juvenilia.* Buenos Aires: Espasa-Calpe, 1993. 208pp.

313. ———. *Juvenilia.* Buenos Aires: Nuevo Siglo, 1995. 128pp.

314. ———. *Juvenilia.* Buenos Aires: Kapelusz, 1997. 192pp.

315. ———. *Juvenilia.* Buenos Aires: Acme, 1998. 160pp.

Avelar, Idelber. "'Confecciones' y la retórica del nombre propio: Política y autobiografía en *Juvenilia.*" *La Torre* 9/33 (Enero 1995): 111-121.

Cané, Miguel. *Cartas a mi hija.* Buenos Aires: El Elefante Blanco, 1997.

316. CANTO, ESTELA (1920-). *Los otros, las máscaras.* Capítulo en *Escritoras argentinas contemporáneas.* Eds. Gustavo Fares & Eliana Hermann, 1993. 30-37.

Moreiras, Alberto. "Borges y Estela Canto: La sombra de una dedicatoria." *Journal of Interdisciplinary Literary Studies* 5/1(1993): 131-146.

317. CAPARROS, MARTIN (1957-). *La historia.* Buenos Aires: Normal, 1999. 943pp.

"Caparrós concibió este libro como un mito de origen para la Argentina. La novela se inicia en el siglo XVI, con el relato en que Oscar, príncipe y futuro soberano de la Ciudad y las Tierras, describe sus concepciones filosóficas de su civilización, presuntamente situada en lo que hoy son los Valles Calchaquíes. La narración tiene como centro la revuelta encabezada por el bastardo Juanca, quien inicia la sublevación de 'los vulgos' en reclamo de que 'la vida Larga' deje de ser patrimonio del clan familiar que gobierna todo el pueblo." [Florencia Abbate, *La Nación* (9 mayo 1999): Secc. Cult.].

318. ——. *La noche anterior.* Buenos Aires: Sudamericana, 1990. 133pp.

"De las tres partes de esta obra, sólo la intermedia mantiene desarrollo narrativo: La historia de Antilio Maneo–discípulo herético del hereje Montanoque–que escucha la predicación cainita, inversora de la realidad (Caín es justo). El libro resulta más ejercicio lectivo que experiencia lectiva." [Pedro L. Barcia, *La Nación* (3 mar. 1991): 4/5].

319. ——. *El tercer cuerpo.* Buenos Aires: Puntosur, 1990. 240pp.

"Matías Jáuregui, hijo de un coronel retirado, se convierte en un detective muy especial. La búsqueda de los cadáveres robados de la Recoleta lo enfrenta con una Buenos Aires extenuada por sus miserias." [Aviso, *La Nación* (21 dic. 1997): 6/6].

320. CAPDEVILA, ARTURO (1889-1967).

Ronchi March, Carlos. "Arturo Capdevila, el purismo y algunos problemas del castellano en la Argentina." *BAAL* 54/211 (Enero 1989): 19-28.

321. CAPRIOTTI, ROBERTO (1931-). *Los dichos del loco Gálvez.* Buenos Aires: RundiNuskin, 1990. 132pp.

322. CARABELLI, JUL. (1940-). *El crimen de la vecina en el presupuesto nacional.* Buenos Aires: GEL, 1993. 201pp.

323. CARIBAUX, JOSE. *El amor y las otras guerras.* Córdoba: Senado de la Provincia, 1993. 284pp.

"Esta novela se refiere al caso Honda. Por su valor testimonial de la historia y las costumbres de la región noroeste de Córdoba, se recomendó su publicación al senado de la provincia." [F.G.C. (1993-95): 5].

324. CARLETTI, EDUARDO (1951-). *Instante de máximo quebranto.* Buenos Aires: Filofalsía, 1998. 138pp.

325. CAROL, GABRIELA. *El precio de la libertad.* Buenos Aires: Vinciguerra, 1993. 179pp.

"En esta novela, de compleja trama, una mujer recuerda su pasado y aparecen los hombres de su vida." [F.G.C. (1993-95): 5].

326.   ——. *El regreso de Marcelo Rigaux.* Buenos Aires: Vinciguerra, 1996. 237pp.
"Un relato hábilmente estructurado, que describe la figura de la mujer atrapada en una sociedad patriarcal." [F.G.C. (Sept. 1996): 22].

327.   CARPENA, ELIAS (1897-).
Clemente, José. "Homenaje a Elías Carpena." *BAAL* 62/245 (Jul. 1997): 231-238.

328.   CARRANZA, REYNA. *5 hombres.* Córdoba: Marcos Lerner, 1984. 295pp.
"El marido de Ana guardaba un secreto inconfesable. Su amante escondía una verdad atroz. Los otros tres hombres sólo lograron conmoverla. Hoy, cuando las mujeres se alistan a las columnas de la reivindicación y el trato igualitario, Ana surge como memoria y reproche de una especie de mujeres que ha comenzado a ser historia." [Contratapa].

329.   ——. *De guerreros y fantasmas.* Córdoba: Del Boulevard, 1998. 271pp.
"Novela de estructura narrativa y lenguaje poco frecuentes, que cuenta la historia reciente de la Argentina desde un ángulo inédito." [F.G.C. (Mar. 1999): 28].

330.   CARRANZA TORRES, LUIS. *Yo, Luis de Tejeda.* Córdoba: Ediciones del Copista, 1996. 127pp.
"Novela histórica sobre el primer poeta argentino. Quizás Carranza Torres acentúa la sensualidad tejediana para dar énfasis a su contrición y a su profesión religiosa. Carranza Torres podría decir que toda Córdoba está resumida en la vida de Tejeda." [Pedro Frías, contratapa].

331.   CARRERAS, JUL. (1949-). *Abelardo.* Santiago del Estero: Dimensión, 1991. 125pp.

332.   ——. *Bertozzi.* Buenos Aires: 1997.

333.   ——. *Ciclo de Antón Tapia.* Buenos Aires: 1995.

334.   CARRIO, ALEJANDRO D. *Ataque a la justicia.* Buenos Aires: Atlántida, 1999. 299pp.
"Un contador que sospecha que alguien interfiere su teléfono descubre, con la ayuda de un fiscal amigo de la juventud, una extendida red de corrupción que envuelve a funcionarios de Inteligencia, ministros del Poder ejecutivo y a jueces de tribunales." [F.G.C., Nov. 1999].

335.   ——. *El bombón de acuarela.* Buenos Aires: Sudamericana, 1981.

336.   CARRIQUE, CARLOS (1942-). *Cumpleaños asombroso.* Buenos Aires: Corregidor, 1992. 73pp.

337.   CARUBIN, SARA. *Tamara.* Mendoza: Diógenes, 1999. 221pp.
"Historia de dos familias de inmigrantes que se arraigan en la Argentina, contada a través de cuatro generaciones." [F.G.C. (Dic. 1999): 34].

338.   CARUSO, MARCELO (1958-). *Brüll.* Buenos Aires: Planeta, 1996. 239pp. Premio Novela Fortabat.
"Un joven va a una isla del Tigre convocado por la carta de una ex-novia que vive allí con un escultor. En esa Isla se desata una persecución fatal que los involucra." [Aviso, *La Nación* (21 abr. 1996): 6/2].

Vázquez, María. "Entrevista con Marcelo Caruso." *La Nación* (14 abr. 1996): 6/2.

339.   CASADEI, MARIA CRISTINA. *Painé y Juan Cruz*. Novela juvenil. Buenos Aires: Rionegrino/Fudeba, 1991. 85pp.

"Casadei reside en Carmen de Patagones y presencia la problemática y experimenta las circunstancias de convivencia de la población en general con el pueblo mapuche, que habita la región. Esto la lleva a imaginar un modo de integración de las dos culturas a través de este larguísimo cuento, en el que se encuentra Painé, un niño mapuche, con Juan Cruz, un criollo de su misma edad." [U.P., *La Voz del Interior* (4 feb. 1990): C/5].

340.   CASAS, JUAN CARLOS. *Fraile muerto*. 1988. Buenos Aires: Atlántida, 1998. 382pp.

"Se narran las peripecias de dos jóvenes ingleses que se instalan en Córdoba, en el perímetro de las cuatro leguas de campo compradas al sur de Fraile Muerto. Movidos por la utopía de 'hacer la América,' Dick y Frank encarnan una saga de amores y recelos entre ingleses, indios y criollos. El escenario es la frontera cordobesa 'Ranquel,' en 1865, en un contexto histórico y sociológico signado por el choque entre los recién llegados gringos y los criollos." [F. Sánchez Sorondo, *La Nación* (24 enero 1999): 6/6].

341.   ———. *La ingratitud de Sarmiento*. Buenos Aires: Atlántida, 1998. 254pp.

"Casas, basándose en los datos que Sarmiento desliza en *Viajes*, refiriéndose a una dama yanqui que le ofreció apoyo económico cuando se encontró sin dinero en Pennsylvania, imagina un romance entre Sarmiento y la dama en cuestión, que nace en los cinco días en que viajan juntos en diligencia y en barco hasta Cincinnati." [F.G.C. (Sept. 1998): 56].

342.   CASCARDO, JUANA C. *Idem-Tikit, el misterioso búmerang de los Servicios Secretos Vaticanos*. Buenos Aires: Amaru, 1993. 62pp.

". . . un tema muy original es el eje argumental de esta novela, donde la imaginación imprime un sello atractivo a una prosa ágil al servicio de su narrativa de actualidad." [O. Guiñazú Alvarez, Diario *Democracia*, Córdoba (1 dic. 1994), citado en *Sombras del futuro*, de J. Cascardo, p. 51].

343.   ———. *La mujer dragón*. Buenos Aires: Amaru, 1993. 42pp.

"En esta novela breve, la imaginación de Cascardo va más allá, juega en un mundo de misterio, de esoterismo, de premoniciones, lo hace con inteligencia no cayendo en la mediocridad. La inverosímil (niña-dragón) lo hace sentir verdadero." [Lily Rossi, Pról.].

344.   CASTELNUOVO, ELIAS (1899-1981).

Eipper, John E. *Elías Castelnuovo: La revolución hecha palabra*. Biografía, estudio crítico y antología selecta. Buenos Aires: Catari, 1995.

345.   CASTELLANI, LEONARDO (1895-1979). *El nuevo gobierno de Sancho*. (Traducción directa del arábigo por Jerónimo del Rey, Doctor en Teología por Roma, en Filosofía por París, y en política por Londres y Pavia). 1942. Buenos Aires: Dictio, 1976. 209pp.

"La tesis de Castellani   'Toda la ruina del país está en la educación en la escuela de Sarmiento'—está artísticamente desplegada a lo largo de toda la obra. ¿Cuál es esa ruina del país? Principalmente la ruina de la cultura nacional. Desfilan personajes   omo El Maestro, El Filósofo, El Sabelotodísimo, que son ejemplos de una cultura falsa. Cada uno representa la decadencia de un ámbito, y en su conjunto la de la cultura." [Abalos, Davíd, "Leonardo Castellani: Educación y nuevo gobierno." III *Jornadas de literatura desde la cultura popular*, 130].

Brethel, Jacques de. *Leonardo Castellani, novelista argentino*. Buenos Aires: Guadalupe, 1973.

Castellani, Leonardo. *Crítica literaria. Notas a caballo de un país en crisis*. Buenos Aires: Dictio, 1970.

Hernández, Pablo José. *Conversaciones con el Padre Castellani.* Buenos Aires: Hachette, 1977.

Lara, Tomás de. *Leonardo Castellani, hombre y escritor. Mayoría* 33 (10 nov. 1974): 8.

Sforza, Carlos. "Recordación de Leonardo Castellani." *La Capital de Rosario* (4 oct. 1981).

346.   CASTILLO, ABELARDO (1935-). *La casa de ceniza.* 1967. Buenos Aires: Emecé, 1994. 142pp.

347.   ——. *Crónica de un iniciado.* Buenos Aires: Emecé, 1991. 458pp.

"La novela se desarrolla entre el 30 y el 31 de octubre de 1962, cuando los Estados Unidos y la Unión Soviética estuvieron a punto de cruzarse en una guerra de consecuencias imprevisibles. Ajeno a aquella crisis, un jóven, Esteban Espósito, entabla una vertiginosa relación con Graciela, y dispone de 30 horas para hacer lo que a cualquiera llevaría años: Conocerla, seducirla, amarla, dejarla o ser abandonado. Todo sucede en Córdoba." [Jorge H. Elías, *La Nación* (17 nov. 1991): 7/3].

Bastos, María L. "*Crónica de un iniciado.*" *HLAS* 54 (1995): 562.

Fasce, María. "Abelardo Castillo y la palabra escrita." *La Prensa* (23 jul. 1995): Secc. Cult., 2-3.

Ranieri, Sergio. "*Crónica de un iniciado.*" *La Maga* (14 nov. 1991): 3.

Villordo, Oscar Hermes. "Intensa e irrealizable historia de amor: *Crónica de un iniciado.*" *La Nación* (1 dic. 1991): VII/5.

348.   ——. *El que tiene sed.* 1985. Buenos Aires: Seix Barral, 1999. 253pp.

349.   ——. *El evangelio según Van Hutten.* Buenos Aires: Seix Barral, 1999. 221pp.

"Castillo elige aquí la novela de ideas, pero con el ritmo y el suspenso de un relato policial, para desplegar una historia inquietante que indaga en legendarios secretos de la religión. *El evangelio según Van Hutten* es el homenaje que Castillo le rinde a ciertas preocupaciones religiosas. El suspenso está apoyado en las preguntas más inquietantes de la religión judeo-cristiana. La novela parte de ese hallazgo arqueológico casual en el que dos beduinos encontraron rollos con manuscritos bíblicos en cuevas cercanas al Mar Muerto." [Mónica Sifrim, *Clarín* (11 abr. 1999): Secc. Cult., 1].

Castillo, Abelardo. *El oficio de mentir: Conversaciones con María Fasce.* Buenos Aires: Emecé, 1998.

Corpa Vargas, Mirta. "El que tiene sed: Autor, personaje y narcisismo." *Alba de América* 15/28-29 (Julio 1997): 93-99.

Morello-Frosch, Marta. "Abelardo Castillo: Narrador testigo." *Cuadernos Hispanoamericanos* 358 (1980): 90-103.

Russo, Miguel. "Entrevista con A. Castillo y G. Saccomanno." *La Maga* (18 mayo 1994): 44.

Silvestre, Susana. "*El evangelio según Van Hutten.*" *La Nación* (16 mayo 1999).

350.   CASTRO, JUAN ALBERTO (1883-1938). *Alita quebrada.* Buenos Aires: Mercatali, 1929. 251pp.

351.   CASTRO, LUCIANO. *Las páginas del enano.* Buenos Aires: Paradiso, 1995. 151pp.

"En las novelas de P. Klossowski se alternan o se confunden escenas que podríamos llamar sexuales (fantaseadas, relatadas o directamente representadas) con disquisiciones teológicas sobre la libertad, la censura, el dominio de sí. De un modo análogo, aunque tal vez involuntario, en *Las páginas del enano* aparecen ese mismo tipo de escenas perversas, a veces esfumadas por una extraña sublimación, una elevación a símbolo cultural que las interrumpe." [S.M., *La Voz del Interior* (16 mayo 1996): Secc. Cult., 10].

352.   CASULLO, NICOLAS (1944-).

Spósito, Daniela. "Entrevista con N. Casullo." *La Voz del Interior* (10 oct. 1996): C/12.

353.   CATELA, SONIA DE (1941-). *Concepción todo estupor.* Buenos Aires: Torres Agüero, 1988. 102pp. Premio FNA.

"Esta obra propone una indagación en la búsqueda de libertad por el hombre, desde una perspectiva estética, localizada en el espacio: Su dimensión territorial es Latinoamérica, reducto de arbitrariedades y dictaduras." [Pról.].

354.   ———. *Consejos perversos.* Buenos Aires: Emecé, 1993. Premio Emecé.

"La inmigración europea/ italiana a las llanuras argentinas merecía ser novelada como lo ha hecho Catela: Con magia. La historia de Virginia, sometida a un marido que, para conquistarla, se vuelve azul, a una suegra que parece una ménada supersticiosa, a la sed insaciable de la niña que ha nacido de un primer parto tormentoso, y también al amor del Morocho, un amor que es quizás símbolo de la mezcla armoniosa de etnías que se ha ido dando en el país y en especial en la campiña santafesina." [E. Gudiño Kieffer, *La Nación* (31 oct. 1993): 7/4].

355.   ———. *Las manzanas del paraíso (Absolutamente genial, má).* Santa Fe: Colmegna, 1982. 78pp. Obra premiada en el certamen de Novela Breve del Rotary Club Santa Fe.

"El lector hallará aquí una excelente muestra de la novela breve, con un tratamiento original y lleno de atractivos temáticos que hacen de su trama–cercana a toda vivencia regional–un verdadero logro literario. El mundo reflejado es la vida de una ciudad de provincia." [Lermo Rafael Balbi, Pról., p. 9].

356.   ———. *Miércoles de tinieblas y naufragios.* Santa Fe: Ediciones Culturales, 1993. 211pp.

"Se relata en esta obra las peripecias de Núñez Cabeza de Vaca en la selva guaraní." [M.I.L.].

357.   CELLA, HUGO (1957-). *Cuando termine la noche.* En *Cuando termine la noche.* Buenos Aires: Almagesto, 1997. 11-76.

358.   ———. *La vergüenza de haber sido.* Buenos Aires: Del Dock, 1994.

359.   CENTENO, ROY (1921-). *Capraro el Emperador de Bariloche.* Bariloche/Buenos Aires: Kaimé, 1993. 94pp.

"Es un relato novelesco de la vida de Capraro, inmigrante italiano que arribó a la zona en 1902 y que luego fuera bautizado 'el rey de Bariloche.' Aunque el protagonista del libro–que construyó un verdadero imperio–puso fin a su vida en 1932, la obra es un reconocimiento a los pioneros de Bariloche de aquella época." [*El Oeste*, 25 ag. 1992].

"Una notable historia de vida en *Capraro el Emperador de Bariloche.*"*ANSA* (19 mar. 1993).

Santos, Serafín. "Otro regalo de la sensibilidad y el estilo de Roy Centeno: *Capraro el Emperador de Bariloche.*" *El Oeste* (8 sept. 1992).

360.   ———. *El Evangelio y don Eduardo.* Buenos Aires: Ed. del autor, 1991. 102pp.

"Centeno no es el primero que relata la epopeya de aquellos abnegados galeses que recorrieron miles de millas persiguiendo una esperanza, pero quizás nadie como él pueda hacernos comprender el porqué de la diferencia entre una y otra ocupación. Es apasionante como novela, como relato histórico tiene valor de testimonio." [Serafín Santos, *El Oeste* (3 ag. 1992): 15].

"Two Novels on Welsh Settlers." *Buenos Aires Herald* (12 apr. 1996): 11.

Clucellas, María I. *"El Evangelio y don Eduardo." La Prensa* (29 mar. 1992): 2.

Mazzei, Angel. *"El Evangelio y don Eduardo." La Nación* (22 dic. 1991): 7/2.

361. ——. *Go Patagonia, dijo Edwin.* Una novela sobre una idea original de Eryl MacDonald de Hughes. Bariloche/ Buenos Aires: Kaimé, 1993. 102pp.

"Centeno narra la historia de un hombre y a través de ella refiere la de los hombres y mujeres que vinieron a Chubut desde el País de Galés. Edwin Roberts es un pretexto para contar la lucha contra la opresión, la sublevación del espíritu cuando la libertad es amenazada, la fuerza de la fe, la búsqueda de nuevos horizontes y la hermandad en la adversidad." [T.G. *"El Evangelio y don Eduardo." Jornada* (12 sept. 1993) 2].

362. ——. *El hombre que se creía tango.* Bariloche: Kaimé, 1993. 90pp.

"De la vida del autor en Buenos Aires y de su trabajo con un psicoanalista le quedaron las experiencias que hacen que la vida de *El hombre que se creía tango* sea algo que está a mitad de camino entre el drama y la comedia. [Jorgelina Leguizamón,*Todo para usted* (1994): 17-18].

363. CERDA RODRIGUEZ, JOSELIN. *La vida comienza al amanecer.* Córdoba: Alción, 1997. 231pp.

"Novela autobiográfica de la infancia." [M. I. L.].

364. CIKLAI, EGON (n. Yugoslavia 1924-). *La culpa de Pablo.* Buenos Aires: GEL, 1995. 431pp.

"Ciklai ha tejido una historia de doble fondo, altamente lograda, así en sus objetivos como en sus procedimientos narrativos. A Ciklai le gusta proponer la lectura de la novela en varios niveles y ése es su mejor logro como novelista. El protagonista, el biólogo argentino Pablo, de origen centroeuropeo, que pierde su vida en Africa en una lucha quijotesca para la salvación de los gorilas de Serengeti, es a la vez un hombre sensible y contemplativo, pero también un 'homo faber,' como su creador y como E. Hemingway." [Branko Andjic, *La Prensa* (2 jul. 1995): Secc. Cult., 8].

365. CLEMENTE-VALENTI, MICHELANGELO. *El patriarca.* Buenos Aires: Claxon, 1998. 228pp.

"Novela en cuya trama se inscriben diversos personajes bíblicos: Abraham, Isaac, Jacob, David y Salomón." [F.G.C. (Mar. 1999): 28].

366. CLUCELLAS, MARIA ISABEL. *Los que esperan.* Buenos Aires: Francotirador, 1994. 261pp.

"Una novela signada por el atavismo. ¿Reaparición de rasgos de antepasados remotos ausentes en la generación paterna? ¿Reversión y salto atrás? ¿Genes relegados que vuelven al hoy en la historia de una especie?" [Contratapa].

Gimbernat González, Ester. "La enunciación del desafuero en novelas de María I. Clucellas y Alicia Borinsky." *Revista de Estudios Hispánicos* 20 (1993): 291-297.

"La última brasa." Aventuras del desacuerdo, novelistas argentinas. Buenos Aires: D. Alberó Vergara, 1992. 35.

367. COBAS, NARCISO. *Insula Criolla.* (Novela sanluiseña). 1944. Buenos Aires: Sanluiseño, 1998. 203pp.

    "Novela que evoca al San Luis de fines del siglo XIX y principios del XX, su ambiente social, sus modalidades políticas." [F.G.C. (Dic. 1999): 34].

368. COCARO, NICOLAS (1926-1994). *Don Francisco de Achuvivos.* Buenos Aires: Emecé, 1993. 190pp.

    "Cócaro narra los delirios de un excéntrico personaje que defiende con ahínco el color verde. El desgarbado Francisco vive sus aventuras en Achuvivos, pueblo mítico cuya geografía no es otra que la de la pampa. El ámbito cotidiano de la llanura se puebla de personajes inesperados con los que el protagonista se cruza en sus andanzas." [Contratapa].

369. ———. *El grito de los fuertes.* Buenos Aires: Emecé, 1991. 202pp.

    "Cócaro intenta refundir historias verdaderas pero olvidadas. Imagina episodios y personajes–colonos inmigrantes y criollos–que son vistos desde la perspectiva de un chacarero, hombre modesto pero poseedor de un oído privilegiado. La grandeza de la fundación de un pueblo, la prepotencia de los caudillos, las batallas históricas configuran una trama de pasiones y bajezas." [Contratapa].

370. CODINA, IVERNA (n. Chile, 1924). *Detrás del grito.* 1962. Mendoza: Ediciones Culturales, 1993. 138pp.

371. COHEN, MARCELO (1951-). *Un hombre amable.* En *Hombres amables (Dos incursiones de Georges La Mente).* Buenos Aires: Norma, 1998. 147-321.

    "*Un hombre amable* tiene como protagonista un matemático, Dainez, quien se gana la vida buscando largos y 'hermosos' números primos, que serán luego factores de otro número mucho mayor, clave para encriptar información. Dainez desafía a La Mente y lo sorprende con sus respuestas. Cohen, afirmado con solidez de un lenguaje que domina como pocos escritores en la Argentina, se da el lujo de construir una jerga personal e inimitable." [Raúl Brasca, *La Nación* (10 enero 1999): 6/7].

372. ———. *La ilusión monarca.* En *El fin de lo mismo.* Buenos Aires: Anaya, 1992. 9-120.

373. ———. *Inolvidables veladas.* Barcelona: Minotauro, 1996. 142pp.

    "La antigua mitología es en este caso la de los tangos. Pero todo está construido, no es el fruto de una acumulación casual, sino el resultado de la voluntad de una corporación técnica que arma esos escenarios para entretener el analfabetismo de las masas. La cantante de tangos es sustituida por un holograma de su cuerpo y una simulación computarizada de su voz. El protagonista es hijo de la cantante cuyo cuerpo real se extingue en una institución geriátrica." [S.M., *La Voz del Interior* (17 oct. 1996): C/10].

374. ———. *Insomnio.* Barcelona: Muchnik, 1986. 219pp.

375. ———. *Lydia en el canal.* En *El fin de lo mismo.* Buenos Aires: Anaya y Mario Muchnik, 1992. 207-273.

376. ———. *El oído absoluto.* Buenos Aires: Norma, 1997. 300pp.

    "Novela compuesta sobre el silencio que ha padecido Clarisa, compañera del protagonista, junto a un padre del que jamás recibió afecto. Con los años, la distancia entre ellos se ha afirmado. Sorpresivamente, Lotario, padre de Clarisa, decide hacerles una visita. Ayudado por la marihuana, Lotario cuenta los motivos de su indiferencia a todo. Una de las notas más destacables de esta elaborada novela es el cambio de registros que el narrador utiliza para distinguir las voces del narrador-protagonista y de Lotario, que sólo narra en un tramo del relato, el más cargado de intensidad." [Noemí Ulla, *La Nación* (2 nov. 1997): 6/6].

377.　　___. *El sitio de Kelany.* Buenos Aires: Ada Korn, 1987. 179pp.

"Kelany es el nombre de la casa en la que se refugia Conrado Monleón. La convierte en una fortaleza y trata de protegerse allí en compañía de un par de guardaespaldas, un cocinero parco, un administrador de habla estrafalaria y de Sandra, por la que se siente atraído pero de quien también recela." [Contratapa].

378.　　___. *El testamento de O'Jaral.* Buenos Aires: Anaya, 1995. 330pp.

379.　　___. *Variedades. En Hombres amables (Dos incursiones de Georges La Mente),* 1998. 9-143.

"Las dos historias que integran este volumen, *Variedades* y *Un hombre amable,* transcurren en escenarios y tiempos que parecen extrapolados de los actuales. Lo que gravita en ellas es la aventura mental. Georges La Mente, un maestro espiritual, es el único personaje que tienen en común las dos 'nouvelles.' En *Variedades,* el protagonista es sometido a un proceso de pérdida de identidad: Se lo transforma, cirugía estética mediante, en otra persona, el doble de un referente popular de asidua presencia pública." [Raúl Brasca, *La Nación* (10 enero 1999): 6/7].

380.　　COLETTI, JUAN. *La memoria del polvo.* Buenos Aires: Corregidor, 1993. 223pp.

"Vemos y escuchamos a increíbles personajes que entran y salen de escena en un juego hábilmente trazado. Así asistimos a dos ritos de iniciación sexual, una 'primera vez' tan distinta a la otra; al encuentro de Narciso con el Enmascarado Solitario, los pícaros lectores de 'Los Sermones del Cura Baltazar,' las gitanas buscavidas y el espantoso truco del basílico, y Martín Fierro tras los pasos de un peón que quemó un libro." [Contratapa].

381.　　COLOMBO, CRISTINA. *A medio metro del suelo.* Buenos Aires: Sudamericana, 1998. 196pp.

382.　　COLOMBO MARUA, PATRICIO. *Tras las huellas de Moisés.* Salta: Universidad Católica de Salta, 1999. 203pp.

"Novela epistolar basada en los hechos descritos en las 'Cartas de Amarna,' descubiertas en 1887, que abarcan los últimos años del período de corregencia de Amenhotep III y de Akenatón, y gran parte del reinado de este último. En las notas a las ficticias epístolas, el autor expresa sus conclusiones sobre la verdadera historia de Moisés y del Exodo judío." [F.G.C. (Dic. 1999): 34].

383.　　COLOMBRES, ADOLFO (1944-). *La gran noche.* Buenos Aires: Letra Buena, 1993. 202pp.

384.　　——. *Sacrificio.* Buenos Aires: Corregidor, 1991. 252pp.

"Un viaje a Teotihuacán y el juego sacrificial de una sensual videoasta en torno al sentido de la muerte de los antiguos mexicanos, sirven para que un argentino expatriado pueda descender en el pozo oscuro de su memoria, en una exploración del proceso que lo dejó fuera del mundo, y también de los mecanismos que empujaron a seres que amó hacia un holocausto real." [Contratapa].

385.　　——. *Tierra incógnita.* Buenos Aires: Del Sol, 1994. 206pp.

"*Tierra incógnita* resulta también atípica como novela del mar en una literatura como la Argentina, donde ha predominado el paradigma de lo pampeano. Además, esta historia de un viaje que es fuga y es también encuentro con el núcleo de uno mismo, excede las fronteras de nuestro país. La aventura que aquí se narra es la de un hombre maduro y una muchacha mucho más joven, cuyos caminos se cruzan hasta transformarse radicalmente. Uno viene del profundo desencanto; la otra, aunque también solitaria y con un pasado triste, avanza hacia el descubrimiento y el gozo." [María R. Lojo, *La Nación* (14 abr. 1996): 6/4].

386.   CONCATTI, ROLANDO. *Nos habíamos jugado tanto*. Mendoza: Del Canto Rodado, 1997. 336pp.

"La obra es ficción testimonial. Su protagonista, un estudiante, luego cura tercermundista, vive las desmesuras y combates de la generación del '60 y del '70, moviéndose entre acontecimientos y personas que son en su mayoría reales." [F.G.C. (Sept. 1998): 61].

387.   CONTI, HAROLDO (1925-1980). *Alrededor de la jaula*. 1966. Buenos Aires: Emecé, 1995. 202pp.

388.   ———. *En vida*. 1971. Buenos Aires: Emecé, 1996. 246pp.

389.   ———. *Mascaró: El cazador americano*. 1975. Buenos Aires: Emecé, 1993. 302pp.

390.   ———. *Sudeste*. 1962. Buenos Aires: Emecé, 1995. 195pp.

Cordeiro, Emilce A. *En busca de la utopía: Haroldo Conti, un análisis de su obra narrativa*. Córdoba: Narvaja, 1966.

Díaz, Lidia Susana. "Los marginales de Haroldo Conti: Del 'Sudeste' solitario al 'Mascaró' solidario." Tesis de doctorado, Univ. of Pittsburgh, 1994.

Regazzoni, Susanna. "Emarginati, vagabondi e naufraghi: Il circo grottesco di Haroldo Conti." *Rassegna Iberistica* 57 (Jun. 1996): 17-25.

Restivo, Néstor y Camilo Sánchez. *Haroldo Conti: Biografía de un cazador*. 2 ed. Rosario: Homo Sapiens, 1999.

Rosemberg, Fernando."Los cuentos y novelas de Haroldo Conti." *Revista Iberoamericana* 38 (1972): 513-522.

Russo, Miguel. "La obra de Haroldo Conti vuelve a tener vigencia a partir de una obra teatral." *La Maga* (1 jul. 1992): 19.

Torres Fierro, Danubio. "La obra de Haroldo Conti en la narrativa rioplatense." *Revista de Bellas Artes* 19 (1975): 46-49.

Valdés Gutiérrez, Gilberto. "Haroldo Conti, alias Mascaró, alias la vida." *Casa de las Américas* 107 (1978): 58-71.

391.   COPELLO, GOFFRE A. (1956-). *Argentina, aventura impredecible*. Buenos Aires: Pleamar, 1989. 427pp.

"La empresa industrial fundada por Benedetti hace alrededor de cincuenta años, y desarrollada posteriormente por su hijo, es el tema concreto en torno al cual se expresan las pasiones de los protagonistas, hondamente entrelazadas con la realidad exterior." [Contratapa].

392.   ———. *Empezar de nuevo*. Buenos Aires: Emecé, 1990. 280pp.

"Al cabo de veinte años, Daniel, Patricia y José vuelven a encontrarse en una reunión de ex alumnos. A partir de allí, sus vidas se entrelazan en una rápida sucesión de acontecimientos que llevan a cada uno a plantearse, por distintos motivos, la posibilidad de 'empezar de nuevo.' "[Contratapa].

393.   ———. *Hermanos de sangre*. Buenos Aires: El Ateneo, 1994. 148pp.

"El país y sus habitantes, o algunos de ellos, proporcionan los dos términos de este contrapunto narrativo que recrea la historia de una amistad que sobrevivirá a crisis de índole diversa, traiciones y luchas contra enemigos escudados en la incompetencia, la perfidia y la falsedad." [Daniel Celis, *La Nación* (20 feb. 1994): 7/5].

394. CORDERO, RICARDO. *Bulevar Utopía*. Buenos Aires: Corregidor, 1991. 241pp. Faja de Honor de la SADE y de la ASDE.

"En una fiesta–probablemente en San Isidro o en cualquier mansión de la zona norte–Roy Duncan conoce a Mada Stern e inician una relación presidida más por la angustia que por el amor. Roy ha vuelto de los Estados Unidos, donde tuvo que asilarse por haber defendido, en una época nefasta, a dos estudiantes, luego desaparecidos. Se encuentra en una Argentina distinta, por supuesto, pero todavía llena de miedo. Mada, por su parte, también tiene un pasado terrible: Su hermana fue víctima de un solapado ataque, tuvo que irse con el padre al extranjero." [E. Gudiño Kieffer, *La Nación* (27 enero 1991): 4/5].

395. ———. *El contratiempo*. Buenos Aires: Vinciguerra, 1998. 189pp.

"Novela en la que el autor reflexiona sobre las incógnitas del tiempo e indaga en las relaciones de la pareja humana." [F.G.C. (Mar. 1999): 28].

396. ———. *Temporal*. Buenos Aires: Atlántida, 1994. 194pp.

397. CORIA, MARTIN. *Málup Tackon: El umbral de la carne*. Buenos Aires: Torres Agüero, 1993. 294pp.

"Martín Coria ha calado hondamente en el folklore de la provincia del Santiago de Estero para relatar una leyenda popular." [M.I.L.].

398. CORMILLOT, ALBERTO, y DALMIRO SAENZ. *Cristo de pie*. (Véase bajo Dalmiro Sáenz).

399. CORTAZAR, JUL. (1914-1984). *Divertimiento*. 1986. Buenos Aires: Planeta, 1991. 126pp.

400. ———. *El examen*. Buenos Aires: 1986. Sudamericana, 1994. 248pp.

401. ———. *El examen*. Buenos Aires: Aguilar, 1996. 296pp.

402. *Diario de Andrés Fava*. Buenos Aires: Aguilar Argentina, 1995. 129pp.

"Andrés Fava es un personaje de *El examen*, que, al igual que *Diario de Andrés Fava*, permaneció inédita durante 37 años. *Diario de Andrés Fava* fue escrita en la misma época que *El examen*, donde dicho personaje se consolida como el punto de partida de una historia donde se advierten las claves que se manifiestan en *Rayuela*." [Aviso, *La Nación* (13 mar. 1995): Secc. Cult., 10].

"Obra rica en elementos autobiográficos y en reflexiones expuestas con humor y melancolía sobre temas que preocuparon al autor toda su vida." [F.G.C.(Sept. 1996): 12].

403. ———. *Libro de Manuel*. 1973. Buenos Aires: Sudamericana, 1995. 392pp.

404. ———. *Libro de Manuel*. Buenos Aires: Aguilar, 1995. 360pp.

405. ———. *Libro de Manuel*. En un vol. con *Los premios*. Buenos Aires: Alfaguara, 1996.

406. ———. *Los premios*. 1960. Buenos Aires: Sudamericana, 1993. 368pp.

407. ———. *Los premios*. Buenos Aires: Aguilar, 1995. 472pp.

408. ———. *Los premios*. En un vol. con *Libro de Manuel*. Buenos Aires: Alfaguara, 1996.

409. ———. *Rayuela*. 1963. Ed. crítica. Jul. Ortega y Saúl Yurkievich, coordinadores. Paris/Madrid: Colección Archivos/ALLCA XX, 1991.

410.   ——. *Rayuela*. México: Fondo de Cultura Económica, 1994. 856pp.
411.   ——. *Rayuela*. Buenos Aires: Sudamericana, 1995. 568pp.
412.   ——. *Rayuela*. Buenos Aires: Aguilar, 1995. 604pp.
413.   ——. *Rayuela*. Buenos Aires: Alfaguara, 1996. 598pp.
414.   ——. *Rayuela*. Madrid: Cátedra, 1997. 744pp.
415.   ——. *Rayuela*. Barcelona: Plaza y Janés, 1999.
416.   ——. *Rayuela*. Trans. al inglés. London: Harvill, 1998. 554pp.
417.   ——. *To koutso*. Trad. de *Rayuela* al griego. Athena: Exantas, 1988. 680pp.
418.   ——. *Gra w klasy*. Trad. de *Rayuela* al polaco. Warszawa: Muza, 1998. 667pp.
419.   ——. *Igra v klassiki*. Trad. al ruso de *Rayuela*. Moskva: Agraf, 1999. 570pp.

Cardona, Mateo. *Análisis de 'Rayuela': Jul. Cortázar*. Bogotá: Voluntad, 1991.

Hardin, Michael. "Seducing the Male-Reader: Jul. Cortázar's *Hopscotch* and the Pleasure of Losing." *International Fiction Review* 25/1 (1998): 50-62.

Hasbrouck, Michael D. "Deconstructing Logos: *Rayuela* and the Construction of the Pharmacentric Text." Tesis de doctorado, Pennsylvania State Univ., 1997.

Ingenschay, Dieter. "Am ende von Paris? Der Stadtmythos im peripheren Blick (Bemerkungen zu). Cortázar, *Rayuela*, C. Fuentes, *Terra Nostra*, etc." *Projekte des Romans nach der Moderne*. Ed. U. Schulz-Buschhaus. Munich: Fink, 1997. 149-171.

Malinow, Inés. "*Rayuela*." *La Gaceta de Tucumán* (7 enero 1996): Supl. Lit., 3.

Martínez Góngora, Mar. "Gregorovius y la decadencia: ¿Por qué Horacio Oliveira rechaza a su doble europeo en *Rayuela*?" *Revista Hispánica Moderna* 51/2 (Dic. 1998): 341-353.

Prego, Omar. 'La escritura de *Rayuela* no respondió a ningún plan.' *La Maga* (3 feb. 1993): 24.

Zampaglione, Héctor. *El París de 'Rayuela': Homenaje a Jul. Cortázar*. 2 ed. Barcelona: Lunwerg, 1998.

Paris in 'Hopscotch': Hommage to Jul. Cortázar. Barcelona: Lunwerg, 1998.

420.   ——. *62: Modelo para armar*. 1968. Buenos Aires: Aguilar Argentina, 1995. 286pp.

Kerr, Lucille. "Betwixt Reading and Repetition (A propos of Cortázar's *62: A Model Kit*)." *Jul. Cortázar: New Readings*. Ed. Carlos J. Alonso. Cambridge: Cambridge UP, 1998. 91-109.

CRITICAL STUDIES ON JUL. CORTAZAR

Estudios críticos. Jornadas de homenaje a Jul. Cortázar. Buenos Aires: Academia del Sur, 1997.

Alvarez Borland, Isabel. "Cortázar: On Critics and Interpretation." *INTI* 43-44 (Spring 1996): 157-166.

Blanco Arnejo, María. *La novela lúdica experimental de Jul. Cortázar*. Madrid: Pliegos, 1996.

Borinsky, Alicia. "Instructions for Taking a Leap: Cortázar in the City and Beyond the Books." *Point of Contact* 4/1 (Fall 1994): 56-59.

Bush, Andrew. "Supposing Morelli Had Meant to Go to Jaipur." *Jul. Cortázar: New Readings*. Ed. Carlos J. Alonso. Cambridge: Cambridge Univ. Press, 1998. 130-154.

Cédola, Estela. *Cortázar: El escritor y sus contextos*. Buenos Aires: Argentina, 1994.

Celis, Roger E. "Sueño y escritura en la obra de Jul. Cortázar." Tesis de doctorado, Univ. of Washington, 1997.

Cócaro, Nicolás, Cecilia Noriega, y Pío Clement. *El joven Cortázar*. Buenos Aires: Del Saber, 1994.

Domínguez, Mignon. *Cartas desconocidas de Jul. Cortázar*. Buenos Aires: Sudamericana, 1997.

Fernández Cicco, Emilio. *El secreto de Cortázar*. Buenos Aires: Belgrano, 1999.

Fernández March, Sara B. "Octavio Paz y Jul. Cortázar: Convergencias y divergencias en el tema de la otredad." *Segundas Jornadas Internacionales de Literatura Argentina/Comparística: Actas*. Ed. D. Altamiranda. Buenos Aires: EUDEBA, 1997. 345-353.

Goloboff, Mario. *Jul. Cortázar: La biografía*. Buenos Aires: Seix Barral, 1998.

Herraez, Miguel. "Reciente bibliografía cortazariana." *Cuadernos Hispanoamericanos* 583 (Enero 1999): 141-143.

Kahn, Lauri Hutt. *Vislumbrar la otredad: Los pasajes en la narrativa de Jul. Cortázar*. New York: Peter Lang, 1996.

Larsen, Neil. "Cortázar and Postmodernity: New Interpretive Liabilities." *Jul. Cortázar: New Readings*. Ed. Carlos J. Alonso. Cambridge: Cambridge Univ. Press, 1998. 57-75.

Legaz, María Elena. *Un tal Jul.: Cortázar, otras lecturas*. Córdoba: Alción, 1998.

Prego Gadea, Omar. *La fascinación de las palabras: Entrevista con Jul. Cortázar*. Buenos Aires: Aguilar Argentina, 1997.

Prieto, René. "Cortázar's Closet." *Jul. Cortázar: New Readings*. Ed. Carlos J. Alonso. Cambridge: Cambridge UP, 1998. 76-88.

Sanjinés, José. *Paseos en el horizonte: Fronteras semióticas en los relatos de Jul. Cortázar*. New York: Peter Lang, 1994.

Schwartz, Marcy E. *Writing Paris: Urban Topographies of Desire in Contemporary Latin American Fiction*. Albany: SUNY, 1999.

Shafer, José P. *Los puentes de Cortázar*. Buenos Aires: GEL, 1996.

Sharkey, Emmett J. "Linguistic Skepticism in the Twentieth-Century Novel: Applications of Gadamer and Wittgenstein to Cortázar, Kafka, and Joyce." Tesis de doctorado, Univ. of California, Davis, 1998.

Sorensen, Diana. "From Diaspora to Agora: Cortázar's Reconfiguration of Exile." *Modern Language Note*s 114/2 (March 1999): 357-388.

Soriano, Osvaldo. "Un escritor, un país, un desencuentro." *La Maga* (9 feb. 1994): 31-32.

Standish, Peter. "Los compromisos de Jul. Cortázar." *Hispania* 80/3 (Sept. 1997): 465-471.

Stavans, Ilan. "Justice to Jul. Cortázar." *Southwest Review* 81/2 (Spring 1996): 288-310.

Tyler, Joseph. "Cortázar: Jazz y literatura." *INTI* 43-44 (1996): 147-155.

Yurkievich, Saul. *Jul. Cortázar: Mundos y modos*. Madrid: Anaya, 1997.

421.   CORTES, NESTOR. *Memento*. Buenos Aires: GEL, 1995. 185pp.
"Narra la vida en la España franquista, según la visión de un niño, despreciado por sus semejantes por ser hijo de un 'rojo,' que cuando adulto se traslada a la República Federal de Alemania, en busca de mejores perspectivas económicas." [F.G.C. (Enero 1997): 7].

422. CORTI MADERNA, CRISTINA, y CARLOS NEWLAND. *Inquisición en Luxán: La histórica búsqueda del tesoro de Sobremonte.* (Véase bajo Carlos Newland).

423. COSTA, NORBERTO. *Los duros nunca ríen.* Montevideo: Graffito, 1992. 158pp. Premio Dashiell Hammett 1992 de Novela Policial del Río de la Plata.

"El jurado destacó el acertado manejo de la parodia y la ironía crítica para enjuiciar al propio género. Costa sigue los modelos de la escuela de la novela policial del 'hombre duro,' crea una historia de suspenso y enigma crecientes. Toma la novela policial para reflexionar sobre la condición humana." [I.T., *La Maga* (22 jun. 1994): 11].

424. COVADLO, EDUARDO LAZARO. *Conversación con el monstruo.* Buenos Aires: Emecé, 1994. 307pp.

"De múltiples matices, divertida, profunda, dramática y por momentos desopilante, la obra narra la vida de un personaje que pasa por las etapas de la vida sufriendo una evolución que se corresponde con el tiempo que le toca vivir. Partiendo de la adolescencia y terminando en la madurez asentada, Ernesto Pasternak cumple un ciclo donde la introspección, la búsqueda de respuestas esenciales y los planteos profundos se combinan con las vivencias de una existencia desordenada." [D.C., *La Nación* (10 jul. 1994): 7/5].

425. COVALSCHI, ANGELINA (1952-). *La alcantarilla.* Buenos Aires: 1978.

426. ——. *Más fuerte que el fuego: Vida y obra del padre Juan Corti.* Sin .luger.: Grupo Patagonia Soñada, 1998. 268pp.

427. ——. *La novela de Borges: No authorized biography.* Buenos Aires: Grupo Pro Cultura, 1998. 198pp.

"El Borges de la intimidad, a quien la autora conoció cuando era director de la Biblioteca Nacional, es el protagonista de esta novela, que muestra un Borges humano y desconocido." [F.G.C. (Dic. 1998): 28].

428. ——. *La profanación.* Chubut: Universitaria de Patagonia, 1994. 142 pp. Premio FNA.

"Esta novela está basada en una historia real, la profanación de una iglesia ocurrida en Colonia Sarmiento, un pequeño pueblo de la Patagonia, en la segunda década del siglo XX." [Contratapa].

429. ——. *El rey de Patagonia.* Buenos Aires: 1980.

430. CRESPO, ENRIQUETA. *Ella, una mujer que no murió en el intento.* Buenos Aires: Corregidor, 1991. 282pp.

"Con una narrativa dinámica, Crespo nos relata las aventuras de 'Ella,' del que emigra, las ilusiones del idealista y las penurias de la generación intermedia en la Argentina." [Contratapa].

431. ——. *Ella.* Buenos Aires: Corregidor, 1995. 223pp.

432. ——. *Sor Cecilia.* Buenos Aires: Corregidor, 1997. 222pp.

433. CRESPO, OSVALDO VICTOR. *Los estrategas.* Córdoba: Municipalidad de Córdoba, 1998. 161 pp. Premio de Literatura Luis José de Tejeda.

434. ——. *Los saltos mortales*. Buenos Aires: Florida Blanca, 1995. 143pp. Primer Premio Nacional de Novela en el XVIII Encuentro de Escritores Argentinos y Latinoamericanos (1995).

435. CROSS, ESTHER (1961-). *El banquete de la araña*. Buenos Aires: Tusquets, 1999. 237pp.

"La narradora es Celina Dorval, singular mujer que, acatando el mandato de la sangre, robó 'La Gioconda' y acabó su vida internada en un hospital psiquiátrico. Acaso con el propósito de comprender sus orígenes, Celina se propone reconstruir la historia familiar. Averigua que en 1670 un supuesto antepasado suyo inauguró lo que luego sería una larga tradición del linaje Dorval: La compulsión a mutilar o hurtar célebres obras de arte." [*La Nación* (25 jul. 1999): 6/7].

Núñez, Gorgelina. "*El banquete de la araña.*" *Clarín* (26 sept. 1999): Secc. Cult.

436. ——. *Crónica de alados y aprendices*. Buenos Aires: Emecé, 1992. 279pp.

"Está ambientada a fines del siglo XV y hay personajes que convocan a todos los demás. Da Vinci, más que personaje, es una sombra y guía a los otros en Florencia, en la realidad, en la vida. También hay una señora vengativa, a quien su ex-marido ha dejado calva sin querer; ella decide vengarse y reúne a la gente para armar una venganza especial." [Esther Cross, entrevista con María E. Vázquez, *La Nación* (25 oct. 1992): 7/2].

Peltzer, Federico. "*Crónica de alados y aprendices.*" *La Prensa* (5 feb. 1995): Secc. Cult., 8.

437. ——. *La inundación*. Buenos Aires: Emecé, 1993. 203pp. Primer Premio de la Fundación Fortabat.

"En el pueblo de Manil Lauquén, en pleno verano, hay señales premonitorias de una abundancia dramática de agua. El cura advierte que el agua bendita no se agota en las pilas. Hay una insólita prosperidad del musgo y la aparición del exótico flamenco. La mayoría de los personajes tiene su lado cómico, y casi todas las circunstancias también. Se destaca la contienda ingenua pero ensoñada entre el cura y la profesora Renaud." [Elvira Orphée, *La Nación* (21 nov. 1993): 7/4].

Requeni, Antonio. "La felicidad de escribir: Entrevista con Esther Cross." *La Nación* (5 mar. 1995): Supl. Lit. 4.

Salem, Diana. "Las aguas de la escritura en *La inundación* : Una lectura simbólico-intertextual." *Alba de América* 13/24 (July 1995): 171-178.

438. CROSSBOW, CHARLES (seud.). *Bajo el canal*. Buenos Aires: Vinciguerra, 1996. 238pp.

"La noticia de la aparición de una bomba en los túneles bajo el canal de la Mancha repercute mundialmente. Un ingeniero, constructor del Eurotunnel, se enfrenta a nuevas amenazas contra los túneles y debe sobrellevar también su crisis familiar. Una segunda línea argumental engancha simultáneamente al lector en el siglo XI. Desfila entonces una reconstrucción de las aventuras y ambiciones de Guillaume, duque de Normandía." [Contratapa].

439. ——. *Deuda externa*. Buenos Aires: Vinciguerra, 1997. 215pp.

"Esta obra del novelista argentino Charles Crossbow, seudónimo que deja ver a un diplomático de carrera, cuenta con un epinicio final, con una canción triunfal irónicamente compuesta por reflexiones religiosas y opiniones de economistas y políticos contemporáneos. El autor tiene la habilidad de comunicar a sus escenarios, sus intrigas y sus personajes un color local muy bien logrado. En este caso, la deuda eterna tiene consecuencias novelescas en un país asiático, otro africano y otro centroamericano." [Octavio Hornos Paz, *La Nación* (17 ag. 1997): 6/7].

440. CRUZ, JOSEFINA (1904-1993). *La condoresa: Inés Suárez, amante de don Pedro de Valdivia.* 1968. Buenos Aires: Sudamericana, 1999. 255pp.

441. ———. *Juan de Garay: El conquistador conquistado.* 1973. Buenos Aires: Sudamericana, 1999. 248pp.

———. "Homenaje a Josefina Cruz." *La Nación* (27 dic. 1992): 7/3.

442. CUADRADO, JORGE DAVID. *Don Fernando.* Pról.: Carta de Juan José Güiraldes. Córdoba: Pampa de Olaen, 1996. 132pp.

"Un relato, basado en hechos reales, que describe la realidad de los paisanos del centro de la Argentina." [F.G.C. (Sept. 1996): 22].

443. CURATELLA, CELIA (1949-). *Perfume de alhucemas.* Buenos Aires: Norma, 1999. 349pp.

"La novela es una apasionada saga familiar a partir de la mirada de dos mujeres: Una judía polaca que emigra a la Argentina en la primera mitad del siglo y que acaba regenteando un lujoso prostíbulo; y su nieta, que va a tomar parte en la militancia política." [F.G.C. (Dic. 1999): 34].

444. CZAJKOWSKI, HANIA. *La conspiración de los alquimistas.* Buenos Aires: Grijalbo, 1999. 484pp.

"Historia de un viaje iniciático, que introduce al lector en un mundo donde conviven magos, ángeles, maestros, gnomos y hadas, en el marco de una gran conspiración." [F.G.C. (Jun. 1999): 28].

Ch

445. CHAKTOURA, JULIA (1948-). *El olor de los sentimientos.* Buenos Aires: Vinciguerra, 1994. 133pp.

446. CHALFOUN, MICHELLE. *Matilde, peón de circo.* Buenos Aires: Lumen, 1998. 225pp.

"La autora conoce bien el mundo que describe: La vida de artistas ambulantes de circo, seres marginales y desdichados cuyas historias tienen la contundencia y la desesperación profunda de la gente abandonada, sin amor ni seguridad, ni un lugar al que volver, ni dinero, sin siquiera esperanza. La narradora y protagonista es mujer, además de huérfana y pobre, y la temática femenina y feminista es el centro del libro." [Margara Averbach, *Clarín* (21 feb. 1999): Secc. Cult., 13].

447. CHAMI, PABLO A. *Sefarad.* Novela histórica. Buenos Aires: Lumen, 1998. 351pp.

"El tema es la expulsión de los judíos españoles en 1492." [M.I.L.].

448. CHEJFEC, SERGIO (1956-). *El aire.* Buenos Aires: Alfaguara, 1992. 196pp.

"La mujer de Barroso desaparece un día sin dejar rastros ni razones de su partida. Desde la perplejidad inicial, Barroso va hundiéndose en un tiempo liso e irreal: Un presente absoluto pautado por la terca sucesión de los días y las noches y lacónicos mensajes de su mujer anunciándole los puntos de su recorrido por la costa uruguaya." [Contratapa].

449.   ———. *Cinco.* Buenos Aires: Simurg, 1998. 59pp.
"La historia de un hombre gris contada con brillo inquietante." [F.G.C., 1998].

450.   ———. *Lenta biografía.* Buenos Aires: Puntosur, 1990. 170pp.

451.   ———. *El llamado de la especie.* Rosario: Beatriz Viterbo, 1997. 121pp.
"Esta narración contiene algunas verdades provisionales, que duran cuanto usted se demore en su lectura. Al concluir el libro formarán parte de un paso encriptado. Una mujer y sus amigas. Unos recuerdos de infancia. Unos traslados. Unas fábricas. Unos pobres. Tales son los elementos que integran *El llamado de la especie.* Pese a su claridad, los hechos se empecinan en confundirse." [Contratapa].

452.   ———. *Moral.* Buenos Aires: Puntosur, 1990. 161pp.
"This marvelous urban novel combines realism and philosophical insight. The story centers on the constant setbacks of Samich, a Buenos Aires poet. Chejfec's style, filled with long, rhythmical sentences and profound dialogue, will mesmerize the reader." [*Catal.*, Bilingual Publ. (1992-93): 5].

453.   ———. *Los planetas.* Buenos Aires: Alfaguara, 1999. 233pp.
"*Los planetas* relata la historia de dos adolescentes que compartieron una intensa amistad. El secuestro y desaparición de uno de ellos convierte al otro en "adulto sin retorno." La novela tiene varios planos y tonos. A la manera de Joyce, la novela cuenta con un episodio central que condensa todos los relatos adyacentes: El secuestro de M. Lo más importante en la reconstrucción emotiva es el vínculo entre los amigos y los juegos que inventaban para darle un sentido propio a la existencia." [Silvia Hopenhayn, *La Nación* (9 ag. 1999)].

"De paso por Buenos Aires: El narrador habla de su novela *Los planetas,* en la que un escritor recuerda a un amigo desaparecido." *Clarín* (7 nov. 1999): Supl. Lit.

454.   CHERNIAVSKY, DANIEL. *Ochocientos años Gabriel.* Buenos Aires: Corregidor, 1996. 126pp.
"Una historia de mágico encanto, que comienza en Turquía hacia 1196 y culmina en la Argentina de 1996. [F.G.C. (Sept. 1996): 22].

455.   ———. *Soñadoras, coquetas y ardientes.* Buenos Aires: Corregidor, 1995. 319pp.
"La novela está relatada en fragmentos, recortes, retazos de vidas de diversos personajes con sus variables lingüísticos, con nombres de movimientos musicales por distintos narradores alternativos, inclusive por el mismo autor convertido en personaje, que escribe a un tal Steve y hace metaficción. Libro concebido aparentemente para distraer, entretener, desenfadar, divertir, se bifurca en un 'finale lamentoso,' lleno de sarcasmo y rabia, hasta de nostalgia por una Argentina imposible y con un fuerte contenido político." [Liliana Díaz Mindurry, *La Prensa* (30 jul. 1995): Secc. Cult., 9].

456.   CHERNOV, CARLOS (1953-). *Anatomía humana.* Buenos Aires: Planeta, 1993. 393pp. Premio de Novela Planeta, 1993.
"Al encontrarse solo en una ciudad de la cual los hombres han desaparecido, la iniciación de Mario es una serie de pruebas en manos de las mujeres. Ménades o bacantes, sacerdotisas o pitonisas, dominantes o entregadas, son ellas las dueñas del poder y lo ejercen sobre el hombre con una arbitrariedad ilimitada. Los elementos míticos aparecen con disfraces circenses, científicos, lingüísticos, y cotidianos. La novela tiene muchas lecturas. Una

psicológica, que aflora de inmediato. Pero admite también la interpretación histórica, la antropológica y la política." [E. Gudiño Kieffer, *La Nación* (22 ag. 1993): 7/4].

457. ———. *La conspiración china.* Buenos Aires: Perfil, 1997. 247pp.

"La trama desopilante de esta novela devela el misterio de la muerte de Marilyn Monroe: Los culpables fueron los chinos." [F.G.C. (1996-97): 14].

Chiaravalli, Verónica. "Entrevista con Carlos Chernov." *La Nación* (26 oct. 1997): 6/3.

458. CHEVALLIER BOUTELL, J. ALFREDO (1937-). *Candelaria del alba.* Buenos Aires: GEL, 1993. 191pp.

459. CHIAPPORI; ATILIO MANUEL (1880-1947).

Molloy, Sylvia. "La violencia del género y la narrativa del exceso: Notas sobre mujer y relato en dos novelas argentinas de principios del siglo." *Revista Iberoamericana* 64/184-185 (1999): 529-542.

460. CHICCO, DAMIANO J. *Treinta horas en Iguazú.* Buenos Aires: Ocruxaves, 1992. 76pp.

461. CHIROM, PERLA. *Pequeña familia, pequeña historia.* Buenos Aires: Milá, 1992. 50pp.

"Un grupo de judíos llega a la Argentina en 1910, una especie de momento especial en la 'historia circular de la Diáspora.' En la brevedad de esta crónica novelada, Chirom ha sabido retratar la psicología de los personajes con acierto, economía y carga poética: El amor frustrado de la adolescente, la ambición de la hija que aspira a superar las condiciones de su origen, el idealismo que deriva a lo político en uno de sus hijos. y la figura del 'zaide,' quien canaliza todo acto en la tradición que se mantiene a pesar de las mezclas inevitables." [E. Azcona Cranwell, *La Nación* (16 feb. 1992): 7/5].

Gimbernat González, Ester. "*Nostalgia del último domingo del verano:* La peregrina de nostalgias." *Aventuras del desacuerdo: Novelistas argentinas de los '80.* Buenos Aires: D. Alberó Vergara, 1992. 103-107.

462. CHISLOVSKY, ALBERTO. *Buenos Aires, odisea imaginal: Una travesía interior.* Buenos Aires: Claridad, 1998. 451pp.

"Un recorrido novelado del proceso de individuación postulado por Carl Jung y auxiliado fundamentalmente por imágenes de los Arcanos Mayores del Tarot. En su camino el protagonista confronta con diversos personajes de su inconsciente." [F.G.C. (Mar. 1999): 28].

463. CHITARRONI, LUIS (1958-). *El carapálida.* Buenos Aires: Tusquets, 1997. 265pp.

"¿Qué es *El carapálida?* Es el séptimo grado de una escuela argentina, en algún lugar de Buenos Aires, y es 1971, y es un numeroso grupo de alumnos y otra legión de docentes, y es uno de ellos que muere en un accidente y los otros que se codean con la muerte, y es la convivencia con esa suerte de fantasma que se les aparece en ensoñaciones y miedos." [María E. de Miguel, *La Nación* (14 sept. 1997): 6/5].

464. ———. *El genio era Grodek.* Buenos Aires, c.1995.

D

465. DAGATA, JORGE. *Sucedió en el valle.* Buenos Aires: Colihue, 1990. 154 pp. Primer Premio, Concurso Colihue de Novela Juvenil.

"Novela de aventura. Butti y Dágata establecen un atrapante juego que involucra a sus lectores a través de un lenguaje coloquial; se suma a esto la particularidad de un enfoque de las situaciones que persiste en su finalidad de hacer sentir como propias las circunstancias y como una respuesta a sus mismos impulsos." [K.P.G., *La Voz del Interior* (6 mayo 1990): E2].

466. DAL MASETTO, ANTONIO (n. Italia, 1938-). *Demasiado cerca desaparece.* Buenos Aires: Planeta, 1997. 239pp.

"Novela de iniciación o aprendizaje. Estructurada como sucesión de aventuras, la historia del protagonista (Ciro) lo va poniendo en contacto con personajes absurdos y queribles, desde que acepta llevarlo como pasajero un excéntrico conductor de camión que odia a todos los automovilistas. De aquí en más, ese camionero (Gallo), los mellizos gordos, la enfermera Julia, El Sui, la vidente Roxana, el pintor Bonfanti, se convertirán en interlocutores y también en protectores y auxiliares, que le cuentan su vida y las vidas de otros a los que han conocido." [María R. Lojo, *La Nación* (19 oct. 1997): 6/5].

467. ———. *Fuego a discreción.* 1983. Buenos Aires: Planeta, 1991. 220pp.

Gudiño Kieffer, Eduardo. "*Fuego a discreción.*" *La Nación* (22 dic. 1991): 7/4.

468. ———. *Gente del Bajo.* Buenos Aires: Planeta, 1996. 269pp.

Relatos unidos por un tema común. "La obra tiene 64 relatos cortos–referencia a la zona del ex-puerto de Buenos Aires. Era un barrio de nocturnidad pecaminosa. La vivencia del barrio se establece a través de la relación entre los concurrentes al mismo bar. Hay un protagonista central, calmo y vigilante observador llamado 'el hombre,' y otros personajes nominados Alfredo, Perla, Pierre Fontanelle, el exorcista, la enorme Sofía, que a veces aparecen en distintos cuentos, en los que se continúa un mismo relato." [Eduardo Dessein, *La Gaceta de Tucumán* (24 mar. 1996): Supl. Cult., p. 3].

469. ———. *Hay unos tipos abajo.* Buenos Aires: Planeta, 1998. 174pp.

"En el último fin de semana del Mundial de 1978, Pablo, periodista apolítico, vuelve a su departamento en Buenos Aires. A pocos metros de su casa, unos individuos estacionados esperan. Pablo, su novia, sus amigos, se inquietan por esta presencia. La sombra de la represión instalada en todo el país crece, construyendo una trama de gran suspenso." [F.G.C. (Sept. 1998): 12].

470. ———. *Oscuramente fuerte es la vida.* Buenos Aires: Planeta, 1990. 259pp. Reimpr., 1995, 1997.

"Novela autobiográfica. Testimonia desde una perspectiva femenina una vida de trabajos arduos, sacrificios y guerra en la Italia de la primera mitad del siglo. Ejemplifica las experiencias de miles de inmigrantes." [María Guiñazú, *HLAS* 54 (1995): 565].

471. ———. *Siempre es difícil volver a casa.* 1985. Buenos Aires: Planeta, 1992. 238pp.

472. ———. *Siete de oro.* 1969. Buenos Aires: Planeta, 1991. 204pp.

473. ———. *Siete de oro.* Buenos Aires: Moneta, 1994. 204pp.

474. ——. *La tierra incomparable*. Buenos Aires: Planeta, 1994. 273pp. Premio Planeta.

"Es la historia de Agata, inmigrante italiano que vive en un pueblo pampásico y decide viajar a su Italia nativa cuando está a punto de cumplir los ochenta años. Este retorno constituye para ella una experiencia decepcionante. Las monjas que la reciben al principio se aprovechan de ella, algún ladrón callejero le roba los documentos y debe pasar kafkiánicas peripecias burocráticas para recuperarlos. Llega finalmente a su pueblo natal y, aunque hay cosas que permanecen inalterables, descubre que todo ha cambiado. En fin, todo está más vivo en la memoria y en la distancia que en el ahora y aquí." [E. Gudiño Kieffer, *La Nación* (6 nov. 1994): 7/6].

Chiaravalli, Verónica. "El escritor y el deseo: Entrevista con Dal Masetto." *La Nación* (7 sept. 1997): VI/6.

Felippa, Jorge. "Entrevista con Dal Masetto." *La Voz del Interior* (13 dic. 1990): D/1, 4.

Margulis, Alejandro. "Antonio Dal Masetto: En busca de la propia identidad." *La* Nación (25 sept. 1994): Supl. Lit., 4.

475. DALMARONI, DANIEL (1961-). *Yo lo toqué a Karadagian*. Buenos Aires: 1999.

476. DAMASO MARTINEZ, CARLOS (1944-). *Hay cenizas en el viento*. 1982. Fragmento en *Narradores argentinos. Primer Encuentro* (1991): 32.

477. DAMIANI, MARCELO (1969-). *Adiós, pequeña*. Buenos Aires: Paradiso, 1995. 152pp.

"En una isla irreal o imaginaria, un detective poco confiable contratado por un adolescente busca a una modelo que ha desaparecido. Durante la búsqueda, el protagonista se cruza con personajes de diverso talante: Un cadete para nada discreto, un fotógrafo drogadicto, un chofer de pocas palabras, demasiadas mujeres, un ejecutivo inescrupuloso." [Contratapa].

478. DAMONTE TABORDA, RAUL (1940-1988) Seud. COPI.

Delgado, Veronica. "Las poéticas antirrepresentativas en la narrativa argentina de las dos últimas décadas: C. Aira, A. Laiseca, Copi, D. Guebel." *Celehis* 5/6-8 (1996): 255-268.

Tcherkaski, José. *Habla Copi: Homosexualidad y creación*. Buenos Aires: Galerna, 1998.

479. DAVALOS, JUAN CARLOS (1887-1959). *Obras completas*. Buenos Aires: Senado de la Nación, 1997. Vol. 1, 720 pp.; Vol. 2, 912 pp.; Vol. 3, 854pp.

Aráoz Anzoátegui, Raúl. "Obra y figura de Juan C. Dávalos." *BAAL* 52/205 (Jul. 1987): 307-318.

Martorell de Laconi, Susana. *Juan Carlos Dávalos: Comentarios y anotaciones sobre su obra*. Salta: Instituto Salteño de Investigaciones, 1998.

480. DAVID, GUILLERMO. *Witoldo: O la mirada extranjera*. Buenos Aires: Colihue, 1998. 173pp.

"Texto que es a la vez novela y ensayo. En una atmósfera irreal el escritor polaco Witold Gombrowicz conversa con José Bianco, escritor argentino, sobre mitos literarios. Martínez Estrada, Ezra Pound, Macedonio Fernández y Robert Graves desfilan en esa conversación sobre todo lo que la literatura tiene de invención." [F.G.C. (Sept. 1998): 61].

481. DAVILA, CESAR (1953-). *Nostalgias*. Buenos Aires: Argenta Sarlep, 1986. 154pp.

482.　DE GIOVANNI, FERNANDO (1943-). *Keno*. Buenos Aires: 1969.
483.　DE SANTIS, PABLO (1963-). *Desde el ojo del pez*. Novela juvenil. Buenos Aires: Sudamericana, 1991. 63pp. Reimpr., 1995.
484.　——. *Enciclopedia de la hoguera*. Buenos Aires: Colihue, 1996.
485.　——. *Filosofía y letras*. Barcelona: Destino, 1998. 207pp.
486.　——. *Filosofía y letras*. Buenos Aires: Planeta, 1999. 207pp.

"La novela narra con voz de Esteban Miró, devenido en empleado de la facultad, la lucha entre tres críticos por encontrar la obra de Homero Brocca, un autor argentino supuestamente muerto del que sólo se conserva un cuento en mil versiones distintas. El argumento policial suma a la serie de muertes prototípica y al enrarecido clima de una facultad en ruinas, un hospicio para intelectuales, un grupo de amigotes de adolescencia que rumian derrotas amorosas y otros fracasos." [Raquel Garzón, *Clarín* (20 jun. 1999): Cult. 8-9].

Saavedra, Guillermo. "*Filosofía y letras*." *La Nación* (25 jul. 1999): 6/6.

Vázquez, María E. "Entre el crimen y el humor." Entrevista con De Santis." *La Nación* (25 jul. 1999): 6/7.

487.　——. *Lucas Lenz y el Museo del Universo*. Novela juvenil. Buenos Aires: Alfaguara, 1992. 96pp.

"Del Museo del Universo que guarda los objetos irrepetibles han desaparecido la pluma-vampiro y la pluma-agujero. Sólo el detective Lenz las puede encontrar." [Aviso, *La Nación* (13 dic. 1992): 7/3].

488.　——. *El palacio de la noche*. Buenos Aires: De la Flor, 1987. 96pp.

"Hay en esta novela un núcleo que no por conocido resulta menos inquietante: Un extraño personaje, Salvador Helcán, lega a otro un manuscrito no menos extraño: 'El palacio de la noche.' Si alguna tradición reivindica *El palacio de la noche*, puede decirse que retoma las huellas de la mejor literatura fantástica y también de la ciencia ficción, sin ser un prolijo ejercicio de alguno de esos géneros." [Contratapa].

489.　——. *Pesadilla para hackers*. Novela juvenil. Buenos Aires: Colihue, 1992. 92pp.

"Cinco jóvenes y brillantes especialistas en computación comienzan a enloquecer. ¿De dónde vienen esas pesadillas? ¿Quién es el asesino que envía mensajes desde su locura?" [Solapa].

490.　——. *Las plantas carnívoras*. Buenos Aires: Alfaguara, 1995. 144pp.

"Leo es una especie de adolescente tardío que no sabe qué hacer con su vida. Desempeña una serie de ocupaciones insólitas hasta que se queda sin trabajo y recurre a su hermano para que lo ayude. Juntos, irán a buscar al padre, otro personaje signado por el fracaso de sus empresas extravagantes." [Contratapa].

491.　——. *La traducción*. Buenos Aires: Planeta, 1998. 183pp. Finalista del Premio Planeta.

"*La traducción* puede leerse como un juego de cajas chinas, pero sobre todo como un policial. La preocupación que pulsa el relato es la posibilidad que tienen las palabras de hacer cosas, de 'moldear la materia en segundos.' El Congreso de traductores tiene lugar en Puerto Esfinge, un balneario de la costa argentina, fantasmagórico y destemplado lugar donde un grupo de profesionales se dedicará a su oficio: Intentar construir sentido. Así, traducirán un texto que se va tapizando de cadáveres y saberes." [Daniela Gutiérrez, *La Nación* (27 sept. 1998): 6/6].

492. DEL CASTILLO, LAURA. *Una ciruela para coco.* En un vol. con *Mirar el limonero y morir.* Buenos Aires: Vinciguerra, 1998. 55-102.

"Premio "Life" en español (1960), publicada en Nueva York por la editorial Doubleday en sucesivas ediciones en castellano e inglés." [Solapa].

493. ———. *Borrasca en las clepsidras (La gran saga iberoamericana).* Buenos Aires, 1980. Premio Municipal de Buenos Aires 1982.

494. ———. *Borrasca en las clepsidras: Abolengo de una consternación americana.* Buenos Aires: Suae Editio Gentis, 1990. 255pp.

495. ———. *Bubo Virginianus o Acto de contrición del Alférez Servando Viacaba.* Madrid: Secretaría de Cultura de España, 1974. Premio Ignacio Aldecoa 1974.

496. ———. *Jinete del Sur.* Buenos Aires: Corregidor, 1995. 159pp.

"Retornan en *Jinete del Sur* atmósferas, nombres, espacios, y sobre todo el esplendor trágico que caracteriza la escritura de Del Castillo. El linaje familiar de esta novela lleva la carga de un orgullo endogámico que encadena al odio, a la discordia intestina, a la traición y al insinuado incesto. Símbolo oscuro de la progenie de los conquistadores que elige una existencia 'sin ley ni Dios,' destinada a la auto-destrucción, los Del Pino son juzgados y condenados por la mirada cruel de Ana, la rebelde, que no perpetuará su especie." [María R. Lojo, *La Nación* (3 mar. 1996): 6/4].

497. ———. *Mirar el limonero y morir.* Quito: Casa de la Cultura Ecuatoriana, 1958. 81pp.

498. ———. *Mirar el limonero y morir.* Buenos Aires: Vinciguerra, 1998. 9-54. En un volumen con *Una ciruela para coco.*

499. DELANEY, JUAN JOSE (1954-). *Moira Sullivan.* Buenos Aires: Corregidor, 1999. 154pp.

"Cuenta la historia de una ex guionista del cine mudo norteamericano, que silenciada por la aparición del sonoro y casada luego con un ejecutivo destinado a Sudamérica, termina sus días en un hogar de ancianos en la provincia de Buenos Aires." [F.G.C. (Dic. 1999): 34].

500. DELGADO, SERGIO (1961-). *El alejamiento.* Rosario: Beatriz Viterbo, 1996. 121pp.

"Novela de un día de vida que tiene para el protagonista la duración de la vida entera, en el que todos los seres ausentes, vivos, muertos, están al acecho." [F.G.C. (Sept. 1996): 23].

501. DEMITROPULOS, LIBERTAD (1922-). *Un piano en Bahía Desolación.* Buenos Aires: Braga, 1994. 220pp. Reimpr. 1996.

"El motivo de la mujer aparece como un núcleo temático, pero se trata de una mujer que no cabe dentro de los cánones tradicionales que la definen como un ser pasivo. Esta mujer, la inglesita Nancy, es transplantada de Inglaterra a una región austral de América y a partir de su llegada se convierte en el elemento generador de conflictos que constituyen el corpus de la novela. Bahía Desolación se convierte en el ámbito de la mujer y ella se irá transformando a medida que pasa por distintas instancias, que en el relato se expresan por las diferencias modales de tres verbos: llegar, estar, irse." [H. Terrón de Bellomo, "Un modelo de escritura en *Un piano en Bahía Desolación.*" *III Jornadas de literatura desde la cultura popular.* 122-123].

Miguel, María E. de. "*Un piano en Bahía Desolación.*" *La Nación* (5 jun. 1994): 7/5.

502. ———. *Río de las congojas.* 1981. Buenos Aires: Del Dock, 1996. 172pp.

Battaglia, Diana, y Diana B. Salem. "Las voces de una nueva realidad en *Río de las congojas.*" *Alba de América* 10/18-19 (1992) 103-114.

Tieffemberg, Silvia. "El espacio textual de una mujer. Análisis de *Río de las congojas.*" *Actas del III Congreso Argentino de Hispanistas.* Buenos Aires: UDEBA, 1993. 951-957.

Mazzei, Norma. "Acerca de las conjunciones discursivas en *La flor de hierro.*" *Actas del III Congreso Argentino de Hispanistas.* Buenos Aires: UDEBA, 1993. 680-686.

Morello-Frosch, Marta. "Las tretas de la memoria: Libertad Demitropulos, Reina Roffe, y Matilde Sánchez." *Memoria colectiva y políticas de olvido: Argentina y Uruguay, 1970-1990.* Eds. A. Bergero y F. Reati. Rosario: B. Viterbo, 1997. 185-208.

503. DENEVI, MARCO (1922-). *Ceremonia secreta.* 1960. Buenos Aires: Corregidor, 1994. 136pp.

504. ——. *Una familia argentina.* 1986. Ed. corregida. Buenos Aires: Sudamericana: 1998. 283pp, Título original fue *Enciclopedia secreta de una familia argentina.*

505. ——. *Manual de historia.* 1985. Buenos Aires: Corregidor, 1997. 192pp.

506. ——. *Música de amor perdido.* Buenos Aires: Corregidor, 1990. 167pp. Reimpr., 1992.

"La novela utiliza elementos barrocos para elaborar una trama de suspenso. Estructurada en dos partes simétricas, cada una ofrece una versión diferente pero complementaria de la misma historia." [María Guiñazú, *HLAS* 54 (1995): 563].

Villordo, Oscar Hermes. "*Música de amor perdido.*" *La Nación* (13 sept. 1992): 7/5.

507. ——. *Noche de duelo, casa del muerto.* Estudio preliminar, notas, y vocabulario de Pedro L. Barcia. Buenos Aires: Abr., 1995. 211pp.

"*Noche de duelo, casa del muerto* es la reelaboración de *Los asesinos de los días de fiesta* (1972). Los seis hermanos González, tres varones y tres mujeres, personajes grotescos, imponen sus presencias alucinantes en velatorios diversos con un objetivo: Escaparse de los tormentos nacidos de la falta de amor en sus vidas. La gama de situaciones que produce ese hecho va desde el rechazo de los deudos, pasando por el saqueo de las casas mortuarias, y llega a la intrusión en una de ellas con total impunidad." [I. Vilas, *La Prensa* (19 mar. 1995): Secc. Cult., 9].

508. ——. *Nuestra señora de la noche.* Buenos Aires: Corregidor, 1997. 223pp.

"Denevi da forma a uno de los temas infaliblemente presentes en sus libros anteriores: La sexualidad humana, y lo hace con la gracia y la sutileza de quien encarna esa sabiduría rilkeana de un amor que consiste, ante todo, en dos soledades que se defienden mutuamente, se delimitan y se saludan. Más que por su agotamiento, acaso frondosamente desdibujado por la ocurrencia de sus atajos y entrelíneas, esta novela seduce sobre todo por sus fabulosas digresiones." [F. Sánchez Sorondo, *La Nación* (27 jul. 1997): 6/5].

509. ——. *Un pequeño café.* 1966. Buenos Aires: Corregidor, 1997. 164pp.

510. ——. *Rosaura a las diez.* 1955. Buenos Aires: CEAL, 1990. 167pp.

511. ——. *Rosaura a las diez.* San Martín: Cántaro, 1996. 254pp.

512. ——. *Rosaura a las diez.* Buenos Aires: Editores de América Latina, 1996. 175pp.

513. ——. *Rosa, ce soir.* Trad. al francés de *Rosaura a las diez,* por Jean-Maru Saint-Lu. Paris: J. Losfeld, 1998. 227pp.

CRITICAL STUDIES ON MARCO DENEVI

Bernazza, Claudia. "'Best sellers' a la criolla." *La Prensa* (6 ag. 1995): Secc. Cult., 6/7.

House, Laraine Rathvon. "Myth in the Work of Marco Denevi." Tesis de doctorado, Univ. of Maryland, 1978.

Lagmanovich, David. "Marco Denevi y sus falsificaciones." *Revista Chilena de Literatura* 33 (Abr. 1989): 87-101.

Nallim, Carlos. "Marco Denevi y la sin par Dulcinea." *Revista de Literaturas Modernas* 28 (1995): 171-183.

Paldao, Carlos E. "The Narrative Structure of Minifiction in Spanish American Literature." Tesis de doctorado, George Washington Univ., 1997. Sobre J. Cortázar, M. Denevi, A. M. Shúa.

Pérez, Angela M. "Arreola, Monterroso, Denevi: Estudio temático de sus cuentos y minicuentos." Tesis de doctorado, Univ. of Texas, 1992.

Smith, Ruth E. "The Theme of Dehumanization in the Works of Marco Denevi." Tesis de doctorado, Univ. of Oklahoma,1977.

Yates, Donald. "Para una bibliografía de Marco Denevi." *Revista Iberoamericana* 33 (1967): 141-146.

514. DESIDERATO, ADRIAN (1949-). *El equipo de José nunca existió.* Buenos Aires: Del Valle, 1997. 248pp.

515. DEVETACH, LAURA (1936-). *Historia de Ratita.* Literatura juvenil. Buenos Aires: Colihue, 1995. Sin paginación.

"Temática: La formación de la pareja. La Ratita se permite salir de la cueva tibia y conocer el mundo. Al verlo tan lindo, siente la necesidad de compartirlo con una pareja. En esa búsqueda, propia, personal y femenina, rechaza ciertos pretendientes sobreprotectores, que le ofrecen un mundo cerrado y se permite reflexionar." [Susana Itzcovich, *Veinte años,* 37].

516. DI BENEDETTO, ANTONIO (1922-1986). *El silenciero.* 1964. Buenos Aires: Adriana Hidalgo, 1999. 188pp.

517. ——. *Zama.* 1957. Buenos Aires: Alfaguera, 1995.

Cócaro, Emilio. "La narrativa de Antonio Di Benedetto." *La Nación* (14 feb. 1993): 7/2.

Espejo Cala, Carmen. "Las víctimas de la espera. Antonio Di Benedetto: Claves narrativas." Tesis de doctorado, Univ. de Sevilla, 1991.

García, María Luisa G. "Los símbolos cristianos de la Pasión en *Zama.*" *III Jornadas de literatura desde la cultura popular.* Córdoba: Univ. Nac. de Córdoba, 1995. 113-121.

518. DI LERNIA, VICENTE (1942-). *Buenos Aires, 2015 (camino al tercer milenio).* Buenos Aires: Torres Agüero, 1998. 126pp. Segundo Premio, Concurso de la Novela de la AEA.

519. DI MARCO, RUBEN A. *Vecino de carpa.* Buenos Aires: Corregidor, 1994. 159pp.

"Con su lenguaje, por veces sorprendente, Di Marco define lo insólito de las 'situaciones corrientes' confirmando que 'nada más extraño que la verdad.' Es por ello que el lector podrá encontrar en este libro argumentos para polemizar con el escritor. Andrés y Cora servirán para algunos de inspirador o revulsivo espejo." [Contratapa].

520.   DI MASSI MERCADANTE, BEATRIZ. *Las formas del nombre de la Teresa Romero*. Mendoza: Ediciones Culturales, 1997. 66pp. Primer Premio Nacional en Córdoba. Premio Consagración Nacional para la Región de Cuyo, 1998.

521.   ———. *La casa vieja*. Mendoza: Ediciones Culturales, 1994. 72pp.

522.   DI NOTO, LUCAS. *La nave de los locos*. Buenos Aires: Cuma Cú, 1988. 267pp.

"Los protagonistas se marginan de reglas de la sociedad, se apartan de la rutina, hacen morisquetas a las medidas de tiempo. Con este trabajo, el autor podrá ser discutido, execrado o admirado por los lectores en busca de nuevas formas. Su novela tiene audacia suficiente como para desencadenar fuertes polémicas." [Raül Saint-Mezard, Pról., 3].

523.   DI PAOLA LEVIN, JORGE (1940-). *Minga*. Buenos Aires: De la Flor, 1987. 221pp.

524.   DIACONU, ALINA (1945-). *Los devorados*. Buenos Aires: Atlántida, 1992. 287pp.

". . . la excelente estructura de que se ha valido Diaconú para dar forma a una compleja historia que abarca ámbitos diversos unidos por un elemento común: La existencia de ciertas plantas carnívoras. Ian Gravski, obsesionado por el estudio de las plantas carnívoras, a quien la muerte de su mujer, primero, y el encuentro con una marquesa de pacotilla, después, cambian de vida, deambula por la zona de Retiro. Por San Telmo pasa sus días cierto pordiosero de imprevisable pasado, una corte de los milagros autóctona, y Rafael, anticuario, promotor del encuentro entre Gravski y la marquesa, Olympia Moore, viuda de un noble auténtico al que heredó en pesetas y apócrifa entonación peninsular." [María E. de Miguel, *La Nación* (3 enero 1993): 7/5].

Tompkins, Cynthia. "*Los devorados* de Alina Diaconu: ¿Vía mística?, ¿atracción fanática? ¿alegoría social?" *Confluencia* 9/2 (Spring 1994): 88-97.

CRITICAL STUDIES ON ALINA DIACONU

Bailey, Kay. "Exceso y repulsión en las novelas de Alina Diaconú." *Utopías, ojos azules, bocas suicidas: La narrativa de Alina* Diaconú. Ed. E. Gimbernat González. Buenos Aires: Fraterna, 1993. 67-81.

Cordones-Cook, Juana. "Alina Diaconú." *Alba de América* 22-23 (1994).

Diaconú, Alina. *Calidoscopio*. Buenos Aires: El Francotirador, 1998. La autora habla de su obra literaria.

Dumitrescu, Domnita. "Realidad y metáfora del exilio en la obra de Alina Diaconú." *Alba de América* 15 /28-29 (1997).

Flori, Mónica. "Alina Diáconu." En su *Streams of Silver: Six Contemporary Women Writers From Argentina*. Lewisburg: Bucknell UP, 1995. 99-146.

———. "La articulación de lo inexpresable: Metaforización del cuerpo femenino en *Los ojos azules* de Alina Diaconú." *Alba de América* 12/22-23 (July 1994): 351-360.

Gimbernat González, Ester. "Para eso está hecha la noche: *Cama de ángeles*." En su *Aventuras del desacuerdo: Novelistas argentinas de los '80*. Buenos Aires: D. Albero Vergara, 1992. 163-174.

——. *"El penúltimo viaje:* La memoria de la fisura." En su *Aventuras del desacuerdo: Novelistas argentinas de los '80.* Buenos Aires: D. Albero Vergara, 1992. 111-116.

López Cabrales, María del Mar. "La escritura como respuesta a la intolerancia histórica: Alina Diaconú entre Bucarest y Buenos Aires." *Revista Iberoamericana* 62/175 (Abr.-Jun. 1996): 585-597.

Roca, Agustina. "El universo literario de Alina Diaconú." *La Prensa* (4 jun. 1995): Secc. Cult., 4.

525. DIAZ DE FUSCO, LUIS. *Kunturkanki: La epopeya de los Quilmes.* Buenos Aires: Vinciguerra, 1998. 223pp.

"Novela que deja al descubierto el violento atropello de una cultura a manos de otra, la de los indios Quilmes a manos de los españoles." [F.G.C. (Sept. 1998): 61].

526. DIAZ MINDURRY, LILIANA (1953-). *A cierta hora.* Buenos Aires: Del Dock, 1993. 71pp.

527. ——. *Lo extraño.* Buenos Aires: GEL, 1994. 139pp. Primer Premio 1993, FNA.

528. ——. *Lo indecible.* Buenos Aires: Ultimo Reino, 1998. 113pp. Primer Premio, Novela, XX Encuentro de Escritores Patagónicos, 1997.

529. ——. *Pequeña música nocturna.* Buenos Aires: Planeta, 1998. 259pp.

"Como las mamushkas, esta historia encierra varias historias, unas dentro de otras, que la autora ha organizado utilizando las anotaciones, cartas, fragmentos de diario y otros testimonios escritos por los propios personajes. Son, en realidad, relatos o versiones de una misma anécdota principal. Con singular maestría, Díaz Mindurry cuenta cómo algunos personajes observan a quienes, a su vez, también se están observando, y hace sentirse al lector, simultáneamente otro 'voyeur.' Angeles Brantes, la protagonista, tiene catorce años. Hija de una prostituta a la que espía cuando trabaja con sus clientes, es el cacique de su grado en el colegio. Audaz, embustera y lasciva, encuentra en su condiscípula Carmencita a la destinatoria ideal de su perversión." [Antonio Requién, *La Nación* (10 enero 1999): 6/6].

530. DIAZ PESSINA, NILDA. *Las tres viudas.* Mendoza: Ediciones Culturales, 1991. 222pp.

531. D'INZEO, NENE. *Los habitantes del laberinto.* 1989. Buenos Aires: Libros del Rayo Azul, 1997. 160pp.

"Es una transfiguración de los mitos de la antigua Grecia, trasladados temporalmente en una continuidad de significaciones." [F.G.C. (Mayo 1998) : 51].

532. DOCAMPO FEIJOO, BEDA MANUEL (n. España, 1948-). *Vender la pluma.* Buenos Aires: Puntosur, 1988. 188pp. Con una entrevista al autor.

"Novela ingeniosa cuya parte central consiste en una carta de Lope de Vega a Cervantes. Con perspicacia y verosimilitud, el homenaje se torna confesión integrando la meditación con el eroticismo." [María Guiñazú, *HLAS* 54 (1995): 563].

533. DOMAN, FABIAN, y MARTIN OLIVERA. *Los Alsogaray.* Buenos Aires: Aguilar, 1990. 240pp.

"Es un libro de la trastienda de la vida política. Nos cuenta con vivacidad periodística y con un caudal bien dosificado de irreverencia, algunos entretelones de la actividad despegada por la familia Alsogaray y por otros dirigentes de la Ucedé en el seno de ese partido de corto pero ya sabroso historial." [Bartolomé de Vedia, *La Nación* (18 feb. 1990): 4/4].

534. DOMINGUEZ, CARLOS MARIA (1955-). *Bicicletas negras.* Montevideo: Arca, 1990. 121pp.

535. ——. *La mujer hablada.* Buenos Aires: Alfaguara, 1998. 298pp. Premio Bartolomé Hidalgo, Montevideo, 1995.

"Tres relatos que, en distintos tiempos y lugares, relatan una sola historia, que enlaza a una inmigrante alemana en la Argentina de los '50, su vida durante el ascenso del nazismo en Berlín, un crimen en la Argentina de Perón, el incendio del Reichstag y el plan Furhman que se propuso convertir a Uruguay en una colonia nazi." [F.G.C., Sept. 1999].

536. ——. *Pozo de Vargas.* 1985. Montevideo: Banda Oriental, 1989. 78pp.

537. DOMINGUEZ, CLAUDIO M. (1960-). *La ciudad del amor.* Buenos Aires: Errepur, 1996. 208pp.

"El autor cuenta el trayecto que lo condujo desde su primer conocimiento de la existencia de Sai Baba hasta su encuentro con el Ser al que cientos de millones en el planeta consideran el Quatar de esta Era." [Aviso, *La Nación* (21 abr. 1996): 6/5].

538. ——. *La marca del deseo.* Buenos Aires: Temas de Hoy, 1994. 254pp.

"'Thriller' erótico en que se basó el guión de la miniserie de televisión del mismo nombre, cuyo levantamiento creó una polémica sobre la censura y la autocensura en la TV argentina." [F.G.C. (1993-97): 7].

539. DONANTUONI, LUCIO (1935-). *Carne de cañón.* Buenos Aires: Galerna, 1988. 224pp. Segundo Premio Municipal, 1988-1989.

540. ——. *Juan Juanes y coroneles.* Buenos Aires: Galerna, 1998. 285pp. Tercer Premio, FNA, 1997.

"Es la narración que hace Juan, desde el vientre de su madre y en los años de su infancia, de los años previos al 17 de octubre de 1945. Con la misma libertad con que habla de su familia, Juan se referirá a Perón, a Evita y a los amigos y enemigos que los rodeaban en aquellos días." [F.G.C. (Dic., 1998): 14].

541. DONATO, ADA (1933-). *De cómo se amaron Salvador y la Celeste.* Buenos Aires: Aguilar, 1989. 255pp.

"Novela cuyos mecanismos más obvios responden a la fórmula de la telenovela. A través de un largo diálogo, hecho de monólogos más que de coloquios, se revisa y cuestiona la Historia argentina desde 1930 hasta octubre de 1983, a través de las historias personales de cinco viejos compañeros de escuela primaria, reunidos en una cena de reencuentro." [Gimbernat González, *Aventuras del desacuerdo. 55-56*].

542. DRAGHI LUCERO, JUAN (1897-). *La cautiva de los Pampas.* Mendoza: Ediciones Culturales, 1988. 198pp.

Pietro, Daniel. *Conversaciones con Juan Draghi Lucero.* Mendoza: Ediciones Culturales, 1994.

543. ——. *El agujero en la tierra.* Caracas: Monte Avila, 1983. 201pp.

". . . hace gala en *El buzón en la esquina* y *El agujero en la tierra* de unas cualidades innatas que la llevan, por la magia de una lengua llena de colorido, a poetizar la realidad, sin dejar con todo de manifestar un humor risueño que se burla de las convenciones e insta a vivir el momento presente." [Claude Cymerman, "La literatura hispanoamericana y el exilio," *Revista Iberoamericana* 59/164-165 (Jul.-Dic. 1993): 533].

544. DRUCAROFF, ELSA (1957-). *La patria de las mujeres: Una historia de espías en la Salta de Güemes*. Buenos Aires, Sudamericana. 1999. 255pp.

"Novela histórica sobre la red de espías que informaba a Güemes sobre los movimientos de las tropas realistas. Estaba integrada por mujeres y organizada por Loreto Sánchez de Peón, quien la tradición recuerda como la dama espía del Ejército del Norte." [F.G.C., Dic. 1999].

545. DUJOVNE ORTIZ, ALICIA (1939-). *L'Arbre de la gitane*. Paris: Gallimard, 1991. 299pp.

"Alicia Dujovne Ortiz publicó últimamente *L'Arbre de la gitane* (en francés, 1991), una novela parcialmente autobiográfica sobre el tema del exilio." [Claude Cymerman, "La literatura hispanoamericana y el exilio," *Revista Iberoamericana* 59/164-165 (Jul.-Dic. 1993): 544].

546. ———. *El árbol de la gitana*. Buenos Aires: Alfaguara, 1997. 293pp.

"*El árbol de la gitana* es una genealogía de viajeros genoveses, místicos judíos, aventureros españoles, irlandeses sensuales, indias de mirada dulce. Los capítulos alternan las vicisitudes de la narradora en la Argentina y la Francia de los años 70 y 80, sus sucesivas experiencias de viajes y despedidas, de nuevos comienzos y nuevas nostalgias, con las andanzas de algunos personajes de ese árbol mítico, mitad historia y mitad leyenda familiar. Una cualidad notable del estilo de Dujovne Ortiz es la riqueza de asociaciones y el regoteo en imágenes y metáforas." [Jul. Crespo, *La Nación* (25 mayo 1997): 6/4].

547. ———. *Mireya*. Buenos Aires: Alfaguara, 1998. 239pp.

"Inspirado en una fantasía de Cortázar, este relato narra las vicisitudes de Mireya, la prostituta inmortalizada por Toulouse Lautrec, que habría recalado en Buenos Aires, donde acaso inspirara el célebre tango que la recuerda. Dujovne Ortiz es una escritora en la plenitud de su oficio: Es delicioso su vuelo en las escenas eróticas, tan delicadas como intensas. Las descripciones de las sesiones de tango, que acaban por desencadenar duelos mortales entre los malevos trenzados a Mireya, alcanzan una brillantez poética." [Ivonne Bordelois, *La Nación* (23 ag. 1998): 6/5].

———. "Entrevista a Alicia Dujovne Ortiz: Las tribulaciones de un centauro argentino exiliado en París." *Noaj* 1/2 (1988): 87-95.

Vázquez, María E., "A la sombra del árbol protector: Entrevista con Alicia Dujovne Ortiz." *La Nación* (22 jun. 1997): 6/3.

Weiss, Jason. "Entrevista con Alicia Dujovne Ortiz." *Hispamérica* 28/82 (Abr. 1999): 45-58.

548. DURINI, EDUARDO ANTONIO. *La casona del asombro*. Buenos Aires: Vinciguerra, 1995. 135pp.

"Con estilo satírico, Durini describe a los personajes de una familia aristocrática que habita una singular mansión." [Aviso, *La Nación* (14 abr. 1996): 6/3].

549. ———. *Y la vida pasando*. Buenos Aires: Vinciguerra, 1997. 120pp.

"Personajes que aparecen como héroes en el vertiginoso tiempo de los 90. Esta novela plantea una mirada crítica matizada por el buen humor y la ironía." [Aviso, *La Nación* (27 abr. 1997): 6/3].

E

550. ECHEVERRIA, ESTEBAN (1805-1851). *El matadero.* 1871. En *An Anthology of Spanish American Literature.* Ed. John Engelkirk. Englewood Cliffs: Prentice-Hall, 1990, 150-156.

551. ———. *El matadero.* En *Antología del cuento hispanoamericano.* Ed. Fernando Burgos. México: Porrúa, 1991. 1-16.

552. ———. *El matadero.* En *Literatura hispanoamericana: Una antología.* Ed. David W. Foster. New York & London: Garland, 1994. 251-266.

Iglesia, Cristina. "Mártires o libres: Un dilema estético. Las víctimas de la cultura en 'El matadero' y en sus reescrituras." *Letras y Divisas.* Ed. C. Iglesia, 1998. 25-35.

Piglia, Ricardo. "Echeverría y el lugar de la ficción." *La Argentina en pedazos.* Buenos Aires: La Urraca, 1993.

553. ECKHARDT, MARCELO (1965-). *El desertor.* Buenos Aires, c. 1996.

554. ———. *Látex.* Buenos Aires: Ed. del autor, 1994. 90pp.

555. ———. *¡Nítida esa euforia!* Rosario: Beatriz Viterbo, 1999. 99pp.

"No es novela, sino una miscelánea, a veces en forma novelada, de reflexiones y comentarios irónicos, sardónicos, e ingeniosos sobre la sociedad y la cultura en general y sobre la condición argentina en particular." [M. I. L].

556. ELIAS, JORGE. *A-I, hundido.* Buenos Aires: Argenta, 1997. 126pp.

"La novela transcurre durante un futuro impreciso, en una isla incomunicada. Elías desarrolla una lúgubre fantasía que revela, junto con su insoslayable imaginación, su preocupación por una sociedad cada día más deshumanizada. En la isla se ha instalado la República de Blair, gobernada despóticamente por el mariscal Lucas III. Extrañamente, los ciudadanos–todos jóvenes–actúan y hablan como porteños de última generación. Los hay 'rockers,' 'punks,' 'transexuales,' y 'zombies.' Entre ellos, un grupo de 'psicopacifistas' trama una rebelión. [Antonio Requeni, *La Nación* (16 mar. 1997): 6/4].

557. ENRIQUEZ, MARIANA. *Bajar es lo peor.* Buenos Aires: Espasa-Calpe, 1995. 273pp.

"*Bajar es lo peor* is a novel that is not really against the use of drugs or alcohol, and it certainly cannot be said to be homophobic, if only because there is some shred of dignity in the gay relationships it portrays outside the world of the hustler and in its representation of gay-bashing. [. . . .] Although the work is not particularly well written, and has a tendency to indulge in narrative fade-outs when the materiality of the body looms too large, it is an effective representation of a major dimension of contemporary Buenos Aires society." [David W. Foster, *World Literature Today* 71/1 (Winter 1997): 117].

558. ESCALANTE, JUAN CARLOS. *Oscuro, frío y ayer.* Buenos Aires: Corregidor, 1998. 93pp.

"Novela del amor y de la soledad, personajes inmersos en un medio social perverso." [F.G.C. (Sept. 1998): 63].

559. ESCLIAR, MYRIAM. *Fenia*. Biografía novelada. Buenos Aires: Acervo Cultural, 1997. 118pp.

"Se trata de Fenia Chertkoff, que llegó muy joven a la Argentina y luchó toda la vida, como Susan B. Anthony, en los Estados Unidos, por conseguir los derechos femeninos." [M.I.L.].

560. ESCOFET, CRISTINA (1945-). *Mariana*. Novela juvenil. Buenos Aires: Plus Ultra, 1986. 109pp.

561. ———. *Primera piel*. Buenos Aires: Río Inmóvil, 1984. 219pp.

"En *Primera piel*, una niña que no se toma la leche y teme que el viento le vuele los teros crece de ciudad en ciudad, hasta la edad de comprender que va a perder su primera piel. En esta época deambula entre el escenario teatral, la filosofía y la cama de su amante proletario y políticamente comprometido. La biografía de la infancia y la adolescencia con sus datos domésticos previsibles y una historia argentina de peronismo y golpes de estado, abarcada desde 1945 hasta 1968, se queda irresoluta y sin mostrar la 'nueva' piel." [Ester Gimbernat González, *Aventuras del desacuerdo*, 62].

562. ESPEJO, MIGUEL (1948-). *El círculo interno*. Buenos Aires: Catálogos, 1990. 173pp.

563. ESPEL, SANTIAGO CARLOS (1960-). *La santa mugre, o el País de Cucaña*. Buenos Aires: GEL, 1995. 167pp.

"Esta primera novela del autor es el relato de un viaje que en la Europa medieval emprenden un grupo de locos y leprosos teniendo como meta el País de Cucaña, una tierra de promisión donde podrán ser felices." [F.G.C. (1993-97): 8].

564. ESTRELLA GUTIERREZ, FERMIN (1900-).

Pickenhayn, Jorge Oscar. *Don Fermín: Vida y obra de Fermín Estrella Gutiérrez*. Buenos Aires: Corregidor, 1997.

565. ETCHEVERTS, SARA DE. *El animador de la llama*. Buenos Aires: Tor, 1927. 253pp.

"Melodrama que gira alrededor de la dominante y sensual personalidad de Mariano Goyena, crítico de arte 'par excellence' en Buenos Aires, y maestro irritable y absolutista al que devotamente siguen sus acólitos. Goyena, 'el animador,' tiene como amante a Delfina Hurtado, una mujer estragada por la pasión morbosa que siente por este hombre, quien, de modesta ama de casa, la ha convertido en actriz de renombre." [Angela B. Dellepiane, "Sara de Etcheverts: Una novelista argentina olvidada." 590].

566. ———. *El constructor del silencio*. Buenos Aires: Tor, 1929. 142pp.

"La trama está desarrollada a partir de un personaje focalizado en un momento de crisis emocional y sicológica. Andrés Marza es un hombre que, en su juventud, se rebela contra la hipocresía y las normas de una sociedad que cercena al hombre y decide suicidarse sin atreverse a hacerlo. Llega a aceptar la vida rutinaria, el cariño familiar, su trabajo de obrero manual, aunque sigue deslumbrado por la velocidad de la sociedad moderna." [Angela B. Dellepiane, "Sara de Etcheverts: Una novelista argentina olvidada." 596].

Bianco, José. "El Primer Premio del Concurso Municipal: *El constructor del silencio*." *Nosotros* 68/252 (Mayo 1930): 275-277.

567. ———. *Convivencia*. Buenos Aires: Claridad, 1944. 360pp.

"Los personajes protagónicos son dos: Un hombre, el famoso y rico escritor Claudio Bartes y la igualmente aristócrata y bellísima Elena Casal, exquisita pianista y divorciada, luego de dos años de matrimonio, del también aristócrata Roberto Llanos, un morfinómano obsesionado sexualmente por su mujer y que acaba suicidándose." [Angela B. Dellepiane, "Sara de Etcheverts: Una novelista argentina olvidada." 602].

568. ——. *El imperialismo de la vida interior.* En un vol. con *El animador de la llama.* Buenos Aires: Tor, 1927.

"Estamos en presencia de un protagonista masculino, Renato Mistral, flanqueado por dos mujeres antitéticas: Una, Fernanda Bustamante, la novia del mismo nivel aristocrático que él, bellísima, elegante, y la otra, Victoria Gray. Renato, estanciero rico, es un joven insatisfecho consigo mismo y con su prosapia, con su vida y con lo que es al presente el país." [Angela B. Dellepiane, "Sara de Etcheverts: Una novelista argentina olvidada." 594].

Masiello, Francine. "Sara de Etcheverts: The Contradictions of Literary Feminism." *Icons and Fallen Idols.* Ed. Beth K. Miller. U of California P, 1983. 243-258.

569. EYRAS, MARIA EUGENIA. *El viento en el jardín.* Buenos Aires: Atlántida, 1995. 251pp.

"Se sitúa esta novela en los primeros años del régimen de Perón y el fin de la Segunda Guerra Mundial." [M.I.L.].

570. EZQUER ZELAYA, ERNESTO E. *Poncho celeste.* 1940. Pról. de Martín Alvarenga. Corrientes: Subsecretaría de Cultura, 1994. 193pp.

F

571. FABBRI, ROSA ANGELICA.

Gimbernat González, Ester. "*Al fin del mundo:* Entre los confines de la representación." *Aventuras del desacuerdo: Novelistas argentinas de los '80.* Buenos Aires: D. Albero Vergara, 1992. 216-225.

572. FABLET, JUL.. *Teatro negro y sin estrellas.* Buenos Aires: Del Dock, 1993. 107pp.

573. FABUES, EMILIO (1950-). *Lugar de reparto.* Buenos Aires: GEL, 1995. 167pp.

"El protagonista es un joven a quien su padre revela que tiene un hermanastro, que tiene treinta y cinco años y que nadie sabe donde está. Sus intentos de develar ese misterio son también una búsqueda de su propia identidad." [F.G.C. (1993-95): 8].

574. FALCONI, MARIA INES (1954-). *Cartas para Julia.* Novela para jóvenes. Buenos Aires: Alfaguara, 1997. 178pp.

575. ——. *Las dos Marías.* Novela para jóvenes. Buenos Aires: Alfaguara, 1999. 228pp.

576. FEIERSTEIN, RICARDO (1942-). *Mestizo.* 1988. Buenos Aires: Planeta, 1994. 360pp.

"Una mujer es asesinada en Buenos Aires. El único testigo, David Schnaiderman, sufre de amnesia. De su doble búsqueda, la recuperación de su identidad y la develación del crimen, surge una de las novelas más polémicas sobre la inmigración judía y su entorno en el Nuevo Mundo." [Aviso, *La Nación* (27 feb. 1994): 7/5].

577. FEILING, CARLOS EDUARDO (1961-1997). *El agua electrizada.* Buenos Aires: Sudamericana, 1992. 169pp.

"Novela policial de buena estructura y desarrollo que mantiene el interés del lector tanto por la intriga como por la creación de personajes agudamente perfilados en el ámbito intelectual de la Buenos Aires de los años 80. La obra gira en torno a la muerte del joven Juan Carlos–¿suicidio, accidente, u homicidio?–y los esfuerzos detectivescos que hace el amigo del fallecido, Tony Hope, por resolver el caso. La historia está relatada en tercera persona por un narrador omnisciente que nos deleita por su manera desenvuelta, irónica, inteligentísima, y no poco presumida." [M.I.L.].

578. ——. *El mal menor.* Buenos Aires: Planeta, 1996. 235pp. Finalista, Premio Planeta 1995.

"Una batalla escalofriante entre las fuerzas de la luz y de la oscuridad en nuestro país. Los dueños de un restaurante, un tarotista uruguayo y su madre son el hilo conductor de esta novela de intenso terror." [Aviso, *La Nación* (21 abr. 1996): 6/2].

579. ——. *Un poeta nacional.* Buenos Aires: Sudamericana, 1993. 217pp.

"A comienzos del siglo, un poeta se ve envuelto en una intriga que involucra su honor, su inteligencia y también sus afectos. En esta segunda novela ambientada en una estancia del sur, Feiling incursiona con éxito en la novela de aventuras." [Aviso, *La Nación* (8 ag. 1993): 7/4].

"En sus tres novelas, Feiling rebasó con creces los límites de los géneros que abordó–el policial, el de aventuras y el de terror–a través de una escritura que daba cabida a la historia tanto como a la reflexión sobre el arte y las relaciones entre hombres y mujeres." [Silvana Castro, *Breve diccionario biográfico.* 86].

Russo, Miguel. "Carlos Feiling analiza la generación literaria menor de treinta años." *La Maga* (10 nov. 1993): 49.

——. "Carlos Feiling y Esther Cross hablan de literatura y mercado." *La Maga* (3 feb. 1993): 28-29.

580. FEINMANN, JOSÉ PABLO (1943-). *La astucia de la razón.* Buenos Aires: Aguilar Argentina, 1990. 303pp.

De Grandis, Rita. "Crítica a la razón histórica: *La astucia de la razón* de José P. Feinmann en la Argentina contemporánea." *Revista Iberoamericana* 63/180 (Jul. 1997): 449-458.

581. ——. *El cadáver imposible.* Buenos Aires: Clarín-Aguilar, 1992. 149pp.

"Feinmann utiliza aquí una técnica poco común para relatar una historia sorprendente, de difícil clasificación y compuesta por elementos particularmente ajenos al género. Se trata, en su forma, de una carta enviada por un autor a un editor, con la propuesta de una próxima novela. y en su contenido, ese argumento que se propone comienza a explayarse y a ocupar toda la extensión de la misiva, que nunca deja de ser la carta originaria, pero que también se transforma en el cuerpo de la narración. Desde una violenta escena inicial, donde una niña asesina a su madre y a su amante, la obra describe las peripecias de la pequeña en un inverosímil reformatorio." [Daniel Celis, *La Nación* (6 sept. 1992): 7/5].

582. ——. *Los crímenes de Van Gogh.* Buenos Aires: Planeta, 1994. 306pp.

"Sospecho que por esta nueva novela, Feinmann no alcanzará grandes lauros literarios, pero sí puede conseguir numerosos lectores. Se trata de una historia policial entretenida, originada en una mini-serie emitida durante 1993 en el ciclo 'Luces y sombras.' Fernando Castelli, escritor agraz, empujado por azarosa tentación y la presencia de un interlocutor sumamente válido, Jack el destripador, se ve envuelto en la necesidad de 'crear una realidad' mediante una serie de escalofriantes crímenes que tiene un dato distintivo: A cada víctima el asesino le cortará una oreja." [María E. de Miguel., *La Nación* (29 mayo 1994): 7/6].

Ranieri, Sergio. "La nueva novela de Feinmann rinde homenaje al folletín." *La Maga* (27 abr. 1994): 45.

583. ——. *El ejército de ceniza.* 1986. Buenos Aires: Alianza, 1994. 192pp.

"Una división del ejército, comandada por el coronel Manuel Andrade, persigue–allá por el 1828 y en una nunca develada misión–a un grupo de hombres. ¿Reales? ¿Fantasmales? El desierto, con sus mil rastros, envuelve y delinea las posibilidades de una marcha que se desvanece en la multiplicidad de rumbos, en la intangibilidad del enemigo y en la carencia de racionalidad de los sucesos. De allí las espectrales figuras que conforman ese 'ejército' y que permiten destejer las metáforas de esa inabarcable travesía hacia la muerte y la locura." [María Paulinelli, *La Voz del Interior* (29 ag. 1996): C/12].

584. ——. *L'Armée des cendres.* Trad. al francés de *El ejército de ceniza,* por Hélène Visotsky. Paris: LGF, 1994. 188pp.

585. ——. *Ni un tiro del final.* 1982. Buenos Aires: Legasa, 1988. 269pp.

586. ——. *Ultimos días de la víctima.* 1979. Buenos Aires: Seix Barral, 1996. 269pp.

587. ——. *Les Derniers jours de la victime.* Trad. al francés por Françoise Campo-Timal. Paris: LGF, 1993. 222pp.

"José Feinmann: Filósofo y escritor." *La Maga* (24 feb. 1993): 2-4.

A. A. "José Feinmann relata historias de traiciones que comenzaron en 1810." *La Maga* (25 mayo 1994): 7.

Cerrudo, Victoria. "The American Hard-Boiled School Detective Novel and Its Influence on Argentinian Writers of the Seventies and Eighties." Tesis de doctorado, Brandeis Univ., 1995. Sobre J. C. Martini, O. Soriano, J. P. Feinmann, M. Giardinelli, J. Sasturain.

Lafforgue, Jorge. "José Feinmann y Andrés Rivera hablan sobre historia y ficción." *La Maga* (9 nov. 1994): 42-43.

Marchetti, Pablo. "José P. Feinmann: Narrador y filósofo." *La Maga* (21 dic. 1994): 19.

588. FERNANDEZ, A. DANIEL. *Edipo en gris.* Buenos Aires: Corregidor, 1995. 128pp.

"¿Por qué en gris? La respuesta está cargada del envejecimiento y deterioro de este Edipo que va narrando su propio drama no exento de culpas, aunque repartidas con su madre, pues Yocasta es aquí una mujer que, consciente o inconscientemente, va seduciendo a su hijo hasta regurgitarlo y anularlo. El carácter timorato de éste y su amor filial, capaz de suplir la ausencia de un padre en él y la de su pareja en ella, conforman el sustrato de esta versión moderna de Sófocles." [R. Fernández, *La Prensa* (29 enero 1995): Secc. Cult., 8].

589. ——. *Pasos en el jardín.* En *Hijos de Dios.* Buenos Aires: Corregidor, 1999. 15-85.

"La búsqueda de un interlocutor es una constante en la escritura de Fernández. Los 'pasos en el jardín' son los segundos que inmisericordes marcan una trayectoria, la de quien conoce las dimensiones del jardín: Indefinidas pero limitadas." [José Isaacson, Pról., 11].

590. FERNANDEZ, MACEDONIO (1874-1952). *Museo de la novela de la Eterna: Primera novela buena.* 1967. Fragmento en *Narradores argentinos, Primer Encuentro* (1991): 42.

591. ——. *Museo de la novela de la Eterna: Primera novela buena.* En *Textos selectos.* Buenos Aires: Corregidor, 1999.

592. ——. *Musée du roman de l'éternelle: Premier bon roman.* Trad. al francés por Jean-Claude Masson. Paris: Gallimard, 1993. 316pp.

Orquera, Fabiola. "Procedimientos constructivos en el *Museo de la novela de la Eterna.*" *Revista Chilena de Literatura* 45 (1994): 53-58.

CRITICAL STUDIES ON MACEDONIO FERNANDEZ

"Leopoldo Marechal habla de M. Fernández." *La Maga* (19 sept. 1991): 13.

Berg, Edgardo, ed. *Supersticiones de linaje: Genealogías y reescrituras.* Rosario: Beatriz Viterbo, 1996.

Biagini, Hugo. "Macedonio Fernández y su ideario filosófico." *Estudios de Literatura Española* 7 (1982): 7-16.

Borinsky, Alicia. *Macedonio Fernández y la teoría crítica: Una evaluación.* Buenos Aires: Corregidor, 1987.

Brioso Sánchez, Héctor. "Macedonio Fernández a destiempo, a 'contratiempo.'" *Cuadernos Americanos* 58 (Jul. 1996): 175-189.

Bueno, Mónica. "Macedonio Fernández: Transgresión y utopía en las vanguardias del Río de La Plata." *Revista de Estudios Hispánicos* (Río Piedras) 21 (1994): 103-108.

Bustos Fernández, María José. "Vanguardia y renovación en la narrativa latinoamericana: M. Fernández, J. F. Fuenmayor, y J. Torres Bodet." Tesis de doctorado, Univ. of Colorado, Boulder, 1991.

Díaz, Lidia. "La estética de Macedonio Fernández y la vanguardia argentina." *Revista Iberoamericana* 56/151 (Abr. 1990): 497-511.

Dozo Moreno, Sebastián. "La trampa metafísica de Macedonio Fernández." *La Prensa* (28 mayo 1995): Secc. Cult., 2-3.

García, Carlos. "Borges y Macedonio: Un incidente de 1928." *Cuadernos Hispanoamericanos* 585 (Mar. 1999): 59-66.

Garth, Todd S. "Macedonio Fernández: The Self of the City." Tesis de doctorado, Johns Hopkins Univ., 1998.

——. "Politicizing Myth and Absence: From Macedonio Fernández to Agustín Roa Bastos." *Structures of Power: Essays on 20th Century Spanish-American Fiction.* Ed. T. Peavler. Albany: SUNY Press, 1996. 89-105.

Manzotti, Wilma. "Macedonio Fernández y su poética de un solo estado para dos conciencias." *Confluencia* 11/1 (Fall 1995): 50-59.

Mattalia, Sonia. "Macedonio Fernández / Jorge Luis Borges: La superstición de las genealogías." *Cuadernos Hispanoamericanos* 505 (Jul. 1992): 497-505.

Obieta, Adolfo de. *Hablan de Macedonio Fernández.* 2a ed., aum. Buenos Aires: Atuel, 1996.

Macedonio: Memorias errantes. Buenos Aires: MP, 1999.

Porrini, Guillermo Luis. "Macedonio, metafísico marginal." *La Nación* (4 oct. 1992): VII/6.

Ranieri, Sergio. "El sabio clandestino." *La Maga* (21 dic. 1994): 38-39.

Romano T, Evelia. "Macedonio Fernández: Su teoría de la novela en *La ciudad ausente* de R. Piglia." *Alba de América* 12/22 (Jul. 1994): 213-226.

Wagneur, Jean-Didier. "Los franceses leen a Macedonio Fernández." *La Maga* (10 jun. 1992): 21.

593. FERNANDEZ, MARCELO DANIEL. *El constructor de catedrales.* Resistencia: Univ. Nac. del Nordeste, 1996. 54pp.

594. FERNANDEZ, MERCEDES. *El jardín del infierno.* Buenos Aires, c. 1994.

595. FERNANDEZ, RODRIGO (1968-). *Bésame mucho.* Buenos Aires: Cangrejal, 1993. 122pp.

"*Bésame mucho* se dispara con la voladura del Albergue Warnes; la destrucción del 'símbolo de la miseria' evidencia aún más la materialidad de la miseria. En toda la novela está demasiado presente lo material, capaz de desaparecer con un beso." [Contratapa].

596. FERNANDEZ ALARA, JOSE MARIA (1941-). *El ganador.* Buenos Aires: Vinciguerra, 1997. 238pp.

"Relato en que el humor es una constante y se convierte en el gran protagonista." [F.G.C., Nov. 1977].

597. FERNANDEZ DIAZ, JORGE (1960-). *El dilema de los próceres: Sherlock Holmes y el misterio del argentino enmascarado.* Buenos Aires: Sudamericana, 1997. 220pp.

"Es novela de aventuras con sabor patriótico. Varios personajes y azarosas circunstancias traman una historia de misterio que el fervor patriótico actualiza y quizá la paranoia extralimita. Se trata de una intricada cuestión que tiene que ver con la pasada–esa utopía– con una incierta revolución armada para defender sus fueros, y un dilema nacional de antigua data y luminosa perspectiva." [María E. de Miguel, *La Nación* (6 jul. 1997): 6/5].

598. FERNANDEZ LOZA, CARLOS MANUEL (1940-). *Casas enterradas.* Buenos Aires, 1977. Faja de Honor de la SADE, 1998.

599. FERNANDEZ MORENO, INES (1947-). *La última vez que maté a mi madre.* Buenos Aires: Perfil, 1999. 245pp.

"Una mujer que está dejando la juventud tiene una relación conmovedora y patética con su madre." [F.G.C., Ag. 1999].

600. FERNANDO, VALENTIN (1921-1977). *Tiempo de miedo.* 1963. Buenos Aires: Futuro, 1994. 138pp.

601. FERRARO, DIANA (1944-). *Cartas rosas de una indiscreta enamorada.* (1983). Buenos Aires: De la Palmera, 1994. 146pp.

602. ——. *Las muy privadas cartas de la terrateniente María López.* Buenos Aires: La Palmera, 1989. 164pp.

"Novela epistolar cuya única voz fundamenta su autoridad en la tradición terrateniente que representa. Las cartas revelan una 'máscara' diferente según cada destinatario y permiten a su autora formular una teoría sobre el poder político y sus alianzas." [María C. Guiñazú. *HLAS* 54 (1995): 563].

603. ——. *Laura sin Lauro.* Buenos Aires: De la Palmera, 1983. 91pp.

604. FERRERO, MONICA. *No ves que está de olvido el corazón.* Córdoba: EMCOR, 1998. 82pp. Premio de Literatura Luis José de Tejeda, 1997.

605. FERREYRA, GUSTAVO ALEJANDRO (1963-). *El amparo*. Buenos Aires: Sudamericana, 1995. 267pp.

"*El amparo* es un texto destinado a lectores que prefieren descifrar con paciencia su sentido, que tanto puede ser psicológico como filosófico o socio-político. Adolfo desempeña una función especial como sirviente del señor de la gran casa. Adolfo es inseguro, indeciso, y alrededor de sus reacciones–o de su falta de reacciones–Ferreyra construye una especie de alegoría. Al lector profundo (muy profundo) le toca interpretar lo que esta alegoría representa o significa." [E. Gudiño Kieffer, *La Nación* (16 abr. 1995): 7/6].

606. ———. *El desamparo*. Buenos Aires: Sudamericana, 1999. 462pp.

"A través de sus personajes–jóvenes en busca de un significado para sus vidas–Ferreyra explora en una impiadosa realidad, donde cada camino puede terminar en una encrucijada. La tensión del relato se expresa en un ritmo casi cinematográfico." [Silvana Castro, *Breve diccionario biográfico*. 89].

607. FIGUERAS, MARCELO (1962-). *El muchacho peronista*. Buenos Aires: Planeta, 1992. 283pp.

"Pero vayamos al libro, disparatado desde el título. Roberto Hilaire Calabert, sensibilizado por los pertinentes festejos, asustado por 'la perspectiva de una adultez' que no le gusta para nada (él está bordeando los trece años), en la modorra ociosa de una tarde que lo tiene anclado en casa ajena y más o menos solo, se larga a la calle y a la aventura. Desde Segurola avanza hacia el mundo que no le ahorrará excesos." [María E. de Miguel, *La Nación* (12 abr. 1992): 7/6].

608. FILIPPINI, ROSA ANTONIETTI. *Los Huaycos*. 1974. Mendoza: ECM/Municipalidad de Godoy Cruz, 1990. 160pp.

609. FILLOY, JUAN (1894-). *Don Juan: Antología de Juan Filloy*. Selecc. y pról. de Mempo Giardinelli. Buenos Aires: Instituto Movilizador de Fondos Cooperativos, 1995. 123pp.

610. ———. *Caterva*. 1937. Río Cuarto: Univ. Nac. de Río Cuarto, 1992. 529pp.

611. ———. *Decio 8A*. 1937. Córdoba: Op Oloop, 1997. 215pp.

"Cuarto libro de la 'Saga de los Ochoa,' esta novela enfoca la vida de Decio 8A, un recién nacido abandonado por su madre en una remota estación del sur de Córdoba, que se convierte en un trepador en las lides comerciales." [F.G.C., (1996-9): 15].

612. ———. *¡Estafen!* 1937. Buenos Aires: Losada, 1997. 320pp.

613. ———. *Op Oloop*. 1934. Pról. de Antonio Oviedo. "Noticia" sobre Juan Filloy por Bernardo Verbitsky. Buenos Aires: Losada, 1997. 300pp.

614. ———. *Sexamor*. Córdoba: Op Oloop, 1995. 290 pp. Tercer libro de la serie "La saga de los Ochoa."

Almada Roche, Armando. *Conversaciones con Juan Filloy*. Lanus: El Pez del Pez, 1998.

Ambort, Mónica. *Juan Filloy: el escritor escondido*. Córdoba: Op Oloop, 1992.

Cúneo, Dardo. "El 'raro' Juan Filloy." Estudio preliminar a la obra de Juan Filloy, *Aquende*. Córdoba: Op Oloop, 1996.

Gowlandi, María. "Doctor en mundología: Entrevista con Juan Filloy, *La Nación* (7 ag. 1994): 7/4.

———. "El hombre de los tres siglos: Entrevista con Juan Filloy." *La Nación* (3 sept. 1995): Supl. Lit.

Isaacson, José. "La persistente juventud: Juan Filloy cumple 100 años." *La Nación* (31 jul. 1994): 7/1-2.

615.   FINGUERET, MANUELA (1945-). *Blues de la calle Leiva*. Buenos Aires: Planeta, 1995. 238pp.

"La novela recrea un mundo cotidiano en el barrio de Chacarita, en Buenos Aires, desde una tipología judeo-argentina; novela de aprendizaje a la vez (la protagonista mira el mundo desde el mostrador de la tienda familiar), ilustra sobre un tiempo relativamente cercano, desde la primera época peronista hasta 1977." [Silvana Castro, *Breve diccionario biográfico*. 90].

616.   ——. *Hija del silencio*. Buenos Aires: Planeta, 1999. 218pp.

"En la Argentina de la dictadura militar, una joven militante del peronismo revolucionario, judía, prisionera en la ESMA, evoca su infancia y adolescencia, y las figuras de su madre y su abuela, prisioneras también, en un campo de concentración nazi. Historia que entrama el horror del holocausto con el de la dictadura militar argentina, y muestra todas las contradicciones y complejidades de la relación madre-hija." [F.G.C., Sept. 1999].

617.   FINKELSTEIN, HUGO. *Manual para sobrevivientes*. Buenos Aires: Galerna, 1995. 141pp.

"El autor, conocido por sus libros sobre las relaciones interpersonales, encara en esta novela la transferencia de sentimientos en un juego de mutaciones entre el terapeuta, el paciente y el escritor." [F.G.C. (Mayo 1995): 5].

618.   FIRPO, NORBERTO. *Redondeces*. Buenos Aires: Sudamericana, 1992. 169pp.

"Esta novela conjuga en dosis de pareja intensidad los dilemas existenciales de un guionista de cine y televisión, por tanto, 'aporreador de máquinas de escribir,' hombre de la ciudad y de la noche, apto para reírse de sí mismo, amante de bromas y mujeres—cifra oscilante de incertidumbre ante los datos de cierta insidiosa enfermedad que permite anunciar la cercanía de una operación, por un lado. Por el otro, los resabios tormentosos del pasado que vivió el país, y algunos de su círculo, cuando el pánico era moneda cotidiana." [María E. de Miguel, *La Nación* (13 sept. 1992): 7/5].

619. FLICHMAN, GUILLERMO. *El final del verano*. Buenos Aires: Corregidor, 1990. 140pp.

"La historia tiene como escenario una isla paradisíaca del mar Egeo. Allí recalan todos los veranos miles de turistas americanos y europeos. Patmos también es el refugio de ex-revolucionarios de los años 60, metidos ahora a celestinas de los Servicios Secretos. Sobre la cubierta de yates privadísimos, se anudan romances y negocios. Un crimen inducido por las costumbres ancestrales contra todo lo foráneo que invade estas playas es el ingrediente que completa este verdadero cóctel." [J.F., *La Voz del Interior* (28 mar. 1991): D/2].

620.   FLINKER, DAVID. *In shturem (Tormenta)*. Roman. Vols. 1 & 2. Buenos Aires: Tsentral-Farband fun Poylishe Yidn in Argentine, 1950. 304 & 350pp.

621.   FLORES, FELIX GABRIEL. *Las moiras*. Buenos Aires: Corregidor, 1997. 205pp.

"Las diosas del destino, según la concepción griega, determinan el desarrollo de esta novela. La sucesión de experiencias dramáticas constituye una de las dos líneas narrativas que la estructuran; en la otra, tres personajes de nombres simbólicos—Zaratustra, Sócrates y Arcángel—establecen conversaciones con su cómputo de acuerdos y disidencias sobre temas que abarcan la utopía, la visión romántica de la vida, la predestinación y el libre albedrío."

Asimismo, aspectos de la vida literaria de Córdoba mentados en varios diálogos." [A.M., *La Nación* (22 jun. 1997): 6/5].

"*Las moiras.*" *La Voz del Interior* (30 mayo 1996): C/10.

622.   ——. *Por amor a Julia.* Buenos Aires: Vinciguerra, 1998. 219pp.
623.   FLORES, RAFAEL. *Otumba.* Madrid: Bitacora, 1991. 157pp.
624.   ——. *Otumba.* Buenos Aires: Galerna, 1996. 157pp.

"El misterioso lugar llamado Otumba escenifica el drama, la pasión, el amor y el odio de nuestra Latino América y sus personajes transitan y recrean la atmósfera de los perfumados interiores provincianos. Roberto Ferreyra, el personaje central de la novela, lleva consigo el estigma de la somnolencia provincial: El amor y el sacrificio de jugarse por lo que uno cree y piensa. y es allí donde el Flores de *Otumba* se vuelve el alter ego de Flores y de todos–quizá–aquellos exiliados argentinos que sueñan con encontrar su lugar en el mundo." [C.G., *La Voz del Interior* (15 ag. 1996): C/13].

A. "*Otumba.*" *La Voz del Interior* (6 dic. 1990): D/2.

625.   FLORES DE MOLINILLO, GUIGUI. *La casa en los cerros.* 1977. Tucumán: Univ Nac. de Tucumán, 1998. 208pp.

626.   FOGUET, HUGO (1923-1985). *Frente al mar de timor.* 1976. Buenos Aires: Perfil, 1998. 204pp.

627.   ——. *Pretérito perfecto.* Tucumán: Legasa, 1983. 429pp.

"La crítica en general ha coincidido en calificar a *Pretérito perfecto* de novela experimental. Pero, ¿hasta qué punto es lícito relacionar a su autor con la experimentación vanguardista en la literatura que tuvo su auge en los años sesenta? Al hacer de Tucumán el escenario de su novela, Foguet no se limita a reproducir un microcosmos pueblerino; reivindica más bien, desde una perspectiva regional, ese espacio ecuménico del pensamiento del que habla Carlos Fuentes. Los personajes de Foguet no temen parecer pedantes o burgueses y expresan con naturalidad sus reflexiones sobre temas filosóficos, antropológicos y científicos." [Juan J. Hernández, *La Nación* (10 mar. 1996): 6/6].

Flawiá de Fernández, Nilda. "La ficcionalización de la historia en *Pretérito perfecto* de H. Foguet." *Literatura, historia, sociedad.* San Miguel: Univ. Nac. de Tucumán, 1993.

628.   FOGWILL, RODOLFO ENRIQUE (1941-). *La buena nueva de los Libros del Caminante.* Buenos Aires: Planeta, 1990. 248pp.

"Novela en primera persona que pretende ser relato de viajes. La marcha del caminante se torna metáfora y espejo de la narración misma (y en esto reside su gran interés) que incluye autobiografía, comentarios y recuerdos de lecturas." [María L. Bastos, *HLAS* 54 (1995): 563].

——. "Entre la tradición, la vanguardia, y la post-modernidad: Un debate." *Narrativa argentina: Encuentro de escritores Dr. R. Noble.* Cuaderno 7. Buenos Aires: Fund. R. Noble, 1992. 49-109. Panelistas: R. Fogwill, L. Gusmán, J. Martini, L. Heker, y D. Guebel.

629.   ——. *Una pálida historia de amor.* Buenos Aires: Planeta, 1991. 192pp.

"Esta historia, bien escrita, tersa, atractiva por su despojado estilo, azarosa por su contenido, presenta la porción de vida de una mujer argentina que se gana la vida en Panamá, utilizando sus escasas condiciones artísticas en un show nocturno y otorgando sus favores íntimos a señores de alto poder adquisitivo que aparecen en ese magma de intereses y violencia que es la ciudad del Canal." [María E. de Miguel, *La Nación* (1 mar. 1992): 7/5].

Guiñazú, María. "*Una pálida historia de amor.*" *HLAS* 54 (1995): 563.

630.   ——. *Los pichy-cyegos: Visiones de una batalla subterránea.* 1983. Buenos Aires: Sudamericana, 1994. 163pp. Reimpr. 1998.

Reggiani, Federico. "La fama de las letras: El papel de la literatura en la patria de tres cuentos de Fogwill." *Literatura argentina y nacionalismo.* Ed. Miguel Daimaroni. La Plata: Univ. Nac. de La Plata, 1996.

Schvartzman, Jul.. "Un lugar bajo el mundo: *Los pichiciegos.*" *Microcrítica: Lecturas argentinas.* Buenos Aires: Biblos, 1996. 137-146.

631.   ——. *Vivir afuera.* Buenos Aires: Sudamericana, 1999. 289pp.

"Seis personajes, reunidos por azar, hablan desde los márgenes de la sociedad, márgenes trazados por la raza, la clase, la urbanización, o márgenes abrazados deliberadamente como una salvación por los que estuvieron expuestos a la muerte y al sinsentido de las prácticas de las instituciones y de la ley." [F.G.C., Ag. 1999].

632.   FONTAN FERNANDEZ, DELIA. *Detrás del mostrador.* Buenos Aires: GEL, 1992. 554pp.

633.   FONTANARROSA, ROBERTO (1944-). *El área 18.* 1982. Buenos Aires: De La Flor, 1996. 252pp.

50 años en blanco y negro Fontanarrosa. Rosario: Museo Municipal de Bellas Artes Juan B. Castagnino, 1994.

——. "Roberto Fontanarrosa." *La Maga* (25 nov. 1992): 31.

634.   FORD, ANIBAL (1934-). *Ramos generales.* Buenos Aires: Catálogos, 1986. 162pp.

635.   FORERO, MARIA CRISTINA (pseud. MARIA MORENO) (1947-). *El affair Skeffington.* Rosario: Bajo la Luna, 1992. 162pp.

636.   FORN, JUAN (1959-). *El borde peligroso de las cosas.* En *Nadar de noche.* Buenos Aires: Planeta, 1993. 123-171.

"Los personajes de *Nadar de noche* aparecen, a los ojos del lector, desplazándose por ese lugar impreciso que no es el principio pero tampoco el final de un recorrido. Corren con los ojos cerrados." [Contratapa].

637.   ——. *Frivolidad.* Buenos Aires: Planeta, 1995. 286pp.

"Ezequiel Schiafino, joven narrador incluido en el relato, es quien oficia de testigo frente a las tramas cruzadas que involucran a Manú Pujol (es heroinómano recién divorciado y devenido en periodista) e Iván Pujol (egresado del manicomio y 'ghost writer' de su primo Manú), entre otros personajes menos jugosos a quienes les hubiese venido mejor un cuento corto para romper los moldes algo prototípicos que les tocan en la historia." [G. Sánchez Sorondo, *La Prensa* (30 jul. 1995): Secc. Cult., 8].

Gudiño Kieffer, Eduardo. "*Frivolidad.*" *La Nación* (30 abr. 1995): 7/6.

Margulis, Alejandro. "Juan Forn: Autor y editor." *La Nación* (19 feb. 1995): Supl. Lit., 4.

Pinti, Enrique. *Conversaciones con Juan Forn.* Buenos Aires: Emecé, 1990.

638.   FORTI, NISA.

Gimbernat González, Ester. "*La crisálida:* Topología del patriarcado." *Aventuras del desacuerdo: Novelistas argentinas de los '80.* Buenos Aires: D. Albero Vergara, 1992. 239-244.

639. FRAGA VIDAL, ELSA, y SILVIA PLAGER. *Nostalgias de Malvinas.*
Véase bajo Silvia Plager.

640. FRANCO DE LESTARD, ROSA A. *Visitación 17.* Buenos Aires:
GEL, 1993. 149pp.

"'Visitación 17' es la dirección de una pensión en Madrid, una típica pensión modesta de la
época en que proliferaban, y que tenía variadas representantes en nuestra Avenida de Mayo.
Con el libro de Rosa Franco la verosimilitud viene de las observaciones sobre seres que ha
conocido o imaginado y de las impresiones que los diversos hechos le suscitaron. La
pensión es como un muestrario de tipos humanos y, para algunos, como la hija del autor de
revistas, una enseñanza que la hace pasar de la adolescencia a la juventud." [Elvira Orphée,
La Nación (3 oct. 1993): 7/6].

Vázquez, María E. "Entrevista con Rosa Franco." *La Nación* (9 enero 1994): 7/6.

641. FRAVEGA, OSCAR (pseud. John Darnay). *El perdedor.* Buenos Aires:
Corregidor, 1993. 253pp.

"El autor, Oscar Frávega, conocido como ensayista de temas culturales y políticos, utiliza
como seudónimo el nombre de uno de los personajes, apareciendo en este relato, de
argumentos entrelazados, como el traductor." [F.G.C. (1993-97): 7].

642. FREDDY, PANCHO. *Inocencia rebelde.* Buenos Aires: Dunken, 1998.
100pp.

643. FREIDIN, NORA. *El trompo.* Buenos Aires: De La Flor, 1994. 269pp.

"Una familia judía sale de Rusia para echar raíces en la Argentina en los años '30." [M.I.L.].

644. FRENCH, ALFREDO. *Los de Wilson.* Buenos Aires: Moen, 1918.
168pp.

645. FRESAN, RODRIGO (1963-). *Esperanto.* Buenos Aires: Tusquets,
1996. 269pp.

"El personaje central es Federico Esperanto, una ya no tan joven pasada gloria del rock
nacional. Los recorridos de Esperanto pasean al lector por una Buenos Aires neurotizada
por las apuestas de una modernización decadente y poco efectiva, cuyas marcas más visibles
obligan a los personajes a sobrevivir entre la alienación y la desintegración de su identidad
individual." [Silvia Kurlat Ares, *Hispamérica* 26/76-77 (Abr.-Ag. 1997): 211].

Chiaravalli, Verónica. "Entrevista con R. Fresán." *La Nación* (22 oct. 1995): 6/2.

646. ——. *Historia argentina.* Buenos Aires: Planeta, 1991. 220pp.

647. ——. *Historia argentina.* Barcelona: Anagrama, 1993. 240pp.

"Este primer libro de ficción de Fresán se sitúa en un espacio ambiguo entre el cuento y la
novela. El texto se apoya sobre quince relatos independientes que se van entrelazando para
conformar un todo narrativo orgánico. Cada relato individual alterna los distintos puntos de
vista de personajes relacionados entre sí por vínculos afectivos, familiares, laborales, o
policiales; personajes a los cuales la represión de la dictadura militar de 1976-1983 ha
afectado de distinto modo." [Silvia Kurlat Ares, *Hispamérica* 21/62 (Ag. 1992): 136].

648. FUTORANSKY, LUISA (1939-). *Son cuentos chinos.* Madrid: Albatros,
1983. 208pp.

649. ——. *Son cuentos chinos.* Buenos Aires: Planeta, 1991. 206pp. Premio
Camuñas de España.

650. ——. *Chinois, chinoiseries.* Trad. al francés de *Son cuentos chinos.* Arles: Actes Sud, 1984. 170pp.

651. ——. *Urracas.* Buenos Aires: Planeta, 1992. 189pp.

"Inhabilitadas para identificar sus motivaciones, las protagonistas se debaten vicariamente sin lograr desprenderse de nimiedades convencionales. Despliegue de tics verbales, mímesis de la impotencia de los personajes." [María L. Bastos, *HLAS* 54 (1995): 563].

Gimbernat González, Ester. "*De Pe a Pa:* Alfabeto de la magia." *Aventuras del desacuerdo: Novelistas argentinas de los '80.* Buenos Aires: D. A. Vergara, 1992. 117-123.

Schwartz, Marcy E. "Writing Paris into Contemporary Latin American Narrative: The City as Intertext in Cortázar, Scorza, Bryce Echenique and Futoransky." Tesis de doctorado, Johns Hopkins Univ. 1993.

G

652. GACHE, BELEN (1960-). *Divina anarquía.* Buenos Aires: Sudamericana, 1999. 166pp.

"Antígona, la protagonista de esta novela, sobrevive a las pérdidas que se suceden a lo largo de su vida y lleva a cabo una pesquiza mientras realiza el aprendizaje que le deja una respuesta: El mito original de la totalidad es sólo eso, un mito." [F.G.C., Dic. 1999].

653. ——. *Luna india.* Buenos Aires: Planeta, 1994. 192pp.

"Asia quiere vivir y actuar como una dama, pese a la hostilidad y los malentendidos que despierta entre los hombres. Un retrato de elegancia letal de la posmodernidad cosmética de Buenos Aires." [Aviso, *La Nación* (7 mayo 1994): 7/7].

654. GALEANO, MANUEL. *¡Atiendan al recluta!* Bariloche: Kaimé, 1994. 175pp.

655. GALMARINI, HUGO RAUL. *Crónica del desencuentro: El amor, el poder y los negocios. Buenos Aires, 1820-1840.* Buenos Aires: GEL, 1995. 406pp.

"Galmarini se ha dedicado a la investigación histórica. En esta novela retoma en forma novelada varios de los temas de su investigación." [F.G.C. (1993-95): 9].

656. GALO, NÉSTOR. *Adiós Buenos Aires.* Buenos Aires: Otium, 1993. 272pp.

"En esta novela, ambientada en 1870, los hechos políticos y sociales de la época se evidencian a través de sus personajes." [F.G.C. (1993-95): 9].

657. GALVEZ, MANUEL (1882-1962). *Historia de arrabal.* 1922. Iról. de Jorge Lafforgue. Buenos Aires: CEAL, 1993. 77pp.

658. ——. *Hombres en soledad.* 1938. En el mismo vol. con *El uno y la multitud.* Iról. de Lucía Gálvez. Buenos Aires: El Ateneo, 1994. 541pp.

659. ——. *La maestra normal.* 1914. Ed. de Myron I. Lichtblau. Miami: Universal, 1991. 299pp. "Estudio Preliminar," 7-30. "Bibliografía," 289-298.

Goldchluk, Graciela. "*La maestra normal:* Un antinormalismo pedagógico." *Literatura argentina y nacionalismo.* Ed. Miguel Dalmaroni. La Plata: Univ. Nac. de La Plata, 1995. 23-60.

660. ——. *El uno y la multitud.* 1955. En el mismo vol. con *Hombres en soledad.* Buenos Aires: El Ateneo, 1994.

CRITICAL STUDIES ON MANUEL GALVEZ

Agresti, Mabel. "El tema de la depresión en algunos personajes de Manuel Gálvez." *Revista de Literaturas Modernas* 25 (1992): 53-66.

Carricaburo, Norma. "Gálvez-Marechal: ¿Una deuda ignorada?" *Letras* 21 (Sept. 1989): 7-12.

Ighina, Domingo. *El libro de los reyes: Ensayo sobre el caudillo en la narrativa de Manuel Gálvez.* Buenos Aires: Alcion, 1998.

Lacolla, Enrique. "Borges y Gálvez: Dos polos de un dilema argentino." *La Voz del Interior* (12 ag. 1990): F/3.

Szmetan, Ricardo. "Bibliografía seleccionada y comentada sobre Manuel Gálvez." *Revista Interamericana de Bibliografía* 43/4 (1993): 571-610.

Walker, John. "Literature and Theology: Manuel Gálvez, *Cautiverio* and the Catholic Novel." *Studies in Honor of Myron Lichtblau.* Ed. Fernando Burgos. Newark: Juan de la Cuesta, 2000. 341-358.

"Manuel Gálvez y la novela de la confesión." *Discurso* 9/2 (1992): 99-113.

"Por Dios y la patria. Manuel Gálvez: Una valorización retrospectiva." *Estudios sobre literatura argentina en homenaje a Rodolfo A. Borello In Memoriam.* Ottawa: Dovehouse, 1999.

661. GALLARDO, JUAN LUIS (1934-). *Omega 666.* Buenos Aires: Vórtice, 1997. 281pp.

"Todo libro de ciencia ficción nos muestra un futuro posible. La versión del devenir concebida por Gallardo transcurre hacia finales del siglo XXI. Los cambios operados en la Tierra respecto de nuestro presente son grandiosos, pero a la vez aterradores. Un gobierno mundial, la Gran Coalición del Norte, ha borrado del planeta todo rastro de religiones, nacionalidades, uniones familiares, y hasta de vida humana, en gran parte del hemisferio sur, además de haber confiado la reproducción a la manipulación genética." [Agustín Gribodo, *La Nación* (22 jun. 1997): 6/4].

662. GALLARDO, SARA (1934-1988). *Los galgos, los galgos.* 1968. Buenos Aires: El Elefante Blanco, 1996. 446pp.

Crespo, Jul.. "Sara Gallardo." *La Nación* (16 feb. 1997): 6/1-2.

Rabanal, Rodolfo. "Un corazón vulnerable." *La Nación* (16 feb. 1997): 6/1-2.

663. GALLEGOS, MARY. *Un hombre con importancia.* Buenos Aires: Francotirador, 1996. 110pp.

"Todo gira en torno a un hombre, y parodiando a aquél de Oscar Wilde de *Sin importancia,* Ramiro, parece tenerla, no porque lo sea en sí, sino más bien por cómo está constituida la sociedad que encuentra importante un título, una profesión, más que una persona, un modo de ser (humano) libre, dueño de sus actos íntimos, más allá de una educación rígida." [José L. Thomas, Pról.].

664. GALLI MAININI, EDUARDO. *Sombraluna*. Buenos Aires: Belgrano, 1997. 375pp.

"Es una novela fuerte, despiadada y poética a la vez. Las historias que narra se entrelazan en un mundo emblemático, con sus terribles realidades." [Ernesto Sábato, *La Nación* (19 abr. 1998): 6/11].

665. GALLONE, OSVALDO (1959-). *Montaje por corte*. Buenos Aires: Puntosur, 1988. 192pp.

666. GAMARRA, ENRIQUE (1933-). *De espaldas al cielo*. Buenos Aires: Torres Agüero, 1990. 179pp.

"La rebelión de una comunidad norteña, desamparada ante la justicia y visitada por la violencia, es tema de este libro. [. . . .] palabras más que apropiadas para sintetizar el triste derrotero de Aquiles Barrientos, el protagonista. Junto a él, los demás: El prepotente rengo Corvalán, la dulce Rosa, Mister William Murphy, educadito y satánico, y hasta Juan D. Perón. La novela, muy violenta, muy bien escrita, entremezcla remalazos mágicos que no logran aventar ese dramatismo esencial, espejo de penurias reales." [María E. de Miguel, *La Nación* (4 mar. 1990): 4/4].

667. GAMBARO, GRISELDA (1928-). *Después del día de fiesta*. Buenos Aires: Seix Barral, 1994. 197pp.

"Tristán repite sin saber algunos versos de Leopardi. Mientras se pregunta si será poeta, atropella a un niño desnudo, hambriento, y más oscuro que la noche. Versos y accidente definen el argumento: La invasión, en Buenos Aires, de negros extranjeros, tribales y paupérrimos, y la aparición, en la habitación de Tristán, del anacrónico Leop, quien pasará sus últimos años en la ciudad, buscando su hermana y escribiendo una obra que nadie entiende. El fracaso y la degradación de los nuevos pobres, la romántica muerte del poeta, calcada de su muerte verdadera, y la incomprensión entre los personajes, marcan el ritmo de esta novela." [Contratapa].

A., "*Después del día de fiesta*." *La Nación* (9 oct. 1994): 7/7.

Morell, Hortensia R. "*Después del día de fiesta*: Reescritura y posmodernidad en Griselda Gambaro." *Revista Iberoamericana* 63/181 (Oct. 1997): 665-674.

Saint André, Estela. "Propuestas estéticas para el fin de siglo en *Después del día de fiesta*." *Cuando escriben las mujeres*. Ed. E. Saint André. San Juan: Univ. Nac. de San Juan, 1998.

CRITICAL STUDIES ON GRISELDA GAMBARO

Araujo, Helena. "El tema de la violación en Armonia Somers y Griselda Gambaro." *Plural* 15/11 (Ag. 1986): 21-23.

Budd, Ruth L. "A House is Not a Home: Domestic Violence in Selected Works of Carmen Naranjo and Griselda Gambaro." Tesis de doctorado , Univ. of North Carolina, 1995.

Duranona, Marina. "Entrevista con Griselda Gambaro." *Alba de América* 10/18 (Jul. 1992): 407-418.

Lorente-Murphy, Silvia. "La dictadura y la mujer: Opresión y deshumanización en *Ganarse la muerte*." *La nueva mujer en la escritura de autoras hispánicas*. Ed. J. Arancibia. Montevideo: Inst. Lit. y Cult. Hisp., 1995. 169-178.

Feitlowitz, Marguerite. "Griselda Gambaro." *Bomb* 32 (Summer 1990): 53-56.

Méndez-Faith, Teresa, y Rose Minc. "Entrevista con Griselda Gambaro." *Alba de América* 7/12 (Jul. 1989): 419-427.

Tompkins, Cynthia. "El poder del horror: Abyección en la narrativa de Griselda Gambaro y de Elvira Orphée." *Revista Hispánica Moderna* 46/1 (Junio 1993): 179-192.

668.   GAMERRO, CARLOS (1962-). *Las islas*. Buenos Aires: Simurg, 1998. 602pp.

". . . novela, en la que diez años después de la Guerra de Malvinas, sus protagonistas vuelven obsesivamente sobre aquellos días. Felipe Félix es un sobreviviente de aquella guerra y lleva una esquirla en la cabeza como recuerdo. Es también un especialista en sistemas de comunicación que suscribe un contrato muy especial: A cambio de cien mil dólares, utilizará su habilidad de 'hacker' informático para penetrar en los archivos de la SIDE y obtener datos sobre los testigos de un crimen cometido por el hijo de un empresario muy poderoso. *Las islas* de desarrolla como novela policial." [Sergio Olguín, *La Nación* (24 enero 1999): 6/7].

669.   GANDARA, ANA. *La carreta*. Buenos Aires: Emecé, 1989. 117pp.

"*La carreta* es una cálida evocación de la personalidad de uno de los más destacados pioneros que llevaron la civilización a la pampa. Ramón Santamarina emigró de España y llegó a la Argentina a los trece años, solitario y desamparado. Pronto se estableció en Tandil, donde contó con el estímulo del coronel Machado, verdadero patriarca del lugar. Después, estableció una ruta para el comercio entre Tandil y la capital, y fue forjando una gran fortuna." [Contratapa].

670.   GANDOLFO, ELVIO E. (1947-). *Boomerang*. Buenos Aires: Planeta, 1993. 237pp.

"Iván Garré es un joven empleado bancario. Tras años de sisar pequeñas cantidades de distintas cuentas, logra acumular una interesante suma. Hasta que un día cree que su maniobra ha sido descubierta, por lo que reúne el dinero sustraído y emprende una fuga a Montevideo. Es una fuga sin angustias ni remordimiento, pese a que el frío racionalismo de Garré sufra alguna conmoción por las alternativas del extraño romance que vive con Paula y porque teme que su maniobra sea puesta en evidencia." [L. Núñez, *La Nación* (20 feb. 1994): 7/5].

671.   ——. *Caminando alrededor*. En *Sin creer en nada*. Buenos Aires: Puntosur, 1987. 69-114. "Estudio posliminar" de Jorge Lafforgue, 191-206.

672.   ——. *Dos mujeres*. Buenos Aires: Aguilar Argentina, 1992. 148pp.

"Dos relatos que temáticamente tienen numerosas afinidades. Sumergidos en el tedio de sus trabajos, atrapados en un paisaje urbano inequívocamente rioplatense, los protagonistas de estas historias parecen encontrar en dos mujeres la cifra más oscura de su propio deseo." [F.G.C. (Mayo 1998): 8].

673.   ——. *El instituto*. En *La reina de las nieves*. Buenos Aires: CEAL, 1982. 137-196.

"En este sentido, *El instituto* conforma un caso, disímil, porque es el único relato que juega con variaciones de voces y registros a través de sus 19 capítulos: Constanci hablando hacia adentro y hacia fuera, la profesora monologando para sí, las descripciones neutras, que se van personalizando, que se abren en abanico, hasta llegar al corto circuito final, ambiguo, plural y solapadamente restallante." [Jorge Lafforgue, "Estudio posliminar," 203].

674.   ——. *El instituto*. En *Sin creer en nada*, 1987. 15-66.

675.   ——. *La reina de las nieves*. En *Sin creer en nada*, 1987. 117-188.

Lagmanovich, David. "Gandolfo, Gorodischer, Martini: Tres narradores jóvenes de Rosario." *Chasqui* 4/2 (1975): 18-28.

Russo, Miguel. "Elvio Gandolfo, escritor." _La Maga_ (15 dic. 1993): 49.

676. **GANDOLFO, NORMA.** _Déjenla sola, solita y sola._ Córdoba: Del Boulevard, 1998. 193pp.

"La ciudad de Carlos Paz, en la provincia de Córdoba, da el ambiente a esta novela detectivesca." [M.I.L.].

677. ——. _Nui, la pampa gringa._ Córdoba: Ed. del autor, 1982. 352pp.

"Estas páginas enhebradas formaron un homenaje. Intentaron levantar con palabras y amor una muralla al olvido. Un recuerdo, una flor silvestre sobre tumbas anónimas." [Palabras del autor, p. 10].

678. **GARCES, GONZALO (1974-).** _Diciembre._ Buenos Aires: Sudamericana, 1997. 169pp.

"Con una vitalidad fuera de lo común, esta novela expresa qué quiere decir ser joven en los '90. Con un estilo refinado e inmediato, espontáneo y lleno de resonancias, Garcés nos conduce al núcleo de la relación con el tiempo: El punto en que la época y la edad concurren para mostrar su evasiva esencia. A partir de un viaje a París, las puertas de la percepción se abren." [Contratapa].

679. **GARCIA, ADOLFO HORACIO.** _Cuando la mentira es la única verdad._ Vol. 1, _Báratro perdió la chaveta_, 244pp.; Vol. 2, _En el país de los rebuznos_, 268 pp.; Vol. 3, _Reír es una parodia_, 249pp. Buenos Aires: Ed. del autor, 1993.

"Su género es híbrido, narrativo, documental, ensayístico, y sobre todo sarcástico." [Graciela Ricciardi, Pról., 10]."Considero que la obra es un testimonio actual, a pesar de desarrollarse en lugares imaginarios." [Paula Toledo, Pról., 10].

680. **GARCIA, GERMAN (1944-).** _Parte de la fuga._ Buenos Aires: De la Flor, 1999. 317pp.

681. **GARCIA, LILIANA (1951-).** _Maribel._ Rosario: Bajo la Luna Nueva, 1999. 125pp.

"Maribel se dedica a reparar las casas de sus vecinas. Traba amistad con Helena, que de pronto desaparece y Maribel emprende su búsqueda." [F.G.C. (Dic. 1999): 35].

682. **GARCIA DE LA MATA, HELENA.** _Calfú Malén._ Buenos Aires: Torres Agüero, 1993. 121pp.

"La literatura referida a los seres, las costumbres, las tradiciones y el paisaje de la Patagonia tiene en los tiempos actuales considerable crecimiento, y esta obra es un ejemplo encomiable. Los procedimientos, las ceremonias, todo el instrumental activo de las creencias, forman el soporte de este libro, donde algunas figuras, Domitila, por ejemplo, adquieren una intensidad soberbia con aspectos de una heroína de tragedia griega." [Angel Mazzei, _La Nación_ (29 ag. 1993): 7/5].

683. ——. _El rock de los hombres-pájaro._ Buenos Aires: Torres Agüero, 1997. 145pp.

"Tres historias paralelas se entrelazan en un mismo paisaje musical, donde se manifiestan los hombres-pájaro." [Contratapa].

684. GARCIA HAMILTON, JOSE IGNACIO (1943-). *Vida de un ausente.* (La novelesca biografía del talentoso seductor Juan Bautista Alberdi). Buenos Aires: Sudamericana, 1993. 328pp.

"Con *Vida de un ausente*, García Hamilton muestra una nueva faceta de su personalidad literaria: La elaboración de una novela biográfica desenfadada y veraz, en la que el personaje pierde su carácter de prócer para revestirse de una genuina carnadura humana. Nos presenta así a un Alberdi falto de cariño materno y con una infancia triste, aunque haya pertenecido a una prominente familia tucumana. El desamparo del joven, internado en un colegio porteño y dedicado a la música, determinó un Alberdi enamorado pero incapaz de asumir sus compromisos afectivos." [Contratapa].

685. GARCIA JIMENEZ, FRANCISCO (m. 1983). *Misterio en la Vuelta de Rocha.* (Novela póstuma). Buenos Aires: Corregidor, 1997. 142pp.

"Es un relato autobiográfico escrito en tercera persona por el protagonista: El escritor Martín Márquez. Es éste quien habrá de convocar a Sherlock Holmes, Arséne Lupin y Joseph Rouletabille, los que concurrirán puntualmente a la cita para develar un enigma. Lo harán con fidelidad a las leyes del género e imponiendo cada uno de sus habituales técnicas deductivas." [Luis Alposta, contratapa].

686. GARCIA LUNA, RAUL (1948-). *Bajamar.* La novela del pueblo. Buenos Aires: Torres Agüero, 1988. 197pp. Premio FNA, 1987.

"Combinación de 'thriller' y novela costumbrista." [María L. Bastos, *HLAS* 54 (1995): 563].

687. ———. *Cangrejos.* Buenos Aires: Del Dock, 1996. 83pp.

"García Luna utiliza la historia de Miramar como dramático telón de fondo para sus dos novelas. Cambia el nombre de la ciudad (en la primera se llamará Bajamar, en *Cangrejos*, la Chacra Asfaltada), pero no cambia sus circunstancias, tampoco sus personajes. Las dos novelas están signadas por la muerte, por la soledad y por la incomprensión. En *Cangrejos* se agrega un nuevo elemento: El absurdo. Pero el absurdo leído irónicamemnte, como humor grotesco, crítico y a la vez disparatado. Además, las dos son novelas del mar y de la costa, 'rara avis' en la literatura argentina." [Vicente Battista, Pról., 9-10].

688. GARCIA MANSILLA, JULIA E. *Don Diego el Aparecido.* Buenos Aires: GEL, 1995. 145pp. Primer Premio, FNA.

"A fines del siglo XVIII llega a Londres un joven aventurero español. Unido a la tierra por cuestiones comerciales y lazos de amor y matrimonio, su vida se va enlazando con la historia de su patria adoptiva. *Don Diego el Aparecido* es una novela costumbrista ubicada en un marco histórico que le da trascendencia. Pero su encanto radica en el acierto de la autora al describir la vida del interior argentino en los albores de la patria." [Contratapa].

689. GARCIA VELLOSO, ENRIQUE (1880-1938).

Castagnino, Raúl. "Enrique García Velloso y la Academia Argentina de Letras." *BAAL* 46/179 (Enero 1981): 101-106.

Cruz, Jorge. "Enrique García Velloso: Autor teatral y periodista." *BAAL* 53/207 (Enero 1988): 51-58.

Urquiza, Juan J. de. "Enrique García Velloso." *BAAL* 46/179 (Enero 1981): 107-113.

690. GARDINI, CARLOS (1948-). *El libro de la Tierra Negra.* Buenos Aires: Letra Buena, 1994. 258pp. Apareció primero en la revista electrónica, *Axxon* (1991).

"Es ciencia ficción; se sitúa en un mundo que ha avanzado unos veinte siglos más en su historia y ha retrocedido varios grados en sus condiciones de vida. La descripción de un universo casi dantesco, con lugares vedados y masas de personas condenadas a una vida inhumana, señala el marco en que se desarrolla la acción. La novela cuenta la historia de una redención, un sacrificio, habla de un encumbrado funcionario del gobierno obsesionado por explorar territorios prohibidos y de una extraña alianza que le permitirá a su hijo internarse en las misteriosas tierras donde residen criaturas y condenados." [D.C., *La Nación* (27 mar. 1994): 7/5].

691. GARFUNKEL, JORGE (1943-1998). *Al fin del día*. Buenos Aires: Emecé, 1991. 246pp.

"Hay una nueva raza de hombres de negocios, los 'raiders.' Su idea es simple: Con audacia y unos pocos dólares, cualquiera puede apoderarse de una empresa multinacional. El protagonista es un auténtico raider argentino. Todo es imaginario en esta novela, aunque ciertas coincidencias con la realidad resultan inevitables." [Aviso, *La Nación* (3 mar. 1991): 4/3].

692. ——. *Alfonso y sus fantasmas*. Buenos Aires: Emecé, 1986. 220pp.

693. ——. *La conspiración de los presidentes*. Buenos Aires: Emecé, 1992. 281pp.

694. GASPARINI, RUBEN DARIO (1955-). *La dulzura clara de un hechizo*. Buenos Aires: Corregidor, 1997. 125pp.

"Nueva novela de Gasparini que pone de relieve sus dotes de estilista y su penetración psicológica." [F.G.C., 1997].

695. GAUPMAN, JUAN RODOLFO. *Tiempo de Puerto Bemberg; un camino a la madurez*. Buenos Aires: Claxon, 1996. 315pp.

"Un inmigrante alemán emprende un viaje desde el Río de la Plata hasta el alto Paraná. Su estado mental y emocional y las peripecias de la ardua trayectoria constituyen la materia de la novela." [M.I.L.].

696. GAVAZZA, PABLO (1957-). *Amores eternos: Un amor en Rosario*. Rosario: Municipal, 1999. 137pp.

697. GAVENSKY, MARTHA.

Gimbernat González, Ester. "*Martín o el juego de la oca:* Cuando la oca puede ser águila." *Aventuras del desacuerdo: Novelistas argentinas de los '80*. Buenos Aires: D. Albero Vergara, 1992. 149-158.

698. GELLER, GRACIELA (1945-). *Las cuarenta velas*. Buenos Aires, 1991.

699. GERCHUNOFF, ALBERTO (1883-1950).

Aizenberg, Edna. "Alberto Gerchunoff: ¿Gaucho judío o antigaucho europeizante?" *Anuario de Letras* 15 (1977): 197-215.

Escliar, Myriam. *Mujeres en la literatura y la vida judeoargentina*. Buenos Aires: Milá, 1996. Sobre Gerchunoff, Eichelbaum, César Tiempo.

Gordon, Marjorie Salgado. "Alberto Gerchunoff and Samuel Eichelbaum: Two Literary Reflections on Judeo-argentinidad." Tesis de doctorado, Univ. of Maryland, 1981.

Kandiyoti, Dalia. "Comparative Diasporas: The Local and the Mobile in Abraham Cahan and Alberto Gerchunoff." *Modern Fiction Studies* 44/1 (Spring 1998): 77-122.

Stavans, Ilan. "Alberto Gerchunoff and the Jewish Writer in Argentina." *ProofTexts* 9/2 (May 1989): 184-194.

Stambler, Beatriz Marquis. "Vida y obra de Alberto Gerchunoff." Tesis de doctorado, City Univ. of New York, 1978.

———. *Vida y obra de Alberto Gerchunoff.* Madrid: Albar, 1985.

700. **GHIRALDO, ALBERTO** (1874-1946).

Reichardt, Dieter. *"Humano ardor* por Alberto Ghiraldo: La novela autobiográfica de un anarquista argentino." *Iberoamericana: Lateinamerika, Spanien, Portugal* 17/2 (1993).

701. **GIARDINELLI, MEMPO** (1947-). *El cielo con las manos.* 1981. Buenos Aires: Seix Barral, 1997. 173pp.

"Fue la obra que dio a conocer a Giardinelli como uno de los escritores de mayor fuerza expresiva y rigor literario de la llamada generación del post-boom. Tachada de 'machista' y 'misógina,' la novela no fue reeditada durante diez años por decisión del autor, que ahora la presenta con algunos retoques." [F.G.C. (1996): 15].

702. ———. *El décimo infierno.* Buenos Aires: Planeta, 1999. 157pp.

"Novela sórdida de viles emociones y brutal violencia, *El décimo infierno* narra el asesinato de un marido engañado de quien son los autores un exitoso empresario de bienes raíces y su amante Griselda, mujer elegante y sofisticada. Su huida desencadena una sarta de muertes descritos por el narrador homicida con una precisión escalofriante." [M.I.L.].

703. ———. *Le dixième cercle.* Trad. al francés de *El décimo infierno,* por Daniel Fernández. Paris: Métaille, 1999. 102pp.

704. ———. *The Tenth Circle.* Trad. al inglés de *El décimo infierno,* por Andrea Labinger. Pittsburgh: Latin American Literary Review Press, 2000.

705. ———. *Imposible equilibrio.* Buenos Aires: Planeta, 1995. 233pp.

"Imposible equilibrio es una metáfora de los tiempos que corren. Un relato irónico y brutal, pero no desesperanzado, de un país y de un mundo en el que los paradigmas pasan por la satisfacción inmediata de los deseos más oscuros. La historia se desarrolla en el Chaco, territorio áspero. Allí, ante la amenaza que la plaga de camalotes constituye para el agua potable, las autoridades deciden importar de Uganda una pareja de hipopótamos con sus crías. Se sabe que estos animales son grandes devoradores de dicha flora, pero un grupo 'comando' los secuestra para liberarlos del circo que suponen se habrá de montar con ellos." [Jorge Zicolilli, *La Prensa* (25 jun. 1995): Secc. Cult., 9].

706. ———. *Luna caliente.* 1983. Buenos Aires: Letra Buena, 1992. 158pp.
707. ———. *Lune chaude.* Trad. al francés por Juan Marey. Paris: Alfil, 1994. 190pp.

Cardona-López, José. "La 'nouvelle' hispanoamericana reciente." Tesis de doctorado, Univ. of Kentucky, 1997. En parte, sobre *Luna caliente.*

Dahl Buchanan, Rhonda. "El género negro como radiografía de una sociedad en *Luna caliente." Narrativa hispanoamericana contemporánea: Entre la vanguardia y el posboom."* Ed. A. M. Hernández de López. Madrid: Pliegos, 1996. 155-156.

Espinoza, Pilar. *"Luna caliente* de Mempo Giardinelli y *Lolita* de Vladimir Nabokov." *Atenea* 475 (Enero 1997): 187-197.

García Chichester, Ana. "Jerarquía de los géneros sexuales en *Luna caliente." Romance Notes* 34/2 (Winter 1993): 169-176.

708. ———. *La revolución en bicicleta.* 1979. Buenos Aires: Puntosur, 1990. 267pp.

709.	——. *La revolución en bicicleta*. Buenos Aires: Seix Barral, 1996. 296pp.

A. A. B. "*La revolución en bicicleta*." *La Voz del Interior* (6 jun. 1996): C/10.

710.	——. *Santo oficio de la memoria*. Buenos Aires: Norma, 1991. 646pp.

711.	——. *Santo oficio de la memoria*. Buenos Aires: Seix Barral, 1997. 520pp. VIII Premio Internacional Rómulo Gallegos, 1993.

Miguel, María E. de. "*Santo oficio de la memoria*." *La Nación* (19 enero 1992): 7/4.

O'Connell, Patrick L. "The Function of Memory in Argentine Postmodern Narrative by Mempo Giardinelli, Tununa Mercado y Ana M. Shúa." Tesis de doctorado, The Univ. of New Mexico, 1997.

CRITICAL STUDIES ON MEMPO GIARDINELLI

Flawiá de Fernández, Nilda M. "El discurso de Mempo Giardinelli." *De memorias y utopías*. Buenos Aires: Corregidor, 1996. 91-110.

Giardinelli, Mempo. *El género negro*. Córdoba: Op Oloop, 1996.

Rolón, Alicia. "Relectura y reescritura de la historia: La novelística de Mempo Giardinelli entre 1988 y 1991." Tesis de doctorado, Univ. of Colorado, 1996.

Stone, Kenton. "Mempo Giardinelli and the Anxiety of Borges's Influence." *Chasqui* 23/1 (May 1994): 83-90.

Vázquez, María E. "Entrevista con Mempo Giardinelli." *La Nación* (25 ag. 1997): 6/3.

——. "Fichero: Giardinelli, Moreno-Durán, Ramos, Aguilera Garramuno." *Nuevo Texto Crítico* 3/1 (1990): 185-198.

712.	GILI, CARLOS E. (1938-). *Amerindia; crónica de una quimera*. Buenos Aires: Corregidor, 1991. 156pp.

713.	GILL, WILLIAM (1946-). *Sugar and Spice*. Boston: Little, Brown, 1991. 469pp.

714.	——. *Mentiras y secretos*. Trad. del inglés original de *Sugar and Spice*. Buenos Aires: Vergara, 1991. 413pp.

"*Sugar and Spice* es el título original de este libro escrito en inglés por el argentino William Gill (Guillermo Gil). El libro comienza engañosamente: Arianne de la Force es rica, poderosa, bella y codiciada. Aunque después, el autor nos revele sus orígenes humildísimos en una favela brasileña, su camino a la fortuna sea como fuere, por la prostitución física y moral, sin desdeñar al verdadero amor. Arianne tiene una hermana, clave del desenlace, que actúa a través del resentimiento. Estructuralmente, el texto alterna los tiempos, desde el punto de vista cronológico, salta del ayer al hoy con una agilidad que no oscurece la lectura." [E. Gudiño Kieffer, *La Nación* (1 dic. 1991): 7/4].

715.	GILMAN, CLAUDIA (1961-), y GRACIELA R. MONTALDO. *Preciosas cautivas*. Buenos Aires: Aguilar Argentina, 1993. 188pp.

"Inteligente rescate de la novela epistolar: Dos mujeres intercambian cartas para evocar a una amiga muerta; ese propósito cambia por reflexiones sobre sus vidas y el relato de su presente." [F.G.C. (1993-95): 10-11].

716.	GIMENEZ, EDUARDO ABEL (1954-). *El misterio del planeta mutante: Un paseo por Camarjali*. Buenos Aires: Libros del Quirquincho, 1993. 94pp.

717. GIRALDEZ, NELIDA. *El ciruja.* Buenos Aires: Braga, 1993. 114pp.
"Un relato sobre las ilusiones e infortunios de un grupo de ocupantes de un edificio abandonado." [F.G.C. (Sept. 1996): 24].

718. GISSARA, PABLO JOSE. *Azul araña.* Buenos Aires: Torres Agüero, 1997. 235pp.
"Una historia sobre la vida de una familia descendiente de inmigrantes afincados en la Argentina." [F.G.C., 1997].

719. GIUSTI, ROBERTO FERNANDO (1887-1978).
Fernández, Javier. "Roberto F. Giusti y la generación de la revista *Nosotros.*" *BAAL* 52/203 (Enero 1987): 71-81.

Jitrik, Noé. *El ejemplo de la familia: Ensayos y trabajos sobre literatura argentina.* Buenos Aires: EUDEBA, 1998.

Montero, María L. "Una correspondencia entre Manuel Gálvez y Roberto F. Giusti." *BAAL* 52/203 (Enero 1987): 181-197.

Pickenhayn, Jorge Oscar. *Vida literaria de Roberto F. Giusti.* Buenos Aires: Corregidor, 1996.

720. GODOY ROJO, POLO (1914-). *Secreto Concarán.* San Luis: Anello, 1987. 349pp. Gran Premio Literatura de Cuyo, 1983.
"Novela regional podríamos llamar a esta obra edificada con notables materiales de la mejor tradición criolla. No es un mero acopio de elementos folklóricos. Hay una fina selección en el uso de los componentes literarios que hacen ágil y amena la relación de sucedidos y la descripción paisajística. A pesar de ser por su estructura una novela de tipo tradicional, no faltan los rasgos de modernidad que aportan los sueños, los miedos, los recuerdos, a través de los monólogos interiores." [R. Pérez Olivera, contratapa].

721. GOLDBERG, MAURICIO (1950-). *La vida es otra cosa.* Buenos Aires: Galerna, 1993. 472pp.

722. GOLDMAN, EDUARDO (1950-). *Adiós, héroe americano.* Buenos Aires: Torres Agüero, 1992. 308pp.

723. GOLOBOFF, GERARDO MARIO (1939-). *Comuna Verdad.* Buenos Aires: Anaya y Mario Muchnik, 1995. 149pp.
"En Algarrobos, hacia 1940, se fundó una comuna anarquista dedicada a la producción de sal, al laborioso estudio de esperanto y al no menos laborioso intento de vida en común. Una comuna, Verdad, que fue aplastada por el golpe de estado el 4 de jun. de 1943. Comuna Verdad es el intento de algunos habitantes de Algarrobos de reconstruir la historia. Se puede leer el texto como si tratara del ordenamiento de un 'puzzle.' Pero no todas las piezas encajan, y el vacío reclama sus derechos." [Osvaldo Gallone, "*Comuna Verdad.*" *La Prensa* (4 jun. 1995): Secc. Cult, 8].

Avellaneda, Andrés." *Comuna Verdad.*" *Hispamérica* 25/75 (Dic. 1996): 153.

724. ———. *El Soñador de Smith.* Barcelona: Muchnik, 1990. 167pp.
———. "Entrevista a Gerardo M. Goloboff: 'Mi condición es, ya, la diáspora,'" *Noaj* 1/2 (1988): 96-100.

"Entrevista: Goloboff habla del lenguaje de su novela *Criador de palomas.*" *Noaj* 1/1 (Agosto 1987).

Gasquet, Axel. "Entrevista con Mario Goloboff." *Hispamérica* 27/79 (Abr. 1998): 51-63.

Goloboff, Mario. "Testimonio." *Hispamérica* 25/74 (Ag. 1996): 57-61.

Gutiérrez Girardot, Rafael. "La tierra prometida: La trilogía novelística de Gerardo M. Goloboff." *Hispamérica* 21/62 (Ag. 1992): 111-126.

Glickman, Nora. "Discovering Self in History: Aida Bortnik and Gerardo Goloboff." *The Jewish Diaspora in Latin America: New Studies on History and Literature.* Eds. D. Sheinein y L. Barr. New York: Garland, 1996. 61-73.

Senkman, Leonardo. "Goloboff: The Construction of a Mythical Town." *Yiddish* 9/1 (1993): 105-110.

Sosnowski, Saúl. "Gerardo Mario Goloboff: Hacia el décimo mes en la diáspora." *Escritura* 4 (1977): 255-282.

725.　GOLLETTI WILKINSON, AUGUSTO. *El león cautivo.* (Biografía novelada del general Dr. Tomás Iriarte). Buenos Aires: Ed. del autor, 1996. 318pp.

"Se narra en forma novelada la niñez, juventud, y educación militar en España de Tomás de Iriarte, su incorporación al ejército de las colonias americanas en guerra por su independencia y la lucha contra la tiranía, relatadas por el protagonista en sus extensas memorias. Golletti Wilkinson se identifica con la personalidad de Iriarte para interpretarlo y expresarse por él en su trajectoria, en su vida toda." [Contratapa].

726.　GOMEZ, ALBINO. *Diario de un joven católico.* Parte de la serie "Cuarteto de Buenos Aires." Buenos Aires: GEL, 1995. 351pp.

"Unos viejos cuadernos de notas tomadas desde las postrimerías del colegio secundario hasta las vísperas de la gran violencia argentina, permiten que el protagonista cuente a una mujer mucho más joven la historia del país como marco y justificación de su propia historia." [F.G.C. (1993-97): 47].

727.　———. *Lejano Buenos Aires.* Parte de la serie "Cuarteto de Buenos Aires." Buenos Aires: Belgrano, 1996. 386pp.

"En *Lejano Buenos Aires,* el autor erige la primera novela epistolar importante alrededor de esta ciudad. Apunta Horacio Salas que este libro 'es una novela de exilios y de amor [. . .], una suerte de memoria de las alternativas de la Argentina.' Los ejes sobre los que se apoya el texto son el amor y el humor. y corresponden a una suerte de idealización sentimental de la ciudad tomada como amada. La historia–la de un periodista argentino, que, residente en Suecia, recrea para un amigo las circunstancias de una vida en el destierro–desnuda la naturaleza del exilio, tanto del decidido espontáneamente como del forzado." [Fernando Sánchez Sorondo, *La Nación* (9 feb. 1997): VI/4].

728.　———. *Si no volvemos a vernos.* Parte de la serie "Cuarteto de Buenos Aires." Buenos Aires: Belgrano, 1996. 362pp.

"La acción transcurre durante los años que van del '74 al '76, cuando cobran toda su intensidad los atentados, secuestros y asesinatos, producto del terrorismo y del contraterrorismo a cargo del Estado. Pese a ello, mientras registra la violencia y la muerte, el periodista Ignacio Quiroga contrapone a tanto odio el recuerdo de todo el amor vivido con Ximena desde enero 1974. Constituirá un placer para el lector acompañar a los dos por Buenos Aires, Nueva York, París, y Río, mientras se enriquecen a través de la sensualidad, la música y la discusión intelectual." [Contratapa].

729.　GOMEZ, CARLOS MARIA (1938-). *Alrededor de la plaza.* Buenos Aires: El Francotirador, 1998. 235pp.

"En una ciudad de provincia, un oscuro escritor se empecina en mostrar el lado oculto y corrupto de las instituciones políticas. Así el secuestro y muerte de un empresario, el vaciamiento del banco estatal a manos de funcionarios inescrupulosos, se convierten en el sedimento de esta narración." [F.G.C., 1998].

730.　——. *Los chacales del arroyo*. Buenos Aires: El Francotirador, 1993. 200pp. Primera Mención en el Concurso de Novela Policial.

731.　——. *En el laberinto de los espejos*. Buenos Aires: De La Pluma, 1985. 191pp.

"En *En el laberinto de los espejos*, importa la trama, como en toda novela negra. Pero desentrañarla no es mi propósito y sí el placer del lector. Lo que me interesa dejar sentado son los puntos que se consolidan en esta obra y que ubican a Gómez entre los nombres impostergables de la novela negra argentina: 1) la eficacia narrativa; 2) la funcionalidad del lenguaje; 3) el diálogo, que otorga carnadura real a los seres; 4) certeros elementos de denuncia y testimonio que contiene el relato." [Sergio Sinay, Pról. 11-12].

732.　——. *Gerente en dos ciudades*. Buenos Aires: Alianza, 1995. 232pp.

"La historia que se narra tiene los ingredientes más sabrosos de una crónica policial digna de figurar en la primera plana de la prensa amarilla: El gerente de un banco se ha relacionado con una prostituta de alto vuelo y, para mantener el tren de vida a que ese vínculo lo arrastra, incurre en una 'distracción' de fondos." [Contratapa].

733.　GOMEZ BERET, SANTIAGO. *Cimarrones*. Buenos Aires: Argenta Sarlep, 1998. 189pp.

"Obra que traza un oscuro perfil psicológico del personaje principal donde conviven la acción con la venganza y la delincuencia, el amor con el engaño, la pasión con las miserias humanas." [F.G.C. (Dic. 1998): 28].

734.　GOMEZ MELCHIONNA, SUSANA. *Sagrada*. Córdoba: Narvaja, 1998.

"La novela nos adentra en el territorio de la memoria. Memoria que se eleva en lo mágico, memoria que nos regresa vivos, porque aún tenemos la esperanza intacta." [Contratapa].

735.　GONINO, ENRIQUE. *Amicus Pietro*. La Plata: Almafuerte, 1997. 103pp.

736.　GONZALEZ AMER, EDGARDO M. (1956-). *Danza de los torturados*. Buenos Aires: Emecé, 1996. 170pp.

"Hay un narrador que dice cumplir una tarea particular: Transcribir una historia que le relató un personaje allá por 1983. El protagonista es un paciente de un instituto de salud mental, o también, dada la imprecisión de su voz entrecortada sobre la del copista, el paciente de un estado absurdo de la historia del país. Los 'torturados' son aquellos jóvenes que fueron penetrados por 'el terror y el dolor del mundo.' [J.F., *La Voz del Interior* (5 dic. 1996): C/10].

737.　——. *Todos estábamos un poco cuerdos*. Buenos Aires: Emecé, 1994. 176pp.

"El diario *Página 12* la señaló entre los doce mejores títulos de ficción publicados en 1994. González Amer despliega un formidable sentido del humor, obvia las frases conmovedoras, prescinde de párrafos grandilocuentes, y hace gala de una economía de lenguaje que de ningún modo significa pobreza de discurso." [*Clarín*, solapa].

738.　GONZALEZ GUERRICO, SOCORRO (1937-). *Avenida Alvear*. Buenos Aires: Emecé, 1993. 268pp.

"Leonor es una figura conspicua de la alta sociedad porteña. A pesar de los lujos y los viajes, su vida está signada por la tragedia. Huérfana de madre, queda al cuidado de una tía devota, rígida y autoritaria. La muerte sucesiva de sus seres más queridos, un humillante fracaso matrimonial, la mentira, la soledad y la traición marcan la existencia de esta mujer. El autor traza el retrato de una época y una clase social." [Aviso, *La Nación* (29 ag. 1993): 7/3].

739. GONZALEZ PECOTCHE, CARLOS BERNARDO (1901-1963). *El señor de Sándara.* (Novela psicodinámica). Buenos Aires: Ser, 1982. 509pp.

"*El señor de Sándara* es una novela de género nuevo, psicodinámica, que al par que exalta lo bello y fecundo del pensar y sentir del hombre y la mujer, aparta todo lo que les pervierte y desnaturaliza. Por el contenido que anima sus páginas, es una novela edificante. De cada giro de su trama emerge una enseñanza aleccionadora." [Solapa].

740. GONZALEZ TUÑON, ENRIQUE (1901-1943). *Camas desde un peso.* 1932. Rosario. Ameghino, 1998. 123pp. Reseña biográfica por César Tiempo.

"Esta obra ha sido considerada como el libro fundamental de su autor. Es una novela en forma de cuentos, que tiene por escenario el bajo mundo porteño y por protagonistas a cinco personas marginales." [F.G.C., 1998].

741. GORI, GASTON (1915-). *El desierto tiene dueño.* Rosario: Univ. Nac. del Litoral, 1999. 259pp.

"Obra que tiene como tema la gesta colonizadora, la lucha de los colonos que se enfrentan con los administradores de sus cosechas." [F.G.C., Ag. 1999].

742. GORIS, ESTHER. *Agata Galiffi: La flor de la mafia.* Buenos Aires: Sudamericana, 1999. 415pp.

"Basada en hechos reales, este libro narra la historia de una mujer bella e inteligente que manejó la mafia en Rosario y la extendió a nivel internacional." [F.G.C., Dic. 1999].

743. GORODISCHER, ANGELICA (1928-). *Fábula de la Virgen y el bombero.* Buenos Aires: De La Flor, 1994. 407pp.

". . . una muchacha dominada por su madre, que, al quedar huérfana, advierte que hereda el poder de aquella madre en un ambiente de proxenetas y madamas. La inminente llegada de una princesa europea que visitará la ciudad. Los planes entre policías y delatores para descubrir a las mafias que manejan hilos tenebrosos. El cambio de una joya falsa por otra verdadera. Todo como para constituir un 'thriller.'" [E. Gudiño Kieffer, *La Nación* (3 abr. 1994): VII/5].

744. ——. *Floreros de alabastro, alfombras de Bokhara.* 1985. Buenos Aires: Emecé, 1990. 186pp.

745. ——. *Eine vase aus Alabaster.* Trad. al alemán de *Floreros de alabastro, alfombras de Bokhara,* por M. Kappel. Berlin: Fischer Taschenbuch, 1977. 192pp.

Gimbernat González, Ester. "*Flores de alabastro, alfombras de Bokhara:* El poder del nombre, los nombres del poder." *Aventuras del desacuerdo: Novelistas argentinas de los '80.* Buenos Aires: D. A. Vergara, 1992. 139-145.

González, Gail. "De la forma a la ideología: Una lectura feminista del género de Raymond Chandler en una novela de Angélica Gorodischer." *Primeras Jornadas Internacionales de Literatura Argentina.* Buenos Aires: EUDEBA, 1996. 393-400.

746.   ———. *Un joven rebelde.* En *Cómo triunfar en la vida.* Buenos Aires: Emecé, 1998. 137-185.

Miguel, María Esther de. "Angélica Gorodischer y *Cómo triunfar en la vida.*" *La Nación* (30 ag. 1998): VI/3.

747.   ———. *La noche del inocente: Conseja moralizante para uso de pecadores.* Buenos Aires: Emecé, 1996. 185pp.

"Entrar en un convento de varones con mirada de mujer. Semejante propósito conlleva no poco riesgo. La tentación de la caricatura, por ejemplo. Exacerbar los costados más oscuros de las debilidades de la carne para despertar simpatías feministas. Gorodischer salva esos fosos con dos recursos: Un humor muy leve y cierto juego cómplice con el lector. La historia transcurre en un claustro medieval." [J.F., *La Voz del Interior* (26 nov. 1996): C/12].

748.   ———. *Trafalgar.* 1979. Una sección, "A la luz de la casta luna electrónica," apareció en *Escritoras argentinas contemporáneas,* 1993. 79-94.

Anderlini, Silvia, y Luque de Penazzi. *Geocultura e identidad narrativa en la región serrana de Córdoba.* "Trafalgar" y *las mujeres: El feminismo de Angélica Gorodischer.* Córdoba: Municipalidad de Córdoba, 1995.

Balboa Echeverría, Miriam. "Poder, fabulación y memoria en tres novelas de Angélica Gorodischer." *Actas del Congreso de la AIH: La mujer y su representación en las literaturas hispánicas.* Irvine: Univ. of California, 1994. II: 196-204.

Berg, Walter Bruno. "La otredad del sexo: Escritura femenina en Gorodischer and Lispector." *Boca de dama: La narrativa de Angélica Gorodischer.* Eds. M. Balboa Echeverría. Buenos Aires: Feminaria, 1995. 53-68.

Dellepiane, Angela. "La narrativa de Angélica Gorodischer." *Boca de dama: La narrativa de Angélica Gorodischer.* Ed. M. Balboa Echeverría. Buenos Aires: Feminaria, 1995. 17-40.

Esplugas, Celia. "Angélica Gorodischer." *Hispamérica* 23/67 (1994): 55-59.

Feitlowitz, Marguerite. "Interview with Angélica Gorodischer." *Bomb* 32 (Summer 1990).

Gimbernat González, Ester. "La aventura de la enunciación en *Jugo de mano.*" *El descubrimiento y los desplazamientos: La literatura hispanoamericana como diálogo entre centros y periferias.* Ed. J. Arancibia. Westminster: Inst. Lit. y Cult. Hisp., 1990. 133-142.

"Jugo de mano: Itinerarios de la escritura." *Aventuras del desacuerdo: Novelistas argentinas de los '80.* Buenos Aires: D. Albero Vergara, 1992. 176-185.

749.   GOROSTIZA, CARLOS (1920-). *Vuelan las palomas.* Buenos Aires: Planeta, 1999. 270pp. Premio Planeta, 1999.

"La trama se inicia en la Argentina de 1931. El protagonista, desertor del ejército, se refugia en Uruguay y escapa luego a Barcelona. Allí se verá involucrado en la guerra civil española. Con el triunfo de Franco, se ve obligado a salir de España. En la trama se entretejen los enfrentamientos políticos de Europa y América Latina con los destinos personales de los protagonistas." [F.G.C., Dic. 1999].

750.   GORRITI, JUANA MANUELA (1819-1892). *Oasis en la vida.* 1888. Buenos Aires: Simurg, 1997. 120pp.

751.   ———. *Oasis en la vida.* En *Obras Completas.* Vol. 6. Salta: Banco del Noroeste, 1999.

752.   ———. *Obras completas.* Vol. 1. Salta: Banco del Noroeste, 1992, 340pp.; Vol. 2, 1993, 360pp.

Barrera, Trinidad. "La fantasía de Juana Manuela Gorriti." *Hispamérica* 25/74 (Ag. 1996): 103-111.

Batticuore, Graciela. *El taller de la escritora; veladas literarias de Juana Manuela Gorriti: Lima/Buenos Aires 1876-7-1892.* Rosario: B. Viterbo, 1999.

Efrón, Analía. *Juana Manuela Gorriti; una biografía íntima.* Buenos Aires: Sudamericana, 1998.

Fleming, Leonor. "Escritoras argentinas: Huellas de un proceso: Gorriti, Storni, Pizarnik." *Symposium Internacional de crítica literaria y escritura de mujeres de América Latina.* Vol. 2. Salta: Biblioteca de Textos Universitarios, 1998.

Iglesia, Cristina, ed. *El ajuar de la patria: Ensayos críticos sobre Juana Manuela Gorriti.* Buenos Aires: Feminaria, 1993.

Martorell, Alicia. *La mujer salteña en las letras: Juana Manuela Gorriti y 'Lo íntimo': Ensayo.* Salta: Banco del Noroeste, 1991.

Molina, Hebe Beatriz. *La narrativa dialógica de Juana Manuela Gorriti.* Mendoza: Univ. Nac. de Cuyo, 1999.

Royo, Amelia. *Juanamanuela, mucho papel; algunas lecturas críticas de textos de Juana Manuela Gorriti.* Buenos Aires: Del Robledal, 1999.

Vázquez, María E. "Nuestra primera novelista: Juana Manuela Gorriti." *La Nación* (20 dic. 1992): VII/2.

753.   GRAHAM-YOOL, ANDREW (1944-). *Goodbye Buenos Aires.* Buenos Aires: De la Flor, 1997. 271pp. Escritor argentino que escribe en inglés.

"Es la historia del padre del autor. A la vez que describe la trayectoria de un inmigrante escocés, traza un fresco colorido de la vida de la comunidad inglesa en la Argentina." [F.G.C. (1996-97): 16].

Tijman, Gabriela. "Entrevista con A. Graham-Yool." *La Maga* (8 jun. 1994): 8-9.

754.   GRANATA, MARIA (1921-). *Lucero Zarza.* Buenos Aires: El Francotirador, 1999. 251pp.

"Una nueva novela de María Granata. Otra oportunidad para sumergirnos en el encantamiento de sus enredos, que con un pie en la tierra adquieren un vuelo metafísico, que más que alejarnos de la realidad, nos sumergen en ella, por todo lo mágico que la vida misma tiene en las cotidianas rutinas." [Contratapa].

755.   ———. *El sol de los tiempos.* Buenos Aires: Emecé, 1992. 269pp.

"Un viejo curandero, dado a la exploración astronómica, es consultado por una mujer desesperada por el estado obsesivo de su biznieto que vive atormentado por una idea fija: Conocer el rostro de su padre que nunca vio. A partir de allí se emprende la difícil e incierta curación del desdichado joven y una cantidad de hechos insólitos se sucede vertiginosamente." [Contratapa].

Costilla, Jessica. "Entrevista con María Granata." *La Prensa* (26 feb. 1995): Secc. Cult., 2.

Murgolo, Anna. "Diálogo con una scrittrice argentina: María Granata." *Fenarete* 173 (1978): 5-7.

756.   GRANATA, NOEMI. *¿De qué se ríe la Dulí?* Buenos Aires: Torres Agüero, 1996. 207pp.

"Novela dominada por el chispeante diálogo y las reflexiones de una narradora con pretensiones de ser actriz. La acción se desarrolla a saltos y con entretenida desfachatez entre vulgares conflictos domésticos e íntimos estados emocionales." [M.I.L.].

757. GRANDMONTAGNE, FRANCISC0 (n. España, 1856-m. Argentina, 1936). *Teodoro Foronda*. 1896. Pról. de Alberto M. Perrone. Buenos Aires: RML, 1994. 524pp.

Barco, Pablo del. "Francisco Grandmontagne." *Cuadernos Hispanoamericanos* 351 (1979): 636-641.

Carilla, Emilio. "Francisco Grandmontagne: Autor vasco-argentino." *Letras de la España contemporánea*. Ed. N. S. Miguel. Alcalá de Henares: Centro de Estudios Cervantinos, 1995. 59-63.

758. GRASSO, JORGE (1934-). *Camino hacia Teresa*. Rosario: Ameghino, 1999. 270pp.

"El personaje de esta novela se desdobla en dos personalidades: En Buenos Aires es un estudiante de teatro, casi un bohemio; en su pueblo, un profesional serio, correcto y eficaz. Se debate entre dos polos de similar atracción: Su amigo y su mujer." [F.G.C. Dic. 1999: 36].

759. GRAVANAGO, ALEJANDRO (1957-). *Un cuento para niños grandes*. Literatura juvenil. Salta: Gofica, 1993. 70pp.

760. ———. *Murió dos veces y sigue vivo*. Salta: Textos Universitarios, 1998. 111pp.

"Novela dura y profunda que muestra la impotencia suicida del hombre común, inerme ante la destrucción de sus sueños de justicia." [F.G.C., (Dic. 1998): 29].

761. GRECA, ALCIDES (1889-1956).

Bischoff, Efraín. "Alcides Greca: Tragedia espiritual de los argentinos de veinte años." *La Voz del Interior* (12 ag. 1990): F/3.

762. GRECO, MARIO ATILIO. *Sueños del Sur*. Buenos Aires: El Francotirador, 1996. 154pp.

"Mario Greco interpreta la fachada de una sociedad humana que perdió el rumbo y que aún no halló el de su futuro. Un enfoque simple, cotidiano, con visos kafkianos, donde podemos intuir los conflictos de nuestro tiempo." [Contratapa].

763. GRIMBERG, SUSANA. *El espejo de las palabras*. Buenos Aires: Vinciguerra, 1999. 211pp.

"Intensa novela. Amor, muerte, violencia y libertad confluyen en una narrativa ingeniosa y sutil." [Aviso, *La Nación* (7 mar. 1999): 6/8].

764. ———. *Refugios en la ciudad*. Buenos Aires: GEL, 1995. 208pp.

"Es una novela que trata sobre la realidad de una generación que soñó con transformar el mundo y debió conformarse con sobrevivir." [Contratapa].

765. GRINBERG, LILI. *Christina y el gasolinero: Una mirada a Dreyfus*. Buenos Aires: Vinciguerra, 1998. 140pp.

"Novela en torno a la misteriosa sincronicidad de los lugares y los tiempos." [F.G.C. (Mar. 1999): 30].

766. GRIVEO, ARNALDO (1955-). *Yo, Menen, la encarnación de Cristo*. Buenos Aires: SIELP, 1993. 183pp.

"Ingeniosa sátira alegórica a la vida y las doctrinas político-sociales del presidente de la Nación, Carlos Menem. La acción mítica transcurre en un pequeño país de Oriente Medio hace dos mil años. Con lengua mordaz e implacable, Griveo azota cada aspecto del régimen menenista, desde su comportamiento público hasta su vida privada." [M.I.L.].

767.   GRONDONA, MARTHA. *La mala leche.* Buenos Aires: Vinciguerra, 1993. 167pp.

"Grondona logra ofrecer una cosmovisión de lo que se ha dado en llamar 'el hombre y su circunstancia.' Una trama que va tejiendo la compleja historia de una mujer que, desde el origen mismo, parece signada por un destino del que no podrá escapar. Los personajes creíbles se recortan en el cerril paisaje salteño." [Contratapa].

768.   GROPPO, MIGUEL ANGEL. *Belladonna.* Buenos Aires: Vinciguerra, 1990. 152pp.

769.   GROUSSAC, PAUL (n. Francia 1848- m. Argentina, 1929).

Benarós, León. *Paul Groussac en el Archivo General de la Nación.* Buenos Aires: Archivo General de la Nación, 1998.

Eujanian, Alejandro. "Paul Groussac y una empresa cultural de fines de siglo XIX. La revista *La Biblioteca.*" *Historia de revistas argentinas.* Ed. Raúl Castagnino. Tomo II. Buenos Aires: Asoc. Arg. de Editores de Revistas, 1997. 11-43.

Noel, A. M. *Paul Groussac.* Buenos Aires: Cultura Argentina, 1980.

770.   GUAIT, CAMILO. *Viaje al país de las manzanas.* Buenos Aires: Aique, 1981. 47pp.

Literatura juvenil. "George Musters, an Englishman by birth and also known as the 'South American Marco Polo,' explored the unknown Patagonian region in 1869 and 1870, accompanied by Tehuelche Indians. This fast-paced adventure story relates the dangers and excitement of that trip, which included hunger, an inhospitable desert, wild animals and hostile Indian tribes." [Isabel Schon, contratapa].

771.   GUARANY, HORACIO. *Las cartas del silencio; el amor más allá de la muerte.* Buenos Aires: Planeta, 1993. 139pp.

772.   ——. *El loco de la guerra.* Buenos Aires: Planeta, 1995. 222pp.

773.   ——. *Sapucay.* Buenos Aires: Planeta, 1994. 166pp.

774.   GUDIÑO KIEFFER, EDUARDO (1935-). *Bajo amor en alta mar; un crimen en el Eugenio C.* Buenos Aires: Planeta, 1994. 223pp.

"Policial sin policías pero con muchos bandidos urdiendo traiciones y anudando interesadas complicidades. Una galería de tortuosos personajes con similares trayectorias delictivas se encuentran en la nave 'Eugenio C,' siguiendo las oscuras ordenes de sus jefes: La ex-amante de un mafioso, un travesti que viaja a Europa para operarse y convertirse en mujer, una hermosa griega relacionada con los traficantes árabes de drogas." [Irene Ferrari, *La Prensa* (5 feb. 1995): Secc. Cult, 8].

775.   ——. *Kérkyra, Kérkyra.* Buenos Aires: Emecé, 1989. 124pp.

"*Kérkyra, Kérkyra* es una historia de amor muy joven. Un viaje a la Grecia actual, que no ha perdido contacto con su pasado, sus tradiciones y sus mitos. Jugando irónicamente con cierta vana erudición, Gudiño Kieffer ha escrito una 'nouvelle' erótica y deliciosa, donde la vida cotidiana se desenvuelve en medio de paisajes de gran belleza." [Contratapa].

776.   ——. *El príncipe de los lirios.* Buenos Aires: Emecé, 1995. 589pp.

"Novela histórico-mitológica que describe dos civilizaciones, la de Egipto y la de Creta, a través de la vida de dos niños: Glauco, hijo del rey Minos de Creta y otro niño, sin nombre, príncipe de Egipto, que tiene el don de la profecía y de dominar todas las lenguas del pasado, del presente y del futuro. Su encuentro y posteriores peripecias están enmarcados por intrigas cortesanas, ceremonias y crímenes." [F.G.C. (Sept. 1995): 13].

Renard, María A. "*El príncipe de los lirios.*" *La Prensa* (8 oct. 1995): Secc. Cult., 8.

Sorín, Valería. "Entrevista con E. Gudiño Kieffer." *La Prensa* (20 ag. 1995): Secc. Cult. 2-3.

777. GUEBEL, DANIEL (1956-). *Cuerpo cristiano.* México: Fondo de Cultura Económica, 1994. 194pp.

"El talento narrativo de uno de los más brillantes narradores de la nueva literatura argentina permite un acercamiento novedoso a uno de los episodios más interesantes de la historia de América, las misiones jesuitas en Paraguay." [Contratapa].

778. ———. *Los elementales.* Buenos Aires: Beatriz Viterbo, 1992. 73pp.

"Un grupo de pares o de discípulos asiste al extraño estado en el que progresivamente entra Bernetti, un científico genial que quería ser el padre de una nueva generación de Objetos. A ellos no les había parecido mal. Ahora esperan algo que no conocen." [Contratapa].

779. ———. *Matilde.* Buenos Aires: Sudamericana, 1994. 167pp.

"Se narra una historia de amor insólita, donde la causalidad que mueve a los personajes se pierde en una maraña de signos e interpretaciones. En el principio, cuando Matilde, una mujer casada e impetuosa, conoce a Emilio y se convierten en amantes, le explica que el vínculo que los une se inscribe en lo oscuro y lo inexpresable. A partir de entonces, toda su historia se caracteriza por las acciones injustificadas, nacidas en la falta de comunicación entre ambos. Cuando Matilde decide marcharse, su amante comienza a vivirla como un ser que ha muerto." [M. Russo, "Forn y Guebel polemizan sobre estéticas literarias." *La Maga* (16 dic. 1992): 18-19].

780. ———. *Nina.* Buenos Aires: Emecé, 1999. 254pp.

781. ———. *La perla del emperador.* Buenos Aires: Emecé, 1990. 270pp. Premio Emecé, 1989-1990.

"El mundo imaginario de Guebel recrea, al modo de Salgari, las novelas de aventuras donde lo que cuenta es el placer de la fabulación. Esto sucede en *La perla del emperador,* cuya elegancia en la construcción de una trama radica en que ella termina por morderse la cola para no llegar a ninguna parte. Lo borgeano sería justamente aquí el gusto por la construcción de la trama perfecta que, sin embargo, aparece en estado de parodia." [José Amícola, "La literatura argentina desde 1980," p. 436].

Carrricaburo, Norma. "*La perla del emperador*" de Daniel Guebel y la teoría del Big-Bang." *Letras* 35 (1997): 59-68.

782. ———. *El terrorista.* Buenos Aires: Sudamericana, 1998. 127pp.

"Marcelo Deberre es un verdulero que le diagnosticaron un núcleo paranoico. A este comerciante, la realidad le plantea una insatisfacción básica. Hasta que un día, entre esos diarios con los que envuelve las verduras, se mezcla un periódico político en donde Deberre descubre la 'Revolución.' y la palabra se convierte para él en 'lo único real.' Elabora entonces un panfleto que le valdrá tener que dejar atrás sus sueños de revolucionario para convertirse en 'terrorista' por un atentado que no cometió." [Susana Szwarc, *La Nación* (27 sept. 1998): 6/6].

Delgado, Veronica. "Las poéticas antirrepresentativas en la narrativa argentina de las dos últimas décadas: C. Aira, A. Laiseca, Copi, D. Guebel." *Celehis* 5/6-8 (1996): 255-268.

Espinosa, Susana López de. "*Cuerpo cristiano* de Daniel Guebel: Historia y ficción, sátira y parodia." *Segundas Jornadas Internacionales de Literatura Argentina/Comparatística. Actas.* Ed. D. Altamiranda. Buenos Aires: UDEBA, 1997. 293-300.

Russo, Miguel. "Entrevista con D. Guebel." *La Maga* (13 abr. 1994): 43-44.

Sorín, Valeria. "Cuando la musa se va: Entrevista con Daniel Guebel y Ana María Shúa." *La Prensa* (16 jul. 1995): Secc. Cult. 6-7.

Tabarovsky, Damián. "*El terrorista.*" *Clarín* (8 nov. 1998): Secc. Cult.

783. GUEDES, LIRIA. *Las puertas de la piedad.* Buenos Aires: Ayala Palacio, 1995. 279pp.
"Severa crítica de las instituciones neuropsiquiátricas y del maltrato a los internados." [M.I.L.].

784. GUELERMAN, JOSE. *La isla de los alucinados.* Buenos Aires: RundiNuskin, 1990. 234pp.
"La lectura de este cautivante libro nos permite sentir cómo un ser humano, un escritor, se entrega al entorno, y se lo apropia perfeccionando su belleza o acentuando su fealdad, hasta transformarlo en un símbolo; cada personaje posee un gesto suplementario, una faceta distinta que lo hace crecer en dimensión representativa–el fabricante de armas, el nazi refugiado, el magnate petrolero, el hombre de negocios." [Ivonn Penelón, contratapa].

785. ———. *El oro del Famatina.* Buenos Aires: El Francotirador, 1994. 230pp.
"Así se escribe la historia. Pero nosotros no escribimos una historia, sino que dibujamos a nuestra manera los perfiles imprecisos que nos dejó la constancia de una carta, de un decreto, de un comentario." [Contratapa].

786. ———. *El regreso de Ignacio Medina.* Buenos Aires: Macondo, 1981. 139pp.
"*El regreso de Ignacio Medina* es un libro fuerte y definido en su temática y en su estilo, una fiel interpretación del hombre y su comunidad, una vibración a veces apasionada de las realidades humanas." [Contratapa].

787. GUERRA, HILDA. *Marita y la computadora de sol.* Buenos Aires: Torres Agüero, 1990. 68pp.
"Un libro dirigido a los pre-adolescentes. La intención de la autora se diluye en muchos campos. Pretende entretener, intenta aportar conocimientos, quiere moralizar, y utiliza para sus fines un argumento que tiene el deseo manifiesto de acercarse a la ciencia ficción. Los protagonistas son dos chicos y dos chicas más una computadora animada, un perro y la diosa Kannon." [M.R.F., *La Voz del Interior* (23 mayo 1991): D/2].

788. GUERRA, ROSA (1834-1894). *La camelia.* 1860. De esta obra dice Lily Sosa de Newton: "En 1860 Rosa Guerra editó las novelas *Lucía Miranda* y *La camelia.*" [*Selección de narradoras argentinas.* 32] No conseguí encontrarla.
Ini, C. María Gabriela. "Rosa Guerra y Lucía Miranda: Las mujeres cautivas." *Mujeres y cultura en la Argentina del siglo XIX.* Buenos Aires: Feminaria, 1994. 127-133.

789. GUERRERO, CARLOS. *Ilusión de eternidad.* Buenos Aires: Corregidor, 1999. 197pp.
"En los barrios porteños de Villa del Parque y Villa Devoto, los dioses del Olimpo actúan para conseguir que tres hijas de Zeus regresen a la eternidad, luego de haber sido condenado a reencarnarse perpetuamente en la tierra." [F.G.C. (Dic. 1999): 36].

790. GUERRERO, GLADYS. *Los amantes de Rimbaud.* Buenos Aires: Aguilar Argentina, 1999. 207pp. Premio Diario Uno-Alfaguara de Novela de Mendoza.

"Los protagonistas son prófugos de una Europa desgarrada por la revolución soviética, que se refugian en una chacra en la cordillera mendocina, donde se entregan a una meditada ascesis artística, cuyo aprendizaje los llevara a ambos al límite de la razón." [F.G.C., Sept. 1999].

791. GUERRERO MARTHINEITZ, HUGO (n. Peru, 1924-). *Pasto de sueños.* Buenos Aires: Emecé, 1993. 253pp.

"Sentado frente a un grabador, Fernán desgrana historias de amores y desamores, éxitos y fracasos, que, con el vértigo del 'zapping,' conforman un fresco tan rico como la vida misma. Guerrero Marthineitz se lanza a la novela con un humor y una frescura singulares." [Aviso, *La Nación* (6 nov. 1993): 7/3].

792. GUERRERO ROCAMORA, GLADYS. *La Juana Díaz.* Mendoza: Ediciones Culturales, 1994. 136pp.

"Novela testimonial que describe las condiciones de vida de los trabajadores golondrinas en América Latina." [F.G.C. (1993-95): 11].

793. GUIBERT, EDUARDO. *SIDA: VIH o HIV sabio o inteligente.* Buenos Aires: Corregidor, 1995. 109pp.

"El tema del SIDA encarado irónicamente en una obra de ficción." [F.G.C. (1993-95): 11].

794. GUIDO, BEATRIZ (1924-1988). *El incendio y las vísperas—17 de octubre 1952, 15 de abr. 1953.* 1964. Buenos Aires: Perfil, 1998. 236pp.

Cuzarinsky, Edgardo. "Beatriz Guido: Novela, mentira, literatura." *La Nación* (15 mar. 1998): 6/6.

Díaz, Gwendolyn. "El nacionalismo argentino en la novelística de Beatriz Guido." *Alba de América* 6/10 (Jul. 1988).101-108.

Jozef, Bella. "Carta de Buenos Aires: Luisa Mercedes Levinson a Beatriz Guido." *Coloquio/Letras* 104 (Jul. 1988): 143-145.

———. "In Memoriam: Luisa Mercedes Levinson y Beatriz Guido." *Revista Iberoamericana* 54/144 (Jul. 1988): 1021-1023.

Marval-McNair, Nora de. "In/Ex est: Hacia la catarsis de la historia en el discurso de *Rojo sobre rojo* de Beatriz Guido." *Actas del X Congreso de la AIH.* Barcelona: Promoc. Univ., 1992. III: 801-807.

———. "R.S.V.P.: Polisemia, dinámica y progresión del signo del 'invitado' en el discurso fictivo de Beatriz Guido." *Revista Hispánica Moderna* 45/2 (Dic. 1992): 225-241.

Osorio, Elsa. *Beatriz Guido: Mentir la verdad.* Buenos Aires: Planeta, 1991.

Pereira, Teresinka. "Beatriz Guido: A novela é o genero predileto dos Argentinos." *Minas Gerais* 17 (Mayo 1980): Supl. Lit. 2.

Riviere, Rolando. "Beatriz Guido y una novela sobre el asesinato de Aramburu." *La Nación* (6 sept. 1987): Supl. Lit. 2.

Romero, Luis Alberto y Sylvia Saitta. *Grandes entrevistas de la historia argentina (1879-1988).* Buenos Aires: Aguilar Argentina, 1985.

Sotoca, Marisa. "Conversación con Beatriz Guido." *Insula* 40/468 (Nov. 1985): 4-5.

Willcham, Marcelo. "Literatura y cine argentinos: Autoritarismo y testimonio en Beatriz Guido y Leopoldo Torre Nilsson." Tesis de doctorado, Arizona State Univ., 1997.

795. GUIDO, HORACIO. *El traidor: Telmo López y la patria que no pudo ser.* Buenos Aires: Sudamericana, 1998. 301pp.

"El protagonista es el hijo del caudillo Estanislao López. Esta novela histórica se ocupa del período que va desde las jornadas de Mayo de 1810 hasta la campaña contra el mariscal Solano López. Con un hábil juego narrativo, que incluye bruscos saltos cronológicos, Guido logra plasmar, en páginas vibrantes y llenas de colorido, un texto excelente." [Martín A. Noel, *La Nación* (30 ag. 1998): VI/8].

796. GUIJARRO, GUSTAVO (n. España, 1944-). *Cazador de Narcos. Operación Anaconda.* Salta: Textos Universitarios, 1994. 295pp.

"A la manera del gran reportaje, personajes ficticios–o ficcionalizados–se mueven en el marco del desmesurado mundo del narcotráfico, mostrando su cosmopolitismo y la ausencia absoluta de límites o fronteras geográficas, políticas, o éticas. Guijarro aparece en las letras salteñas con una novela brillante y entretenida, por la hábil intriga y la candente actualidad de su tema." [Solapa].

797. GUINAZU, GRACIELA. *La flor azul.* Buenos Aires: GEL, 1995. 280pp.

" . . . esta novela, cuya ambigua perspectiva es omnisciente hasta el punto de consignar detalles menudos para marcar el protagonismo de lo medular y lo accesorio en el registro de lo cotidiano. Sobre este trasfondo sucede todo lo incluido en la postergación de la boda de Margarita. Escenarios de rápido trazo, ubicados en Buenos Aires y en varias localidades tucumanas, son testigos del peregrinaje biográfico y psicológico de esa muchacha que se busca en sus vínculos afectivos y amorosos." [María A. Renard, *La Prensa* (1 oct. 1995): Secc. Cult., 9].

798. GÜIRALDES, RICARDO (1886-1927). *Don Segundo Sombra.* 1926. Buenos Aires: Hyspamérica, 1986. 356pp.

799. ——. *Don Segundo Sombra.* Buenos Aires: Libro Club Sudamericano, 1993. 220pp.

800. ——. *Don Segundo Sombra.* Buenos Aires: Nuevo Siglo, 1994. 192pp.

801. ——. *Don Segundo Sombra.* Buenos Aires: Losada, 1994. 195pp.

802. ——. *Don Segundo Sombra.* Buenos Aires: Politeama, 1994. 250pp.

803. ——. *Don Segundo Sombra.* Buenos Aires: Santillana, 1996. 240pp.

804. ——. *Don Segundo Sombra.* Buenos Aires: Zurbarán, 1996. 272pp.

805. ——. *Don Segundo Sombra.* Buenos Aires: Nuevo Siglo, 1997. 128pp.

806. ——. *Don Segundo Sombra.* Buenos Aires: Kapelusz, 1997. 272pp.

807. ——. *Don Segundo Sombra.* Buenos Aires: Cámara Argentina, 1998. 191pp.

808. ——. *Don Segundo Sombra.* Trad. al francés por Marcelo Auclair. Paris: Phébus, 1994. 356pp.

809. ——. *Don Segundo Sombra.* Trad. al francés por Marcelo Auclair. Paris, 1997. 235pp.

810. ——. *Don Segundo Sombra.* Trad. al inglés por Patricia Owen Steiner. Ed. crítica. Gwen Kirkpatrick, coordinador. Estudio de la novela y bibliografía, 209-302. Pittsburgh: U of Pittsburgh P, 1995. 208pp.

Berchenko, Pablo. "Mitificación y mimetismo en *Don Segundo Sombra.*" *Cahiers d'Etudes Romanes* 18 (1994): 29-42.

Comas de Guembe, Dolores. "Infancia y orfandad en la literatura argentina: El gaucho, 'el pobre en su orfanda.'" *Revista de Literaturas Modernas* 25 (1992): 261-268.

Cosse, Rómulo. "Aproximaciones a *Don Segundo Sombra.*" *Casa de las Américas* 20/120 (Mayo 1980): 34-44.

Fisbach, Erich. "Del mito personal a la escritura en *Don Segundo Sombra* y *El juguete rabioso.*" *Cuadernos* (1996): 27-41.

Rodríguez-Alcalá, Hugo. "En torno a un libro contra Ricardo Güiraldes y contra *Don Segundo Sombra.*" *Hispanic Journal* 3/1 (Fall 1981): 23-44.

Running, Thorpe. "Lo pastoril en *El cencerro de cristal* y *Don Segundo Sombra* de Ricardo Güiraldes." *Explicación de Textos Literarios* 12/1 (1983-1984): 67-77.

Siebenmann, Gustav. "Ricardo Güiraldes: *Don Segundo Sombra.*" *Der Hispanoamerikanische Roman, I: Von den Anfangen bis Carpentier.* Ed. V. Roloff. Darmstadt: Wiss. Buchgesell., 1992. 132-144.

Zárate, Armando E. "Espacio, tiempo y movimiento en *Don Segundo Sombra.*" Tesis de doctorado, Univ. of California, Riverside, 1970.

811.   ———. *Raucho.* 1917. Pról. de Ana María Zubieta. Buenos Aires: CEAL, 1993. 127pp.

Díaz, Lidia. "Aproximaciones a una lectura de *Raucho.*" *Tropos* (Spring 1993): 61-67.

CRITICAL STUDIES ON RICARDO GÜIRALDES

Bordelois, Ivonne. *Genio y figura de Ricardo Güiraldes.* 2a ed. Buenos Aires: EUDEBA, 1999.

Duplancic de Elgueta, Elena. "*Xaimaca* de Ricardo Güiraldes: Algunas reflexiones comparatistas." *Revista de Literaturas Modernas* 24 (1991): 259-270.

Figueroa, Leonor M. "Güiraldes, De la Parra, Arlt y los años veinte: Entre cuerpos y textos móviles." Tesis de doctorado, Harvard Univ., 1997.

Güiraldes, Juan José. "Cómo conocí a Ricardo Güiraldes." *La Nación* (9 feb. 1986): Supl. Lit. 6.

Güiraldes, Ricardo. *Fin del milenio. Ricardo Güiraldes: Los cuadernos perdidos, 1911-1925.* Buenos Aires: La Página, 1999.

Michelsen, Jytte. "El tema del viaje en la narrativa de Ricardo Güiraldes." Tesis de doctorado, CUNY, 1995.

Pera, Cristóbal. "Mito y realidad de París en la prosa modernista hispanoamericana." Tesis de doctorado, Univ. of Texas, Austin, 1992.

Previtale, Giovanni. *Ricardo Güiraldes: Biografía y crítica.* Buenos Aires: Dunken, 1998.

Taylor, Julie. "Accessing Narrative: The Gaucho and Europe in Argentina." *Cultural Critique* 37 (Fall 1997): 215-245.

812.   GURFEINDE ROTZAIT, EUGENIA. *Duerme, no sabe que ha muerto.* (Diario íntimo de un ama de casa). Buenos Aires: Ocruxaves, 1991.

"La defensa de un sentido eminentemente ético de la existencia, junto con los valores de espontaneidad, ternura y, en algunos pasajes, de trascendencia filosófica, justifican la distinción municipal otorgada a la autora por este volumen, cuyo subtítulo resume acabadamente la intención confidencial que lo inspiró." [M.A.N., *La Nación* (19 enero 1992): VII/4].

813.   GUSBERTI, MARTINA (n. Italia). *El laúd y la guerra*. Buenos Aires: Vinciguerra, 1995. 245pp.

"Los hechos reales que se cuentan en *El laúd y la guerra* pueden desafiar y rivalizar con las historias que se inventan. Que la apuesta ha sido victoriosa se comprueba en estas páginas en las que un entrañable Luigi, un Luigi imborrable (es el padre de la autora) es evocado con tal acierto que la evocación es a un tiempo una invocación." [Bernardo Ezequiel Koremblit, Pról. p. 10].

814.   GUSMAN, LUIS (1944-). *Brillos*. Buenos Aires: Sudamericana, 1975. 94pp.

815.   ——. *El frasquito*. 1973. Buenos Aires: Legasa, 1984. 108pp.

816.   ——. *El frasquito*. Buenos Aires: Aguilar Argentina, 1996. 132pp.

817.   ——. *Hotel Edén*. Buenos Aires: Norma, 1999. 246pp.

"Un turbulento romance de los setenta entronca con la investigación acerca de un hotel cordobés que fue nido de nazis. *Hotel Edén* es un libro complejo, evasivo en una primera lectura. Una promesa de silencio pesa sobre la relación con Mónica y el pasado del Hotel Edén. La linealidad se escurre y se parcializa en la visión de Ochoa y del narrador y una versión diferente se rescata en la actitud final de Mónica." [Jorgelina Núñez, *Clarín* (15 ag. 1999): Secc. Cult.].

818.   ——. *Lo más oscuro del río*. Buenos Aires: Sudamericana, 1990. 168pp.

"El texto nos introduce en un tiempo narrativo que induce a reconocer cierta lentitud rioplatense. El libro se surte de historias que brotan, que se oyen como un murmullo valioso. Esta interesante novela presenta relatos fragmentados que se cifran en una economía de pérdidas impensadas y beneficios indiferentes. Al ritmo del agua brota la mano de madera de un legionario, en un arrabal de Buenos Aires; y cierta iconografía abatida del peronismo, con rostros que buscan esa imagen, que se encuentra diluida por el tiempo." [M.G., *La Voz del Interior* (27 dic. 1990): 20].

819.   ——. *La música de Frankie*. Buenos Aires: Sudamericana, 1993. 139pp.

"Esta novela es como un río de corta extensión, pero muy meandroso. Por su cauce, a través de los relatos de Garzón y de Frankie, corren diversas historias, que tanto pueden ser dilictivas como policíacas. Con el trasfondo de la música, transcurren anécdotas más o menos sórdidas que van configurando un argumento, débil pero cargado de la poética ternura marginal desprendida de los personajes, carcelarios en Batán y en Alcatraz, o en el Borda." [E. Gudiño Kieffer, *La Nación* (26 sept. 1993): 7/5].

Vázquez, María E. "Entrevista con Luis Gusmán sobre *La música de Frankie*." *La Nación* (1 ag. 1993): VII/3.

820.   ——. *La rueda de Virgilio*. Autobiografía novelada. Buenos Aires: Conjetural, 1988. 72pp.

821.   ——. *Tennessee*. Buenos Aires: Aguilar Argentina, 1998. 196pp.

"Esta bellísima historia, contada sobria y acertadamente, reinstala en la literatura argentina el tema de la amistad viril, aquélla que hizo sentenciar a Borges que 'los argentinos están mejor dotados para la amistad que para el amor o el parentesco.' Es notable de qué modo Gusmán, con sobrias pinceladas, levísimas acotaciones, poético laconismo, va perfilando dos caracteres, distintos y sin embargo semejantes, devastados por reveses, invalidados por derrotas." [María E. de Miguel, *La Nación* (11 enero 1998): 6/5].

822.   ——. *Villa*. Buenos Aires: Aguilar Argentina, 1995. 228pp.

"En torno a Isabel Perón, presidenta, y José López Rega, líder de la Triple A, se narra las peripecias de un médico, funcionario en el Ministerio de Bienestar Social. 'Una novela que se adentra en el Proceso sin ínfulas de denuncia ni estética panfletaria,' comenta Silvia Hopenhayn." [*La Nación*, 9 ag. 1999].

Hopenhayn, Silvia. "Luis Gusmán y el triunfo de la historia." *La Nación* (12 oct. 1997): 6/5.

Zubieta, Ana M. *Letras iletradas.* Buenos Aires: EUDEBA, 1999. Sobre Gusmán, Walsh, Cortázar y otros.

823. GUTIERREZ, EDUARDO (1851-1889). *Dominga Rivadavia: Entre la pasión y el escándalo.* 1883. Buenos Aires: Sudamericana, 1999. 365pp.

824. ———. *Hormiga Negra.* 1881. Ed. de Alejandro Laera. Prol. de Jorge Luis Borges. Buenos Aires: Perfil, 1999. 362pp.

825. ———. *Juan Moreira.* 1880. Buenos Aires: Nova, 1944.

826. ———. *Juan Moreira.* Pról. de Jorge Rivera. Buenos Aires: CEAL, 1993. 252pp.

827. ———. *Juan Moreira.* Buenos Aires: Nuevo Siglo, 1997. 128pp.

Ludmer, Josefina, ed. "Los escándalos de Juan Moreira." En *Las culturas de fin de siglo en América Latina.* Buenos Aires: Beatriz Viterbo, 1994.

Venturini, Aurora. "Eduardo Gutiérrez, el olvidado autor de *Juan Moreira.*" *La Prensa* (12 nov. 1995): Secc. Cult. 12.

828. ———. *Juan Moreira.* Ed. de Alejandra Laera. Buenos Aires: Perfil, 1999. 331pp.

829. ———. *Un viaje infernal.* 1888. Buenos Aires: Fund. Univ. de Estudios Avanzados, 1994. 168pp.

"Martínez Cuitiño, Luis, y Norma Carricaburo. "Un encierro a tres voces: Gutiérrez, Borges, Rivera." *II Coloquio Internacional de Literatura Comparada: El cuento.* Ed. M. Vanbiesem de Burbridge. Buenos Aires: Fund. M. T. Maiorana, 1995. II: 78-83.

830. GUTIÉRREZ ZALDIVAR, ALVARO (1941-). *Alguna gente, alguna vez.* Buenos Aires: GEL, 1996. 253pp.

"Las vidas de los protagonistas transcurren en Cuba, Dominicana, Perú, Ecuador y Argentina, trazando un mapa crítico de la historia política latinoamericana de las últimas décadas." [F.G.C., 1996].

831. ———. *Ratagán: La cuenta final.* Buenos Aires: GEL, 1994. 260pp.

"Gutiérrez Zaldivar conoce las múltiples estrategias, los cambios de modulación de la narrativa. En *Ratagán: La cuenta final,* arranca del diálogo—inferible por el lector debido a la buscada escasez de parlamentos de una de las partes—con una periodista destinada a darle forma a un libro testimonial. A partir de la centralización en el yo del narrador a través del cual desfilan personajes y acontecimientos, se va pautando el progreso de las acciones con ideas torrenciales de gran fuerza comunicativa." [Irene Vilas, *La Prensa* (15 enero 1995): Secc. Cult. 12].

832. GUTMAN, DANIEL (1954-). *Control remoto.* Buenos Aires: Planeta, 1993. 334pp.

"Novela de aventuras que se proyecta en el futuro sin ser de ciencia ficción." [F.G.C. (1993-95): 12].

833.   GUTMAN, GOLDE (1906-). *Besarabia in 1918 (Basarabia en 1918).*
       Buenos Aires: Ed. del autor, 1940. Escritora argentina que escribe en
       Idish.

834.   ———. *Di muter Rochel (La madre Rajel).* Buenos Aires: Ed. del autor, 1948.
       377pp.

835.   ———. *Mayn shtetl Yedinets (Mi aldea Yedinets).* Buenos Aires: Ed. del autor,
       1943.

836.   ———. *Malchoma yahren: 1914-1918 (Años de guerra).* Buenos Aires: Ed. del
       autor, 1945.

837.   GUZZANTE, MIGUEL ANGEL. *El jubilado.* Mendoza, c.1991.

838.   ———. *La única posibilidad.* Mendoza, c. 1987.

839.   ———. *Vendimia roja.* Buenos Aires: Mendoza, Ediciones Culturales. 1994.
       98pp.

H

840.   HEER, LILIANA (1944-). *Angeles de vidrio.* Barcelona/Buenos Aires:
       Norma, 1998. 131pp.
       "La vida cotidiana en *Angeles de vidrio* no coincide con el paso rutinario de los días. El modelo
       familiar tampoco responde a los códigos agotados de convivencia. El amor es un vago
       sentimiento de amor y la amistad el ejercicio práctico de la soledad." [Contratapa].

841.   ———. *Bloyd.* Madrid/Buenos Aires: Legasa, 1984. 136pp.
       "*Bloyd* podría ser una novela de confesiones. Las 'voces cantantes' son masculinas: Bloyd, el
       holandés y el viudo se apoderan sospechosamente de la enunciación. Las prostitutas son las
       escuchas pasivas, testigos del texto que les van trazando, personajes/actrices de una escena
       que se les impone." [Ester Gimbernat González, *Aventuras del desacuerdo*, 270-277].

842.   ———. *Frescos de amor.* Buenos Aires: Seix Barral, 1995. 182pp.
       "Estampas anudadas por las reflexiones-soliloquios-diálogos de la protagonista, Federica, y
       sus eventuales 'partenaires.' La imagen omnipresente del hermano Javier, ausente, tal vez
       muerto, y evocado a partir de una fijación con perfiles incestuosos; el padre, ese general
       Orlac autoritario y atormentado por la locura que lo empuja a negar la muerte de su esposa y
       a su propio hijo; las escaramuzas de una guerra poco clara que influye como invisible telón
       de fondo." [Jorge Ariel Madrazo, *La Prensa* (12 nov. 1995): Secc. Cult., 8].

       Celis, Daniel. "*Frescos de amor.*" *La Nación* (29 oct. 1995): 6/5.

       Cordones Cook, Juanamaría. "Entrevista con Liliana Heer." *Alba de América* 13/24 (Jul.
       1995): 505-517.

       Gimbernat González, Ester. "La fisión de los códigos: *La tercera mitad.*" *Aventuras del desacuerdo:
       Novelistas argentinas de los '80.* Buenos Aires: D. Albero Vergara, 1992. 313-323.

843.   ———. *Lengua de hermanos.* Buenos Aires: 1999.

844.   ———. *Verano rojo.* (Nouvelle). Buenos Aires: 1997.

845.   HEKER, LILIANA (1943-). *El fin de la historia.* Buenos Aires: Aguilar
       Argentina, 1996. 237pp.

"La novela relata los intentos de una escritora, Diana Glass, por encontrarse con las verdades de su amiga de infancia, Leonora Ordaz, guerrillera atrapada en las mazmorras de la dictadura militar del '76, que se enamora de su torturador y colabora con la causa del otrora enemigo. Saturada por su propia biografía, Heker hace de *El fin de la historia* un espejo multiplicado en el que la novelista de la ficción, Diana Glass, busca descubrir su íntimo rostro en la imagen de su amiga montonera, pero sólo encuentra ecos de sucesivas traiciones." [Héctor Schmucler, *La Voz del Interior* (24 oct. 1996): C/11].

Gazzera, Carlos. "De eso no se habla: *El fin de la historia.*" *La Voz del Interior* (14 nov. 1996): C/9.

Heker, Liliana. "A propósito de un texto de Héctor Schmucler." *La Voz del Interior* (14 nov. 1996): C/9. El texto es la reseña de *El fin de la historia*, a la que responde Heker.

846. ——. *Zona de clivaje.* Buenos Aires: Aguilar Argentina, 1997. 284pp.

"Entre Eco y Narciso: *Zona de clivaje* es un texto narcisista que se enuncia en la palabra de Eco, repetición escrita de un recuerdo del futuro, en un presentimiento del porvenir ya pasado. La voz de la narración se ha prendado de su protagonista hasta dejarla exhausta de sí, en un intríngulis de espejos que la reflejan sin tregua." [Ester Gimbernat González, *Aventuras del desacuerdo*, 294-299].

____. "*Zona de clivaje.*" *La Nación* (28 dic. 1997): 6/3.

Apter-Cragnolino, Aida. "*Zona de clivaje* de Liliana Heker: discurso explícito y texto inconsciente." *Texto Crítico* 3/4 (Enero 1997): 145-157.

Corpa-Vargas, Mirta. "Los cuentos de Liliana Heker: Testimonios de vida." Tesis de doctorado, Univ. of California, Riverside, 1993.

Frouman-Smith, Erica. "Gender Conflicts in the Fiction of Liliana Heker." *Revista de Estudios Hispánicos* (Río Piedras) 22 (1995): 121-133.

Marchetti, Pablo. "Liliana Heker escribe su segunda novela." *La Maga* (22 jul. 1992): 6.

847. HERRERO, MARIO (1954-). *El encuentro.* Rosario: Beatriz Viterbo, 1996. 121pp.

"Diversas voces (o diversas entonaciones de una misma voz) convergen en el relato de un hecho único: Un encuentro de despedida, al término de una historia de amor apenas adivinada. El relato nos extravía. Pero esa perplejidad (que encarama y confunde lo real y lo imaginado, los lugares y los tiempos) duplica la quieta perplejidad de los protagonistas frente a su destino." [Contratapa].

848. HOLMBERG, EDUARDO LADISLAO (1852-1937). *Olimpio Pitango de Monalia.* Edición príncipe. Buenos Aires: Solar, 1994. 238pp.

"Esta obra de Holmberg es un compendio de la pluralidad de sus intereses intelectuales tanto como de su variedad expresiva y, sobre todo, de su honda captación del panorama social y político de su tiempo. Además, es de todo lo que había escrito lo que más quería. El conjunto de todas estas condiciones y circunstancias conduce a la lectura atenta de esta novela, que, de algún modo, es heredera de la novela simbólica de Alberdi, pero que entra en el terreno de las utopías de América. La vida carnavalesca de un mundo al revés le permite al talento de Holmberg un despliegue de géneros: Retórico, literario y lírico." [Angel Mazzei, *La Nación* (2 abr. 1995): 7/7].

Marún, Giconda. "Edición príncipe de la novela *Olimpo Pitango de Monalía* de Eduardo L. Holmberg: Textualización de la modernidad argentina." *Revista Iberoamericana* 62/174 (Enero 1996): 85-102.

"España en la novela inédita de E.L. Holmberg: *Olimpio Pitango de Monalía.*" *Actas de III Congreso Argentino de Hispanistas.* Ed. L. Martínez Cuitiño. Buenos Aires: EUDEBA, 1993. 673-679.

Ferrari, Irene. "El sabio más popular de Buenos Aires: E. L. Holmberg." *La Prensa* (2 jul. 1995), Secc. Cult., 12.

Vázquez, María E. "Libros para recordar: *Olimpo Pitango de Monalía.*" *La Nación* (14 ag. 1994): 7/4.

849. ———. *El paraguas misterioso.* Rosario: Ameghino, 1998. 125pp.
"Esta novela fue publicada por entregas en *Caras y Caretas* (24 sept.-24 dic. 1904). Su deliciosa y paródica trama es a la vez un alegato en contra de la corrupción política." [Aviso, *La Nación* (5 abr. 1998): 6/5]. Cada capítulo llevó la firma de célebres escritores argentinos, entre ellos Eduardo L. Holmberg, Gregorio de Laferrére, Roberto Payró, Carlos Octavio Bunge, y José Ingenieros.

Salto, Graciela N. "La sugestión de las multitudes en *La casa endiablada*" de Eduardo L. Holmberg." *Segundas Jornadas Internacionales de Literatura Argentina/ Comparística. Actas.* Ed. D. Altamiranda. Buenos Aires: UDEBA, 1997. 208-222.

850. HUDSON, GUILLERMO ENRIQUE (1841-1922). *Mansiones verdes.* 1904. Trad. del inglés original por Ernesto Montenegro. Buenos Aires: Leviatán, 1995. 224pp.

851. ———. *La tierra purpúrea.* 1885. Trad. al español por Eduardo Hillman. Pról. de Ignacio Gutiérrez Zaldívar. Buenos Aires: Zurbarán, 1996. 234pp.

852. ———. *Terre pourpre.* Trad. al francés por Víctor Llona. Paris: Table Ronde, 1990.

853. ———. *El ombú y otros cuentos.* London: J. M. Dent, 1923. 310pp.

854. ———. *El ombú y otros cuentos.* Trad. de A. M. Santillán. Buenos Aires: Kraft, 1953. 231pp.

855. ———. *El ombú y otros cuentos.* Madrid: Ediciones Internacionales Universitarias, 1999. 219pp.

856. ———. *Ombú.* Trad. al francés por A. Orzabal Quintana. Paris: Ombres, 1997.

CRITICAL STUDIES ON GUILLERMO ENRIQUE HUDSON

"Virtud moral y estética en Hudson." *La Prensa* (4 ag. 1991): Secc. Cult., 3.

Belliard, Annick. "William Henry Hudson: Auteur anglo-argentin." *Impacts* 2 (15 June 1985): 35-42.

Earle, Peter G. "William Henry Hudson." *Razón y Fábula* 12 (1969): 63-67.

Flawiá de Fernández, Nilda. "La edad de cristal de G. E. Hudson, o el espejo de la utopía." En *Literatura, historia, sociedad.* San Miguel: Univ. Nac. de Tucumán, 1993.

Lozzia, Luis Mario. *Los escondrijos del águila: Tres preguntas a W. H. Hudson.* Buenos Aires: Francotirador, 1998.

Moncaut, Carlos Antonio. *Andanzas y aventuras entre gauchos de W. H. Hudson.* Buenos Aires: El Aljibe, 1991.

Muñiz, Enriqueta. "El doble destino de G. E. Hudson." *La Prensa* (6 ag. 1995): Secc. Cult., 12.

Pedrotti, Enrique. "Hudson y la creación literaria argentina." *Conceptos* 2 (Mar. 1995).

Pickenhayn, Jorge Oscar. *El sino paradójico de Guillermo Enrique Hudson.* Buenos Aires: Corregidor, 1994.

Ross, Waldo, et al. "Dos momentos de la libertad de la pampa: W. H. Hudson y R. Güiraldes." Actas del Primer Congreso de la AIH. Ed. F. Pierce. Oxford: Dolphin, 1964. 148-175.

Shrubsall, Dennis. "William Henry Hudson: Man of Two Cultures." *Hatcher Review* 3/25 (Spring 1998): 238-245.

857. HUME, ROLANDO CUNNINGHAM (1898-). *El legado del montonero escocés.* Buenos Aires: Claridad, 1948. 228pp.

I

858. IBARRA, RODOLFO J. *Déresis.* Buenos Aires: Tu Llave, 1991. 273pp.
859. IGLESIAS BARGA, ROBERTO. *Un amor en tiempos violentos.* Buenos Aires: Dunken, 1998. 143pp.
   "Esta narración tiene como escenario la Argentina violenta de los años '70. Sus personajes: Un místico frustrado, políticamente de derecha; una mujer frívola; y un peronista empedernido." [F.G.C. (Mar. 1999): 30].

860. INDA, ENRIQUE SALVADOR. *Los sobrevivientes del Estrecho.* Buenos Aires: Marymar, 1992. 110pp.
   "Encuadrada dentro de los cánones de la 'novela histórica,' esta obra centra su desarrollo en el posible destino de parte del grupo compuesto inicialmente por 338 integrantes, entre colonos y soldados españoles, que acompañaron la expedición dirigida hacia los mares más australes de la América del Sur, bajo el mando de Pedro Sarmiento de Gamboa, que en 1584 naufragara en aguas del Estrecho de Magallanes." [Roberto Santana, *Literatura fueguina, 1975-1995.* 120].

861. INGBERG, PABLO (1960-). *Diario de un misógino.* Buenos Aires: Sudamericana, 1999. 196pp.
   "Una novela en la que cuestiona y celebra el sexo femenino, del que reconoce estar profundamente enamorado. El novelista enfoca a la mujer con una mirada teñida de humor y políticamente incorrecta. A la pregunta ¿Cómo se explica la misoginia de este personaje completamente enamorado de las mujeres? comenta Ingberg: 'Postular la misoginia hoy es una forma de provocación.'" [María Cristoff, entrevista con el autor, *La Nación* (28 abr. 1999): Secc. Cult.].

   Gudiño Kieffer, Eduardo. "*Diario de un misógino.*" *La Nación* (Abr. 1999).

862. INTILI, MARCELO. *Pasión de hombres.* Buenos Aires: Vinciguerra, 1999. 221pp.
   "El tema central es la amistad viril en una época clave de la historia argentina, en que tiene lugar la caída de Perón, la presidencia de Frondizi y el comienzo de las intervenciones militares. Se organizan los grupos de la juventud peronista. Los protagonistas son una pareja de militantes." [F.G.C. (Dic. 1999): 36].

863.   IPARRAGUIRRE, SYLVIA (1947-). *El parque*. Buenos Aires: Emecé, 1996. 225pp.

"Resulta extraño que en estos años '90 en que predomina una patética parodia del realismo regional porteño, se ha escrito una novela marechaliana con algunos registros de las búsquedas astrológicas de Arlt y del humor sentimentalmente absurdo de Macedonio. El resultado, la novela *El parque*, es promisorio en su hermética belleza estilística. Los personajes están delineados como 'clowns' caricaturescos, no payasescos, que actúan intelectualmente sobre un escenario psicológico muy cercano al naturalismo de las conductas marginales del submundo artístico." [P.H., *La Voz del Interior* (5 sept. 1996): C/10].

864.   ———. *La tierra del fuego*. Buenos Aires: Aguilar Argentina, 1998. 285pp.

"En el Museo Antropológico de Punta Arenas puede verse la foto de una familia de indios yámanas tras los barrotes de una jaula. Se trata de un grupo de aborígenes llevados a Europa a fines del siglo XIX para ser exhibidos en un circo. El protagonista de esta excelente novela tuvo, en apariencia, mejor suerte. El capitán Robert Fitz Roy lo compró por unos botones de nácar, y junto con otros nativos, lo llevó a Londres, hacia 1830, con el propósito de civilizarlo, es decir, transformarlo en un inglés educado y de buenos modales, para que a su regreso al Cabo de Hornos tratara de convertir a sus 'bárbaros' hermanos de tribu." [Antonio Requeni, *La Nación* (27 sept. 1998): 6/6].

Molinari, Beatriz. "Entrevista con Sylvia Iparraguirre." *La Voz del Interior* (26 sept. 1991): D/1.

Vázquez, María Esther. "La tierra del fuego." *La Nación* (13 sept. 1998): 6/3.

865.   IRIGOYEN, CHICHITA. *Desprendimientos*. Buenos Aires: Faro, 1995. 91pp.

"Ahondando en los propios vericuetos de su conciencia, la mirada clara de la autora permite advertir todos los ámbitos que han cambiado a lo largo de unos pocos años." [Alicia Régoli de Mullen, contratapa].

866.   ISAAC, JORGE A. *Lo que borra el tiempo*. Buenos Aires: Corregidor, 1995. 255pp. Faja de Honor de la SADE.

867.   ———. *El portentoso sueño de Cesáreo Bernaldo de Quirós*. Novela biográfica. Buenos Aires: Lumen, 1993. 271pp.

"La obra narra la vida del famoso pintor argentino Quirós (1881-1937)." [M.I.L.].

868.   ISCLA, ANTONIO FRANCISCO JOSE. *Los piratas*. Buenos Aires: Agón, 1992. 276pp.

869.   ———. *Señora de 9 a 12 P.M. se necesita*. Buenos Aires: Agón, 1991. 230pp.

870.   ISLA, ELPIDIO (1948-). *La ciudad de los sueños tristes*. Buenos Aires: Florida Blanca, 1995. 109pp.

871.   ISOLDI, BEATRIZ. *Los amores imposibles*. Buenos Aires: Torres Agüero, 1993. 259pp.

"Esta novela es una intricada trama de amores y rechazos ambientada en Buenos Aires de 1984 a 1987." [F.G.C., 1993].

872.   IZBAN, SHMUEL. *Familye Karp (La familia Karp)*. Buenos Aires: Tsentral-Farband fun Poylishe Yidn in Argentine, 1949.

Autor argentino que escribe en ídish.

J

873. JAIME, MARIA FELICITAS. *Pasiones*. Madrid: Horas y Horas, 1994. 155pp.

"La novela que recupera el humor de Cris y Cris, pero que opta por la acción más que por la reflexión. Nuevamente, Jaime escribe para el mundo de las mujeres lesbianas." [Contratapa].

874. JARKOWSKI, ANIBAL (1960-). *Rojo amor*. Buenos Aires: Tantalia, 1993. 223pp.

875. ———. *Tres*. Buenos Aires: Tusquets, 1998. 145pp.

"Inquietante historia de un triángulo amoroso, atravesada por el erotismo, el poder, la traición, la fe religiosa y la ambición artística." [*La Nación*: A. (Dic. 1998): 29].

876. JEANMAIRE, FEDERICO (1957-). *Miguel*. Phantasmata Speculari. Barcelona: Anagrama, 1990. 200pp.

"La obra más lograda de Jeanmaire, *Miguel* se presenta como la autobiografía del máximo clásico castellano. Prodigio lingüístico y triunfo de la insensatez, la novela exigió cuatro años de escritura y osadía. La reconstrucción del español cervantino, el rumbo de la anécdota y la puesta en escena de las relaciones entre mentira y ficción eran algunos de los desafíos que revelaban a un escritor ingenioso y habilísimo." [Leonardo Tarifeño, "De Cervantes a Sarmiento." *La Nación* (10 ag. 1997): 6/4].

877. ———. *Mitre*. Bogotá: Norma, 1998. 211pp.

"Jeanmaire escribe una historia que juega con el nombre del prócer Mitre, pero que en verdad alude a un encuentro erótico sentimental acaecido en un vagón de ferrocarril de esa línea. El autor miniaturiza la épica amorosa hasta hacerla caber en la breve duración de un viaje en tren, pero amplifica, en cambio, las palabras y los gestos de un hombre y una mujer ignotos a la categoría de experimento humano que condensa las preguntas más ancestrales a partir de su encuentro." [Mónica Sifrim, *Clarín* (24 enero 1999): Supl. Cult., 13].

878. ———. *Montevideo*. Bogotá: Norma, 1997. 198pp.

"La escritura de Jeanmaire hace que la historia y el personaje (tanto el mítico como el histórico) se vuelvan absolutamente verosímiles en el régimen de la novela, con lo cual nos entrega una versión inédita de Sarmiento." [Luis Gusmán, Contratapa].

879. ———. *Prólogo anotado*. Buenos Aires: Sudamericana, 1993. 199pp.

"En esta novela, Jeanmaire construye un inconcluso manual de literatura cuyo peso dramático es la impotencia contemporánea del saber estético." [Leonardo Tarifeño, Contratapa].

880. ———. *Los zumitas*. Barcelona/Buenos Aires: Norma, 1999. 110pp.

"Este libro es el relato ingenioso de esta asombrosa civilización (de los zumitas), a partir de sus leyendas y misterios. Jeanmaire recrea una civilización tan mágica como real, y crea en el inesperado cruce entre la mitología y la ficción una novela inolvidable." [Contratapa].

881. JITRIK, NOE (1928-). *Citas de un día*. Buenos Aires: Aguilar Argentina, 1992. 175pp.

"El protagonista, Zenón Váldes, cumple 83 años. Se trata de un profesor latinoamericano que ha vivido temporadas en el extranjero, se ha vinculado con el movimiento surrealista. Zenón vive solo, con su ama de llaves. Viudo desde hace poco, el fantasma de su mujer acude veladamente para confortamiento o para el simple diálogo no explícito en visiones ni palabras. Su otra compañía es una planta de café, que, de algún modo, lo simboliza y cuyo crecimiento es pretexto para hondos pensamientos sobre toda cuestión existencial." [Elizabeth Azcona Cranwell, *La Nación* (1 nov. 1992): 7/4].

882. ———. *Los lentos tranvías.* México: Joaquín Mortiz, 1988. 120pp.
"La nostalgia y la recordación hacen de estas memorias noveladas un viaje emocional e íntimo por la infancia y la juventud pasadas en un Buenos Aires de enigmáticos contornos." [M.I.L.].

883. ———. *Limbo.* Buenos Aires: Era, 1989. 125pp.

884. ———. *Mares del sur.* Buenos Aires: Tusquets, 1997. 267pp.
"El ámbito donde se desarrolla la acción de esta novela policial es Mar del Plata en un fin de año. La luz, protagónica, parece envolver al inspector Malerba en su propia visión de las cosas. Los perfiles, las líneas, las alusiones, las digresiones, van mezclando la interioridad del héroe con un 'afuera' que lo condiciona inexorablemente." [E. Gudiño Kieffer, *La Nación* (22 feb. 1998): 6/5].

Berti, Eduardo. "*Mares del sur.*" *La Nación* (28 sept. 1997): 6/2.

Bracamonte, Jorge. "Entrevista con Noé Jitrik." *La Voz del Interior* (27 jun. 1991): D/4.

Gazzera, Carlos. "Entrevista con Noé Jitrik." *La Voz del Interior* (4 jul. 1996): C/11.

885. ———. *El ojo de jade.* México: Premia, 1980. 86pp.
"Este libro es de una gran violencia, en cuanto 'contiene' lo que en sí es desbordado pero, también, en cuanto establece un nexo entre erótica y política a través de una imagen de la represión que ligaría todos los niveles." [Contratapa].

Foster, David W. "Noé Jitrik, Facundo, and the Uses of Literary Stylistics." *Chasqui* 5/1 (1975): 15-27.

———. "Noé Jitrik: Literary Criticism vs. 'Trabajo crítico.'" *Revista Interamericana* 8 (1978): 148-175.

886. JORGI, SEBASTIAN ANTONIO (1942-). *El recurso contra el supremo patriarca.* Buenos Aires: Braga, 1994. 203pp.
"Un profundo sentir latinoamericano se respira en este libro, sembrado de localismos, de paisajes reconocibles y de situaciones tristemente conocidas. Políticas corruptas, injusticias cotidianas y pueblos extraviados por la demagogia y los excesos señalan la acción en un pequeño pueblo de provincia. El supremo patriarca es menos un personaje individual que una categoría política, donde conviven personajes públicos, funcionarios y poderosos hacendados hermanados en la administración despótica del poder." [Daniel Celis, *La Nación* (9 mayo 1993): 7/8].

887. JOSELOVSKY, SERGIO, Y DALMIRO SAENZ. *San la muerte.* (Véase bajo Dalmiro Sáenz).

888. JURADO, ALICIA (1922-). *Los hechiceros de la tribu.* 1981. Cap. VI apareció en Gustavo Fares, *Escritores argentinas contemporáneas*, 1993. 99-112.

Borges, Jorge Luis. "Alicia Jurado." *BAAL* 46/179 (Enero 1981): 75-79.

Jurado, Alicia. *Memorias.* Vol. I, "Descubrimiento del mundo (1922-1952)." Vol. II, "El mundo de la palabra" (1952-1972). Vol. III, "Las despedidas" (1972-1992). Buenos Aires: Emecé, 1989, 1990, 1992.

889. ———. *Trenza de cuatro*. Buenos Aires: El Francotirador, 1999. 125pp.
"Jurado ha entretejido con gran sensibilidad cuatro historias de mujeres que optaron por el aborto." [M.I.L.].

Flori, Mónica. "Alicia Jurado." En su *Streams of Silver: Six Contemporary Women Writers From Argentina*. Lewisburg: Bucknell UP, 1995. 27-57.

890. JUSZKO, PAULINA. *Esplendores y miserias de Villa Teo*. Buenos Aires: Simurg, 1999. 334pp.
"Una visión mordaz de las costumbres y actitudes de los argentinos, en una trama en la que el chisme, las ambiciones personales, la política y la religión movilizan a los protagonistas." [F.G.C., Ag. 1999].

K

891. KITROSER, FELIX. *La diosa de la misericordia*. Córdoba: Marcos Lerner, 1988. 153pp.
"Los personajes son un escritor famoso, Ian Norescu, que busca desembarazarse de un estado anímico depresivo causado por la muerte de su hija; Henry Burnet, amigo de los años jóvenes siempre presente en la vida de Norescu pero operando activamente desde la medialuz de sus silencios y su intuitiva comprensión; y una extraña y bella mujer, Giovanella Contini." [Elsa Mrad, Pról,13-14].

892. ———. *Las raíces de nuestra sangre*. Córdoba: Marcos Lerner, 1990. 326pp.
"La saga de una de las tantas familias que se vieron obligadas a huir de la vieja Europa, acosadas por guerras, persecuciones religiosas y odios ancestrales, abandonando sus tierras y posesiones para buscar en América un lugar dónde vivir en paz y en dignidad." [Aviso, p.331].

893. ———. *El resplandor de la piedra lunar*. Córdoba: Marcos Lerner, 1993. 229pp.
"Una pareja de jóvenes pescadores encuentra el pueblo muerto, una población abandonada con todos sus enseres, sobre una roca de rara constitución, caída o enviada de los espacios siderales, la piedra lunar que emite durante la noche inusitado resplandor." [Contratapa].

894. KOCIANCICH, VLADY (1941-). *Los Bajos del Temor*. Barcelona: Tusquets, 1992. 304pp. Premio Sigfrido Radaelli.

895. ———. *La octava maravilla*. 1982. Buenos Aires: Seix Barral, 1999. 287pp.
Gimbernat González, Ester. "In the Wild Zone: *La octava maravilla*." *Aventuras del desacuerdo: Novelistas argentinas de los '80*. Buenos Aires: D. Albero Vergara, 1992. 158-163.

896. ———. *El templo de las mujeres*. Barcelona: Tusquets, 1996. 224pp. Finalista del Premio Rómulo Gallegos.
———. "The Short Stories and Novels of Vlady Kociancich." *Letras Femeninas* 22/1 (Spring 1996): 77-89.

Dellepiane, Angela B. "Diseño e invención en la novela: En torno a la narrativa de Vlady Kociancich." *La Torre* 7/27 (Jul. 1993): 379-393.

Gargatagli, Ana. "Vlady Kociancich: El amistoso rostro de las viejas fábulas." *Quimera* 123 (1994): 28-29.

Gimbernat González, Ester. "*Abisinia:* Las versiones enemigas." *Aventuras del desacuerdo: Novelistas argentinas de los '80.* Buenos Aires: D. Albero Vergara, 1992. 200-209.

Moreno de Musso, María. "Vlady Kociancich: Una mágica relación con la literatura." *La Voz del Interior* (16 mayo 1991): D/2.

Sifrim, Mónica. "Escribir, esa aventura maravillosa: Entrevista con Vlady Kociancich." *Clarín* (2 mayo 1999): Secc. Cult.

Vázquez, María E. "Las decisiones del azar: Vlady Kociancich." *La Nación* (12 abr. 1998): Supl. Cult., 3.

897.   KOHAN, MARTIN (1967-). *El informe: San Martín y el otro cruce de los Andes.* Buenos Aires: Sudamericana, 1997. 249pp.

"El real protagonista no es San Martín que aparece nombrado muy a menudo desde el subtítulo y es exaltado hasta el cansancio; el personaje central es Alfano, un aprendiz de historiador que confecciona fichas sobre los hechos ocurridos en Mendoza en la época que siguió a la batalla de Maipú. Estas fichas, el informe, las redacta por encargo para el que, en definitiva, escribirá el libro, el doctor Vicenzi." [María E. Vázquez, "*El informe.*" *La Nación* (9 nov. 1997): 6/5].

898.   ——. *La pérdida de Laura.* Buenos Aires: Tantalia, 1993. 127pp.

899.   KOZAMEH, ALICIA (1953-). *Pasos bajo el agua.* Buenos Aires: Contrapunto, 1987. 106pp.

900.   ——. *Steps Under Water.* Trad. al inglés de *Pasos bajo el agua.* Berkeley: Univ. of California Press, 1996. 149pp.

"This slim personal novel by the emigré Argentine writer Alicia Kozameh, made up of letters, fractured narratives and dreamlike recollections, is deeply moving. It is based on Kozameh's own terrifying experience as a political prisoner during the 'Dirty War' of the 70s, when on Sept. 24, 1975, hours after her companion (fictionalized under the name of Hugo) was kidnapped, she was imprisoned at the Rosario Police Station and then moved to Buenos Aires. Many, to be sure, have written about the 'Dirty War' before, but very few have done so with Kozameh's pathos and gravity." [Ilán Stavans, *World Literature Today* 71/2 (Spring 1997): 361].

901.   ——. *Patas de avestruz.* Buenos Aires, c.1990.

902.   KULINO, EDMUNDO. *Bancos de neblina.* Buenos Aires: Corregidor, 1988. 207pp.

"Novela policial que integra elementos fantásticos." [María C. Guiñazú, *HLAS* 54 (1995): 564].

L

903.   LADDAGA, REINALDO (1963-). *La euforia de Baltasar Brum.* Buenos Aires: Tusquets, 1999. 236pp.

"La novela es una indagación sobre las formas de la violencia, a través de la historia de un adolescente huérfano y de origen desconocido, que, luego de asesinar a sus padres adoptivos, entra con un rifle a la cafetería del colegio y mata a doce jóvenes." [F.G.C., Sept. 1999].

904. LAFONTAINE, ELENA ANTONIETA. *Mientras tengamos el sol.* Buenos Aires, c. 1988.

"Se plantea la problemática de la nacionalidad desde historias del 'interior.' La novela se desarrolla en un 'pueblecito del interior' en la búsqueda de 'una Argentina que aún añoramos.' [Ester Gimbernat González, *Aventuras del desacuerdo"* 214].

905. ———. *El último fortín.* En el mismo vol. con *La risa del diablo.* Buenos Aires: Tres Tiempos, 1985. 19-57.

906. ———. *El último fortín.* Buenos Aires: Marymar, 1998.

"*El último fortín y La risa del diablo* forman un gran fresco de dos épocas de nuestra historia: El fin de la conquista del desierto y el afincamiento de los primeros pobladores en zonas olvidadas de la patria. En *El último fortín,* la realidad histórica asoma detrás de cada anécdota. Esos militares, esos indios o los desdichados gauchos que hacen su parte de soldados, están en la historia de la provincia, con otros nombres o sin ellos, olvidados por el paso del tiempo." [Gregorio Alvarez, Pról., 14-15].

907. ———. *La risa del diablo.* En el mismo vol. con *El último fortín.* Buenos Aires: Tres Tiempos, 1985. 63-151.

908. ———. *La risa del diablo.* Buenos Aires: Marymar, 1998. 95pp.

"En *La risa del diablo,* lo telúrico juega un papel tan importante como los propios personajes. Es que la 'Ñuque Mapu,' la Madre Tierra, es allí la diestra alfarera que gira el torno de la suerte para modelar la arcilla humana de los buenos y los malos de la historia. [. . . .] Así resucitan en carne y hueso aquellos primeros pobladores que debieron afincarse en ese arisco rincón llamado 'Los Notros.'" [Gregorio Alvarez, Pról., 14].

909. LAGGER, ISABEL. *La fuente de los sapos.* Córdoba: Ed. del autor, 1998. 191pp.

"Historia novelada de la vida y la obra del Dr. Juan Bialet Massé, abogado e ingeniero agrónomo, cuyo informe (1904) sobre las condiciones de vida de la clase obrera fue el antecedente del proyecto de Ley Nacional del Trabajo de Joaquín B. González." [F.G.C. (Jun. 1999): 29].

910. LAISECA, ALBERTO (1941-). *El gusano máximo de la vida misma.* Buenos Aires: Tusquets, 1999. 184pp.

"Esta novela está fuera de los parámetros de mi comprensión, de mis gustos y de mi valoración del tiempo. Toda la historia no es más (ni menos) que ciertas experiencias del gusano máximo de la vida misma, atrabiliaria nominación del protagonista. Este inicia un largo peregrinaje por las cloacas de Nueva York, tropieza con un tendal de ratas, deshechos humanos y muchas otras asquerosidades. Imaginación desaforada, apabullante fantasía. Pero al servicio de un 'feísmo' escatológico." [María E. de Miguel, *La Nación* (6 jun. 1999): 6/8].

911. ———. *El jardín de las máquinas parlantes.* Buenos Aires: Planeta, 1993. 697pp.

"Como en su novela anterior, se exploran terrenos oscuros y no del todo comprensibles, habitados por sectas y sociedades secretas en un ambiente de luchas por el poder (político o cósmico), de intrigas y guerras sin cuartel. En *El jardín de las máquinas parlantes,* el mal está encarnado en una serie de sociedades esotéricas que intentan destruir al protagonista, Sotelo, de ezquizofrenia galopante y prototipo del escritor marginado." [Daniel Celis, *La Nación* (19 dic. 1993): 7/4].

912. ———. *Matando enanos a garrotazos.* Buenos Aires: Belgrano, 1982. 136pp.

"En sus obras, la reflexión sobre el poder y la justicia se alterna con la búsqueda del amor y la belleza. Estos valores suelen confluir en un ideal de sabiduría que las ficciones de Laiseca–siempre delirantes pero nunca desligadas del todo del realismo–rastrean en diversas épocas y culturas y en distintas tradiciones filosóficas." [Silvana Castro, *Breve diccionario biográfico*. 130].

913.   ——. *La mujer en la Muralla*. Buenos Aires: Planeta, 1991. 312pp.

"Es una larga saga en la cual se va desarrollando el nacimiento, apogeo, decadencia y caída de un emperador en la China que nace, engendrado de modo apócrifo, como Chong, y concluye como Ch'in Hsih Hwang Ti. La historia de un emperador que hizo tantas cosas, hasta construir la Muralla, es azarosa, enrevesada y excitante, según la apócrifa versión de Laiseca. Pero a esa historia se suman las de muchos, razón por la cual la bifurcación del argumento central es casi infinita." [María E. de Miguel, *La Nación* (17 feb. 1991): 4/4].

Guiñazú, María C. "*La mujer en la Muralla*." *HLAS* 54 (1995): 564.

914.   ——. *Los Soria*. Buenos Aires: Simurg, 1998. 1345pp.

"¿El tema? Mejor sería decir los temas y los sistemas. Sistemas políticos, burocracias de todo signo, dictaduras, sindicalismos, tiempos pretéritos actuales y futuros en una mezcolanza absoluta. Se trata de los avatares del individuo perseguido por la técnica, por las arbitrariedades socio-culturales y por lo demás. Es un rompecabezas sin armar entre cuyas piezas salta un agonista mínimo, que, por eso mismo puede ser máximo: Personaje Iseka." [Eduardo Gudiño Kieffer, *La Nación* (4 oct. 1998): 6/10].

Chacón, Pablo. "Entrevista con Alberto Laiseca." *La Nación* (5 abr. 1998): 6/5.

Delgado, Veronica. "Las poéticas antirrepresentativas en la narrativa argentina de las dos últimas décadas: C. Aira, A. Laiseca, Copi, D. Guebel." *Celehis* 5/6-8 (1996): 255-268.

Montaldo, Graciela. "Un argumento contraborgiano en la literatura argentina de los años 80." *Hispamérica* 19/55 (April 1990): 105-112.

915.   LAMAS, ALBERTO JORGE (1914-). *A sable y lanza*. (Novela histórica). Buenos Aires: Faro, 1997. 195pp.

"La trama se sitúa a principios del siglo XIX y relata las peripecias de pobladores de Buenos Aires que deciden establecerse al sur del río Salado, afrontando la lucha contra el indio." [F.G.C. (Julio 1997): 65].

916.   ——. *Los ojos del tiempo*. Buenos Aires: Faro, 1995. 240pp.

917.   LAMBORGHINI, LEONIDES C. (1927-). *Un amor como pocos*. Buenos Aires: Aguilar Argentina, 1993. 127pp.

"Colección de citas descolocadas, galería de máscaras, caricatura del estereotipo y del tópico, sexomaquía jocosa, *Un amor como pocos*, absurdo romance de una prostituta filosófica y de un pastor onanista, no es ajena, en su ejercicio de rupturas intertextuales, a una preocupación por la 'referencia.' Esto es, la relación de la estética con una sociedad que, también, como la grotesca Patagonia del relato, está minada por la enfermedad de la agonía, convertida en una 'orgía de brutalidad y de avaricia.'" [María R. Lojo, *La Nación* (22 ag. 1993): 7/5].

Porrúa, Ana. "Leonides Lamborghini; la escritura como distorción de la oralidad." *Revista del Centro de Letras Hispánicas* 3/3 (1994).

918.   ——. *La experiencia de la vida*. (Novela en tres relatos). Buenos Aires: Leos, 1996. 166pp. Los tres relatos son: *Jerónimo y Peter*, 9-98; *El sol*, 99-128; y *Desde el estribo*, 129-166.

"*La experiencia de la vida* es una vertiginosa máquina verbal en la que todos los temas se entrecruzan en un punto: El horrorreír o risa en medio del horror que aparece a cada vuelta de página y que, según el autor, es como un signo de la época, como la única catársis que nos estuviera permitida en este fin de siglo, atrapados, brutal y deshonrosamente atrapados." [Contratapa].

_____. "Entrevista con Leónides Lamborghini." *Clarín* (24 enero 1999): Supl. Cult., 11.

919. LANATA, JORGE (1960-). *Historia de Teller.* (Fuga, sexo y rock & roll). Buenos Aires: Planeta, 1992. 190pp.

"La novela gira en torno de un compositor y cantante norteamericano de rock, Kevin Brian. Llegado a los 43 años y hastiado de la fama, el dinero y la forma en que lo consigue, decide declararse muerto y vivir en adelante en el más oscuro anonimato. Para ello, fraguará un accidente de aviación y con el nombre de Teller y el nuevo rostro que le ha dado la cirugía, se refugiará en Venecia con su mujer Hélène, una muchacha argentina que sobrelleva devotamente sus constantes cambios de humor." [Carlos Gómez, *La Nación* (21 feb. 1993): 7/5].

920. LANDECK, EVA. *Lejos de Hollywood.* Buenos Aires: Corregidor, 1995. 190pp.

"Estas son las divertidas aventuras de un director de cine, que anda a salto de mata y lejos de Hollywood. La investigación que lleva a cabo Marta sostiene una intriga sobre el presente de un hombre, Pablo, cuyas circunstancias son un enigma que ella trata de descifrar, primero por encargo, luego porque ese misterio se convierte en una ensoñación obsesiva." [Contratapa].

921. LANGE, NORAH (1906-1972). *Personas en la sala.* 1950. Buenos Aires: CEAL, 1993. 119pp.

Domínguez, Norah. "Literary Constructions and Gender Performance in the Novels of Norah Lange." *Latin American Women's Writing: Feminist Readings in Theory and Crisis.* Ed. A. Brooksbank Jones. New York: Oxford UP, 1996. 30-45.

Hermida, Carola. "*Cuadernos de infancia* de Norah Lange: La propia historia en literatura." En *Celehis* 6/9 (1997), 117-132.

Legaz, María E. *Escritoras en la sala: Norah Lange, imagen y memoria.* Córdoba: Alcion, 1999.

Miguel, María Esther de. *Mujeres argentinas: Norah Lange.* Buenos Aires: Planeta, 1991.

Mizraje, María Gabriela. *Norah Lange; infancia y sueños de 'walkiria.'* Buenos Aires: UDEBA, 1995.

Molloy, Silvia. "A Game of Cutouts: Nora Lange's *Cuadernos de infancia.*" *At Face Value: Autobiographical Writings in Spanish America.* N.Y.: Cambridge Univ. Press, 1991.

_____. "Norah Lange: Presencia desmonumentalizadora y femenina en la vanguardia argentina." *Crítica Hispánica* 5/2 (1983): 131-148.

Unruh, Vicky. "Las ágiles musas de la modernidad: Patricia Galvao y Norah Lange." *Revista Iberoamericana* 64/182 (Enero 1998): 271-286.

922. LAPIDUS, NEJAMA. *Historia de la niña que se convirtió en paloma.* Buenos Aires: Fraterna, 1992. 230pp.

923. LARAGIONE, RAUL (1913-). *Sitiados y sitiadores.* Buenos Aires: Letra Buena, 1991. 197pp.

"La novela alterna de modo efectivo la lectura de un documento sobre el sitio de Buenos Aires de 1852 con la crónica de un testigo de la represión de una manifestación." [María Guiñazú, *"Sitiados y sitiadores." HLAS* 54 (1995): 564].

924. LARDONE, LILIA (1941-). *Puertas adentro.* Buenos Aires: Aguilar Argentina, 1998. 154pp.

"La protagonista es la mayor de cinco hermanos. Es jorobada y vive recluida en su casa, cuidando a su madre. Construida a modo de una saga familiar, la novela indaga la ruptura generacional y la crisis de una moral puritana." [F.G.C. (Mayo 1998): 17].

925. LARRETA, ENRIQUE (1875-1960). *La Gloire de don Ramiro.* 1908. Trad. al francés por R. de Gourmont. Paris: Phébus, 1992. 320pp.

Cardona-Colóm, Sofía. "Ironía y sensibilidad modernista: *La gloria de don Ramiro." Hispania* 73/3 (Sept. 1990): 626-632.

Jansen, André. "La gloria de don Ramiro y sus relaciones con la Francia literaria." *Annali Instituto Universitario Orientale* 35/2 (July 1993): 507-517.

Steimberg de Kaplan, Olga. "*Jardín umbrío* de R. del Valle Inclán y *La gloria de don Ramiro.* Coincidencias y paralelismos." *Actas del Décimo Congreso de la AIH.* Ed. A. Vilanova. Barcelona: Promoc. Univ., 1992. 291-296.

926. ———. *Zogoibi.* 1926. Buenos Aires: Marymar, 1994. 196pp.

Jansen, André. "¿Fue Enrique Larreta lazo intelectual entre Europa y América durante la primera parte del siglo XX?" *Actas del Tercer Congreso Internac. de Hispanistas.* Ed. C. Magis. México: El Colegio de México, 1970. 485-494.

La Fuente, Albert. "*Artemis* de Enrique Larreta: Estructura e interpretación." *Journal of Spanish Studies* 1 (1973): 141-149.

927. LARRIQUETA, DANIEL E. (1939-). *La novela de Urquiza.* 1983. Buenos Aires: Sudamericana, 1995. 219pp. Es la misma novela *Gracias a Pavón,* con el título cambiado.

"15 de sept. de 1861. El general ha sido traicionado. Pero a Urquiza le importa menos su propio prestigio que la suerte de un país que se desangra. He aquí el nudo argumental de *La novela de Urquiza.* Aunque estereotipadas por pasajes, las criaturas de la novela logran en general una encarnadura creíble y humana que le imprime dinamismo a un relato que, por momentos, padece de excesiva sujección a los datos históricos." [Jorge Zicolillo, *La Prensa* (18 jun. 1995): Secc. Cult., 9].

928. LASCANO TEGUI, EMILIO (VIZCONDE) (1887-1966). *Al fragor de la revolución.* En *La Novela Semanal* (c. Mayo de 1922). Buenos Aires.

"No deja de ser notable la exhaustiva precisión con que en el último tercio de *Al fragor de la revolución* se representa la topografía del barrio de San Telmo. San Telmo, en tanto geografía emblemática de la infancia del narrado, halla en su escritura un lugar privilegiado mediante la evocación de aquel tiempo originario. La tesis con que Lescano Tegui juega en esta novela indicaría que en el ámbito de la naciente ciudad moderna todo se publica o es posible de ser publicado; no es casual, entonces, la elección de un periodista como personaje protagónico." [*Mis queridas se murieron.* Pról., 28-29].

929. ———. *Mis queridas se murieron.* Edición y "Estudio preliminar" de Gastón Sebastián M. Gallo y Guillermo García, 7-32. Buenos Aires: Simurg, 1997, 35-44.

"Aquí se han reunido las pocas páginas conservadas de la novela *Mis queridas se murieron*, que fueron publicadas en *Imán* (París, abr. de 1931) y relatos aparecidos en *Plus Ultra, Caras y Caretas* y *Patoruzú.*" [F.G.C. (1996-97): 30].

Besarón, Pablo. "Emilio Lascano Tegui: Poesía, oscilación y repliegue." *Proa* 22 (Mar. 1996): 73-75.

930. LASTRA, HECTOR (1943-). *Fredi.* Buenos Aires: Sudamericana, 1996. 463pp.

"*Fredi* narra tres períodos en la vida del protagonista: '61, '66 a '67, y '73 a '74. Fredi sale de la cárcel. La condena lo acompañará siempre. Con antecedentes e indocumentado, sin poder reunir el dinero para pagarle al abogado que solucionaría su situación legal, tendría pocas posibilidades de trabajo lícito y reincidiría en la delincuencia y en la cárcel." [Pablo Ingberg, *La Nación* (28 abr. 1996): 6/5].

931. LASTRADE, ENRIQUE. *Villas miserias, antesala de la decepción.* San Luis: Sanluiseño, 1995. 352pp.

"Esta novela fue escrita en los años '60, a partir de lo observado por el autor al compartir la vida de moradores de villas miserias del gran Buenos Aires." [F.G.C. (Sept. 1996): 25].

932. LAVAGNO, VICTOR (1955-). *La muerte por Perón.* Buenos Aires: Torres Agüero, 1991. 147pp.

933. LAVARELLO, JUAN CARLOS. *Sábado gris.* Buenos Aires: RundiNuskin, 1991. 168pp.

934. ———. *La voz se desvanece.* Buenos Aires: Filofalsía, 1988. 116pp. Faja de Honor de la SADE, 1989.

935. LAZZARONI, ANAHI (1957-). *En esta ciudad se escribirá una novela.* Buenos Aires: 1989.

936. LEDESMA, JORGE. *Adiós al árbol.* Buenos Aires: Planeta, 1990. 139pp.

937. ———. *Adiós al árbol.* Rosario: Ameghino, 1999. 158pp.

"La aparición de Jerónimo, el indio diaguita, en Villa Tesei, produce un revuelo. No sólo su aspecto sino sus costumbres escandalizan a los vecinos. Especialmente su manera de desempeñar el oficio de jardinero y sus conversaciones con Lito, el huerfanito que vende diarios. El libro recoge episodios de la vida de Jerónimo y fragmentos de sus charlas con Lito, donde destellan la sabiduría indígena. Ledesma realiza un verdadero replanteo ecológico y una ácida crítica a las mezquindades de la sociedad." [Contratapa, edición de 1990].

938. ———. *El hombre zanahoria.* Rosario: Ameghino, 1997. 139pp.

"Basado en experimentos genéticos de probada veracidad, Jorge Ledesma crea un hombre vegetal cuya metamorfosis es un espejo de nosotros mismos." [Aviso, *La Nación* (14 dic. 1997): 6/3].

939. ———. *El juicio de los animales.* 1985. Buenos Aires: Ameghino, 1997. 139pp.

940. LEDESMA, MARIA DEL VALLE. *Escaramuzas.* Buenos Aires: Solaris, 1998. 231pp.

"Novela histórica que cuestiona la historia oficial y es a la vez una historia de amor entre María Ezcurra y Juan Castelli. Los sucesos de 1810 y la primera expedición al Alto Perú constituyen el marco de una interesante descripción de los movimientos político-militares de la época." [F.G.C. (Sept. 1998): 64].

941. LEGUIZAMON, MARTINIANO (1858-1935). *Montaraz*. 1900. Buenos Aires: A-Z, 1994. 137pp.

942. LEIRO, RODOLFO VIRGINIO (1921-). *Confabulación*. (Novela policial). Buenos Aires: Faro, 1992. 82pp.

943. ———. *Helenio*. En *Helenio. Gemelos*. Buenos Aires: Filofalsía, 1990. 3-78.

944. ———. *El hombre que ha perdido la cabeza*. Ciencia ficción. Buenos Aires: Faro, 1992. 80pp.

945. ———. *Julia*. Ciencia ficción. Buenos Aires: RundiNuskin, 1991. 49pp.

946. ———. *La Ladrona*. Novela policial. Buenos Aires: Filofalsía, 1990. 96pp.

947. ———. *El ninfómano*. Ciencia ficción. Buenos Aires: Faro, 1993. 80pp.

948. ———. *La silla*. Buenos Aires: Faro, 1993. 81pp.

949. ———. *Violeta*. Novela policial. Buenos Aires: RundiNuskin, 1991. 49pp.

950. LEIZEROW, MARGARITA. *Códigos de arena*. Buenos Aires: Vinciguerra, 1997. 159pp.
"El desafío de una mujer joven sin tabúes sentimentales inserta en una sociedad provinciana." [Aviso, *La Nación* (27 abr. 1997): 6/3].

951. ———. *Cuarto menguante*. Buenos Aires: Vinciguerra, 1992. 100pp.

952. LENARDON, GLORIA (1945-). *A corta distancia*. Buenos Aires: Sudamericana, 1994. 194pp.
"Un mundo cuya materialidad persiguen a tientas los disfraces y las máscaras. Un mundo en el que los personajes actúan con absorta imprevisibilidad o con la inercia fatídica de un sueño dirigido. ¿Quiénes son ellos? El Mudo, Ino, Nono, el silabario nos conduce con cordura al remolino del carnaval." [Contratapa].

953. LERMAN, PABLO (1948-). *Construcción de la inocencia*. Buenos Aires: GEL, 1998. 229pp.
"En un pueblo de provincia, un hombre es arrollado por el vehículo de una empresa de la capital. El chofer es el hijo del gerente. Con estos simples elementos, Lerman arma una saga que–girando alrededor de una muerte fortuita y oscura–muestra que marginalidad y poder no sólo no se excluyen sino que se complementan." [Contratapa].

954. ———. *No volveré a matar a mi padre*. Buenos Aires: GEL, 1990. 232pp.
"Con pericia narrativa y poco frecuente imaginación, Lerman construye una interesante historia. Con esta novela tan nuestra y a la vez tan universal, Lerman merece ocupar un destacado lugar en la literatura argentina." [Adolfo Martínez, *La Nación*, citado en la contratapa de *Rezarán por vos en Casablanca*].

955. ———. *Rezarán por vos en Casablanca*. Buenos Aires: GEL, 1995. 237pp.
"*Rezarán por vos en Casablanca* es la ratificación del estilo vigoroso e imaginativo de Lerman, que lleva a su lector a sitios no visitados ni analizados con la profundidad y acierto con que lo hace esta obra." [Contratapa].

956. LEUCHT, JULIO. *El manuscrito*. Buenos Aires: Corregidor, 1998. 317pp.

957. ———. *Los gauchos a pie*. 1938. Buenos Aires: Theoría, 1994. 126pp.

958. LEVINAS, MARCELO LEONARDO (1953-). *Visitantes en la memoria.* Buenos Aires: Atlántida, 1995. 218pp.

"Una de las novelas más originales escritas en la Argentina. El autor incursiona por la primera vez en la literatura de ficción con una historia de intricada trama donde los personajes actúan y cuentan, proponen pistas que ellos mismos desbaratan y aportan testimonios. Un anciano rico y excéntrico aparece muerto en su habitación. ¿Fue suicidio o asesinato? Un mural donde están retratados los miembros de la familia y un espejo juegan un importante papel. El muerto ha dejado mensajes en distintos sitios." [Antonio Requeni, *La Nación* (16 abr. 1995): 7/7].

959. LEVINSON; LUISA MERCEDES (1909-1988).

Cruz, Jorge. "Luisa Mercedes Levinson: Tejedora maldita." *La Nación* (8 mar. 1998): 6/3.

Leocadio Garasa, Delfín. "Requiem para Luisa Mercedes Levinson." *Mujer y sociedad en América.* Ed. A. Arancibia. Westminster: Inst. Lit. y Cult. Hisp., 1988. 21-24.

Sabino, Osvaldo R. *Revolución, redención y la madre del nuevo Mesías.* Buenos Aires: Corregidor, 1993. Sobre *La isla de los organilleros.*

Suárez, María del Carmen. *Potencia del símbolo en la obra de Luisa Mercedes Levinson.* Buenos Aires: Ultimo Reino, 1994.

960. LEZAMA, HUGO EZEQUIEL. *La guerra secreta de Buenos Aires.* Buenos Aires: GEL, 1990. 208pp.

"La obra pretende novelar sucesos acaecidos en nuestro país en los '70 y a comienzos de la restauración demócrata. Boyando entre el periodismo y la ficción, el relato alcanza estatura dramática sólo por la gravedad y el horror de los hechos narrados. La modificación de algunos nombres no impide reconocer a casi todos los protagonistas de nuestra historia reciente." [J.F., *La Voz del Interior* (21 mar. 1991): D/2].

Guiñazú, María. "*La guerra secreta de Buenos Aires.*" *HLAS* 54 (1995): 564.

961. LIBERTELLA, HECTOR (1945-). *Memorias de un semidiós.* Buenos Aires: Perfil, 1998. 113pp.

"¿La historia de un crimen y la búsqueda de sus autores? Ese es uno de los planteos de la novela, pero el lector irá construyendo el sentido a través de medias palabras, situaciones veladas, digresiones, personajes apenas esbozados, y escenas oscuras. No obstante, con el transcurso de las páginas, se va delineando la figura del protagonista: 'Un hombre como muchos, un dios, pero no tanto, que cree dirigir la escena cuando, en realidad, funciona como un robot al servicio de padres, abogados y mujeres.'" [S. Silvestre, *La Nación* (24 enero 1999): 6/7].

962. ———. *El paseo internacional del perverso.* Buenos Aires: GEL, 1990. 102pp. Premio Juan Rulfo.

"En tono de solfa, el narrador antepone a su historia una curiosa receta para transformar algo 'parecido a un hombre' en un 'verdadero niño.' Estas instrucciones, atribuidas a un tal Pseudo Aerolus Theophrastus del siglo XVI, anticipan parte del contenido del libro, de sus aspiraciones y del tipo de lector al cual está destinado. El 'perverso' protagonista de esta escritura para armar ha conocido diversos laboratorios del mundo gracias al apoyo de la familia, que esperaba verlo convertido en un brillante embajador." [A.G., *La Voz del Interior* (15 jul. 1990): F/3].

963. LIFFSCHITZ, GABRIELA (1963-). *Elizabetta.* Novela breve. Rosario: Bajo la Luna Nueva, 1995. 66pp.

964. LINCK, DELFINA. *Te busca y te nombra*. Buenos Aires: Zeta, 1995. 419pp.

965. LO RUSSO, RODOLFO. *El avioncito de safac*. Buenos Aires: Corregidor, 1996. 94pp.

"En un clima a mitad de camino entre la realidad cotidiana y las asociaciones oníricas, se narra la simple historia de una peluquería donde alternan personajes de Buenos Aires." [F.G.C. (Sept. 1996): 25].

966. LOFREDO, GINO (1948-). *Tráfico de identidades*. Quito, Ecuador: Libri Mundi, 1991. 535pp.

"Lofredo aborda algunos temas candentes de nuestro tiempo: La corrupción, el terror, y la ciudad como personaje y escenario de estos conflictos. Dos tramas paralelas–dos novelas simultáneas, incluso, dos ciudades que se superponen, en las cuales se desarrollan situaciones fantásticas y verosímiles — configuran el andamiaje principal de la novela." [contratapa].

967. ——. *Obediencia debida–fuegos*. Quito: Fraga, 1988. 223pp.

"Nos enfrentamos a esa 'bestia bicéfala, a la doble pesadilla del fuego y del olvido,' que desgarró a la Argentina de los '70." [Raúl Pérez Torres, contratapa].

968. LOIS, EDGARDO (1962-). *Bitácora de lluvia*. Buenos Aires: Mac Lector, 1998. 204pp.

969. LOJO, MARIA ROSA (1954-). *Una mujer de fin de siglo*. Buenos Aires: Planeta, 1999. 281pp.

"Biografía novelada más que novela, *Una mujer de fin de siglo* narra la vida de la novelista Eduarda Mansilla de García (1864-1892) y sus esfuerzos por superar los dictámenes de una sociedad indiferente a los deseos y necesidades de la mujer." [M.I.L.].

970. ——. *La pasión de los nómades*. Buenos Aires: Atlántida, 1994. 216pp.

"El tema era la reconstrucción de su viaje a los indios ranqueles, pero realizado en nuestros días. Mansilla, un fantasma materializado, repite su 'excursión,' pasando por los mismos lugares. Lo acompañan su antiguo valet y otros dos personajes fantásticos. Lleva el propósito de terminar algunos asuntos que le quedaron sin resolver en el viaje original." [María R. Lojo, en entrevista con María E. Vázquez, *La Nación* (11 dic. 1994): 7/3].

Peltzer, Federico. "*La pasión de los nómades*." *La Prensa* (15 enero 1995): Secc. Cult., 10.

Salem, Diane B. "*La pasión de los nómades*. Construir una mirada desde otro espacio histórico." Primeras jornadas internacionales de literatura argentina. Buenos Aires: EUDEBA, 1996. 81-87.

Urbanyi, Pablo. "*La pasión de los nómades*." *Hispamérica* 24/70 (Abr. 1995): 115-116.

971. ——. *La princesa federal*. Buenos Aires: Planeta, 1998. 229pp.

"(La novela revela) intimidades del período rosista evocadas por Manuelita, ya anciana, mediante una prosa pulcra, rica, con sabor de época, por momentos deslizada hacia lo poético. El argumento es simple y la acción se limita prácticamente a lo que revelan los abundantes diálogos." [Antonio Requeni, *La Nación* (26 abr. 1998): VI/8].

Farina de Luceta, Silvina G. "La voz de Irene: Eje estructural en *Canción perdida en Buenos Aires al Oeste*." *Alba de América* 15/28-29 (Jul. 1997): 148-153.

Gimbernat González, Ester. "*Canción perdida en Buenos Aires al oeste*." En su *Aventuras del desacuerdo: Novelistas argentinas de los '80*. Buenos Aires: D. Albero Vergara, 1992. 246-251.

Miguel, María E. de. "Entrevista con María R. Lojo." *La Nación* (15 mar. 1998): 6/2.

Muntada, Silvia. *"Canción perdida en Buenos Aires al oeste* de María R. Lojo." *Alba de América* 6/14-15 (Jul. 1990): 115-125.

972. LOLLINI, HUGO (1951-). *Ella, Evita, la Patria, o la General Paz y el día D.* Buenos Aires: El Francotirador, 1998. 132pp.

"Una novela de amor, con alta simbología histórico-social. Sus personajes: Una pareja de discapacitados que se salvan del bombardeo de Plaza de Mayo en 1955, un enano cuidador de una casita en la avenida Gen. Paz y Eva Perón, que aparece en un autocine abandonado." [F.G.C. (Mayo 1998): 17].

973. ———. *El regreso del llanero solitario.* Buenos Aires: Emecé, 1991. 245pp. Premio Emecé de Novela, 1990-91.

"A las puertas de la pubertad, el protagonista descifra el mundo con la ayuda de Billiken y del famoso enmascarado justiciero. Es la recreación de la infancia, narrada en primera persona. La 'salsa' de asquerosas orugas verdes que le caen sobre la cabeza; infaltables tías de apariciones inoportunas; una madre que ojalá nunca termine de lavar los platos, porque rara vez pelea cuando los lava, y los boleros de Rosamel Araya como música de fondo, desfilan en un barrio de Buenos Aires, cuyo manso transcurrir se altera cuando los topadores lo empiezan a 'engullir' porque viene el progreso." [J.F., *La Voz del Interior* (10 oct. 1991): D/2].

974. LOMONACO, ALEJANDRA (n. Nueva York, 1947-). *Sombras nada más.* Buenos Aires: Diana, 1998. 125pp.

"La acción está localizada en el mundo andino. Quien la cuenta evidentemente conoce este mundo y narra, con insólitas variaciones, una especie de saga mestiza en la que logra evitar los peligros del costumbrismo folklórico. Además, esta novela, conviene decirlo porque el nuestro no es un país literario, como Francia, está bien escrita." [Héctor Tizón, *La Nación* (23 ag. 1998): 6/8].

975. LOPEZ, FERNANDO (1948-). *Die Jahre brennen noch.* 1986. Trad. al alemán de *Arde aún sobre los años.* RFA: Pahl-Rugenstein Verlag, 1989.

"Las novelas de Fernando López tratan de la ciudad de San Francisco, en Argentina, una ciudad laboriosa, industrial, con objetivos materiales y concretos y encerrada en su origen de inmigración piamontesa." [María del Carmen Moreno, "Entrevista con Fernando López." *La Voz del Interior* (23 mar. 1991): D/4].

976. ———. *El enigma del ángel.* Córdoba: Narvaja, 1998. 115pp.

"*El enigma del ángel* se puede leer como novela negra, escrita por un asesino serial que pretende a medias ser entendido, a medias ser descubierto. También como una trama compleja donde batallan otros temas: El crimen de la guerra, las intransparencias de la verdad, la sensación de que estamos en el mundo para vivir sin entender." [Contratapa].

977. LOPEZ, HORACIO A. *Memorias desde el fondo del mar.* (Novela histórica). Buenos Aires: Dirple, 1997. 195pp.

"López nos describe el pensamiento íntimo de Mariano Moreno, sus profundas convicciones en relación a los sucesos de la revolución de Mayo de 1810. Las dudas y las vacilaciones, los errores, así como la firmeza y aciertos del principal ideólogo de Mayo aparecen certeramente ubicados en la narración." [Contratapa].

978. LOPEZ, LUCIO VICENTE (1848-1894). *La gran aldea.* 1884. Buenos Aires: CEAL, 1993. 186pp.

Blasi, Alberto. "El teatro como contexto en *La gran aldea.*" *Actas del X Congreso de la AIH.*" Ed. A. Vilanova. Barcelona: Promoc. Univ., 1992. III, 457-463.

Foster, David W. "'*La gran aldea' as Ideological Document.*" *Hispanic Review* 56/1 (Winter 1988): 73-87.

979. **LOPEZ, VICENTE FIDEL (1815-1903).**
Ianes, Raúl. "Arquetipo narrativo, costumbrismo histórico y discurso nacionalizador en *La novia del hereje.*" *Hispanic Review* 67/2 (Spring 1999): 153-173.

Madero, Roberto. "Vicente Fidel López: Un juicio de la república en la nación." Tesis de doctorado, Princeton Univ., 1998.

Pellicer, James. "Vicente F. López en el 'Facundo.'" *Bulletin of Hispanic Studies* 68/4 (1991): 489-501.

980. **LOPEZ ALCOCEBA, ARTURO (1915-). *La cautiva "Flor de Tuna."* Buenos Aires: Faro, 1996. 64pp.**
"La historia transcurre entre 1820 y 1832. Fue un acontecer histórico, pues soldados e indios se enfrentaban a diario. La revelación de lo sucedido fue descripta por mi hermana Pilar de los Angeles. A través de la lectura de *La cautiva 'Flor de Tuna'* usted comprenderá parte de la historia argentina que transcurría entre el dolor, las guerras y y el sometimiento." [Introducción, 13].

981. ———. *El conventillo del Tano Genaro.* (Novela sainete). Buenos Aires: Suburbio Ra, 1997. 60pp.

982. ———. *Sonia Raquel.* Buenos Aires, 1997. 64pp.

983. **LOPEZ CORTON, MONICA. *La vida que aprendí a vivir.* Buenos Aires: El Francotirador, 1998. 151pp.**
"Este es un relato de una travesía, desde el diagnóstico de una enfermedad irreversible hasta la felicidad, la dignidad humana y el amor." [F.G.C. (Dic. 1998): 29].

984. **LOPEZ DE TEJADA, MANUEL. *La Mamama, un amor voraz.* Buenos Aires: Sudamericana, 1997. 165pp.**
"La novela narra la relación traumática entre una familia, en especial el único hijo de esa familia, y la cocinera de casa, una mujer sobreprotectora y ansiosa por saciar su frustrado espíritu maternal. Ella se interpone entre el protagonista y sus padres, y se declara, tácitamente, madre absoluta del chico. Los sentimientos de él hacia esta madre extra vibran en una contradicción de amor-odio irresoluble." [David Bagnera, *La Nación* (7 dic. 1997): 6/4].

985. **LOPEZ ECHAGÜE, HERNAN (1956-). *El enigma del general Bussi: De la Operación Independencia a la Operación Retorno.* Relato testimonial. Buenos Aires: Sudamericana, 1991. 240pp.**
"Con un vigor periodístico inusual, López Echagüe se lanza en busca del general Bussi y descubre una trama inquietante en la que se cruzan disímiles actitudes políticas y los cambios urgentes de nuestro futuro inmediato." [Contratapa].

986. ———. *Gajes de oficio.* Buenos Aires: Sudamericana, 1993. 134pp.
"Por su estilo narrativo, ágil y directo, *Gajes de oficio* puede encuadrarse dentro de la tradición de la novela negra. La única diferencia estriba en que los personajes que desfilan a lo largo del texto no son obra de la imaginación del autor. A partir de una pista vaga, López Echagüe emprenderá una investigación periodística que habrá de conducirlo hacia un mundo imprevisible, violento y desconcertante." [Contratapa].

987.   ——. *La resaca*. Rosario: Beatriz Viterbo, 1994. 125pp.

"Existe en São Paulo un edificio de cuatro pisos sin balcones. Apenas doce ventanas. Un edificio como otros para quienes viven allí. Para la voz que habita esta novela, en cambio, el escenario donde los hechos y las personas se mezclan en la danza del exilio, la libertad se confunde con el castigo y el recuerdo con el furor del recuerdo." [Contratapa].

988.   LOPEZ RUIZ, ALEJANDRA (1964-). *En los límites del aire de Heraldo Cuevas*. Buenos Aires: 1986.

989.   LORENZO, FERNANDO. *Por arriba pasa el viento*. 1961. Mendoza: Ediciones Culturales, 1994. 120pp.

990.   LORENZO ALCALA, MAY (1946-). *El fisgón*. Buenos Aires: Sudamericana, 1992. 164pp.

991.   ——. *Los veraneantes*. Buenos Aires: 1997.

992.   LORETI, MIGUEL. *El Freezer*. En *Entrada a Paraíso*. Buenos Aires: GEL, 1995. 99-134.

"La historia de un asesino profesional que se vincula en una relación sentimental con la mujer que le estaba encomendado eliminar." [R. Modern, *La Gaceta de Tucumán* (28 enero 1996): Supl. Lit., 3].

993.   LOUBET, JORGELINA (1918-). *Los caminos*. 1981. Buenos Aires: El Francotirador, 1997. 215pp.

994.   ——. *Metáforas y reflejos*. Buenos Aires: GEL, 1992. 123pp.

"Para que éste y otros personajes de *Metáforas y reflejos* lleguen a estos convencimientos (de la misericordia de Dios), han debido transformarse en los buscadores de señales en un juego lento y demorado, tal como le gusta a la autora, y cumplido con su tradicional rigor. Siempre me sorprende el balanceo de Loubet entre el recogimiento de su pensamiento, la sobriedad y marcado pudor de su estilo, y la lacerante naturaleza de sus personajes." [Adolfo Martínez, *La Nación* (9 feb. 1992): 7/5].

995.   LOZANO, LUIS ALBERTO (1960-). *El legado*. Buenos Aires: Atlántida, 1995. 193pp. Premio Proyección 1994.

"Pedro Gersini es un ex-guerrillero, ex-cura, y en el instante en que la novela comienza, una suerte de minidelincuente a sueldo, que acepta transportar un muerto hasta un pueblo de la provincia de Buenos Aires, en un viejo micro escolar. Pero al llegar, la dirección que le han dado no existe y el teléfono de Riquelme (el hombre que lo ha contratado) suena sin que nadie lo atienda. Hay también un crimen en ciernes. *El legado*, escrita en clave de novela policial, es en realidad la historia de los márgenes." [Jorge Zicolillo, *La Prensa* (17 sept. 1995): Secc. Cult., 9].

996.   LUCCHELLI, JUAN PABLO. *Una clave*. Buenos Aires: Catálogos, 1993. 151pp.

997.   LUJAN CAMPOS, MARIA LUISA. *Las casas compartidas*. Buenos Aires: Braga, 1983. 127pp.

"Una mujer recuerda su adolescencia, en la que se hacen presentes el amor, la muerte prematura, la tristeza." [F.G.C. (Sept. 1996): 25].

998.   LUNA, FELIX. *Sarmiento y sus fantasmas*. Buenos Aires: 1997.

"Con la destreza que lo caracteriza, Luna aborda la figura de Sarmiento pluridimensional y compleja con un enfoque singular: El anciano luchador moribundo (en Asunción, sept. de 1888) es visitado por los fantasmas de quienes de una u otra forma participaron e influyeron en su trabajada existencia. Así personajes como el Chacho Peñaloza, José Hernández, San Martín. También mujeres: Su madre, Mary Mann, Juana Manso." [Gregorio Weinberg, *La Nación* (26 oct. 1997): 6/4].

Vázquez, María E. "La solidaridad y el egoísmo: Entrevista con Félix Luna." *La Nación* (8 jun. 1997): 6/2.

999. ——. *Soy Roca.* Biografía novelada. Buenos Aires: Sudamericana, 1989. 495pp. Reimpr. 1990.

1000. ——. *Soy Roca.* Madrid: Apostrofe, 1991. 495pp.

1001. ——. *Soy Roca.* Buenos Aires: Atlántida, 1997. 302pp.

"La obra versa sobre la vida de Francisco P. Moreno (1852-1919), científico y explorador argentino que encabezó una misión a Patagonia para resolver un conflicto territorial con Chile." [M.I.L.].

1002. LYNCH, BENITO (1885-1952). *Los caranchos de La Florida.* 1916. Pról. de Nicolás Cócaro. Buenos Aires: Claridad, 1994. 232pp.

1003. ——. *El inglés de los güesos.* 1924. Buenos Aires: Troquel, 1993. 272pp. Reimpr., 1998.

González Arrili, Zoraida. "El mito del Edén perdido de Benito Lynch y Abelardo Arias." *Coloquio Internacional de Literatura Comparada.* Ed. M. Vanbiesem de Burbridge. Buenos Aires: Fund. M. T. Maiorana, 1995. II, 186-191.

1004. LYNCH, MARTA (1930-1985). *La alfombra roja.* 1962. Buenos Aires: Perfil, 1998. 308pp.

Hammer, Graciela Lucero. "Voces dialógicas en la narrativa de Marta Lynch." Tesis de doctorado, Univ. of North Carolina, Chapel Hill, 1995.

Lindstrom, Naomi. "The Literary Feminism of Marta Lynch." *Critique* 20/2 (1978): 49-58.

Thon, Sonia. "El silencio en el discurso femenino: *La señora Ordóñez* de Marta Lynch." *Crítica Hispánica* 16/2 (1994): 395-402.

Villanueva-Collado, Alfredo. "Metasexualidad, vasallaje y parasitismo en *Al vencedor* de Marta Lynch." *Hispanófila* 108 (Mayo 1993): 59-74.

LL

1005. LLAMBAY, FATUME. *El bosque perdido.* Buenos Aires: Corregidor, 1991. 188pp.

"Mientras atiende los preparativos del festejo de un aniversario dichoso junto al hombre de su madurez, una mujer reconstruye otra felicidad pretérita que intentó hacer perdurable junto al hombre de su juventud. Esta narración expone todas las dimensiones del psiquismo de una mujer." [Contratapa].

1006. ——. *Fulgores del alba.* Buenos Aires: GEL, 1995. 295pp.

"¿Qué extraño vínculo puede ser más fuerte que los de la raza, la sangre, el amor, la lealtad, la conciencia, para mantener unidos a los miembros de esta familia cuya trama de pasiones anuda también las épocas y los paisajes más diversos?" [Jorge Masciángioli, citado en la contratapa].

1007. LLAMOSAS, ESTEBAN FEDERICO. *El rastro de Van Espen.* Córdoba: Narvaja, 1998. 166pp.

"En Córdoba, el detective privado recibe el encargo de recuperar un libro del siglo XVIII prohibido por la Inquisición. En esta tarea se cruzará con toda clase de personajes. Un homenaje al género negro, matizado por la ironía y el humor." [F.G.C. (Dic. 1998): 29].

1008. ——. *El remache de oro.* (Novela histórica). Buenos Aires, c. 1994.

1009. LLINAS, JUL. (1929-). *Fiat lux: La batalla del hombre transparente.* Buenos Aires: Atlántida, 1994. 276pp.

"Es novela alegórica. '¿Qué representa el hombre para el pájaro enjaulado? Lo representa a él.' Podría ser el resumen del pensamiento y mensaje de Jul. Llinás, su sentido de la vida y del trayecto del hombre en ella, que rastrea y analiza en *Fiat lux*. Libro atrayente, que muerde y sobresalta entre ironías, rabia o dramatismo, mientras zigzaguea entre la burla y la densa profundidad." [Haydée M. Joffre Barroso, *La Nación* (7 mayo 1994): 7/7].

1010. LLORENTE, ANGELES. *Cuando despiertan los perros.* Buenos Aires: RundiNuskin, 1990. 198pp.

"La novela refleja la necesidad de hallar una tabla de valores que sirva de salvavidas al vértigo de cambios que sacude el mundo de hoy, en particular la vieja España y la multifacética Argentina, detectadas en las áreas del comportamiento humano." [Syria Poletti, contratapa].

M

1011. MAFFEZZINI, LIA. *Mientras fluya el río.* Buenos Aires: Corregidor, 1999. 203pp.

"Novela que describe la vida en una ciudad de provincia, en el momento previo a los 'años de plomo' que vivió la Argentina." [F.G.C. (Dic. 1999): 36].

1012. MAIORANO, GABRIELA. *Brillo de luna.* Buenos Aires: GEL, 1996. 141pp.

"Con *Brillo de luna*, Maiorano logra dar vida a su protagonista, la investigadora privada Manuela Carrá, atípica en su medio, aunque con ilustres antecedentes literarios. Nuevamente esta profesional argentina se entromete en un hecho policial que presenta humor, misterio y una breve dosis de genuino erotismo. La desaparición de un diamante, el 'Brillo de luna,' le permitirá a la autora a incursionar en distintos medios sociales." [Contratapa].

1013. ——. *Páginas robadas.* Buenos Aires: GEL, 1991. 126pp.

"La dimensión paródica de su discurso no se agota en la mera caricatura o en la simple irrisión de los lenguajes parodiados. Lejos de conformarse con ello, *Páginas robadas* se propone, además, contar una historia a la manera de las historias policiales, pero que reivindique los valores y los atributos de esa palabra femenina que sostiene el relato." [Roberto Retamoso, solapa de *Brillo de luna*].

1014. MAIRAL, PEDRO (1970-). *Una noche con Sabrina Love.* Buenos Aires: Aguilar: 1998. 216pp. Premio Clarín de Novela, 1999.

"Se trata de una novela moderna, que retrata de una manera muy divertida, inteligente, y bien escrita a un adolescente que parte de su pueblo natal, de Entre Ríos, rumbo a la capital, donde pasará por experiencias ambivalentes. Gana un concurso. El premio: Una noche con

una actriz porno, en la capital. Emprende, entonces, un viaje entre el litoral y Buenos Aires."
[Leo Sbaraglia, *Clarín* (31 oct. 1998): 40].

Foster, David W. *"Una noche con Sabrina Love."* *World Literature Today* 73/2 (Spring 1999): 303.

1015. MALINOW, INÉS (1922-). *Allí enfrente.* Buenos Aires: El Francotirador, 1997. 141pp.

"Precisamente, el cuento "Jorge María Borges, novelista polaco," es la narración que muestra a un Borges parodiado con los rasgos oportunos del absurdo y la ironía. Jugando con la ambigüedad a que se prestan las categorías genéricas y salvo en este primer cuento, los restantes podrían constituir capítulos de una novela, unidades con valor narrativo en sí, que están unidas por el hilo de un solo personaje femenino, poseedor de fuerza y convicción." [Ester de Izaguirre, *La Nación* (26 oct. 1997): 6/5].

Cordones-Cook, Juanamaría. "Conversando con Inés Malinow." *Alba de América* 11/20 (Jul. 1993): 455-463.

Chiaravalli, Veronica. "Los balcones de la creación: Inés Malinow." *La Nación* (17 ag. 1997): Supl. Lit. 3.

1016. MALLEA, EDUARDO (1903-1979). *La bahía de silencio.* 1940. Buenos Aires: Sudamericana, 1987. 456pp. Reimpr., 1999.

1017. ——. *Chaves.* 1953. Trad. al francés por Sylvia Bénichou Roubaud. Paris: Autrement, 1996. 96pp.

1018. ——. *Los Rembrandts.* 1946. En *El vínculo,* Kapelusz, 1991.

1019. ——. *La rosa de Cernobbio.* 1946. En *El vínculo,* Kapelusz, 1991.

1020. ——. *La sala de espera.* 1953. Pról. de Gladys Marín. Buenos Aires: CEAL, 1993. 140pp.

1021. ——. *Todo verdor perecerá.* 1941. Buenos Aires: Dos Amigos, 1990. 240pp.

1022. ——. *El vínculo.* En *El vínculo.* Kapelusz, 1991.

CRITICAL STUDIES ON EDUARDO MALLEA

Anderson Imbert, Enrique. "Mallea y su Simbad." *BAAL* 59/233 (Jul. 1994): 343-350.

Armani, Horacio. "Bowles y Mallea." *La Nación* (10 jul. 1994): 7/8.

Boullosa, Virginia H. "Ciudad y alegoría en la novelística de Eduardo Mallea." *Cuadernos del Sur* 23-24 (1990-1991): 101-120.

Caston, Vernon. "Rationality According to E. Mallea: A Hypothesis-Verification Analysis." Tesis de doctorado, New York Univ., 1983.

Frisch, Mark. "Nature, Postmodernity, and Real Marvelous: Faulkner, Quiroga, Mallea, Rulfo, Carpentier." *The Faulkner Journal* 11/1 (Spring 1995-1996): 67-82.

Peltzer, Federico. "Mallea, una conciencia preocupada." *La Nación* (1 nov. 1992): 7/3.

Senkman, Leonardo. "Mallea y el malestar del campo intelectual liberal argentino durante la década de 1930." *Reflejos* 3 (Dic. 1994): 32-46.

Serafín, Silvana. "Il concetto di solitudine nella narrativa di Eduardo Mallea. Conquista o condanna? *Rassegna Iberistica* 61 (1997): 27-38.

1023. MANAUTA, JUAN JOSÉ (1919-). *Colinas de octubre*. Buenos Aires: Entre Ríos, 1995. 104pp. Premio Fray Mocho del Gobierno de Entre Ríos.

"El hilo narrativo entrelaza remotas y condensadas resonancias de la guerra producida a partir de la muerte de Urquiza. Ricos componentes temáticos conjugan la gesta del héroe, el mayor jordanista Ponciano Alarcón, con el paisaje de una provincia ligada a nuestra historia por episodios relevantes. A través de múltiples narradores, se van desgajando sucesos que hacen arder la novela." [Irene Vilas, *La Prensa* (12 nov. 1995): Secc. Cult., 9].

1024. ———. *Mayo del '69*. Buenos Aires: Corregidor, 1994. 207pp.

"El protagonista, Juanjo, quien cuenta en primera persona el contenido del texto, padece la conciencia de culpabilidad de una vida regalada—que hacen posible el dinero, las mujeres fáciles y los ambientes de lujo—en medio de la grave crisis que golpea al país, empobrecido además de oprimido por la dictadura militar. Los hechos se insertan en una realidad dramática, la del 'Cordobazo' de los tiempos de Onganía. Fragmentos de información periodística sirven de marco a los episodios de la ficción." [Martín Noel, *La Nación* (4 sept. 1994): 7/7].

1025. ———. *Las tierras blancas*. 1956. Buenos Aires: Atril, 1997. 235pp.

1026. MANGUEL, ALBERTO (1948-). *La puerta de marfil*. Buenos Aires, 1993. Premio McKitterick de Gran Bretaña.

1027. MANSILLA, LUCIO VICTORIO (1831-1913). *Una excursión a los indios ranqueles*. 1870. Buenos Aires: Acme, 1988. 240pp.

1028. ———. *Una excursión a los indios ranqueles*. Buenos Aires: Sánchez Teruelo, 1989. Vols. I & II, 788pp.

1029. ———. *Una excursión a los indios ranqueles*. Buenos Aires: Emecé, 1989. 532pp.

1030. ———. *Una excursión a los indios ranqueles*. Buenos Aires: CEAL, 1993. Vol. I, 281 pp; Vol II, 209pp.

1031. ———. *Una excursión a los indios ranqueles*. Buenos Aires: Espasa-Calpe.1993. Vols. I & II. 968pp.

1032. ———. *A Visit to the Raquel Indians*. Trad. al inglés por Eva Gillies. Lincoln, 1997: Univ. of Nebraska Press, 1997. 453pp.

1033. ———. *An Expedition to the Raquel Indians*. Austin: Univ. of Texas Press, 1997. 418pp.

Agresti, Mabel. "La elaboración literaria del viaje a 'tierra adentro': *Una excursión a los indios ranqueles*." *Revista de Literaturas Modernas* 28 (1995): 85-99.

Area, Lelia y Cristina Parodi. "Lucio V. Mansilla: El peso de una conciencia histórica mortificada." *Revista de Crítica Literaria Latinoamericana* 41 (1995).

Fernández Della Barca, Nancy. "Bordes, límites y fronteras: Notas sobre los viajes en Mansilla, Saer, y Aira." *Revista Interamericana de Bibliografía* 45-4 (1995).

Foster, David W. "Knowledge in Mansilla's *Una excursión a los indios ranqueles*." *Revista Hispánica Moderna* 41/1 (June 1988): 19-30.

Iglesia, Cristina. "Mejor se duerme en la pampa: Deseo y naturaleza en *Una excursión a los indios ranqueles*." *Revista Iberoamericana* 63/178 (Enero 1997): 185-192.

Lojo, María Rosa. "El indio como 'prójimo,' la mujer como el 'otro' en *Una excursión a los indios ranqueles.*" *Alba de América* 14/26 (Jul. 1996): 131-137.

Mathieu-Higginbotham, Corina. "El concepto de 'civilización y barbarie' en *Una excursión a los indios ranqueles.*" *Hispanófila* 30/2 (Jan. 1987): 81-87.

Ramos, Jul.. "Entre otros: *Una excursión a los indios ranqueles.*" *Filología* 21/1 (1986): 143-171.

Rodríguez, Fermín. "*Una excursión a los indios ranqueles:* Una novela de espionaje." *Filología* 29/1 (1996): 181-190.

Stern, Mirta. "*Una excursión a los indios ranqueles:* Espacio textual y ficción topográfica." *Filología* 20/1 (1985): 117-138.

1034. MANSILLA DE GARCIA, EDUARDA (1835-1892). *Un amor.* Buenos Aires: El Diario, 1885. 72pp.

"Es una breve novela en la que se narran los amores de una joven por dos hermanos gemelos, tan idénticos que decide renunciar a ambos ante la imposibilidad de elegir a uno de los dos. La novela se desarrolla en París, y sus referencias literarias son ornamentales." [M. T. Ramos García, "La consolidación de la novela argentina." 161].

Masiello, Francine. "Lost in Translation: Eduarda Mansilla de García on Politics, Gender and War." *Reinterpreting the Spanish American Essay: Women Writers of the 19th and 20th Centuries.* Ed. D. Meyer. Austin: U of Texas P, 1995. 68-79.

Sosa de Newton, Lily. "Eduarda Mansilla de García: Narradora, periodista, música y primera autora de literatura juvenil." *Mujeres y cultura en la Argentina del siglo XIX.* Buenos Aires: Feminaria, 1994. 87-95.

1035. ——. *Pablo, o la vida en las pampas.* 1869. Buenos Aires: Confluencia, 1999. 185pp.

1036. ——. *Pablo, oder Das Leben in den Pampas.* Trad. al alemán. Berlin: O. Janke, 1870. 258pp.

1037. MANSO DE NORONHA, JUANA (1820-1875). *Los misterios del Plata.* 1868. Buenos Aires: Rovira, 1993.

Zuccotti, Liliana P. "*Los misterios del Plata:* El fracaso de una escritura pública." *Revista Interamericana de Bibliografía* 45/3 (1995): 381-389.

1038. MANTEL, ANTONIO RAUL. *De antihéroes y guerras.* Buenos Aires: Vinciguerra, 1994. 230pp.

"La novela fue escrita por uno de los protagonistas de la misión de paz que cumplió la fuerza aérea en la década del '60 a raíz de los acontecimientos en el Congo Belga, con motivo de su independencia. Con el recurso del relato en primera persona, Mantel nos sitúa primero en nuestro propio territorio, idealizando una típica misión propia de la aviación militar en tiempo de paz. Luego, nos lleva al escenario de la trama." [Enrique Aramburu, *La Nación* (16 enero 1994): 7/5].

1039. ——. *Más al sur del fin del mundo.* Buenos Aires: Biblioteca Nac. de Aeronáutica, 1994. 222pp.

"La obra relata en forma novelística cómo se realizaron los primeros vuelos a Antártica." [M.I.L.].

1040. MANZUR, GREGORIO (1936-). *Sangre en el ojo.* Madrid, 1988. Premio Sésamo.

1041. MANZUR, JORGE (1949-). *El simulador.* Buenos Aires: Planeta, 1990. 251pp.

A.N.M., *"El simulador." La Voz del Interior* (18 oct. 1990): D/3.

1042. MARECHAL, LEOPOLDO (1900-1970). *Adán Buenosayres.* 1948. Buenos Aires: Sudamericana, 1992. 730pp. Reimpr., 1999.

1043. ———. *Adán Buenosayres.* Buenos Aires: Planeta, 1994. 610pp.

1044. ———. *Adán Buenosayres.* Ed. anotada de Pedro Luis Barcia. Madrid: Castalia, 1995. 992pp.

1045. ———. *Adán Buenosayres.* Ed. crítica de Fernando Colla. Madrid: Nanterre, 1999.

1046. ———. *Adán Buenosayres.* Trad. al francés por Patrice Toulat. Paris: Grasset, 1995. 605pp.

Berg, Walter B. "Leopoldo Marechal: *Adán Buenosayres." Der hispanoamerikanische Roman.* Ed. V. Roloff. Darmstadt: Wiss. Buchgesell, 1992. 223-232.

Ciordia, Martín. "El decir y el amar en *Adán Buenosayres." Revista de Filología Hispánica* 12/1 (1996): 38-55.

Cornavaca, Ramón. "Un motivo clásico en la representación de ultratumba de *Adán Buenosayres."* En *III Jornadas de literatura desde la cultura popular.* Córdoba: Univ. Nac. de Córdoba, 1995. 217-225.

Navascúes, Javier de. "Presencias cervantinas en *Adán Buenosayres." Actas del III Congreso Argentino de Hispanistas.* Ed. L. Martínez Cuitiño. Buenos Aires: EUDEBA, 1993. 724-732.

———. "El viaje y la teatralidad en *Adán Buenosayres." Revista Canadiense de Estudios Hispánicos* 21/2 (Winter 1997): 353-371.

Senkman, Leonardo. "Discurso histórico y ficción en *Adán Buenosayres." Hispamérica* 21/61 (Abr. 1992): 3-21.

1047. ———. *El banquete de Severo Arcángelo.* 1965. Buenos Aires: Planeta, 1994. 289pp.

1048. ———. *Le Banquet de Severo Arcángelo.* Trad. al francés por A. Amberni. Paris: Gallimard, 1993. 360pp.

Schmitt, Esther. "El discurso narrativo en *El banquete de Severo Arcángelo." Cuadernos Hispanoamericanos* 538 (Abr. 1995): 45-56.

1049. ———. *Megafón o la guerra.* 1970. Buenos Aires: Sudamericana, 1988. 387pp.

1050. ———. *Megafón o la guerra.* Buenos Aires: Planeta, 1994. 361pp.

1051. ———. *Obras Completas de Leopoldo Marechal. Novelas.* Vols. 3 & 4. Buenos Aires: Perfil, 1998.

CRITICAL STUDIES ON LEOPOLDO MARECHAL

Bajarlía, Juan Jacobo. *Leopoldo Marechal: homenaje.* Buenos Aires: Corregidor, 1995.

Colla, Fernando. *Leopoldo Marechal: la conquista de la realidad.* Córdoba: Alción, 1992.

Fraschini, Alfredo. "Vigencia de la cultura clásica en la obra de Leopoldo Marechal." *Cuadernos del Sur* 25 (1992-1993): 51-63.

Jofre, Manuel. *Narrativa argentina contemporánea: representación de lo real en Marechal, Borges y Cortázar.* La Serena: Univ. de la Serena, 1991.

Maturo, Graciela. *Marechal: el camino de la belleza.* Buenos Aires: Biblos, 1999.

———. "Marechal, un fiel del amor." *La Prensa* (25 jun. 1995): Secc. Cult., 2-3.

Navascués, Javier de. "Imágenes del hombre nuevo en la obra de Leopoldo Marechal." *Letras* 27 (Enero 1993): 88-98.

———. "Marechal frente a Joyce y Cortázar." *Cuadernos de Historia* 538 (Abr. 1995).

Podeur, Jean-François. "Papel del autor en las novelas de Leopoldo Marechal." *Iris* (1991): 77-92.

Tacconi de Gómez, María. *Categorías de lo fantástico y constituyentes del mito, en textos literarios.* Tucumán: Univ. Nac. de Tucumán, 1995.

1052. **MARGULIS, ALEJANDRO** (1961-). *Quien, que no era yo, te había marcado el cuello de esa forma.* Rosario: Beatriz Viterbo, 1993. 174pp.

"Margulis se interna en un terreno árido para relatar una historia donde ciertos aspectos del amor, vividos en una compleja articulación con el submundo urbano, presentan personajes de características ambiguas. La homosexualidad, el mundo marginal de la pornografía, las intrigas y los celos son los ingredientes que rodean a Max Broden, un joven y desenvuelto modelo que desde la adolescencia se verá enredado con hombres mayores que él. La trama va desarrollándose entre la redacción de un diario y las calles de Nueva York." [Daniel Celis, *La Nación* (9 enero 1994): 7/5].

Vázquez, María E. "Literatura en zona de riesgo. Entrevista con Alejandro Margulis y V. Slavuski." *La Nación* (20 feb. 1994): 7/2.

1053. **MARIÑO, RICARDO** (1957-). *En el último planeta.* Buenos Aires: Sudamericana, 1992. 182pp.

"Literatura juvenil. En un tiempo por venir, el año 2390, y un planeta remoto de fantástico paisaje, monstruos que se multiplican, ríos invisibles, árboles que hablan, y naves espaciales, transcurre esta novela de ciencia ficción." [Aviso, *La Nación* (19 jul.1992): 7/5].

1054. ———. *Recuerdos de Locosmos.* Buenos Aires: Sudamericana, 1990. 73pp.

"El planeta de los locos del Cosmos es un lugar al que llega el protagonista y en el que encuentra un mundo que funciona a la inversa del nuestro. Los ríos navegan por el aire y atraviesan las casas. Las elecciones se realizan según el sistema 'cenicenta.' Las 'personas' tienen dos bocas y sus narices crecen para adentro. Las intenciones del autor no son sólo las de entretener al lector sino también de crear, mediante el absurdo, una visión crítica de la sociedad actual y sus excesos." [M.R.F., *La Voz del Interior* (8 abr. 1990): F/4].

1055. **MARIOTTI, MAXIMILIANO** (n. Italia, 1928-). *Los sueños antes de despertar.* Córdoba: Del Boulevard, 1996. 307pp.

"Dos relatos simultáneos: El de un joven de 17 años durante la postguerra en Viareggio, Italia, y el de un hombre de 49 años, en 1980 en Córdoba." [F.G.C. (Dic. 1997): 58].

1056. **MARMOL, JOSÉ** (1817-1871). *Amalia.* 1852. Buenos Aires: Kapelusz, 1991. 752pp.

1057. ———. *Amalia.* Pról. y Notas de Adolfo Mitre. Buenos Aires: El Elefante Blanco, 1997. Vol.1, 444pp; Vol. II, 441pp.

Agnolucci, Silvia. "Personaggi e procedimenti narrativi in *Amalia*." *Studi di lett. iberiche e ibero-americane offerti a Guiseppe Bellini.* Ed. Giovanni B. de Cesare. Roma: Bulzoni, 1993. 25-33.

Bellini, Giuseppe. "De 'Amalia' a 'Santa': Una tipología de la mujer en la novela costumbrista-romántica hispanoamericana." *Actas del VI Congreso, Napoles: El costumbrismo romántico.* Ed. J. Alvarez Barrientos. Roma: Bulzoni, 1996. 35-43.

Cornejo-Parriego, Rosalia. "El discurso racial en *Amalia.*" *Afro-Hispanic Review* 13/2 (Fall 1994): 18-24.

Gasparini, Sandra. "Cuerpos (federalmente) vestidos de sangre: *Amalia* y Manuela Rosas." *Letras y divisas: Ensayos sobre literatura y rosismo.* Ed. C. Iglesia. Buenos Aires: EUDEBA, 1998. 53-65.

Heymann, Jochen. "José Mármol: *Amalia.*" *Der hispanoamerikanische Roman.* I. Ed. V. Roloff. Darmstadt: Wiss. Buchgesell, 1992. 52-63.

Karsen, Sonja. "Una interpretación del fondo histórico de *Amalia.*" *Actas del X Congreso de la AIH.* Ed. A. Vilanova. Barcelona: Promoc. Univ., 1992. 745-755.

Laera, Alejandra. "El ángel y el diablo: Ficción y política en *Amalia.*" En *Letras y divisas: Ensayos sobre literatura y rosismo.* Ed. C. Iglesia. Buenos Aires: EUDEBA, 1998. 115-130.

Pollmann, Leo. "Situaciones y posiciones narrativas en la novela argentina: La pampa en *Amalia, Sin rumbo, El inglés de los güesos, Don Segundo Sombra,* y *Zoigoibi.*" *Río de la Plata* 4-6 (1987): 255-272.

Sommer, Doris. "*Amalia:* Valor at Heart and Home." *Foundational Fictions.* Berkeley: U of California P, 1991.

Torre, Claudia. "Buenos Aires, cartografía. Punzó: *Amalia.*" *Letras y divisas: ensayos sobre literatura y rosismo.* Ed. C. Iglesia. Buenos Aires: EUDEBA, 1998. 91-101.

Zuccotti, Liliana. "La ficción documentada: *Amalia* y su difusión en la revista *La Semana.*" *Letras y divisas: Ensayos sobre literatura y rosismo.* Ed. C. Iglesia. Buenos Aires: EUDEBA, 1998. 131-146.

1058. MARONNA, JORGE (1948-), y DANIEL SAMPER PIZANO. *El tonto emocional.* (Un novelón para espíritus selectos). Madrid: Temas de Hoy, 1999. 213pp.

1059. MARTELLI, JUAN CARLOS (1944-). *Melgarejo.* Buenos Aires: Perfil, 1997. 223pp.

"Una novela sobre Mariano Melgarejo, un increíble dictador boliviano que le declaró la guerra a Prusia. Una parábola latinoamericana sobre el poder y el desenfreno." [Aviso, *La Nación* (11 mayo 1997): 6/2].

1060. ——. *La muerte de un hombrecito.* Buenos Aires: Planeta, 1992. 216pp.

"A partir de la certeza de dos sobres que contienen pruebas incriminatorias contra personalidades importantes, Martelli arma una novela de difícil definición. No es un policial negro y lo es; no es una narración de aventura y lo es. Los elementos que se dan cita en esta obra son óptimos: Simulación de la realidad, los límites imprecisos de la memoria y lo marginal del poder." [M.R., *La Maga* (9 dic. 1992): 10]

Guiñazú, María. "*La muerte de un hombrecito..*" *HLAS* 54 (1995): 565.

Miguel, María E. de. "*La muerte de un hombrecito.*" *La Nación* (10 enero 1993): 7/5.

1061. ——. *Los tigres de la memoria.* 1973. Buenos Aires: Corregidor, 1984. 145pp.

Russo, Miguel. "Entrevista con Juan C. Martelli." *La Maga* (25 nov. 1992), 25.

Castillo, Alvaro. "Cinco narradores ríoplatenses." *Cuadernos Hispanoamericanos* 299 (1975): 479-483.

1062. MARTIN, ENRIQUE (1953-). *Bohemios.* Buenos Aires: Cinco, 1999. 136pp.

"Un modesto club de fútbol, sus mitos, sus pequeñas glorias y sus previsibles miserias resurgen–o mejor dicho sobreviven–focalizados en el ámbito de un tradicional barrio porteño, y ampliados en los actos y los sueños de un testigo imperfecto pero directo." [Contratapa].

1063. MARTIN, MONICA. *El gran Babsy.* Biografía novelada de Leopoldo Torre Nilsson. Buenos Aires: Sudamericana, 1994. 165pp.

"Ardua tarea se impuso el autor cuando decidió adentrarse en la vida y la obra de Torre Nilsson, probablemente el realizador argentino que más literatura crítica haya inspirado, tanto en la Argentina como en el extranjero. En cada página del libro aparece el Torre Nilsson vibrante, idealista, enfrentado a la censura y elaborador de un cine que, en su momento, rompió las fórmulas de un séptimo arte nacional blanco y pasatista." [Adolfo C. Martínez, *La Nación* (30 enero 1994): VII/4].

1064. MARTIN, SUSANA. *Dicen que los jóvenes somos rebeldes.* Buenos Aires: Planeta, 1991. 143pp.

"Serie juvenil. Jóvenes rebeldes con causa, luchando con su duda y temores, defendiendo su derecho a elegir. Una historia de amor conmovedora y realista." [Aviso, *La Nación* (10 mar. 1991): 4/3].

1065. ———. *Terror en la isla desierta.* Serie juvenil. Buenos Aires: Planeta, 1990. 150pp.

"El misterio que rodea a tantos barcos y aviones desaparecidos en el Triángulo de las Bermudas constituyó para Martín un núcleo inspirador del que extrajo la fuerza conductora para *Terror en la isla desierta.* El protagonista es un adolescente, Sebastián, quien emprende solo un viaje a Miami para desde allí embarcarse en un navío de pasajeros que lo llevará al encuentro de sus padres, dos periodistas abocados a investigar las causas de los fenómenos que se producen en el Triángulo." [K.P.G., *La Voz del Interior* (8 jul. 1990): F/3].

1066. MARTINEZ, CARLOS DAMASO (1944-). *Hay cenizas en el viento.* 1982. Buenos Aires: Alción, 1997. 176pp.

1067. ———. *La creciente.* Rosario: B. Viterbo, 1997. 127pp. Primer Premio Cuento de la Fundación Inca.

"El punto de partida es la aparición del cadáver de una yegua gigantesca, arrastrada por una creciente, que despierta el asombro entre los pobladores de una villa turística. Alguien, de paso en el lugar, será el encargado de descifrar el misterio de su presencia." [F.G.C. (1993-97): 54].

1068. ———. *La frontera más secreta.* Buenos Aires: Paradiso, 1993. 201pp.

1069. ———. *El informante.* Buenos Aires: Losada, 1998. 195pp. Premio Novela de FNA, 1997. Segundo Premio Nacional Eduardo Mallea, 1999.

"Novela de aventuras, de espías, pero más que eso, es la narración de un enigma histórico donde lo imaginario y lo real se mezclan. La posibilidad de una traición cambia la vida tranquila de Briones, un burócrata de los servicios de inteligencia que pasa sus monótonos días escribiendo informes sobre crímenes imaginarios." [Contratapa].

1070. MARTINEZ, GUILLERMO (1962-). *Acerca de Roderer*. Buenos Aires: Planeta, 1992. 132pp.

"Martínez escribe sobre los vaivenes de una intensa pasión intelectual del adolescente, sobre los vaivenes de una búsqueda desaforada y los desafíos propuestos por una inquietud filosófica que no admite ni retaceos en los planteos ni en los caminos de la propia entrega para acceder al Omega entrevisto." [María E. de Miguel, *La Nación* (7 feb. 1993): 7/4].

1071. ———. *Regarding Roderer*. Trad. al inglés por Lauri Dail. New York: St. Martin's Press, 1994. 90pp.

1072. ———. La mujer del maestro. Buenos Aires: Planeta, 1998. 159pp.

"Un escritor joven, el narrador, se enamora de la esposa también muy joven de Jordán, escritor consagrado ya en el final de su camino. Esa historia de amor y de traiciones es la cortina detrás de la cual se despliegan los otros temas de la novela: El duelo intelectual entre la obra del artista y su vida privada, la discusión sobre el arte como forma de conocimiento." [Carolina Arenes, *La Nación* (25 oct. 1998): 6/8].

1073. MARTINEZ, HAYDEE BLANCA. *Diabólica ambición*. Buenos Aires: El Francotirador, 1997. 192pp.

"La novela gira en torno a un complicado argumento judicial." [M.I.L.].

1074. ———. *La mentira*. Buenos Aires, 1991.

1075. MARTINEZ, TOMAS ELOY (1934-). *La mano del amo*. 1991. Buenos Aires: Seix Barral, 1997. 206pp.

"La obra revela una originalidad y sutileza poco frecuentes en la literatura actual, en el relato de la guerra que Carmona libra contra su propia madre y su temible corte de felinos acaudillados por Brepe, una gata callejera." [F.G.C. (1996-97): 20].

1076. ———. *La novela de Perón*. 1985. Buenos Aires: Planeta, 1996. 366pp.

Flawiá de Fernández, Nilda. *Identidad y ficción*. Tucumán: Magna, 1999. En parte, sobre *La novela de Perón* y *Santa Evita*.

Martínez, Tomás Eloy. *Las memorias del General*. Buenos Aires: Planeta, 1996. Conversaciones entre Martínez y Perón, 1970-1971.

1077. ———. *La pasión según Trelew*. Buenos Aires: Granica, 1973. 238pp.

1078. ———. *La pasión según Trelew*. Buenos Aires: Planeta, 1997. 254pp.

Maunás, Delia. "Entrevista con Tomás Eloy Martínez." *La Prensa* (6 ag. 1995): Secc. Cult., 2-3.

1079. ———. *Santa Evita*. Buenos Aires: Planeta, 1995. 398pp.

1080. ———. *Santa Evita*. Trad. al alemán por Peter Schwaar. Berlin: Suhrkamp, 1996. 432pp.

"*Santa Evita* es la cara del peronismo que permanece en las sombras en la novela anterior, *La novela de Perón*, y que pone en diálogo no sólo los sucesos históricos por todos conocidos, sino el proceso que subyace a la realidad en la elaboración popular del mito. Es la historia del país no contada. Por ello el texto constituye una respuesta posible, un intento de develar el enigma, y en cuyo camino todo testimonio, toda información, deviene ficcional por individual y subjetivo." [Nilda Flawiá de Fernández, "*Santa Evita*: escritura, historia, deseo." *III Jornadas de literatura desde la cultura popular*. 65-66.

Bach, Caleb. "Tomás Eloy Martínez: Imagining the Truth." *Americas* 50/3 (May 1998): 14-21.

Ferro, Roberto. "*Santa Evita*: La verdad de la ficción." *El lector apócrifo*. 293-301. Primero publicado en *Espacios* 18 (1996).

Flawiá de Fernández, Nilda. "*Santa Evita* : La escritura de la historia y del deseo." *De memorias y utopías*. Buenos Aires: Coregidor, 1996. 125-135.

Foster, David W. "*Santa Evita*." *World Literature Today* 70/2 (Spring 1996): 368.

Machin, Horacio. "Literature and Intellectual Field in Argentina During the Eighties." Tesis de doctorado, Stanford Univ., 1996. Sobre T. E. Martínez, R. Piglia.

Moreno, Marcelo. "El hambre de organizar la propia libertad: *Santa Evita* ." *III Jornadas de literatura desde la cultura popular*. Córdoba: Univ. Nac. de Córdoba, 1995. 87.

Zicolillo, Jorge. "*Santa Evita*." *La Prensa* (27 ag. 1995): Secc. Cult.,8.

1081. MARTINEZ DE RICHTER, MARILY. *Falada: die kuh*. Villa Ballester: Claxon, 1996. 243pp.
"Una vaca argentina, atrevida y fantosiosa, cuenta una historia de amores, crímenes y traiciones. Es una original sátira de la vida social, cultural y política en Berlin desde principios de los '70 hasta la unificación alemana." [F.G.C. (Sept. 1996): 26] "En *Falada* se descubre el humor y la inteligencia de una escritura señaladamente crítica." [Noemí Ulla, *La Voz del Interior* (12 Sept. 1996): C/12].

1082. MARTINEZ ESTRADA, EZEQUIEL (1895-1963).
——. *Congreso internacional sobre la vida y la obra de Ezequiel Martínez Estrada*. Bahía Blanca: Fund. Martínez Estrada, 1995.

Arancibia, Juana A. Martínez Estrada: Francotirador. Buenos Aires: Ayala Palacio, 1993.

——. *Martínez Estrada: Francotirador/Martínez Estrada: The Sniper*. Buenos Aires: Almagesto, 1996. Edición bilingüe.

Burgos, Nidia. "Martínez Estrada inédito: Entre lo confesional y lo doliente. Cartas personales a su esposa." *Alba de América* 13/24 (Jul. 1995): 129-148.

Earle, Peter G. "Martínez Estrada y Sábato y sus fantasmas." *Cuadernos Hispanoamericanos* 547 (Enero 1996): 51-60.

Orgambide, Pedro. *Un puritano en el burdel*. Rosario: Ameghino, 1997.

Peltzer, Federico. "La narrativa de Martínez Estrada." *BAAL* 60/237 (Jul. 1995): 355-362.

1083. MARTINEZ VIVOT, JOSE MARIA. *La cortesana de Buenos Aires*. Buenos Aires: Corcel, 1999. 245pp.
"Martínez Vivot ha tomado hechos y personajes reales del Buenos Aires del siglo XVII y se ha centrado en la historia de María de Guzmán Coronado, una dama criolla de clase alta que, con su belleza, su audacia y su temple sin escrúpulos, supo cautivar a los más importantes personajes de la época." [Adolfo Martínez, *La Nación* (5 feb. 1999): Bibliografía].

1084. MARTINEZ ZUVIRIA, GUSTAVO (1883-1962). *El camino de las llamas*. 1930. Buenos Aires: Nuevo Siglo, 1995. 160pp.

1085. ——. *La casa de los cuervos*. 1916. Buenos Aires: Plus Ultra, 1994. 152pp.

1086. ——. *La casa de los cuervos*. Con "Estudio introductorio," "Comentario estilístico," y "Notas explicativas." Rosario/Santa Fe: Didascalia, 1993. 378pp.

1087. ———. *Desierto de piedra*. 1925. Buenos Aires: Plus Ultra, 1981. 200pp.

1088. ———. *Desierto de piedra*. Rosario/Santa Fe: Didascalia, 1993. 270pp.

1089. ———. *Flor de durazno*. 1911. Buenos Aires: Plus Ultra, 1978. 224pp.

1090. ———. *Myriam la conspiradora*. 1926. Buenos Aires: Plus Ultra, 1993. 144pp.

1091. ———. *El jinete de fuego*. 1926. Buenos Aires: Plus Ultra, 1994. 160pp.

1092. ———. *Lucía Miranda*. 1929. Buenos Aires: Plus Ultra, 1993. 224pp.

1093. ———. *Valle negro*. 1918. Buenos Aires: Plus Ultra, 1993. 208pp.

1094. ———. *Valle negro*. "Estudio introductorio" y "Comentario estilístico" de Néstor A. Noriega. Rosario/Santa Fe: Didascalia, 1994. 450pp.

1095. ———. *Novels by Hugo Wast*. Gordon Press, 1977.

Gociol, Judith. "Cuestionan la figura de Hugo Wast." *La Maga* (23 nov. 1994): 39.

Randolph, Jennie Taylor. "The Social and Economic Conditions and Problems of Argentina as Portrayed in the Novels of Hugo Wast." M.A. Thesis, Hardin-Simmons Univ., 1933.

1096. MARTINI "REAL", JUAN CARLOS (1944-). *Barrio Chino*. Buenos Aires: Norma, 1999.

1097. ———. *La construcción del héroe*. Buenos Aires: Legasa, 1989. 160pp.

"Novela de corte detectivesco cuyo fragmentarismo elude revelar el enigma central. Cual nuevo Ulises, el héroe recorre una ciudad y recoge historias parciales y contradictorias que permiten la creación de la ficción." [María Guiñazú. "*La construcción del héroe*." *HLAS* 54 (1995): 565].

Warley, Jorge. "Juan Carlos Martini insiste con el viejo truco de la metaficción: *La construcción del héroe*." *Página 12* (1989).

1098. ———. *El enigma de la realidad*. Buenos Aires: Alfaguara, 1991. 121pp.

"Aunque leemos *El enigma de la realidad* en forma independiente, es una prolongación de *Composición de lugar*. La novelita asocia las artes en los diálogos y trabajos de los personajes. Fabrizio ha dedicado una parte de su vida a escribir su ensayo sobre 'Il Cinquecento,' y consume el resto de sus días en corregir ese texto. Juan Minelli, escritor, envidia ese modelo de composición vital y desea aplicarlo a su nuevo proyecto, "El enigma de la realidad," una novela en proceso, pensada como investigación para saber qué cosa es la novela." [Pedro Barcía, *La Nación* (24 nov. 1991): 7/5].

Diego, José L. de. "El Juan Minelli de Juan Martini." *Cuadernos* (1996): 167-179.

Guiñazú, María. "*El enigma de la realidad*." *HLAS* 54 (1995): 565.

Lafforgue, Jorge. "La realización del enigma." *Página 12* (24 nov. 1991): 6.

1099. ———. *El fantasma imperfecto*. 1986. Buenos Aires: Alfaguara, 1994. 184pp.

1100. ———. *La mano del amo*. Buenos Aires: Planeta, 1991.

1101. ———. *La máquina de escribir*. Un capítulo, "La inmortalidad," apareció en *Hispamérica* 25/74 (Ag. 1996): 83-88.

1102. ———. *La máquina de escribir*. Buenos Aires: Seix Barral, 1996. 313pp.

"Esta novela es calificada de 'excepcionalmente vertiginosa' por Andrés Rivera y de 'veleidosa y dura' por Osvaldo Soriano." [F.G.C. (1997): 20].

1103. ——. *Notas sobre el padre de Facundo.* Buenos Aires: Pierre Menard, 1992. 90pp.

"El libro propone una nueva lectura de *Facundo.* Establece su intención el prólogo de Luis Gusmán: 'Alguien decide que el Facundo es el monólogo de Hamlet.' Martini Real parte de la duda de Hamlet, del dilema clásico que se transforma en 'ser o no ser salvaje.' Gusmán precisa que el sujeto de la narración sería el Hamlet de la historia y el fantasma de Facundo convocado lo dejaría a éste frente a la cuestión de tener que resolver o arrancar el secreto que guarda la esfinge." [Angel Mazzei, *La Nación* (21 jun. 1992): 7/5].

1104. ——. *Tres novelas policiales.* Buenos Aires: Legasa, 1985. 350pp.

1105. ——. *La vida entera.* 1981. Buenos Aires: Seix Barral, 1997. 315pp.

Perilli de Rush, Carmen. "El saber de una escritura: *La vida entera* de Juan Carlos Martini." *Revista Iberoamericana de Bibliografía* 44/2 (1994): 323-327.

Saavedra, Guillermo. "Juan Martini: La novela, la lengua y el estilo." *La curiosidad impertinente.* Rosario: Beatriz Viterbo, 1993. 43-48.

Solotorevsky, Myrna. "Connotadores de escrituralidad en textos de R. Arenas, J. J. Saer y J. C. Martini." *Actas, AIH: Lecturas y relecturas de textos españoles, latinoamericanos y US latinos.* Ed. J. Villegas. Irvine: Univ. of California, 1994. IV: 268-277.

——. "La tetralogía de Martini o la obsesión por la historia." *Hispamérica* 21/62 (Ag. 1992): 3-19.

1106. MASCIANGIOLI, JORGE (1921-). *Buenaventura adiós.* Buenos Aires: Atlántida, 1993. 336pp.

"*Buenaventura adiós* admite muchas lecturas. Una es la de la sátira política, y que tanto puede referirse a situaciones más o menos recientes en América Latina como a situaciones aun vigentes en hay otras, entre ellas la del descubrimiento lingüístico de arcaísmos reveladores, o la de la complicidad más con los personajes que con el autor en sus descalabradas aventuras íntimas." [E. Gudiño Kieffer, *La Nación* (20 feb. 1994): 7/5].

A.R. "*Buenaventura adiós.*" *La Maga* (19 enero 1994): 19.

1107. ——. *Las palabras de la dicha.* Buenos Aires: GEL, 1996. 505pp.

Vázquez, María E. "Entrevista con Jorge Masciangioli." *La Nación* (17 mayo 1992): 7/2.

Lojo, María R. "*El profesor de inglés.*" *La Nación* (11 feb. 1990): 4/5.

1108. MASTRANGELO, DENISE. *El paraíso de las cortaderas.* Buenos Aires: Plus Ultra, 1997. 78pp.

1109. MASTROBERARDINO, DANIEL (1955-). *Hijo del sol: Vida y muerte de Tupac Amaru.* Buenos Aires: Sudamericana, 1999. 354pp.

"Novela sobre el último de los incas y su lucha por la reivindicación de los indígenas. Muestra una galería de personajes que va revelando los rasgos distintivos de la sociedad andina de fines del siglo XVIII." [F.G.C., Sept. 1999].

1110. MEDINA, ENRIQUE (1937-). *Les chiens de la nuit.* 1977. Trad. al francés de *Perros de la noche,* por Claudine Carbon. Paris: Atalante, 1996. 190pp.

1111. ——. *El Duke.* 1976. Trad. al francés por Claudine Carbon. Paris: Atalante, 1997. 168pp.

1112. ———. *El escritor, el amor y la muerte.* Buenos Aires: Planeta, 1998. 607pp.

"In many senses a miscellany of narrations, *El escritor, el amor y la muerte* is held together by the central figure, Domínguez, a dentist who ends up killing his wife, two daughters, and mother-in-law, a narrative circumstance that is saved from an initial impression of rampant sexism for the reader by the fact that it is based on a 1992 event which took place in La Plata and became one of the most celebrated criminal cases in Argentine history. [. . . .] Rather, Medina would seem to be closer to Mailer's vast social canvases in which the individual is an allegorical or figural embodiment of implacable sociohistorical forces. [. . . .] In Medina's novel that doom is the narrowing of an individual's life to a simple defining act that has become naturalized and inevitable in his mind as the one thing that can provide him with meaning." [David W. Foster, *World Literature Today* 73/4 (Autumn 1999): 703].

Tarifeño, Leonardo. "*El escritor, el amor y la muerte.*" *La Nación* (6 dic. 1998): 6/9].

1113. ———. *Gatica.* Buenos Aires: Galerna, 1991. 307pp.

"José María Gatica (1925-63) was probably the most controversial figure in the history of the Argentine ring. [. . . .] Enrique Medina's novel pulls no punches in setting Gatica up as an icon of, in a first instance, the freewheeling corruption of the Peronista years in Argentina [....] and, more generally, of the enormous distance that exists between the cultural myths of Argentine society and the grinding inexorableness of their false promises. [....] Constructed around segments that move between a characterization of Gatica's preverbal speech [. . . .] and a recitation [. . . .] of the circumstantial facts of Gatica's life and career, Medina's novel is something like a terrible allegory of a liberal society in which the destiny of the individual has quite no consequence at all." [David W. Foster, *World Literature Today* 66/2 (Spring 1992): 311-312.

1114. ———. *Les Tombes.* 1972. Trad. al francés por Claudine Carbon. Paris: Arfuyen, 1994. 413pp.

Lorente-Murphy, Silvia. "El discurso de la dictadura y la narrativa de Enrique Medina: ¿Oposición o copia?" *Alba de América* 14/26 (Julio 1996): 173-180.

Russo, Miguel. "Medina critica la adaptación de *Las tumbas.*" *La Maga* (12 dic. 1991): 26.

Tarifeno, Leonardo. "La escritura y el cinismo como armas vitales: Enrique Medina." *La Nación* (6 dic. 1998): Supl. Lit., 9.

1115. MEDINA, MIRTA. *Los juegos siniestros argentinos.* Buenos Aires: Corregidor, 1996. 159pp.

"Una historia de amor, entre dos jóvenes de veinte años, en la década del '70, con saltos temporales a jun. de 1956, fecha de los fusilamientos ordenados por la Revolución Libertadora." [F.G.C., 1996].

1116. MEHL, RUTH. *Años de juventud y peligro.* Buenos Aires: Sudamericana, 1998. 198pp.

"Mehl ha elegido un grupo de adolescentes para protagonizar el conjunto de aventuras, habitadas por la camaradería y el dolor, que conforman su novela. Aun en el marco de una trama de compañerismo y encuentros, la soledad irrumpe, golpeando en ocasiones a estos jóvenes, muchos de los cuales carecen de padres. La historia transcurre durante el Proceso." [Inés Malinow, *La Nación* (23 ag. 1998): 6/5].

1117. ———. *El sobreviviente.* Novela juvenil. Buenos Aires: Sudamericana, 1998. 200pp.

"Agustín, el joven hijo de un desaparecido de la dictadura del '76, cuenta su historia. Junto a sus amigos, intentará deshacer un entramado de injusticia y corrupción, en busca de sus dos hermanos adoptivos." [*Catál,* Ed. Sudamericana (1998-99): 39].

1118. MENDEZ, MARIO (1965-). *Cabo Fantasma*. Buenos Aires: 1998.

1119. ——. *El monstruo del arroyo*. Buenos Aires: 1996.

1120. MENDEZ CALZADA, JOAQUIN (1893-). *Las zarzas del sendero*. Buenos Aires: AGLP, 1918. 250pp.

1121. MERCADER, MARTHA (1926-). *Una abuela y ciento veinte millones de nietos*. Buenos Aires, 1983.

1122. ——. *Juanamanuela, mucha mujer*. 1980. Buenos Aires: Sudamericana, 1993. 449pp.

1123. ——. *Juanamanuela, mucha mujer*. Buenos Aires: Sudamericana, 1999. 362pp.

> Battaglia, Diana, y Diana B. Salem. "La escritura como espejo de otra escritura en *Juanamanuela, mucha mujer.*" *Literatura como intertextualidad: IX Simposio Internacional de Literatura*. Buenos Aires: Inst. Lit. y Cult. Hisp., 1993. 338-345.

> Gimbernat González, Ester. "*Juanamanuela*: Desde la 'idiosa' diferencia de la copia." *Aventuras del desacuerdo: Novelistas argentinas de los '80*. Buenos Aires: D. A. Vergara, 1992. 30-34.

> Salem, Diana B., y Diana Battaglia. "Martha Mercader: Mujeres, escritura y lectura en el siglo XIX." *Alba de América* 11/20 (Jul. 1993): 273-280.

> Vázquez, María E. "La mujer y la libertad: Martha Mercader." *La Nación* (3 enero 1993): 7/2.

1124. MERCADO, NILDA (TUNUNA) (1939-). *Canon de alcoba*. Relatos de tema común. Buenos Aires: Aida Korn, 1989. 177pp.

> "Es una novela en la que no pasa nada, y sin embargo se re-escribe todo lo que pasa más allá del 'no saber,' latente del otro lado de la puerta cerrada y las ventanas acortinadas de la alcoba." [Ester Gimbernat González, *Aventuras del desacuerdo*. 266].

> García-Calderón, Myrna. "La escritura erótica y el poder en *Canon de alcoba* de Tununa Mercado." *Revista Iberoamericana* 65/187 (Abr.-Jun. 1999): 373-382.

> Mora, Gabriela. "Entrevista: Tununa Mercado." *Hispamérica* 21/62 (Ag. 1992): 77-81.

> Tompkins, Cynthia. "La palabra, el deseo y el cuerpo o la expansión del imaginario femenino: *Canon de alcoba* de Tununa Mercado." *Confluencia* 7/2 (Spring 1992): 137-140.

> Uribe, Olga T. "Modelos narrativos de homosexualidad en el reino de los sentidos de *Canon de alcoba*: 'Ver,' 'oír,' y 'el recogimiento.' Tres textos de Tununa Mercado." *Latin American Literary Review* 22/43 (Jan. 1994): 19-30.

1125. ——. *Canon de alcoba*. Caracas: Monte Avila, 1994. 119pp.

1126. ——. *Canon de alcoba*. Barcelona: Serbal, 1995. 140pp.

1127. ——. *En estado de memoria*. Memorias noveladas. Buenos Aires: Ada Korn, 1990. 197pp.

> "Se trata de evocaciones concisas que con vuelo poético y cierto sentido filosófico siguen una vertiente personal íntima, en la que tiene la nostalgia un lugar de privilegio. La infancia, la juventud, la vocación, las mutaciones sucesivas, son temas que convergen y pasan por un mismo filtro, el de dejarse llevar por el acontecer, desdibujada la identidad, en un terruño lejano primero y desconocido después." [K.P.G., *La Voz del Interior* (5 ag. 1990): F/4].

O'Connell, Patrick L. "The Function of Memory in Argentine Postmodern Narrative by M. Giardinelli, T. Mercado & A. M. Shúa." Tesis de doctorado, The Univ. of New Mexico, 1997.

1128. ——. *La madriguera.* Buenos Aires: Tusquets, 1996. 182pp.

"Libro memorioso de una Córdoba lejana, con calado en la vida de una casa liberal en un barrio de clase media, y en las relaciones de una niña, la que yo era entonces, con un profesor de inglés. La familia era antiperonista, politizada, es decir con la conciencia del peligro de ser opositores, pero con cierto regocijo arrogante por estar en contra del régimen." [Tununa Mercado, *Página 12* (5 feb. 1999): Secc. Verano 2-3].

A., "*La madriguera.*" *La Voz del Interior* (29 ag. 1996): C/10.

Martínez de Richter, Marily, ed. *La caja de la escritura. Diálogos con narradores y críticos argentinos.* Frankfurt: Vervuert, 1997. Incluye entrevista con T. Mercado.

1129. MERKIN, MARTA (1958-). *Camila O'Gorman: La historia de un amor inoportuno.* Buenos Aires: Sudamericana, 1997. 230pp.

"Con un lenguaje sencillo y no pocas veces poético y desgarrador, Merkin relata, sobre la base de hechos auténticos y de situaciones ficticias, el angustioso camino de la pareja hasta su huida, su captura y su fusilamiento por orden de Rosas. En torno de ambos personajes transitan seres que comprenderán su calvario y se recrea, además, la vida diaria de una época sangrienta." [Adolfo Martínez, *La Nación* (2 nov. 1997): 6/6].

1130. ——. *La Peñaloza: Una pasión armada.* Buenos Aires: Sudamericana, 1999. 286pp.

"Basada en hechos reales, esta novela narra la historia del amor que unió a Victoria Romero, joven riojana, con el caudillo de su provincia, Angel Vicente Peñaloza, junto al que peleó como una montonera más, salvándole la vida en la batalla del Manantial." [F.G.C., Nov. 1999].

1131. MIGNOGNA, EDUARDO (1940-). *La fuga.* Buenos Aires: Emecé, 1999. 211pp. Premio Emecé 1998-99.

"La novela está organizada en base a trece relatos: Uno por cada uno de los fugados de la cárcel de Las Heras en un día de 1928." [Silvana Castro, *Breve diccionario biográfico.* 148].

1132. MIGUEL, MARIA ESTHER DE (1926-). *La amante del Restaurador.* Buenos Aires: Planeta, 1996. 260pp.

"Libro que enlaza verdad y fantasía, historia y ficción, alrededor de la figura de Juanita Sosa, un personaje que desnuda el alma femenina de todos los tiempos." [Aviso, *La Nación* (5 sept. 1993): 7/5].

Vázquez, María E. "María E. de Miguel y *La amante del Restaurador.*" *La Nación* (3 oct.1993): 7/2. Entrevista.

1133. ——. *Las batallas secretas de Belgrano.* Buenos Aires: Seix-Barral/Espasa Calpe, 1996. 380pp.

"Su protagonista es Manuel Belgrano, quien, por su origen italiano, es el predecesor de los hombres de esa sangre que constituirán el ingrediente más importante de nuestra nacionalidad. Es notable la vivacidad con que la autora ha conseguido darle a su obra el tono de la época. Todo es contado 'desde adentro.' La autora hace aparecer como contemporáneos de Belgrano nombres como Roa Bastos. Licencia regocijante, en un libro estremecido por las penurias de su protagonista." [Eduardo Dessein, *La Gaceta de Tucumán* (3 mar. 1996): Supl. Lit., 3.

1134. ———. *Un dandy en la corte del Rey Alfonso.* Buenos Aires: Planeta, 1998. 396pp.

"Entretenidísimo relato. La acción transcurre en la segunda mitad del siglo XIX, época que ya anunciaba la frivolidad y el burbujeo de la que después se llamaría 'belle epoque.' Fabián, huérfano, es un adolescente deseoso de aventuras. Cansado de andar entre faldas de institutrices, se enamora de una soprano y huye con ella a Italia. Desde Florencia, donde se instala con su esposa, inicia una larga residencia europea, donde su enorme fortuna le permite rodearse de lujos y refinamientos." [Antonio Requeni, *La Nación* (17 enero 1999): 6/6].

1135. ———. *Espejos del recuerdo.* Buenos Aires: Planeta, 1997. 314pp. Se publicó en 1978 con el título *Espejos y daguerrotipos.*

1136. ———. *El general, el pintor, y la dama.* Buenos Aires: Planeta, 1996. 318pp. Premio Planeta, 1996.

"La novela se estructura a partir de dos historias, de dos biografías: La del caudillo entrerriano y la del pintor oriental. Urquiza y Blanes protagonizan sus vidas paralelas, engarzan el dolor de la patria. La novela no es un fresco de la historia colectiva de una nación separada falsamente por un río. Es un adentrarse en la historia individual, en el terreno brumoso de las pasiones personales, de los destinos inciertos." [*La Voz del Interior* (26 dic. 1996): C/12].

1137. ———. *Jaque a Paysandú.* 1984. Buenos Aires: Planeta, 1997. 251pp.

1138. ———. *Violentos jardines de América.* Buenos Aires: Norma, 1988. 283pp. Se publicó en 1974 con el título *Puebloamérica.*

Garzón, Raquel. "Entrevista con María E. de Miguel." *Clarín* (14 feb. 1999): Secc. Cult., 5.

Lojo, María Rosa. "*Violentos jardines de América.*" *La Nación* (4 oct. 1998): 6/11.

Mucci, Cristina. *Voces de la cultura argentina.* Buenos Aires: El Ateneo, 1997.

Vázquez, María E. "Entrevista con María E. de Miguel." *La Nación* (23 mar. 1997): 6/3.

1139. MIGUENS, SILVIA (1950-). *Ana y el Virrey.* Buenos Aires: Planeta, 1998. 285pp.

"Novela que recrea la apasionada (y escandalosa) relación de Ana Perichón (la Perichona) con el Virrey Santiago de Liniers. La ficción se impone sobre las certidumbres de la realidad." [Silvana Castro, *Breve diccionario biográfico.* 148].

1140. ———. *Lupe.* Buenos Aires: Tusquets, 1997. 294pp.

"Miguens ha imaginado con lujo de detalles y algunos descuidos la vida de la esposa de Mariano Moreno, María Guadalupe Cuenca. La autora pinta un acertado cuadro del Buenos Aires de 1805. La novela se compone de capítulos alternados narrados en primera y tercera persona e incluye como 'epílogo' la relación de la muerte de Moreno por su hermano y 'Cartas de Guadalupe a Mariano' enviadas a Inglaterra ignorando que él había muerto en la travesía." [C. Gómez, *La Nación* (22 jun. 1997): 6/4].

Vázquez, María E. "La viuda de Moreno: Entrevista con Silvia Miguens." *La Nación* (11 mayo 1997): 6/2].

1141. MILEWICZ, EDUARDO (1958-). *Bulevar García.* (Basada en un hecho real). Buenos Aires: Tilt Producciones, 1988. 111pp.

"Todo parece haber quedado aquí en el estado de una catalepsia mundana contra la cual se transparentan los seres como lo humeante de esa pérdida general de las formas quiméricas de la muerte y de la fe en ver." [Luis A. Spinetta, Pról.].

1142. MILLAS, JUAN JOSE. *El desorden de tu nombre*. Buenos Aires: Alfaguara, 1990. 172pp.

"Los personajes son un hombre y una mujer que se encuentran y enamoran, momento a partir del cual comienza para el primero ese flujo y reflujo de la realidad concreta a la imaginaria, segundo plano del novelista convertido aquí en sorprendido y activa parte de la historia que narra." [V.P., *La Voz del Interior* (27 dic. 1990): D/2].

1143. MIRA, RUBÉN (1964-). *Guerrilleros*. (Una salida al mar para Bolivia). Buenos Aires: Tantalia, 1993. 253pp.

"Viajé a Bolivia en 1986. Llevaba una edición del 'Diario de Che' entre mis cosas. Mi novela, que contiene la mayoría de las notas de aquella lectura y aquel viaje, es un modo de volver, después de tanto." [Rubén Mira, dedicatoria a la novela].

1144. MIRO, JOSÉ MARIA (1867-1896).

Ferrari, Irene. "La novela de la Bolsa." *La Prensa* (14 mayo 1995): Secc. Cult., 12.

Mitre, Jorge. "*La bolsa*: Novela testimonial." *La Nación* (5 enero 1992): VII/6.

1145. MOGUILLANES, ANDRES (1963-). *Corredores de medianoche*. Buenos Aires: Francotirador, 1993. 122pp.

"Una novela tan fascinante como extrañamente ambigua, tan atrayente como mística, tan desdibujada como evocadora. La narrativa en primera persona es tanto la historia medio detectivista de las figuras ensombrecidas de Gutiérrez y de Morgan como la historia angustiada de quien la narra. Moguillanes despliega en esta novela un rico tono lírico y una sutil vena imaginativa dentro de un realismo agudamente definido. Por toda la narración, se aprecian interesantes indagaciones psicológicas que añaden al esqueleto policial de la obra una dimensión profundamente humana e íntima." [M.I.L.].

1146. MOLEDO, LEONARDO (1947-). *Tela de juicio*. 1989. Buenos Aires: Cántaro, 1991. 247pp.

"Las debilidades del protagonista reflejan la inmoralidad oficializada que culminó en la invasión de las Malvinas." [María L. Bastos, "*Tela de juicio*." *HLAS* 54 (1995): 565].

1147. MOLINA, ENRIQUE (1910-1996). *Una sombra donde sueña Camila O'Gorman*. 1973. Buenos Aires: Corregidor, 1997. 360pp.

Barei, Silvia N. "Enrique Molina: A quince días de su muerte." *La Voz del Interior* (28 nov. 1996): C/12.

López de Espinosa, Susana. "Discurso narrativo y representación histórica en *Una sombra donde sueña Camila O'Gorman*." *Alba de América* 12/22 (Jul. 1994): 203-211.

Sefamí, Jacobo. "Itinerario de memorias: Entrevista con Enrique Molina." *Revista Chilena de Literatura* 44 (Abr. 1994): 141-148. También, en *Chasqui* 23/2 (Nov. 1994): 143-149.

1148. MOLINA, JUANA EMILIA (MILITA) (1951-). *Una cortesía*. Buenos Aires: Perfil, 1998. 97pp.

"El objetivo de la novela es destacar el tono cortés del hablar y el comportamiento impecable. Hay un encuentro entre una extranjera y un caballero que debe cumplir con un deber familiar: Rescatar ciertos papeles de su padre que la dama posee. No sabemos más, aunque planteada la novela como está, tampoco importa. La novela se propone como un cuadro, y la ética cortés alcanza a la narradora, que traduce las impresiones, corrige, guía las interpretaciones, para evitar los desajustes de tono." [Gabriela Leonard, *La Nación* (10 mayo 1998): VI/7].

1149. ——. *El visitante*. En *Fina voluntad* (dos novelas cortas). Rosario: Beatriz Viterbo, 1993. 13-70.

"Un hecho imprevisto–la muerte repentina del esposo y una casa súbitamente vacía para Catherine–provoca el interrogante, ¿Y qué piensa hacer ahora en una casa tan grande?" [Contratapa].

1150. MOLLOY, SYLVIA. *En breve cárcel*. 1981. Buenos Aires: Simurg, 1999. 156pp.

Ayuso-Ventimiglia, Monica. "Thinking Back Through Our Mothers: Virginia Woolf in the Spanish-American Feminine Imagination." Tesis de doctorado, Univ. of Florida, 1994.

Gimbernat González, Ester. *"En breve cárcel:* Como si fuera un lugar lejano." *Aventuras del desacuerdo: Novelistas argentinas de los '80*. Buenos Aires: D. Albero Vergara, 1992. 260-265.

Gudiño Kieffer, Eduardo. *"En breve cárcel."* *La Nación* (10 enero 1999): 6/7.

Norat, Gisela. "Four Latin American Writers Liberating Taboo: Albalucía Angel, Marta Traba, Sylvia Molloy, Diamela Eltit." Tesis de doctorado, Washington Univ., 1991.

Pertusa-Seva, Inmaculada. "Escribiendo entre corrienetes: Carmen Riera, Esther Tusquets, Christina Peri Rossi y Sylvia Molloy." Tesis de doctorado, Univ. of Colorado, Boulder, 1996.

Saenz de Tejada, Cristina. "Feminism and Difference in Latin American Autobiographical Narrative (1975-1985)." Tesis de doctorado, The Pennsylvania State Univ., 1994.

Stephenson, Marcia. "Unveiling the Self-Conscious Narrator: A Study of Two Works by Sylvia Molloy and Clarice Lispector." Tesis de doctorado, Indiana Univ., 1989.

1151. MONFORT, ADRIANA. *Sueño de un niño argentino*. Literatura juvenil. Buenos Aires: Ed. de la autora, 1977. 55pp.

"Una historia bien construida y acorde a la época de su publicación, cuyo argumento se cifra en un plan ideado y ejecutado por el conjunto de animales que componen la fauna patagónica, con el objeto de la recuperación de las Islas Malvinas." [Roberto Santana, *Literatura fueguina, 1975-1995*. 113].

1152. MONTALDO, GRACIELA R. *Preciosas cautivas*. (Véase bajo Claudia Gilman).

1153. MONTERGOUS, GABRIEL (1936-). *Esa selva sin flores*. En *Esa selva sin flores*. Buenos Aires: Legasa, 1988. 11-85.

1154. ——. *Nudos de hierro*. Buenos Aires: Atril, 1999. 246pp.

"Novela que invita a descubrir en sus protagonistas los rostros de una Argentina polivalente, lírica y cruel, abierta a la intimidad y al desengaño." [F.G.C., Nov. 1999].

1155. ——. *Polo y los dispersos*. Buenos Aires: GEL, 1995, 201pp. Segundo Premio de Novela, FNA, 1994.

"Esta cuidadosa elaboración formal, llena de recursos que diversifican el relato, lo matizan con tonos diferentes según los diferentes personajes y recuerdan remotamente a Proust, es un mérito poco común en la literatura argentina de este fin de milenio. La avidez de Polo por saberlo todo, hasta el idioma de los araucanos, es en cierta medida la avidez de tantos argentinos frustrados." [E. Gudiño Kieffer, *La Nación* (28 enero 1996): VI/4].

1156. MONTERO, EDUARDO. *El sexto hombre.* Buenos Aires: Plus Ultra, 1997. 131pp.

"Visión apocalíptica de un mundo que gira insistente sobre su propio egoísmo." [F.G.C. (Feb. 1998): 64].

1157. MONTES, FRANCISCO. *Cartel de Medellín.* Buenos Aires: Corregidor, 1991. 278pp.

"El tema es el narcotráfico, pero no hay una investigación seria sobre el problema, puesto que se trata de una ficción. Pero tampoco logra en ese ámbito ningún interés. Confunde trama con suma de acciones múltiples, amontona personajes intrascendentes. Los protagonistas son esteriotipados, casi de cartón, y avanzan en toda la historia mostrando un solo perfil." [M. M., *La Voz del Interior* (9 mayo 1991): D/2].

1158. MONTES, GRACIELA (1947-). *A la sombra de la inmensa cuchara.* Buenos Aires: Sudamericana, 1998. 128pp.

"Una historia audaz e inquietante: El alarmante destino de un pueblo sometido a una sucesión de achicamientos. Un pueblo que empieza produciendo vacas de bolsillo y termina perdiéndose entre los pétalos de una rosa mosqueta." [*Catál,* Ed. Sudamericana (1998-99): 30].

——. *Elisabet.* Buenos Aires: Grijalbo Mondadori, 1999. 157pp.

"Esta es la historia de la conversión deliberada de una joven humilde a una mujer de clase alta, la historia de una primera decisión y la lucha por mantenerla hasta el final." [F.G.C., Nov. 1997].

1159. ——. *Irulana y el Ogronte.* (Un cuento de miedo). Literatura juvenil. Buenos Aires: Colihue, 1985.

"La historia se afirma en la sugestión verbal e icónica, desde el diseño de la tapa y las primeras páginas. Se prepara al lector para un ingreso a la ficción en la que el miedo no descarta el guiño y el gesto de contención del autor. La historia se construye y reconstruye en la misma escritura, creando una distancia que dificulta la identificación ingenua; el lector puede realizar hipótesis y monitorear su propio proceso de lector." [A.B.A., *La Voz del Interior* (6 jun. 1996): C/10.

1160. ——. *Y el arbol siguió creciendo.* Buenos Aires: Gramon-Colihue, 1995. 62pp.

"*Y el arbol siguió creciendo* se presenta como un todo armónico de texto escrito [. . .] que seduce al lector liberando su imaginación. Personajes cotidianos y problemas de los habitantes de una ciudad son el sostén de una historia fantástica, cuya trama integra el amor, el humor, la aventura y hasta la sátira a la televisión, a la burocracia, y a ciertos saberes disciplinarios." [A.B.A., *La Voz del Interior* (29 ag. 1996): C/10].

Ammann, Ana B. "Entrevista con Graciela Montes." *La Voz del Interior* (30 oct. 1996): C/11.

1161. ——. *El umbral.* Buenos Aires: Grijalbo Mondadori, 1998. 383pp.

"Una mujer confiesa un crimen, otra registrará la confesión. A través de sus voces se devela la naturaleza del crimen y sus consecuencias, trazando una historia inquietante." [F.G.C., 1999].

1162. MONTES, JORGE. *¡Despertá, Jeringa!* 1985. Buenos Aires: Corregidor, 1993. 240pp.

1163. MONTI, CLAUDIO (1968-). *Escorpión.* Buenos Aires: Ed. del autor, 1993. 160pp. Reimpr., 1996.

1164. MORALES, VICTOR HUGO. *Un grito en el desierto.* Buenos Aires: Sudamericana, 1998. 181pp.

"A través de la historia de un desempleado y su familia, Morales desgrana el sinfín de matices del problema que el desempleo significa para la sociedad argentina." [F.G.C. (Dic. 1998): 29].

1165. MOREA, JOSEFINA. *Violetas a destiempo.* Buenos Aires: Atlántida, 1998. 221pp.

"Una novela romántica que invita a compartir temas trascendentes." [Aviso, *La Nación* (5 abr. 1998): VI/3].

1166. MORESCHI, GRACIELA. *De víctimas y simuladores.* Buenos Aires: GEL, 1990. 121pp.

"El libro contiene catorce relatos encadenados de forma directa o indirecta. El común denominador de sus personajes es la hipocresía. Algunos relatos podrían ser considerados independientes, pero ese otro eslabón que conocimos previamente enriquece los resultados, ofreciendo una faceta distinta del personaje antes secundario y ahora protagónico, o vice versa." [Irene Ferrari, *La Prensa* (1 abr. 1990): Supl. Cult., 2].

A. J. Barroso, "*De víctimas y simuladores.*" *La Nación* (20 mayo 1990): 4/5.

Gimbérnat González, Ester. "*De víctimas y simuladores:* 'Moran en casas tumbas selladas.'" En su *Aventuras del desacuerdo: Novelistas argentinas de los '80.* Buenos Aires: D. Albero Vergara, 1992. 251-254.

1167. MOREYRA, MARCELO (1958-). *La cárcel.* Pról. de Graciela Cambás. Posadas: Univ. Nac. de Misiones, 1998. 231pp.

"El protagonista es un personaje del Alto Paraná que recorre Misiones y madura en ese trayecto las más duras verdades sobre su padre, fantasma que lo sigue y atormenta a medida que pasan los años." [F.G.C. (Sept. 1998): 57].

1168. MORI, MIGUEL. *Las bolas y las lanzas.* (La historia de un indio que sobrevivió más de 500 años). Buenos Aires: Homo Sapiens, 1993. 123pp.

1169. ——. *Las rondas y los sueños.* Pról. de Ramón Torres Molina. Rosario: La Sexta, 1997. 271pp.

"Mori da en esta obra un testimonio de la época de la última dictadura militar, con la visión de un integrante de las organizaciones armadas que después debe vivir las experiencias de las cárceles." [F.G.C. (Feb. 1998): 64].

1170. MOSQUERA, BEATRIZ. *Cuando crezca.* Buenos Aires: El Francotirador, 1992. 95pp.

"Desde lo más vivo de una autenticidad que preserva sus impulsos, Mosquera se aventura en lo intricado de la adolescencia. *Cuando crezca* contiene el grito de todo testimonio y a la vez la frescura de las aguas de la inocencia." [María Granata, Pról. 9].

Castelví de Moor, Magda. "Entrevista a Beatriz Mosquera: A través de las máscaras." *Latin American Theatre Review* 30/1 (Fall 1996): 105-110.

1171. MOVSICHOFF, PAULINA (1941-). *Fuegos encontrados.* 1984. Buenos Aires: Torres Agüero, 1993. 145pp.

"En la narrativa de Movsichoff se alterna una visión morosa de la vida provinciana con la observación de hechos de la Historia, que la novelista recrea desde la ficción." [Silvana Castro, *Breve diccionario biográfico.* 154].

1172. ———. *Todos íbamos a ser reinas.* Buenos Aires: Letra Buena, 1995. 198pp.

"Dentro de las fuerzas que constituyeron nuestra nacionalidad, se narra la lucha de una mujer por superar los ancestrales mandatos de sumisión y pasividad. *Todos íbamos a ser reinas* es una búsqueda de la memoria y una apuesta de la imaginación. Eloísa, la protagonista, construye el espacio para desarrollar la ardua y huidiza tarea de su lucidez. Como para apuntar que no basta con las falsas promesas que se hacen a las mujeres desde la niñez, que no hay lugar para reinas en una sociedad signada por siglos de costumbres patriarcales." [Contratapa].

1173. MOYANO, DANIEL (1928-1992). *El oscuro.* 1968. Buenos Aires: Del Sol, 1994. 181pp.

1174. ———. *Tres golpes de timbal.* 1989. Buenos Aires: Sudamericana, 1990. 289pp.

CRITICAL STUDIES ON DANIEL MOYANO

Clinton, Stephen T. "Daniel Moyano: The Search for Values in Contemporary Argentina." *Kentucky Romance Quarterly* 25 (1978): 165-175.

Cohen Imach, Victoria. *De utopías y desencantos. Campo intelectual y periferia en la Argentina de los sesenta.* Tucumán: Univ. Nac. de Tucumán, 1994. Sobre D. Moyano, H. Tizón, H. Conti.

Croce, Juan. "Entre navíos y borrascas: A cuatro años de la muerte de Daniel Moyano." *La Voz del Interior* (27 jun. 1996): C/12.

Fernández, Cristina B. "La configuración discursiva de la realidad en *Libro de navíos y borrascas.*" *Confluencia* 12/1 (Fall 1996): 121-133.

Roca Martínez, José y Virginia Gil Amate. "Exilio, emigración y destierro en la obra de Daniel Moyano." *Revista Iberoamericana* 58/159 (Abr. 1992): 581-596.

Schweizer, Rodolfo. *Daniel Moyano: Las vías literarias de la intrahistoria.* Córdoba: Alción, 1996. Originalmente, tesis de doctorado, Temple Univ., 1994.

———. "La violencia: Signo histórico dominante en la obra de Daniel Moyano." *Narrativa hispanoamericana contemporánea: Entre la vanguardia y el posboom.* Ed. A. M. Hernández de López. Madrid: Pliegos, 1996. 199-208.

Vallejo, Catharina de. "Aspectos de una dialéctica especularia en *Una luz muy lejana.*" *Revista Iberoamericana* 62/175 (Abril 1996): 447-459.

1175. MOYANO, LAURA (1949-). *A ellas les gusta el blues.* Mendoza: Diógenes, 1999. 149pp.

"El tema es el reencuentro entre tres hermanas." [F.G.C., Dic. 1999].

1176. ———. *Desvelo aquí en el sur.* Mendoza: Ediciones Culturales, 1955. 213pp.

"Adriana y Marcos, dos hermanos separados por el exilio, vuelven a reunirse y el paisaje es el Caribe colombiano. Esta es la anécdota que Laura Moyano utiliza para introducirse con tono irreverente en el análisis de una generación sesentista. Elige el amor fraterno para enmarcar el diálogo entre un ser que desea volver a creer y otro que lucha para no dejar de hacerlo." [Contratapa].

1177. MUJICA LAINEZ, MANUEL (1910-1984). *Bomar..* 1962. Buenos Aires: Sudamericana, 1999. 670pp.

1178. ——. *Bomar.: Oper in zwei Akten*. Adaptación al alemán por Alberto Ginastera. Bonn: Boosey, 1970.

1179. ——. *La casa*. 1954. Buenos Aires: Sudamericana, 1995. 346pp. Reimpr., 1998.

1180. ——. *La maison*. Trad. al francés de *La casa*, por Catherine Ballestero. Paris: Séguier, 1993. 226pp.

1181. ——. *Cecil*. 1972. Buenos Aires: Planeta, 1994. 210pp.

1182. ——. *Lo scarabeo di Néfertori*. 1982. Trad. al italiano de *El escarabajo*. Roma: Piemme, 1997.

1183. ——. *Le Grand Théâtre*. 1979. Trad. al francés por Jean-François Rebour. Paris: Renaudot, 1990. 159pp.

Capalbo, Armando. "Teatro, puro teatro, *El gran teatro*. Mujica Láinez y la escenificación de la cultura." *Segundas Jornadas Internacionales de Literatura Argentina/ Comparatística. Actas*. Ed. D. Altamiranda. Buenos Aires: UDEBA, 1997. 150-156.

1184. ——. *El retrato amarillo*. 1956. En *Cuentos inéditos de Manuel Mujica Láinez*. Buenos Aires: Planeta, 1993.

1185. ——. *El retrato amarillo*. Buenos Aires: Seix Barral, 1994. 125pp.

1186. ——. *El unicornio*. 1965. Buenos Aires: Planeta, 1995. 379pp.

Omil, Alba. "La relación entre literatura y música en *El unicornio*." En *La literatura y su relación con otros ámbitos*. Tucumán: Univ. Nac. de Tucumán, 1999.

1187. ——. *Zazpi demonioen bidaia*. Trad. al vascuence de *El viaje de los siete demonios* (1974). Bilbao: Ibaizabal, 1998. 286pp.

CRITICAL STUDIES ON MANUEL MUJICA LAINEZ

Badenes, José I. "El laberinto de Manuel Mujica Láinez: Novela picaresca neomodernista." *Hispania* 80/4 (Dic. 1997): 775-784.

Capalbo, Armando. "Pequeños registros posmodernos en Manuel Mujica Láinez: El caso de 'Un novelista en el Museo del Prado.'" *Alba de América* 14/26 (Jul. 1996): 235-240.

Castellino, María E. "El símbolo del espejo en la obra de Manuel Mujica Láinez." *Revista de Literaturas Modernas* 25 (1992): 83-98.

——. "Manuel Mujica Láinez: Postales de un ayer ciudadano." *La Nación* (5 abr. 1998): Supl. Lit. 4.

Novella Marani, Alma. "El renacimiento en Manuel Mujica Láinez." *Studi di Letteratura Ispanoamericana* 11 (1981): 45-71.

Omil, Alba. *La letra profunda: Ensayos de literatura argentina*. Tucumán: Univ. Nac. de Tucumán, 1996. Sobre M. Mujica Láinez, E. Mallea, J. Bianco, L. Marechal.

Piña, Cristina. "Los caminos de la inmortalidad." *La Nación* (24 abr. 1994): 7/6.

Puente Guerra, Angel. "Todas las voces, una sola voz: Manuel Mujica Láinez." *La Nación* (23 abr. 1989): Supl. Lit., 6.

——. "Entrevista con Mujica Láinez." *Hispamérica* 23/67 (Abril 1994): 61-76.

——. "Manuel Mujica Láinez, o el lector cómplice." *Cuadernos Hispanoamericanos* 409 (Jul. 1984): 106-111.

Rossler, Osvaldo. "Mujica Láinez o el impulso estético que lo conquista todo." *Sur* 358 (1986): 258-288.

Schanzer, George. "Mujica Láinez, cronista anacrónico." *Actas del Sexto Congreso de la AIH.* Ed. A. Gordon. Toronto: Univ. of Toronto, 1980. 677-680.

Schoo, Ernesto. "Manucho Mujica Láinez." *Pasiones recobradas: La historia de amor de un lector voraz.* Buenos Aires: Sudamericana, 1997. 49-54.

Tacconi de Gómez, María. *Categorías de lo fantástico y constituyentes del mito, en textos literarios.* Tucumán: Univ. Nac. de Tucumán, 1995. En parte sobre M. Mujica Láinez.

Valderrey, Carmen. "Mujica Láinez y su nostálgica visión." *Arbor* 420 (1980): 107-109.

Villena, Luis A. de. "El placer de la literatura: Entrevista con Manuel Mujica Láinez." *Quimera* 25 (Nov. 1982): 15-19.

Villordo, Oscar H. "Manuel Mujica Láinez." *La Nación* (22 abr. 1990): 4/2.

_____. *Manucho, una vida de Mujica Láinez.* Buenos Aires: Planeta, 1991.

1188. MULEIRO, VICENTE (1951-). *Quedarse con la dama.* Buenos Aires: GEL, 1994. 189pp.

"Un inesperado regreso introduce a Molina en la aventura y abre la novela en dos planos: La búsqueda de su 'tiempo perdido' y la inmersión en una intriga policial recortada sobre el mundo de los secuestros. En el primero, la memoria reconstruye una educación sentimental entre los contrastes que provee una ciudad, San Isidro, y un tiempo: La infancia en las estribaciones de los '50 y la adolescencia marcada por el entusiasmo contestatario de los '60. En el segundo plano, la larvada conformación de los núcleos ideológicos que derivan en el terrorismo de Estado estallan para tensar la narración." [Contratapa].

1189. _____. *Sangre de cualquier grupo.* Buenos Aires: Schprejer-Futuro, 1997. 139pp. Segundo Premio, Novela, FNA, 1995.

"A partir de las peripecias de un grupo de adolescentes, se delinea la negra escalada de violencia y horror del proceso militar argentino en una clave metafórica y casi sesgada." [Osvaldo Gallone, contratapa].

1190. MÜLLER, CARLOS ALFREDO (1954-). *La imaginaria.* Salta: Víctor Manuel Hanne, 1996. 144pp.

1191. _____. *La resaca.* Salta: Fundación de Canal II de Salta, 1997. 160pp. Primer Premio Provincial de Novelas, 1997.

1192. _____. *Tamchai Honat.* Salta: Comisión Bicameral de Obras de Autores Salteños, 1998. 235pp.

"Dominan en la novela elementos antropológicos y sociológicos." [M.I.L.].

1193. MÜLLER, HUGO (n. Perú, 1969-). *El cronista perdido: La historia oculta de Francisco Pizarro y la conquista del Perú.* Buenos Aires: Sudamericana, 1998. 213pp.

"El cronista perdido es Alvaro Correa, que acompañó a Pizarro en su conquista del Perú. El joven Correa escribe una historia que no coincide con la misión evangelizadora que supuestamente guiaba a los comandantes. *El cronista perdido* alcanza desde la ficción aquello que pocas veces se logra con un tratamiento histórico convencional: Desentrañar la compleja trama de la conquista de América." [Contratapa].

1194. ———. *La fiebre del mate: Contrabando de yerba en el virreinato.* Novela histórica. Buenos Aires: Sudamericana, 1999. 259pp.

"Esta obra traza un cuadro de la vida en el virreinato del Río de la Plata, y describe las leyes monopólicas que regían la actividad comercial, a través de la narración del viaje de un barquero que pretende exportar yerba mate a Europa. Saliendo de Potosí, se dirige a Asunción, remonta el Paraná y viaja luego a Buenos Aires, en busca de compradores ingleses o portugueses para la yerba mate." [F.G.C., Jul. 1999].

1195. MUÑIZ, ENRIQUETA (n. Madrid-). *Emaciano en el umbral.* Buenos Aires: GEL, 1989. 223pp.

"El nombre 'Aemathien' figura en una enigmática profecía de Nostradamus; siglos más tarde lo lleva un indio salteño: Emaciano." [Contratapa].

1196. MUÑOZ, MARCELA IRIS (1966-). *Es que son sus ojos.* Mendoza: Del Canto Rodado, 1997. 117pp.

"Esta novela es la crónica de una mujer marcada por la peculiaridad del amor femenino, sostenido en un efusivo epistolario." [F.G.C. (Sept. 1998): 57].

1197. MUÑOZ MOLINA, ANTONIO. *Plenilunio.* Buenos Aires: Alfaguara, 1997. 485pp.

"La incertidumbre y la duda, protagonistas de *Plenilunio*, dominan a los personajes y, a través de ellos, al lector. Calificar esta novela de 'policial' no es bastante, si bien la trama gira alrededor de un crimen monstruoso y el inspector que lo investiga. Aquí hay mucho más: Todo el talento de Muñoz Molina para demostrar que el misterio y el suspenso no se ajustan siempre a los ejemplos tradicionales de aquel género, que están también en una acertadísima elaboración de psicologías, situaciones y ambientes." [E. Gudiño Kieffer, *La Nación* (3 ag. 1997): 6/5].

1198. MUR, MANUELA. *Gansos y pericotes.* 1975. Pról. de Inés Field. Buenos Aires: Vinciguerra, 1991. 250pp.

1199. MURENA, HECTOR ALVAREZ (1923-1975). *Folisofía.* 1976. Buenos Aires: EUDEBA, 1998. 166pp.

González Abad, María J. Seoane de. "La mitología fundacional argentina y un intento de reformulación ontológica: El caso de Héctor A. Murena." Tesis de doctorado, Univ. of Chicago, 1997.

Ingberg, Pablo. "Folisofía." *La Nación* (16 ag. 1998): 6/3.

Lagos Pope, María Inés. "In Search of Conciliation: The Narrative and Essays of H. A. Murena." Tesis de doctorado, Columbia Univ., 1980.

1200. MURILLO, JOSE (1922-). *Volver a Mborore.* Buenos Aires: Letra Buena, 1993. 218pp.

"Un grupo de jóvenes a bordo de una balsa bajan por el Río Uruguay hasta recalar en una misión donde se adiestra a los guaraníes en el manejo de las armas y en las tácticas de guerra para atacar a los bandeirantes." [M.R., *La Maga* (19 enero 1994): 19].

1201. MUSLIP, EDUARDO (1965-). *Fondo negro: los Lugones–Leopoldo, Polo y Piri.* Buenos Aires: Solaris, 1998. 182pp.

"Esta novela reconstruye la historia familiar de los Lugones, a partir del encuentro entre Susana 'Piri' Lugones, periodista y militante montonera y la antigua amante de su abuelo, el escritor Leopoldo Lugones." [F.G.C. (Sept. 1998): 56].

1202. ——. *Hojas de la noche*. Buenos Aires: Colihue, 1997. 144pp. Primer Premio, Novela Juvenil.

N

1203. NAJCHAUS, TERESA. *Ana de Buenos Aires*. Buenos Aires: Lugar, 1993. 93pp.
"Relato testimonial cuyas escenas pintan la ciudad capital entre 1945-1976." [M.I.L.].

1204. NALÉ ROXLO, CONRADO (1898-1971). *Extraño accidente*. 1960. Buenos Aires: Colihue, 1998. 124pp.
Posse, Abel. "Inseparables pero irreconciliables: C. Nalé Roxlo y R. Arlt." *La Nación* (14 jun. 1998): 6/1-2.

Vázquez, María E. "Los cien años de Nalé Roxlo." *La Nación* (29 mar. 1998): 6/3.

1205. NANNI DE SMANIA, ESTELA. *Bien demás*. Córdoba: Municipalidad, 1993. 95pp. Segundo Premio, Concurso de Literatura Luis de Tejada, Novela Breve,1992.

1206. NAPOLI, KATHY. *Entre el Eunoe y el Letea*. Buenos Aires: Torres Agüero, 1996. 279pp.
"Las aguas del Eunoe y del Letea, ríos de *La Divina Comedia*, serán para Dante, en su viaje de búsqueda interior, pasaje mítico, bautismo purificador del que emergirá, asido de la mano de la mujer amada, como un nuevo hombre." [Contratapa].

1207. NAPOLI, OMAR NESTOR DE. *Sonrisa de plata*. Buenos Aires: RundiNuskin, 1991. 120pp.

1208. ——. *Trinidad*. Buenos Aires: El Francotirador, 1994. 149pp.

1209. NAVARRO, FEDERICO DANIEL (1978-). *Cara coartada*. Buenos Aires: EUDEBA, 1998. 80pp.
"Esta novela puede proveer de ciertas claves para pensar el estado de la producción artística en este momento. Los diversos valores que sostiene, las utopías que señala o rechaza, los mundos que construye o la propia mirada sobre el arte pueden usarse de varios modos." [Ariel Schettini, contratapa].

1210. NAVAS FERRER, LUIS (n. España). *Entre lo efímero y lo perdurable*. Novela testimonial. Buenos Aires: Vinciguerra, 1993. 206pp.

1211. NEBBIA DE CODEGA, AIDA J., y SALOMON SINAY. *Campana: Epopeya pionera*. (Novela histórica). Lomas de Zamora, Argentina: Ronda Literaria, 1995. 196pp.
"Aunque el subtítulo reza 'Novela histórica,' la obra es mucho más historia que ficción, más una crónica de sucesos sobre la población de Campana (a setenta kilómetros de la capital) que un relato ficcionalizado del pueblo." [M. I. L].

1212. NEDICH, JORGE EMILIO. *Gitanos . . . para su bien o para su mal.*
Buenos Aires: Torres Agüero, 1994. 226pp.
"Esta novela de Nedich trata de la vida y las costumbres de la gente de su raza." [M.I.L.].

1213. ———. *Ursari.* Buenos Aires: Torres Agüero, 1997. 150pp.
"Nedich debió de haber acumulado experiencia narrativa suficiente para contar esta extraña saga de gitanos." [Luis Chitarroni, contratapa].

1214. NEGRONI, MARIA (1951-). *El sueño de Ursula.* Buenos Aires: Seix
Barral, 1998. 254pp.
"*El sueño de Ursula* quizá no sea en rigor una novela sino una deslumbrante narración: Partiendo de la reconstrucción imaginaria, no historicista de la leyenda de Ursula, doncella de Cornwallis que en plena Edad Media huye de su país para eludir el casamiento con el príncipe de un reino vecino, es una inquietante indagación sobre lo femenino y la disyuntiva entre el amor y la libertad." [Silvana Castro, *Breve diccionario biográfico.* 158].

1215. NELLA CASTRO, ANTONIO (1925-). *Crónica del diluvio.* Buenos
Aires: Legasa, 1986. 336pp.
"La novela, aparecida a los pocos años de cerrarse uno de los períodos más sombríos de nuestra historia, se erige en una severa autocrítica histórica, que pone de manifiesto la pérdida de fe en el progreso histórico del hombre, a diferencia de Sarmiento que creía en la marcha indefinida de los pueblos hacia un estado ideal." [María Busquets, "*Crónica del diluvio*: La idealización de la 'barbarie' y la desmitificación de la 'civilización.'" *III Jornadas de literatura desde la cultura popular,* 10-11].

1216. NEWLAND, CARLOS, Y CRISTINA CORTI MADERNA.
Inquisición en Luxán: La histórica búsqueda del tesoro de Sobremonte. Buenos
Aires: GEL, 1993. 149pp.
"Los autores reúnen en este relato la investigación histórica y la ficción. Al estilo de las narraciones policiales inglesas, se narra la búsqueda de los caudales perdidos del Virreinato en 1806. Se describe con rigurosa fidelidad a las fuentes documentales, la localidad de Luján y la campiña adyacente." [F.G.C. (1993-95): 16].

1217. NICASTRO, LAURA (1946-). *Intangible.* Buenos Aires: GEL, 1990.
110 pp. Premio Municipal Ricardo Rojas.
"*Intangible* alude desde la negación que enuncia a una plenitud inabarcable de espacio y tiempo, que es el centro semántico del relato. Hay aquí una acción abierta en tres vías y tres vidas: El Gringo, andrajoso profeta, el Gurí Medina, cuidador del monte, y Ramón, el estudiante que vuelve a su tierra, incapaz de adaptarse al contexto ciudadano. Pero el verdadero eje es la selva Misiones que no se evalúa como mero entorno 'exótico,' sino como geografía simbólica." [María R. Lojo, *La Nación* (10 feb. 1991): 4/5].

Guiñazú, María C. "*Intangible.*" *HLAS* 54 (1995): 565.

A., "*Intangible.*" *La Voz del Interior* (9 mayo 1991): D/3.

1218. NIELSEN, GUSTAVO (1962-). *La flor azteca.* Buenos Aires: Planeta,
1997. 196pp.
"El protagonista, ese muchacho con cierta tendencia al autismo, desacomodado y extrañado del mundo, con un toque de cinismo, que refiere los hechos casi lateralmente, por implicación, remite evidentemente a Salinger. Acaso sin aquella elaboración de la lengua coloquial y del pobre argot adolescente, pero con un espíritu afín." [P. Ingberg, *La Nación* (18 mayo 1997): 6/4].

1219. NIETO MENDOZA, JOSE. *Debilidad y cobardía.* Buenos Aires: Oceana, 1926. 240pp.

1220. NOEL, MARTIN ALBERTO. *Sí, juro: Agustín P. Justo y su tiempo.* Buenos Aires: Corregidor, 1996. 203pp.
"Biográfía novelada sobre la vida privada y política del general Justo, presidente de la Argentina (1932-1938)." [M.I.L.].

1221. NOFAL, DARDO. *Una lágrima para el Cóndor.* Buenos Aires: Corregidor, 1995. 155pp.
"*Una lágrima para el Cóndor* pone en diálogo dos ejes narrativos: El de la historia nacional; y el de la memoria autobiográfica, y a nivel de la estructuración del proceso narrativo el de la relación novela/ensayo. Lo personal se entrelaza a lo histórico-social del país de los últimos 50 años. El narrador es a la vez sujeto y objeto de su mirada e intenta transmitir su vida interior inmersa en una sociedad que no llena sus expectativas ni sus sueños." [N. Flawiá de Fernández, *La Gaceta de Tucumán* (14 enero 1996): Supl. Lit., 4].

Flawiá de Fernández, Nilda. "*Una lágrima para el Cóndor,* o la conflictiva relación entre individuo y sociedad." *De memorias y utopías.* Buenos Aires: Corregidor, 1996. 137-143.

1222. NOS, MARTA. *El trabajoso camino del agua.* Buenos Aires: GEL, 1991. 316pp.
"No existen ni hechos gloriosos ni heroicos protagonistas. Sin embargo, esta novela es una gran epopeya. Campeones de la simulación, héroes de la ineptitud y la artimaña, paladines de la estafa, se mueven entre los habitantes de Cayulito, pueblo sumido en la inercia y la esterilidad." [Contratapa].

Lorente-Murphy, Silvia. "El hábito de no ser en 'Maleza de papel y trapo' de Marta Nos." *Romance Languages Annual* 4 (1992).

____. "La silla" de Marta Nos y el teatro del absurdo: Puntos de contacto." *Narrativa hispanoamericana contemporánea: Entre la vanguardia y el posboom.* Ed. A. Hernández de López. Madrid: Pliegos, 1996. 179-189.

1223. NOVAU, RAUL. *Diadema de metacarpos.* Misiones: Univ. Nac. de Misiones, 1995. 181pp.
"Un puñado de personajes cruzándose en el espeso escenario del Paraguay de los años '70, formando una red donde la pasión y las sospechas los separan y agrupan, o súbitamente los exponen a la persecución de los agentes del régimen." [Cubierta].

O

1224. OBLIGADO, CLARA (1950-). *La hija de Marx.* Buenos Aires: Lumen, 1996. 232pp. Premio Femenino Lumen de novela inédita, 1996.
"Es posible calificar esta novela de histórica y erótica. La autoriza el ambiente finisecular, decadente y lujoso, la saga de abuela, hija y nieta–una exiliada rusa, una supuesta hija de Marx y una joven aviadora–que viven toda suerte de experiencias sexuales y políticas, el viaje por ciudades donde se hace la revolución y se ensaya la ruptura de la moral convencional." [Solapa].

1225. OCAMPO, SILVINA (1909-).

Alarondo, Hiram. "Violación visible de la norma: La estética de la crueldad en la cuentística de Silvina Ocampo." Tesis de doctorado, Univ. of Chicago, 1998.

Giardinelli, Mempo. "Entrevista con Silvina Ocampo." *La Maga* (22 dic. 1993): 16.

Mancini, Adriana. "Amo y esclavo: Una relación eficaz, Silvina Ocampo y Jean Genet." *Cuadernos Hispanoamericanos* 575 (Mayo 1998): 73-86.

Mangin, Annick. *Temps et ecriture dans l'oeuvre narrrative de Silvina Ocampo.* Toulouse: PU du Mirail, 1996.

Ostrov, Andrea. "Vestidura/escritura/sepultura en la narrativa de Silvina Ocampo." *Hispamérica* 25/74 (Ag. 1996): 21-28.

Schoo, Ernesto. "Silvina Ocampo." *Pasiones recobradas: La historia de amor de un lector voraz.* Buenos Aires: Sudamericana, 1997. 43-45.

Tomassini, Graciela. *El espejo de Cornelia: La obra cuentística de Silvina Ocampo.* Buenos Aires: Plus Ultra, 1995.

Torres-Fierro, Danubio. "Silvina Ocampo, un retrato parcial." *Vuelta* 19/224 (Jul. 1995): 29-32.

Zapata, Mónica. "La Metamorphose des corps et l'esthetique du grotesque dans les recits de Silvina Ocampo." *Actes du Colloque: Images fantastiques du corps.* Ed. J. Marigny. Grenoble: Univ. Stendhal-Grenoble 3, 1998. 181-193.

1226. OCAMPO DE PERA, MARIA OFELIA (1904-). *Ernesto y su marioneta.* Buenos Aires: Dunken, 1997. 355pp.

1227. O'DONNELL, MARIO (PACHO) (1941-). *Las hormigas de Chaplin.* 1977. Buenos Aires: Sudamericana, 1998. 156pp.

1228. ———. *Monteagudo: La pasión revolucionaria.* Buenos Aires: Planeta, 1995. 233pp.

"Monteagudo simbolizó la obcecada epopeya del movimiento independencista americano. Asesinado en Lima, pocos como el abogado de Chuquisaca cargaban sobre sus espaldas semejante trayectoria política. En manos de O'Donnell, aquel joven inescrupuloso pero decisivo en la gesta revolucionaria adquiere la carnadura que hasta hoy no habían podido darle los historiadores profesionales." [Jorge Zicolillo, *La Prensa* (9 jul. 1997): Secc. Cult., 8].

Cheren, Liliana. "Entrevista con Pacho O'Donnell." *La Maga* (22 jun. 1994): 11.

1229. OESTERHELD, HECTOR GERMAN (1919-1977*).* *La balada de tres hombres muertos.* Buenos Aires: Frontera, 1956. Reedición, Ed. Indice, 1962.

1230. ———. *Bull Rockett: El tanque invencible. El fuego blanco.* Buenos Aires: Colihue, 1995. 252pp.

"Estas aventuras del ciclo de Rockett (científico atómico, piloto de pruebas, veterano de guerra) aparecieron primero como historietas en la revista *Misterix* en 1952; en 1956 fueron noveladas, versión que se presenta aquí." [F.G.C. (Sept.1995): 16].

1231. ———. *Bull Rockett: Peligro en la Antártida. Buenos Aires no contesta.* Buenos Aires: Colihue, 1995. 243pp.

"Dos nuevas aventuras de Rockett que tienen por escenario los hielos de la Antártida y el barrio de Flores en Buenos Aires." [F.G.C. (Sept. 1996): 26].

1232. ——. *La ciudad de los muertos.* Buenos Aires: Frontera, 1956. Reedición, Ed. Indice, 1962.

1233. ——. *Los espectros de Fort Vance.* Buenos Aires: Frontera, 1956. Reedición, Ed. Indice, 1962.

1234. ——. *Los espectros de Fort Vance.* Buenos Aires: La Isla, 1975.

1235. ——. *El eternauta.* Folletín de *Hora Cero Semanal* (4 sept. 1957-18 nov. 1959).

"... El Eternauta, el viajero del tiempo que llega imprevistamente a la casa del guionista del propio Oesterheld para contarle su increíble historia. El desenvolvimiento de la trama confabula tres instancias: La primera, la situación Robinson Crusoe, un grupo de amigos reunidos en la casa de uno de ellos son sorprendidos por una nevada mortal; la segunda, la idea de sobrevivir aislados es sobrepasada por el hecho descomunal de una invasión extraterrestre que exige algo más que pensar en una salvación separada del destino de los demás habitantes de Buenos Aires; y finalmente, la condición del protagonista de viajero a través del tiempo." [Roberto Ferro, *El lector apócrifo.* 169].

1236. ——. *El eternauta y otros cuentos de ciencia ficción.* Buenos Aires: Colihue, 1995. 236pp.

1237. ——. *L'Eternaute.* Trad. al francés. Préface de François Rivière. Geneva: Humanoïdes Associés, 1993. 62pp.

Stainoh, Hipólito. *"Hora Cero* de la Historieta Argentina." En *Historia de revistas argentinas,* Vol. II, 47-59.

1238. ——. *Hermano de sangre.* Buenos Aires: Frontera, 1956. Reedición, Ed. Indice, 1962.

"Hermano de sangre gira alrededor de la 'mesa' de los tchatogas, el último reducto donde se abroquela para sobrevivir la diezmada tribu que conoció esplendores y que el mismo Kirk contribuyó a martirizar. Kirk se quedará en la 'mesa' tchatoga luego de una serie de salidas que significarán su aceptación por los indios." [Juan Sasturain, *El domicilio de la aventura.* Buenos Aires: Colihue, 1995. 191].

1239. ——. *El invulnerable.* Buenos Aires: Frontera, 1957. Reedición, Ed. Indice, 1962.

1240. ——. *Muerte en el desierto.* Buenos Aires: Frontera, 1956. Reedición, Ed. Indice, 1962.

1241. ——. *Muerte en el desierto.* Buenos Aires: La isla, 1974.

"Rompiendo todos los esquemas fáciles, *Muerte en el desierto* no parte del esquema típico de agresión o daño inferido/ venganza del héroe, sino de otro mucho más complejo: Culpa/ reparación. El tradicional héroe mataindios se detiene en seco y se pregunta por el sentido de su acción y lo cuestiona. No puede modificar el contexto general–la oposición civilización/barbarie, la guerra misma–pero sí tomar distancia personal, recuperar su libertad de elegir en medio de la deshumanización." [Juan Sasturain, *El domicilio de la aventura.* 188-189].

1242. ——. *Sargento Kirk: Muerte en el desierto. Hermano de sangre.* Estudio preliminar de Juan Sasturain. Buenos Aires: Puntosur, 1988. 179pp.

1243. ——. *Sargento Kirk: Muerte en el desierto. Hermano de sangre.* Buenos Aires: Colihue, 1995. 219pp.

"Estas dos novelas son las iniciales de la larga saga que narra las aventuras de un sargento del Séptimo de Caballería, en medio de una lucha cruel e injusta que involucra a soldados, indios comanches, pawnees, tchatogas." [Juan Sasturain, *El domicilio de la aventura*. 189].

1244. ———. *Oro tchatoga*. Buenos Aires: Frontera, 1956. Reedición, Ed. Indice, 1962.

1245. ———. *Sargento Kirk: Oro tchatoga. Los espectros de Fort Vance*. Buenos Aires: Colihue, 1995. 260pp.

"Kirk es un sargento de línea que decide cambiar la legalidad del ejército por otro orden, con lo que se trastorna la repetida fórmula de las oposiciones del Oeste: Indios contra soldados blancos. En torno a Kirk se van agrupando el doctor Forbes, que mientras va en camino a abrir un consultorio en Denver tropieza con el sargento; Maha, un muchacho indio, sobreviviente de la tribu tchatoga; y el Corto Lea, un ladrón de caballos. La marginalidad de la elección de Kirk y su grupo conlleva, además, un rasgo distintivo, la situación en que se desenvuelve la aventura connota episodios de la historia de aquella época." [Roberto Ferro, *El lector apócrifo*. 167-168].

1246. ———. *El "Recortado."* Buenos Aires: Frontera, 1957. Reedición, Ed. Indice, 1962.

1247. ———. *Sheriff, sepultero, barman*. Buenos Aires: Frontera, 1957. Reedición, Ed. Indice, 1962.

Cáceres, Germán. *Oesterheld*. Buenos Aires: Dock, 1988.

Mauro Bolaño, Norberto. "Juan Sasturain habla sobre la literatura de Héctor Oesterheld." *La Maga* (2 ag. 1995).

Mazzochi, Mirtha Paula. "Oesterheld y la gran aventura de la historieta." En *Revista Libro El Juguete Rabioso* 2 (Primavera-verano 1992).

Trillo, Carlos. "Oesterheld: Escritor y guionista." *La Maga* (27 mayo 1992): 18.

1248. OLASCOAGA, MANUEL J. (1835-1911). *El club de las damas*. San Fernando (Buenos Aires): A. Bazzi, 1903. 368pp.

1249. OLAYA, CARMEN. *La condezuela y los pampas*. Buenos Aires: Vinciguerra, 1997. 112pp.

"Durante las continuas luchas entre colonizadores e indios se sitúa la historia de una mujer desterrada que descubre una nueva cultura y su gran amor." [Aviso, *La Nación* (27 abr. 1997): 6/3].

1250. OLIVERA, MARTIN Y FABIAN DOMAN. *Los alsogaray*. (Véase bajo Fabián Domán.)

1251. OLIVERA, MIGUEL ALFREDO (1921-). *Los fuegos encendidos*. Buenos Aires: GEL, 1991.

1252. ———. *El misterio de Olavarrieta*. (Ficción histórica). Buenos Aires: GEL, 1992. 151pp.

"Aunque parezca ficción, Manuel J. de Olavarrieta fue una persona real. Escribió montones de cartas que se conservan. El dictador del Paraguay Gaspar Francia gustaba alternar con personas inteligentes e ilustradas. Entre ellas, Olavarrieta. Aunque muy en otro plano, Olavarrieta, espía y diplomático en secreto, fue un personaje tan singular como Francia." [Contratapa].

1253. OLIVERI, MARTA (1959-). *El confinamiento.* Buenos Aires: Legasa, 1990. 226pp.

1254. ——. *Memorias del ángel caído.* Buenos Aires: Legasa, 1993. 254pp.

1255. ——. *La niña azul.* Relato. Buenos Aires: Ergón, 1987.

1256. OLMEDO, SESOSTRIS. *Canción de la Fuente.* Misiones: Diario de Posadas, 1934.

"Novela de escasa significación como aporte al tema." [Guillermo Kaul Grünwald, *Historia de la literatura en Misione.* 137].

1257. ORGAMBIDE, PEDRO G. (1924-). *Un amor imprudente.* Bogotá: Norma, 1994. 128pp.

"*Un amor imprudente* is a carefully executed meditation on the death of Delmira Agustini, who was only in her midtwenties when Reyes, the husband from whom she was estranged, shot her and then committed suicide. [. . . .] Orgambide has Agustini's death told from the point of view of the famous Argentine socialist Manuel Ugarte, who was one of Agustini's lovers, the patron of her wedding, and apparently the man with whom she spent the night prior to her wedding day. [. . .] The result is a very adequate depiction of masculinist disengagement and the terrible cruelty of admiring a woman for her social and erotic independence while at the same time being horrified over its implications for male authority." [David. W. Foster, *World Literature Today* 69/4 (Autumn 1995): 766].

Gallone, Osvaldo. "*Un amor imprudente.*" *La Prensa* (19 feb. 1995): Secc. Cult. 9.

A. "*Un amor imprudente.*" *La Maga* (28 dic. 1994): 19.

1258. ——. *Las botas de Anselmo Soria.* Literatura juvenil. Buenos Aires: Colihue, c. 1993.

"A Anselmo Soria le toca crecer en los fortines de la guerra al malón. Pero sus botas vuelan y toman otros rumbos. ¿Podrá cruzar los Andes en globo? ¿Qué extraños personajes encontrará en su camino? ¿Qué peligros le esperan antes de llegar a Buenos Aires? [Solapa].

1259. ——. *Un caballero en las tierras del Sur.* Buenos Aires: Atlántida, 1997. 286pp.

"Es la historia novelada de Francisco P. Moreno, o sea el perito Moreno (explorador y pionero de la región patagónica), uno de los hombres que más hicieron para engrandecer el país. Las probadas dotes de organización de Orgambide para recrear seres y ambientes de nuestra historia se hallan presentes, junto con su habitual amenidad, en esta amalgama de novela y biografía." [Antonio Riqueña, *La Nación* (11 enero 1998): 6/4].

Miguel, María E. de. "*Un caballero en las tierras del Sur.*" *La Nación* (30 nov. 1997): 6/6.

1260. ——. *Una chaqueta para morir.* Buenos Aires: Temas Grupo Editorial, 1998. 134pp.

"Valiéndose de documentos pocas veces vistos, Orgambide teje el drama del fusilamiento de Manuel Dorrego en 1828 bajo órdenes de Lavalle." [M.I.L.].

1261. ——. *El escriba.* Bogotá: Norma, 1996. 203pp.

"Un texto donde circulan personajes de la década del '30, cuando empezó 'la historia fascista del mundo.' La obra evoca el país que le tocó transitar a Raúl González Tuñón, Blanca Luz, el periodista Natalio Botano, y recuerda el ambiente del diario *Crítica.* La trama da lugar a que se planteen 'todos los amores, los buenos, los malos, los fracasados, donde uno ha puesto toda la pasión.'" [Sergio Kisielewsky, *La Maga* (25 nov. 1992): 24].

1262. ——. *Memorias de un hombre de bien.* 1964. Buenos Aires: El Francotirador, 1998. 118pp.

1263. ORPHEE, ELVIRA (1930-). *La muerte y los desencuentros.* 1989. Selección en Gustavo Fares, *Escritoras argentinas contemporáneas*, 1993. 143-151.

> A., "La muerte y los desencuentros." *La Voz del Interior* (18 oct. 1990): D/3.
>
> Bastos, María L. "La muerte y los desencuentros.." *HLAS* 54 (1995): 566.

1264. ——. *El páramo.* 1969. Rosario: Ameghino, 1999. 219pp.

> Chevigny, Bell Gale. "Ambushing the Will to Ignorance: Elvira Orphée's *La última conquista de El Angel* and Marta Traba's *Conversación al Sur." El Cono Sur: Dinámica y dimensiones de su literatura.* Upper Montclair: Montclair State College, 1985. 98-104.
>
> Fletcher, Lia. "Un silencio a gritos: Tortura, violación y literatura en la Argentina." *Literatura y lingüística* 6 (1993): 133-143.
>
> Flori, Mónica. "Elvira Orphée." En su *Streams of Silver: Six Contemporary Women Writers From Argentina.* Lewisburg: Bucknell UP, 1995. 59-97.
>
> Tompkins, Cynthia. "El poder del horror: Abyección en la narrativa de Griselda Gambaro y de Elvira Orphée." *Revista Hispánica Moderna* 46/1 (Junio 1993): 179-192.

1265. ORSI, GUILLERMO. *Tripulantes de un viejo bolero.* Buenos Aires: De la Flor, 1995. 253pp.

> "En un pueblo de provincia, Luis, un locutor nocturno, tiene una relación con Leonor, otra locutora, casada con un diputado en parte tolerante y en parte violento. La novela es entretenida y atrapa al lector, quien le perdona no disipar todas las incógnitas en homenaje al tono, a veces romántico, a veces zumbón, con que aborda el asunto. El erotismo en que se refugian algunos personajes está trazado con discreción y contrasta con la pasión que se atribuye a los amores del trío parisino." [Anon., *La Gaceta de Tucumán* (21 enero 1996): Supl. Lit., 3].

1266. ORTIZ, CARMEN. *Las mujeres fatales se quedan solas.* Buenos Aires: Almagesto, 1998. 118pp.

> "Novela que habla profundamente de la relación de pareja y del autoritarismo, en un texto de tono intimista." [F.G.C. (Jun. 1999): 30].

1267. ——. *El resto no es silencio.* Buenos Aires: Torres Agüero, 1989. 175pp.

> "Entre 1983 y 1986 transcurre esta novela que enhebra historias enraizadas en los años de la subversión y la represión. Una escritora en agraz, su amiga, el compañero de ambas en correrías y desánimos, y Adrián (homosexual), integran el trío protagónico. El viaje en el cual se embarcan trae iluminaciones y carencias. Sobre ellas se reflexiona; y sobre el arte y sobre las relaciones humanas." [María E. de Miguel, *La Nación* (14 enero 1990): 4/5].

1268. OSORIO, ELSA (1950-). *A 20 años, Luz.* Madrid: Alaba, 1998.

1269. ——. *A 20 años, Luz.* Buenos Aires: Grijalbo Mondadori, 1999. 455pp.

> "Trata el tema de los niños desaparecidos en los años '70. Dice Osorio: 'Mis personajes son gente común que, envuelta en determinadas circunstancias, sin buscarlo, se enfrentan al horror de la dictadura y reaccionan, más por la vida misma, que por una postura ideológica. Como Miriam, por ejemplo, una joven de provincia, en lo alto de su veloz carrera de modelo a prostituta cara, a quien un cliente le promete un bebé, como si le prometiera una joya, un abrigo de pieles.'" [Ernesto Mallo, "Elsa Osorio: Un triunfo de la justicia." *La Voz del Bajo* 55 (Dic. 1998): 1].

1270. OTEGUI, RAUL FLORENCIO. *Guiado por cuatro estrellas*. Buenos Aires: El Francotirador, 1995. 121pp.

1271. OTERO, RODOLFO (1949-). *Millá Loncó*. Buenos Aires: Acme, 1984. 207pp.

1272. ——. *El secreto del Torreón negro*. Buenos Aires: Losada, 1998. 249pp.

1273. ——. *Una de dos*. Buenos Aires: Sigmar, 1993. 71pp.

1274. OVIEDO, ANTONIO (1943-). *Manera negra*. Nouvelle. Buenos Aires: 1984.

1275. ——. *El sueño del pantano*. Nouvelle. Buenos Aires: 1993.

1276. OVIEDO, JORGE ENRIQUE (1938-). *El viejo*. 1976. Mendoza: Del Canto Rodado, 1997. 90pp.
"Su tema es la tragedia de la tercera edad en su espacio, el geriátrico, que encarna la deshumanización de una época, signada por la desaparición del abuelo de la casa grande." [F.G.C. (Sept. 1998): 58].

P

1277. PACCHIALAT, MIRTA. *Del otro lado del parque*. Buenos Aires: Ed. del autor, 1977. 120pp.
"Historia de amor, protagonizada por una periodista italiana y un fotógrafo y periodista español que investigan las mafias en la Argentina." [F.G.C. (Sept. 1998): 58].

1278. PAGANO, MABEL (1945-). *Agua de nadie*. Buenos Aires: Almagesto, 1995. 160pp. Premio Alfredo Roggiano de Chivilcoy, 1993.
"Se trata de una novela urbana, pero cuyo tema puede aplicarse a todo el país. Una nueva inundación anega las zonas bajas de la costa. Ello obliga a evacuar a los habitantes y a trasladarlos a lugares resguardados. En una escuela de La Boca se amontonan las familias refugiadas, asistidas por un grupo de personas de buena voluntad. Pagano apunta su mira a dicho grupo y los refugiados sólo se perciben como un telón de fondo." [F. Peltzer, *La Prensa* (10 sept. 1995): Secc. Cult.].

1279. ——. *Los griegos no existen*. Buenos Aires: Almagesto, 1991. 79pp.
"La narración presenta en primera persona la relación entre la mujer que relata y su mejor amiga, quien yace enferma de muerte en un hospital. Una serie de recuerdos familiarizan al lector con el pasado de la relación, mientras que en el resto del texto se alterna un viaje imaginario a Grecia con la circunstancia del hospital, de la enfermedad y, finalmente, de la muerte." [Gustavo Fares, *Hispamérica* 22/64-65 (Abr.-Ag. 1993): 201].

1280. ——. *Lorenza Reynafé o Quiroga, la barranca de la tragedia*. Buenos Aires: Ada Korn, 1992. 301pp.
"El tema (la muerte de Juan Facundo Quiroga) lo emprende aquí Mabel Pagano, dándole forma de crónica novelada. Quien cuenta, en la ficción, es Lorenza Reynafé, tercera de nueve hermanos, descendientes de un acriollado irlandés. La evocación de la ya anciana Lorenza se hunde en el espanto de las anárquicas luchas de la guerra entre la ciudad portuaria y las provincias, y de éstas entre sí." [Martín A. Noel, *La Nación* (14 jun. 1992): 7/5].

1281. ——. *Malaventura: Luisa Martel de los Ríos, la fundadora.* Córdoba: Del Boulevard, 1997. 254pp.

"La novela versa sobre las relaciones amorosas entre el fundador de la ciudad de Córdoba y Luisa." [M.I.L.].

1282. ——. *Martes del Final.* Asunción: Intercontinental, 1991. 156pp. Premio Alfredo Roggiano de Chivilcoy.

"Pagano se permite en esta novela recrear las vidas de Elisa Lynch y Francisco Solano López, despojarlas de los cartones con que las viste la historia oficial, las expone tal cual habrán sido y hasta las hace discretamente hilarantes. No hay que buscar un rigor historiográfico en *Martes del Final.* Es un discurso lírico en el que se cruzan la realidad y la fantasía." [Contratapa].

1283. ——. *Nacer de nuevo.* Rosario: Fundación Ross, 1985. 236pp.

"En medio de tantas especulativas, superficiales crónicas sobre el negro período que acabamos de transitar los argentinos, esta obra se destaca como potente llamarada. *Nacer de nuevo* no es una novela más; su aparición conlleva significados sociológicos, literarios y políticos. Llega a nosotros para cubrir una omisión: La de la introspección." [Contratapa].

Gimbernat González, Ester. *"El país del suicidio:* Lectura de sobrevivencia." En su *Aventuras del desacuerdo: Novelistas argentinas de los '80.* Buenos Aires: Danilo Albero Vergara, 1992. 42-46.

1284. PALANTA, VICTORIA. *Falsa carta a Luciano sobre la mafia.* Buenos Aires: De la Flor, 1999. 173pp.

"Durante un viaje a Palermo, en Sicilia, Margarita intuye una inquietante relación entre la mafia, Perón, la P2 y la dictadura militar argentina. Margarita atravesará el exilio sin aferrar la verdad que busca." [F.G.C., Dic. 1999].

1285. PALER, PABLO (1968-). *Circa.* Buenos Aires, 1999. Segundo Premio FNA.

1286. PALOPOLI, LILIANA E. *Jugando a las escondidas con la corrupción.* Buenos Aires: Vinciguerra, 1995. 295pp.

"Una trama romántico-policial, que revaloriza la imagen de la mujer." [F.G.C. (1993-1995): 17].

1287. PAMPILLO, GLORIA (1942-). *Costanera Sur.* Buenos Aires: Sudamericana, 1995. 205pp.

"Tal como surge del título, el contexto del relato es netamente local y particularmente porteño. Este último detalle se revela especialmente en la generosa proliferación de personajes que deambulan en el relato, moldeados a la medida de la sociedad caleidoscópica que ofrece Buenos Aires." [Gabriel Sánchez Sorondo, *La Prensa* (19 nov. 1995): Secc. Cult.].

Vázquez, María. "Por la *Costanera Sur.* Gloria Pampillo." *La Nación* (12 nov. 1995): Supl. Lit., 3.

1288. ——. *Las invenciones inglesas.* Buenos Aires: Sudamericana, 1992. 153pp.

Celis, Daniel. "Las invenciones inglesas." *La Nación* (27 dic. 1992): 7/4.

Margulis, Alejandro. "El valor de las mujeres escritoras: Entrevista con Gloria Pampillo." *La Nación* (14 mayo 1995): Supl. Lit., 4.

1289. PAOLANTONIO, E. JORGE. *Año de serpientes.* Buenos Aires: Ultimo Reino, 1995. 65pp. Primer Premio: Novela, XVII Encuentro de Escritores Patagónicos.

1290. PAOLETTI, MARIO (1940-). *A fuego lento.* Buenos Aires: Belgrano, 1998. 273pp.
"El año, 1977, durante lo más brutal de la represión; la escena, la cárcel de Sierra Chica." [M.I.L.].

1291. ———. *Antes del diluvio.* Toledo: Junta de Comunidades de Castilla-La Mancha, 1989. 170pp. Premio Castilla-La Mancha de Novela, 1988.

1292. ———. *Antes del diluvio.* Buenos Aires: Belgrano, 1997. 213pp.
"Con gran dominio de la forma autobiográfica, la novela hace la crónica de los 30 años de la vida política que desembocan en la aparición de la guerrilla urbana desde el punto de vista de un 'pícaro' del siglo XX." [María Guiñazú, *HLAS* (1995): 566].

1293. ———. *Mala junta.* Buenos Aires: Belgrano, 1999. 198pp.
"Three former leftist opponents of the military government in Argentina, who stayed on in Europe after they were exiled, get together one summer week in Madrid to plan the execution of one of the members of the armed forces, symbol of the dictatorship that wrecked their lives." [*Catál.* Belgrano (1999): 115].

1294. PARAMOS, HUGO (1951-). *Sale uno.* Buenos Aires: GEL, 1997. 219pp.

1295. PASZKOWSKI, DIEGO (1966-). *Tesis para un homicidio.* Buenos Aires: Sudamericana, 1999. 206pp. Primer Premio de Novela de *La Nación* en 1998.
"Interesantísima novela, bien estructurada y desarrollada. Versa sobre la aparición del cadáver de una joven en la Facultad donde un abogado asiste al seminario de un célebre criminalista. El profesor tiene sus sospechas sobre el autor del crimen, pero no sabe probar su caso." [M.I.L.].

1296. PAULS, ALAN (1959-). *El coloquio.* Buenos Aires: Emecé, 1990. 186pp.
"En su trigésimo sexto cumpleaños, Pablo Daniel F. reanuda el asedio sobre Dora D., su ex esposa. Sólo quiere volver a su lado. Pero entre ese designio sentimental y su sangriento desenlace hay un dilatado paréntesis de misterios, una larga noche pródiga en equívocos y en incertidumbres. Seis personajes intentan reconstruir la historia de ese desenfrenado despecho." [Contratapa].

1297. ———. *El pudor del pornógrafo.* Buenos Aires: Sudamericana, 1984. 122pp.
"Cartas que se intercambian dos amantes fascinados por la 'justeza posicional' de su separación. Cartas que interrogan vehemente el móvil de toda relación amorosa: La reciprocidad. Correspondencia a la vez apasionada e irrisoria." [Luis Chitarroni, contratapa].

1298. ———. *Wasabi.* Buenos Aires: Alfaguara, 1994. 141pp.

1299. ———. *Wasabi.* Trad. al francés por Lucien Ghariani. Paris: MEET, 1995. 232pp.
"Una historia de aventuras complicada, por cierto, como todo lo que surge de una criatura más o menos obnubilada por la enfermedad o el temor a la enfermedad, ciertamente perturbada por medicamentos o sujeta a las intimaciones específicas de un artista. En *Wasabi,*

el narrador, en primera persona, es el propio escritor, y la historia de *Wasabi* es el recuento de sus personales días en una situación extrema." [María E. de Miguel, *La Nación* (10 jul. 1994): 7/6].

A. R. *"Wasabi." La Maga* (25 mayo 1994): 19.

1300. PAVLOVSKY, ALEJANDRO (m. 1934). *Hacia la luz. De la vida de los nihilistas rusos.* Buenos Aires: A. Moen, 1906. 198pp.

1301. PAYRO, ROBERTO J. (1867-1926). *El casamiento de Laucha.* 1906. Buenos Aires: Kapelusz, 1994. 288pp.

1302. ——. *El casamiento de Laucha.* Buenos Aires: Losada, 1994.

Mitton, Maag M. "Lo picaresco en tres relatos de Roberto Payró." Tesis de doctorado, New York Univ., 1982.

1303. ——. *Chamijo.* 1930. Buenos Aires: Losada, 1994.

1304. ——. *Las divertidas aventuras del nieto de Juan Moreira.* 1910. Buenos Aires: Losada, 1991. 276pp.

1305. ——. *Las divertidas aventuras del nieto de Juan Moreira.* Buenos Aires: R.E.I. Argentina, 1992. 96pp.

1306. ——. *El falso Inca.* 1905. Buenos Aires: Losada, 1994.

Pellettiere, Osvaldo. "Paradoja en la obra de Roberto Payró: Entre la narrativa y el teatro." *La Prensa* (10 sept. 1995): Secc. Cult., 2-3.

Smith, Robert Lester. "A Critical Study of Roberto Payró." Tesis de doctorado, Univ. of California, Los Angeles, 1968.

1307. PAZ, ALEJANDRO. *Horario de visita.* Buenos Aires: Atlántida, 1997. 250pp.

"Esta narración responde a una de las definiciones de la novela: Narración de un mundo privado en un tono privado. No hay ruptura con las leyes de la lógica, ni la inminencia de esa ruptura como en el realismo mágico." [E.M., *La Nación* (28 dic. 1997): 6/5].

1308. PAZOS, LUIS. *No llores por mí Catamarca.* (Véase bajo Alejandra Rey).

1309. PECAR, SAMUEL (1922-).

Zlotchew, Clark. "Abismo generacional y exilio lingüístico: Entrevista con Samuel Pecar." *Alba de América* 10/18 (Jul. 1992): 433-445.

1310. PELTZER, FEDERICO J. (1924-). *El mar que tanto sabe de las piedras.* Buenos Aires: GEL, 1993. 197pp. Tres novelas cortas: *El nadador; El mar que tanto sabe de las piedras; Scheherazada.*: GEL, 1993. 197pp.

Peltzer, Federico. "El escritor y la vida." *Revista de Literaturas Modernas* 26 (1993): 35-48.

1311. PELUFFO, LUISA (1941-). *La doble vida.* Buenos Aires: Atlántida, 1993. 215pp. Primer Premio Regional de Narrativa, 1998.

"Aunque no es nuevo el recurso de marcar en un mismo libro dos relatos, el de la vida del autor y el de la novela que él va creando, hay que reconocer que Peluffo lo hace bien en *La doble vida.* Tampoco es original la historia de una mujer que voluntariamente se recluye en el interior para novelar personajes y lugares reales, contando al mismo tiempo la historia de su tarea." [Haydée M. Jofre Barroso, *La Nación* (16 mayo 1993): 7/4].

Bustos Fernández, María. "Un imaginario en la frontera; el caso, *Todo eso oyes.*" *La literatura de la Patagonia Norte: Un imaginario en la frontera.* Ed. M. Bustos Fernández. Buenos Aires: Univ. Nac. de Comahue, 1996. 77-78.

Gimbernat González, Ester. "*Voces* de la alteridad: *Todo eso oyes.*" En su *Aventuras del desacuerdo: Novelistas argentinas de los '80.* Buenos Aires: D. Albero Vergara, 1992. 225-234.

1312. PEÑA, HECTOR RODOLFO (1938-). *Misterio en la Bahía Paraíso.* Buenos Aires: Galerna, 1990. 190pp.

1313. PERALTA, RENATO. *Carandá libertada, o cruzada de salvación de la frontera.* Buenos Aires: Fundación El Libro, 1988. 164pp. Premio FAIGA.

1314. ———. *El sembrador de piojos.* Córdoba: Municipalidad de Córdoba, 1993. 159pp. Tercer Premio, Concurso Luis de Tejada, Novela Breve, 1992.

1315. PEREIRO, CARLOS (1953-). *El día para siempre.* En *El día para siempre.* Buenos Aires: Del Dock, 1995. 49-191. Segundo Premio, FNA.

1316. PEREL, MARIANA. *Historias de mujeres de 30.* Buenos Aires: Perfil, 1999. 254pp.

"Novela que arma una ficción a través de la investigación del relato que nueve mujeres desconocidas hacen de su historia. El tono confesional, que a veces se parece a una sesión de psicoanálisis y otras al de esos viajes en taxi donde se cuenta todo a un desconocido, logra crear un clima de intimidad." [F.G.C., Dic. 1999].

1317. PEREZ, PABLO. *Un año sin amor, diario del SIDA.* Buenos Aires: Perfil, 1998. 145pp.

"Es el diario de un joven poeta argentino. La voz de Pablo Pérez pone en escena la dificultad para articular alguna reflexión, como si se hubiera perdido la seguridad en la dicción que alentaba la escritura experimental. La prehistoria de la narración asoma en el dolor por la incomprensión familiar y el suicidio de su hermana Paula." [Mónica Sifrim, *Clarín* (10 enero 1999): Cultura/15].

1318. PEREZ AGUILAR, GRACIELA (1947-). *El constructor de sueños.* Buenos Aires: 1993.

1319. PEREZ ALONSO, PAULA (1956-). *No sé si casarme o comprarme un perro.* Buenos Aires: Tusquets, 1995. 286pp.

"La novela parte del recuerdo; encuentros, despedidas y parejas frustradas ocupan la memoria de Juana para compartir después su atención con el futuro inmediato. La publicación periódica de avisos clasificados empuja la historia hacia adelante. La obra es sutilmente antimachista y permite un desarrollo ágil dentro del cual atestigua dos épocas, entramándose con el contexto sociopolítico argentino de los últimos años." [Gabriel Sánchez Sorondo, *La Prensa* (17 sept. 1995): Secc. Cult., 9].

1320. PEREZ IZQUIERDO, GASTON. *La última carta de Pellegrini.* Buenos Aires: Sudamericana, 1999. 322pp.

"Novela histórica basada en la vida de Carlos Pellegrini, que llegó a ser presidente de la Argentina en 1890 al dimitirse Miguel Juárez Celman." [M.I.L.].

1321. PEREZ LASALA, JOSE LUIS (n. España). *Sin mirar atrás.* Buenos Aires: Ciudad Argentina, 1999. 586pp.

"La novela transcurre en España, en los tiempos de la guerra civil y de la posguerra, y concluye en Argentina." [F.G.C., Dic. 1999].

1322. PERINOT, MAURICIO (1925-). *QSX, Baires (la novela de los zombies)*. Buenos Aires: GEL, 1992. 147pp.

"Une fina ironía, aunque bastante ácida, recorre la novela, donde Perinot se deja seducir por la denuncia social y política, pero disimulada en una trama liviana, aunque contundente. *QSX, Baires* es la historia de un trabajador, empleado en relación de dependencia, que hace malabarismos para intentar subsistir en Buenos Aires con un sueldo miserable." [Emilio Cócaro, *La Nación* (8 mar. 1992): 7/5].

1323. ———. *Salvad nuestras almas: S.O.S. educación*. Buenos Aires: GEL, 1997. 231pp.

"Obra que puede definirse como novela-ensayo, en la que se tocan temas relacionados con la educación y los problemas sociales." [F.G.C., 1997].

1324. PERRONE, ALBERTO MARIO (1944-). *Gente grande*. Buenos Aires: Lugar, 1992. 140pp.

1325. PERSICO, EDUARDO (1935-). *Nadie muere de amor en Disneylandia*. Buenos Aires: Beas Ediciones, 1993. 182pp. Novela premiada en 1993 por el FNA.

1326. PESCETTI, LUIS MARIA (1958-). *El ciudadano de mis zapatos*. Buenos Aires: Sudamericana, 1998. 287pp.

"Los temas de esta novela son el exilio, la ausencia, el amor, el miedo, la alegría y una tragedia familiar: La muerte del padre. Sobre todo ello se proyectan las sombras de los años '70 y '80." [F.G.C., 1998].

1327. PESTARINO, MARCELO (1954-). *Confesiones de un esclavo*. Buenos Aires: Atlántida, 1997. 220pp.

"Novela enmarcada en la Roma del siglo II. Las creencias religiosas, pasiones e intrigas, amores y depravaciones en el seno de una familia patricia son descritas a través de las confesiones de un niño esclavo." [F.G.C., 1997].

1328. PEUSNER, LEONARDO. *El técnico del universo previo*. Buenos Aires: Corregidor, 1998. 366pp.

"Obra que combina la novela realista de costumbres, el relato de amor, la ciencia ficción y la historia policial." [F.G.C. (Sept. 1998): 66].

1329. PEYRET, MARCELO (1897-1925).

"Sus mejores novelas son *Los pulpos* (1924) y *Cartas de amor* (1920). En la obra de Peyret impera, por lo general, una atmósfera de desdicha. El autor parece deleitarse en la creación de personajes fracasados, vencidos por el imperativo del sexo, marginados por la enfermedad y hasta frustrados a raíz de su entrega al puro interés material. En *Alta Gracia*, la descripción de situaciones a que dan lugar los enfermos internados entraña un casi morboso ahincamiento en el tema." [Raúl Abdala, "Marcelo Peyret: Realista y romántico." *La Prensa* (3 sept. 1995): Secc. Cult., 12].

1330. PEYROU, MANUEL (1902-1974).

Peyrou, Oscar. "Manuel Peyrou, el hermano secreto de Borges." *Cuadernos Hispanoamericanos* 562 (Abr. 1997): 81-86.

1331. PIGLIA, RICARDO (1942-). *La ciudad ausente.* Buenos Aires: Sudamericana, 1992. 178pp. Reimpr., 1993, 1995.

1332. ——. *Die abwesende Stadt.* Trad. al alemán de *La ciudad ausente*, por L. Federmair y A. Rogel. Berlin: Bruckner & Thünker, 1994. 272pp.

1333. ——. *The Absent City.* Trad. al inglés de *La ciudad ausente*, por Sergio Waisman. Durham: Duke UP, 2000.

Berg, Edgardo. "La conspiración literaria: *La ciudad ausente* de Ricardo Piglia." *Hispamérica* 25/75 (Dic. 1996): 37-47.

Gudiño Kieffer, Eduardo. "*La ciudad ausente.*" *La Nación* (19 jul.1992): 7/5.

Iglesia, Cristina. "Crimen y castigo: Las reglas del juego. Notas sobre *La ciudad ausente*." Filología 29/1 (1996): 95-103.

Romano Thuesen, Evilia. "Macedonio Fernández: Su teoría de la novela en *La ciudad ausente*." *Alba de América* 12/22 (Jul. 1994): 213-226.

Yannuzzi, María. "De la utopía al apocalipsis. Cultura política de fin de siglo y *La ciudad ausente*." Tesis de doctorado, Univ. of Pittsburgh, 1996.

1334. ——. *Encuentro en Saint-Nazaire.* En un vol. con *Prisión perpetua. Buenos Aires:* Seix Barral, 1998. 164pp.

1335. ——. *Une Rencontre à Saint-Nazaire.* Trad. al francés por A. Keruzoré. Paris: Arcane 17, 1989.

1336. ——. *Homenaje a Roberto Arlt.* En el vol. *Prisión perpetua.* Buenos Aires: Sudamericana, 1988. 135-185.

1337. ——. *Hommage à Roberto Arlt.* Trad. al francés por Françoise Campo-Timal. En *Faux nom.* Saint Nazaire: Arcane 17, 1990. 224pp.

1338. ——. *Assumed Name.* Trad. al inglés de *Nombre falso*, por Sergio Waisman. Pittsburgh: Latin American Literary Review, 1995. 160pp.

1339. ——. *Plata quemada.* Buenos Aires: Planeta, 1997. 252pp. Premio Planeta. "Una banda asalta a un banco y huye a Montevideo con el botín, traicionando a sus socios de la Policía. Piglia, que tuvo accesos a materiales secretos, armó con ellos esta novela basada en hechos verídicos." [Aviso, *La Nación* (22 mar. 1998): 6/7].

Berg, Eduardo. "*Plata quemada.*" *Hispamérica* 28/82 (Abr. 1999): 124-126.

Schoo, Ernesto. "*Plata quemada.*" *La Nación* (4 enero 1998): 6/5.

1340. ——. *Prisión perpetua.* En el vol. *Prisión perpetua.* Buenos Aires: Sudamericana, 1988. 11-62.

1341. ——. *Prisión perpetua.* En un vol. con *Encuentro en Saint-Nazaire.* Buenos Aires: Seix Barral, 1998. 164pp.

1342. ——. *Respiración artificial.* 1981. Buenos Aires: Sudamericana, 1993. 276pp.

1343. ——. *Respiración artificial.* Bogotá: Tercer Mundo, 1993. 225pp.

1344. ——. *Respiración artificial.* Buenos Aires: Seix Barral, 1996. 213pp.

1345. ——. *Artificial Respiration.* Trad. al inglés por Daniel Balderston. Durham: Duke Univ. P, 1994. 192pp.

Berg, Edgardo H. "La búsqueda del archivo familiar. Notas de lectura sobre *Respiración artificial.*" *Confluencia* 10/1 (Fall 1994): 45-56.

Issacharoff, Dora. "Uso del tiempo histórico no cronológico en *Respiración artificial* de R. Piglia y *El libro de la risa y del olvido* de M. Kundera." *Literatura del mundo hispánico. VIII Simposio Internacional de Literatura.* Ed. J. Arancibia. Westminster: Inst. Lit. y Cult. Hisp., 1992. 269-280.

Margulis, Alejandro. "Marcelo: el presente sin presencia en *Respiración artificial.*" *Nueva Revista de Filología Hispánica* 41/1 (1993): 279-291.

CRITICAL STUDIES ON RICARDO PIGLIA

André, María. "Con el filo de la palabra: Respuestas de la literatura argentina al discurso de la dictadura." Tesis de doctorado, SUNY, Albany, 1995. Sobre R. Piglia, L. Valenzuela, M. Lynch.

Ariel Madrazo, Jorge. "Entrevista a Ricardo Piglia." *Atenea* 473 (Enero 1996): 95-109.

Avelar, Idelber. "Como respiran los ausentes: La narrativa de Ricardo Piglia." *Modern Language Notes* 110/2 (March 1995): 416-432.

——. "The Experience of Defeat: Mourning and Memory in Post-Dictatorship Fiction from Argentina, Chile and Brazil." Tesis de doctorado, Duke Univ., 1996.

Bratosevich, Nicolás, et al., eds. *Ricardo Piglia y la cultura de la contravención.* Buenos Aires: ATUEL, 1997.

De Grandis, Rita. "Ricardo Piglia: Acerca de la evanescencia de un debate y otras yerbas." *Revista de Estudios Hispánicos* 20 (1993): 191-197.

Demaria, Laura B. "Argentina: Ricardo Piglia dialoga con la generación del '37 en la discontinuidad." Tesis de doctorado, Washington Univ., 1997.

Ferro, Roberto. "Homenaje a Ricardo Piglia y/o Max Brod." En *El lector apócrifo.* Buenos Aires: De la Flor, 1998. 266-292.

Garabano, Sandra J. "Reescribiendo la nación: La narrativa de Ricardo Piglia." Tesis de doctorado, Univ. of Colorado, Boulder, 1995.

Gnutzmann, Rita. "Ricardo Piglia o la crítica literaria como relato detectivesco." *Literatura como intertextualidad. IX Simposio Internacional de Literatura.* Buenos Aires: Instit. Lit. y Cult. Hispánico, 1993. 523-531.

Grzegorczyk, Marzena. "Discursos sobre el margen: Gombrowicz, Piglia y la estética del basurero." *Hispamérica* 25/73 (Abril 1996): 15-33.

Hernández, María del Carmen. "An Interview with Ricardo Piglia." *The Faulkner Journal* 11/1 (Spring 1995): 43-50.

Hopkins, Lori. *Writing Through the Proceso: The Argentine Narrative, 1980-1990.* Tesis de doctorado, Univ. of Wisconsin, 1993.

Machin, Horacio. "Literature and Intellectual Field in Argentina During the Eighties." Tesis de doctorado, Stanford Univ., 1996.

Margulis, Alejandro. "La literatura: Zona secreta. Entrevista con Ricardo Piglia." *La Nación* (6 nov. 1994): 7/5.

Mohlenhoff, Jennifer. "Reading for Bodies: Literature from Argentina's Dirty War (1976-1983)." Tesis de doctorado, Cornell Univ., 1997.

Morello-Frosch, Marta. "The Opulent Facundo: Sarmiento and Modern Argentine Fiction." *Sarmiento: Author of a Nation*. Ed. T. Halperin Donghi. Berkeley: U of California P, 1994. 347-357. Sobre R. Piglia, J. P. Feinmann, A. Rivera.

Paz, Marcelo. "Una historicidad 'insólita' en la narrativa argentina de la última dictadura militar." Tesis de doctorado, Univ. of Cincinnati, 1996. Sobre L. Valenzuela, R. Piglia, O. Soriano, O. Villordo, G. Gambaro.

Piglia, Ricardo. *Formas breves*. Buenos Aires: Temas Grupo Editorial, 1999. Ensayos sobre el acto de narrar.

Solomianski, Alejandro. "El cuento de la patria. Una forma de su configuración en la cuentística de Ricardo Piglia." *Revista Iberoamericana* 63/181 (Oct. 1997): 675-688.

Trouve, Theresa Ann. "Postmodernist Novel as Archive: Discursive Practice in the Texts of Thomas Pynchon and Ricardo Piglia." Tesis de doctorado, New York Univ., 1997.

1346. PINEDA, JUL.. *Parque O'Higgins*. Mendoza: Ediciones Culturales, 1993. 120pp.

1347. PIZARNIK, ALEJANDRA (1936-1972).

Bajarlía, Juan J. *Alejandra Pizarnik: Anatomía de un recuerdo*. Buenos Aires: Almagesto, 1998.

Bassnett, Susan. "Blood and Mirrors: Imagery and Violence in the Writings of Alejandra Pizarnik. *Latin American Women's Writing: Feminist Readings in Theory and Crisis*. Ed. A. Brooksbank Jones. New York: Oxford UP, 1996. 127-147.

Bordelois, Ivonne. *Correspondencia Pizarnik*. Buenos Aires: Seix Barral, 1998.

Fitts, Alexandra. "Reading the Body/Writing the Body: Constructions of the Female Body in the Work of Latin American Women Writers." Tesis de doctorado, Duke Univ., 1995.

Guibelalde, César G. *Aportes para la extracción de la piedra de la locura: Sida y obra de Alejandra Pizarnik*. Buenos Aires: Dimas, 1998.

Koremblit, Bernardo. *Todas las que ella era. Ensayo sobre Alejandra Pizarnik*. Buenos Aires: Corregidor, 1991.

Piña, Cristina. *Alejandra Pizarnik*. Buenos Aires: Planeta, 1991.

Rodríguez Francis, Ana M. "Cuestionamiento del lenguaje en la poesía en prosa argentina: Alejandra Pizarnik y María R. Lojo." *Letras* 34 (Jul. 1996): 123-139.

1348. PLAGER, SILVIA (1942-). *Alguien está mirando*. Buenos Aires: Planeta, 1991. 190pp.

"Julián Alter, arquitecto, casado, se siente infeliz en su matrimonio y su trabajo. Engaña a su mujer con una arquitecta, que acepta con sabia naturalidad su rol de amante y de estímulo para transgredir, que tanto necesita Julián. Un compañero de trabajo le propone un chantaje al estudio de arquitectura que los explota y Julián se sumerge en lo ilícito con la misma temerosa pasión con que lo hizo en la infidelidad." [Contratapa].

1349. ———. *La baronesa de Fiuggi*. Buenos Aires: Simurg, 1998. 342pp.

"Características en la producción de Silvia Plager: El abordaje a problemas y situaciones desde una óptica femenina; el uso del humor. Ambos elementos se unen con eficacia en *La baronesa de Fiuggi* a través de un personaje memorable: La protagonista-lectora." [Silvana Castro, *Breve diccionario biográfico*. 175-176].

1350. ———. *Como papas para varenikes*. (Novela contraentregas mensuales, en tarjeta o efectivo: Romances apasionados, recetas judías con poder afrodisíaco y . . .). Buenos Aires: Beas Ediciones, 1994. 190pp.

"Esta obra es una divertida parodia de la novela mexicana *Como agua para chocolate*, en la que se mezclan recetas, amores románticos y hasta un 'Kama Sutra' para golosos." [F.G.C. (Nov. 1993-97): 18].

1351. ——. *Mujeres pudorosas*. Buenos Aires: Atlántida, 1993. 210pp.

"Relato que transita las ensoñaciones eróticas de sus dos protagonistas en busca de nuevas experiencias amatorias. Plager deja de lado lo lineal para insertarse en la hondura psicológica de sus criaturas. Vivisecciona en el interior de Graciela, una escritora que todavía no halló el verdadero sentido de la pasión, y de Clara, que, luego de su viudez, viaja a Jerusalén para hacer realidad una ilusión." [Adolfo Martínez, *La Nación* (5 dic. 1993): 7/4].

Gimbernat González, Ester. "*A las escondidas:* Jugando a las casitas." En su *Aventuras del desacuerdo: Novelistas argentinas de los '80.* Buenos Aires: D. Albero Vergara, 1992. 255-257.

Gimbernat González, Ester. "*El subversivo territorio del deseo: Prohibido despertar.*" En su *Aventuras del desacuerdo: Novelistas argentinas de los '80.* Buenos Aires: D. Albero Vergara, 1992. 99-103.

1352. ——. *Nostalgias de Malvinas*. Buenos Aires: Javier Vergara, 1999. 251pp.

"Reconstrucción de la vida diaria en las Islas Malvinas a través del diario de la esposa de Luis Vernet, gobernador de las islas entre 1829 y 1831." [M.I.L.].

1353. PLAZA, RAMON (1937-1991). *Amapola*. Literatura juvenil. Buenos Aires: Vergara, 1991. 124pp.

"Amapola es una niña que no se diferencia en sus reacciones de niño: Le gusta probarse la ropa de sus mayores, pero también treparse a un árbol o leer a Salgari. Se convierte en el verdadero héroe del viaje que emprende al centro del mundo. Curiosa y valiente, llevará adelante la peripecia por momentos disparatada. Será el ejemplo de sus compañeros, con los que sin embargo se enfrenta para que la ilusión no fracase. Donde Plaza está vivo de cuerpo entero es en el enfrentamiento entre realidad y magia, representados en Moebius y Amapola." [Oscar Villordo, *La Nación* (8 dic. 1991): 7/4].

1354. PLOESE, MONICA (1962-). *La curiosidad mató al hombre*. (Novela policial). Buenos Aires: Norma, 1999. 219pp.

"Otro caso de Irene Adler, la investigadora que esclarece asesinatos usando técnicas astrológicas." [F.G.C., Dic. 1999].

1355. ——. *El muerto quiere saber de qué se trata*. Buenos Aires, c. 1996.

1356. PODESTA, MANUEL T. (1853-1920).

Salto, Graciela N. "El debate científico y literario en torno de *Irresponsable* de Manuel T. Podestá." *Anclajes* 2/2 (Dic. 1998): 77-103.

1357. POLETTI, SYRIA (1919-).

Castelli, Eugenio. "Para una evaluación crítica de la novelística de Syria Poletti." *Káñina* 9/2 (Jul. 1985): 51-55.

Díaz, Gwendolyn J. "Images of the Heroine: Development of the Female Character in the Novels of B. Guido, M. Lynch and S. Poletti." Tesis de doctorado, Univ. of Texas, Austin, 1981.

Gardini, Walter. *Syria Poletti: Mujer de dos mundos*. Buenos Aires: Asoc. Dante, 1993.

Mathieu, Corina. "Syria Poletti: Intérprete de la realidad argentina." *Sin Nombre* 13/3 (Abr. 1983): 87-93.

Schiminovich, Flora. "Two Argentine Female Writers Perfect the Art of Detection: María A. Bosco & Syria Poletti." *Review* 42 (Jan. 1990): 16-20.

Titiev, Janice. "Structure as a Feminist Statement in the Fiction of Syria Poletti." *Letras Femeninas* 15/1 (Spring 1989): 48-58.

1358. PONCE, NESTOR. *La bestia de las diagonales.* Buenos Aires: Simurg, 1999. 188pp.

"La Plata es una ciudad de diagonales. En ella irrumpe la brutalidad del crimen; la población temerosa se encierra en sus hogares al anochecer. La prensa multiplica las hipótesis. Mientras tanto, los asesinatos se repiten. Un proyecto literario novedoso y original, que opera en los bordes de la novela policial." [F.G.C., Ag. 1999].

1359. ———. *El intérprete.* Rosario: Beatriz Viterbo, 1998. 287pp. Primer Premio de Novela del FNA.

"No es una novela histórica a la manera de muchas que actualmente se escriben. Los protagonistas no son próceres conocidos sino seres imaginarios que se mueven en un espacio y en un tiempo, el Buenos Aires de 1870, recreados por Ponce con indudable conocimiento de la historia y los hábitos de la época." [A.R., *La Nación* (6 dic. 1998): 6/4].

1360. PORRAL, MIGUEL RICARDO (1946-). *Aviso a navegantes.* Buenos Aires: 1992.

1361. POSSE, ABEL (1934-). *Los Bogavantes.* 1969. Buenos Aires: Atlántida, 1992. 324pp.

1362. ———. *Los cuadernos de Praga.* Buenos Aires: Atlántida, 1998. 318pp.

"Indagación en un episodio poco conocido de la vida de 'Che' Guevara: Su estadía secreta en Praga, antes de la batalla final en Bolivia. Posse muestra a un 'Che' empeñado en la lucha contra su asma y contra la hipocresía de los poderes devorados por una decadencia que une al Este y al Occidente." [F.G.C., 1998].

1363. ———. *Daimón. (Vida de Lope de Aguirre).* 1978. Buenos Aires: Emecé, 1992. 269pp.

Capano, Daniel. "La voz de la posmodernidad en *Daimón* de Abel Posse." *Alba de América* 13/24 (Jul. 1995): 261-270.

Chanady, Amaryll. "Abel Posse and the Rewriting of the Aguirre Myth." *Latin American Postmodernisms.* Ed. Richard A. Young. Amsterdam: Rodopi, 1997. 175-187.

Galster, Ingrid. "Abel Posse: Daimón." *Der hispanoamerikanische Roman. II. Von Cortázar bis zur Gegenwart.* Ed. Volker Roloff. Darmstadt: Wissenschaftliche Buchgesellschaft, 1992. 228-237.

Nofal, Rossana. "*Daimón* de Abel Posse: La figura invertida del héroe." *Revista Chilena de Literatura* 52 (Abr. 1988): 93-102.

Reati, Fernando. "Los signos del tarot y el fin de la razón occidental en América: *Daimón* de Abel Posse." *Dispositio* 20/47 (1997): 93-108.

1364. ———. *Los demonios ocultos.* 1987. Buenos Aires: Emecé, 1992. 271pp.

1365. ———. *El largo atardecer del caminante.* Buenos Aires: Emecé, 1992. 266pp.

"Versión de *Los naufragios* recreada principalmente desde el punto de vista íntimo, personal. *El largo atardecer del caminante* presta la voz a Alvar Núñez Cabeza de Vaca para que asuma de nuevo, esta vez en una novela, la hazaña de la caminata entre el golfo de México y el de California. El préstamo hecho por Posse es mucho más que la voz del personaje; es la del propio novelista, que expresa a través de ella su juicio sobre la conducta española en estas tierras." [Seymour Menton, "La historia verdadera de Alvar Núñez Cabeza de Vaca en la última novela de Abel Posse, *El largo atardecer del caminante.*" *Revista Iberoamericana* 62/175 (Abr.-Jun. 1996): 421].

Rivas, José A. "Los naufragios de Abel Posse." *Primeras Jornadas Internacionales de Literatura Argentina/Comparística: Actas.* Ed. Teresita Frugoni de Fritzsche. Buenos Aires: UDEBA, 1996. 269-277.

Villordo, Oscar H. "*El largo atardecer del caminante.*" *La Nación* (27 dic. 1992): 7/5.

1366. ——. *Momento de morir.* 1979. Buenos Aires: Emecé, 1997. 184pp.

1367. ——. *La pasión según Eva.* Buenos Aires: Emecé, 1994. 324pp.

1368. ——. *Evita. Der Roman ihres Lebens.* Trad. al alemán por S. Lange. Berlin: Eichborn, 1996. 408pp.

1369. ——. *Passione di Eva.* Trad. al itialiano por V. Raimondi. 1996. 280pp.

"Posse presenta el texto de *La pasión según Eva* como el producto de un hacer discursivo individual que le confiere su forma definitiva, la de una versión propia construida a partir de múltiples versiones. El resultado es lo que anticipa una 'novela coral,' donde diversas voces se amalgaman y alternan para hablar sobre Eva Duarte, construyendo de esa manera una 'biografía de grupo.'" [Graciela Frega, *III Jornadas de literatura desde la cultura popular*, 72].

Barchino, Matías. "La novela biográfica como reconstrucción histórica y como construcción mítica: el caso de Eva Duarte en *La pasión según Eva.*" *La novela histórica a finales del siglo XX.* Ed. José Romera Castillo. Madrid: Visor, 1996. 149-157.

Foster, David W. "*La pasión según Eva.*" *World Literature Today* 69/3 (Summer 1995): 558-559.

Lituinoff, Edgardo. "*Evita según Posse.*" *III Jornadas de literatura desde la cultura popular.* Córdoba: Univ. Nac. de Córdoba, 1995. 78-82.

1370. ——. *Los perros del Paraíso.* 1983. Buenos Aires: Emecé, 1992. 253pp.

Almazán, María Inés, y Edgardo G. Ranucci. "*Los perros del Paraíso:* Una ruptura flagrante del orden espacio-temporal establecido." *Literatura como intertextualidad: IX Simposio Internacional de Literatura.* Ed. J. Arancibia. Buenos Aires: Inst. Lit. y Cult. Hisp, 1993. 311-328.

Lojo, María R. "La invención de la historia en *Los perros del Paraíso.*" *Estudios Filológicos* 30 (1995): 155-160.

Scarano, Mónica, et al. *La reinvención de la memoria.* Rosario: B. Viterbo, 1997. En parte, sobre *Los perros del Paraíso.*

1371. ——. *La Reina del Plata.* 1988. Barcelona: Plaza & Janés, 1990. 220pp.

1372. ——. *La Reina del Plata.* Buenos Aires: Emecé, 1993. 312pp.

1373. ——. *El viajero de Agartha.* Buenos Aires: Emecé, 1989. 252pp.

CRITICAL STUDIES ON ABEL POSSE

Arancibia, Blanca de. Trans. A. Chanady. "Identity and Narrative Fiction in Argentina: The Novels of Abel Posse." *Latin American Identity and Constructions of Difference.* Ed. Amaryll Chanady. Minneapolis: Univ. of Minnesota Press, 1994. 67-85.

Bost, David H. "Reassessing the Past: Abel Posse and the New Historical Novel." *Selected Proceedings, Louisiana Conference on Hispanic Languages and Literatures.* Ed. Claire Paolini. New Orleans: Tulane Univ., 1995. 39-47.

Bruni, Nina. "Entrevista con Abel Posse." *Atenea* 475 (Enero 1997): 85-102.

Corticelli, María. "Intelectualidad e identidad cultural en tres escritores latinoamericanos: A. Posse, M. Vargas Llosa, A. Benítez Rojo." Tesis de doctorado, Univ. of Texas, Austin, 1998.

Filer, Malva. "La visión de América en la obra de Abel Posse." *Actas del X Congreso de la AIH.* Ed. Antonio Vilanova. Barcelona: Promoc. Univ., 1992. III, 593-600.

Galster, Ingrid. "Abel Posse: De la escritura como posesión." *Siempre* 25/12 (1997): 56-57.

Pites, Silvia. "Entrevista con Abel Posse." *Chasqui* 22/2 (Nov. 1993): 120-128.

Reati, Fernando. "Posse, Saer, Di Benedetto y Brailovsky: Deseo y paraíso en la novela argentina sobre la Conquista." *Revista de Estudios Hispánicos* 29/1 (Jan. 1975): 121-136.

Sklodowska, Elzbieta. "Parodia y (meta)historia. La novelística de Abel Posse." *Proceedings of the International Symposium, Prague.* Ed. Anna Houskova. Prague: Charles Univ., 1993. 266-271.

Spiller, Roland. "Conversación con Abel Posse." *Iberoamericana: Lateinamerika, Spanien, Portugal* 13/2-3 (1989): 106-114.

Spindler, William. "Magical Insurrections: Cultural Resistance and the Magic Realist Novel in Latin America: M. A. Asturias, A. Carpentier, G. García Márquez, A. Posse, J. Arguedas." Tesis de doctorado, Univ. of Essex, 1996.

Urbina, José L. "La nueva novela histórica latinoamericana. El descubrimiento revisitado en Roa Bastos, Carpentier y Posse." Tesis de doctorado, Catholic Univ. of America, 1994.

1374. POZZI, EDNA. *Los laberintos del alma.* Buenos Aires: Vinciguerra, 1995. 163pp. Primer Premio de Novela del FNA, 1988.

"Pozzi ha creado, con su idioma prodigioso y en imágenes estructuradas con originalidad y una sugerencia conceptual que encierra mundos de sentido, una historia de múltiples proyecciones centrada en la existencia asombrosa e intrépida de Santa Teresa de Jesús." [Rodolfo Modern, *La Prensa* (12 feb. 1995): Secc. Cult., 8].

Gimbernat González, Ester. "La dialéctica de la resistencia: *El lento rostro de la inocencia.*" En *Aventuras del desacuerdo: Novelistas argentinas de los '80.* Buenos Aires: D. Albero Vergara, 1992. 65-73.

1375. ——. *El ruido del viento.* 1989. Buenos Aires: Vinciguerra, 1994. 163pp.

Gimbernat González, Ester. "*El ruido del viento:* Inflexiones del lenguaje del enemigo." *Aventuras del desacuerdo: Novelistas argentinas de los '80.* Buenos Aires: D. Albero Vergara, 1992. 192-200.

——. "La dialéctica de la resistencia: *El lento rostro de la inocencia.*" *Aventuras del desacuerdo: Novelistas argentinas de los '80.* Buenos Aires: D. Albero Vergara, 1992. 65-73.

——. "*Las ruinas de la infancia:* La remota seguridad de las palabras." *Aventuras del desacuerdo: Novelistas argentinas de los '80.* Buenos Aires: D. Albero Vergara, 1992. 123-127.

1376. PRADO DE FERREYRA, LILY. *Cuando se nos muera la breve luz.* Buenos Aires: Vinciguerra, 1997. 192pp.

"Una novela que lleva la marca de temas esenciales a la condición humana, con el sello universal de la violencia, la muerte y el engaño." [Aviso, *La Nación* (27 abr. 1997): 4/3].

1377. PRESMAN, CARLOS. *Ni vivo ni muerto.* Córdoba: Del Boulevard, 1997. 174pp.

"El protagonista es hijo de una polaca judía y un negro sudafricano. Sus vicisitudes en Córdoba, Ciudad del Cabo, Washington y la Habana son narradas por Presman con ironía y humor negro que sin embargo no logran ocultar la profundidad humana de sus personajes." [F.G.C., 1997].

1378. PRIETO, MARTIN (1961-). *Calle de las escuelas No. 13*. Buenos Aires: Perfil, 1999. 137pp.

"Una cantante, el hijo de un militar, un periodista de un diario de izquierda y el empleado de una marmolería se reúnen para planear el asesinato de un torturador de la dictadura militar." [F.G.C., 1999].

1379. PRON, PATRICIO (1975-). *Formas de morir*. Rosario: Univ. Nac. de Rosario, 1998. 91pp. En un vol. con *Rosagasario Blues* de Daniel Boglione. Segundo Premio 'Novela Policial' Fundación Univ. Nac. de Rosario, 1998.

1380. PUCCIARELLI, ROBERTO ATILIO (1938-). *Noche de Túnez*. Buenos Aires: Vinciguerra, 1994. 219pp.

1381. PUIG, MANUEL (1932-1987). *El beso de la mujer araña*. 1976. Barcelona: Seix Barral, 1995. 286pp.

1382. ———. *Kiss of the Spider Woman*. Trad. al inglés por Thomas Colchie. New York: Random House, 1991. 288pp.

Colás, Santiago. "Latin American Modernity in Crisis. *El beso de la mujer araña* and the Argentine National Left." *Post Modernity in Latin America. The Argentine Paradigm*. Durham: Duke UP, 1994. 76-99.

Cuervo Hewitt, Julia. "*Las metamorfosis* de Ovidio y la polémica de la estética en *El beso de la mujer araña*." *Crítica Hispánica* 16/2 (1994): 265-275.

Dabove, Juan Pablo. *La forma del destino* (sobre *El beso de la mujer araña*). Rosario: Beatriz Viterbo, 1994.

Di Salvo, Thomas. "El niño y el adulto: Cara y cruz de la liberación en *El beso de la mujer araña*." *Mester* 22/1 (Spring 1993): 31-40.

Dittmar, Linda. "Beyond Gender and Within It: The Social Construction of Female Desire." *Wide Angle* 8/3 (1986): 79-88.

Gómez-Lara, Rubén L. *Intertextualidad generativa en "El beso de la mujer araña"*. Miami: Universal, 1996.

Heikinen, Denise. "Is Bakhtin a Feminist or Just Another Dead White Male?: A Celebration of Feminist Possibilities in *Kiss of the Spider Woman*. *A Dialogue of Voices. Feminist Literary Theory and Bakhtin*. Ed. K. Hohne & H. Wussow. Minneapolis: U of Minnesota P, 1994. 114-127.

Ingenschay, Dieter. "Manuel Puig: *El beso de la mujer araña*." *Der hispanoamerikanische Roman. II: Von Cortázar bis zur Gegenwart*. Darmstadt: Wissenschaftliche Buchgesellschaft, 1992. 193-204.

Merrim, Stephanie. "Bridging the Gap: Freud and Fil in *Three Trapped Tigers* and *Kiss of the Spider Woman*." *On Modern Latin American Fiction*. Ed. John King. New York: Hill & Wang, 1989. 268-282.

Mistron, Deborah. "Narration in Literature and Film: Intertextuality in *Kiss of the Spider Woman*." *Imagery in Literature and Film from Romanticism to the Present. W. Virginia Univ. Philological Papers* 35 (1989): 104-111.

Pinet, Carolyn. "Who Is the Spider Woman? *Rocky Mountain Review of Language and Literature* 45/1-2 (1991): 19-24.

Popp, Wolfgang. "Manuel Puig: 'Der Kuss der Spinnenfrau': Homosexualitat und Faschismus." *Paris sous l'occupation; Paris unter deutscher Besatzung.* Ed. W. Drost. Heidelberg: Carl Winter Univ., 1995. 178-186.

1383. ——. *Boquitas pintadas.* 1969. Barcelona: Seix Barral, 1997. 258pp.

1384. ——. *Boquitas pintadas.* Buenos Aires: Sudamericana, 1999. 225pp.

Esplugas, Celia. "Symbolism and Imagery: Portraying Female Sexuality in Works by Sherwood Anderson and Manuel Puig." *Pennsylvania English* 20/1 (Fall 1995): 21-37.

Garraleta, Mercedes. "Una historia de traiciones. La traición del tango: *Boquitas pintadas* de Manuel Puig. La traición del bolera: *Te trataré como a una reina* de Rosa Montero." *Notas y Estudios Filológicos* 3 (1986): 109-119.

Martí, Gauda. "La hegemonía patriarcal re-evaluada: (des)enmascaramiento de los mitos folletinescos en *Boquitas pintadas.*" *Texto Crítico* 2/2 (Enero 1996): 93-123.

Soto Escobillana, Luis. "*Boquitas pintadas.* Lenguajes y ocultamientos." *Literatura como intertextualidad: IX Simposio Internacional de Literatura.* Ed. J. Arancibia. Buenos Aires: Inst. Lit. y Cult. Hisp., 1993. 226-233.

1385. ——. *The Buenos Aires Affair.* 1973. Buenos Aires: Seix y Barral, 1993. 259pp.

1386. ——. *Fattaccio a Buenos Aires.* 1973. Trad. al italiano de *The Buenos Aires Affair,* por Enrico Cicogna. Milano: Feltrinelli, 1990. 232pp.

Frost, Derek T. "Cinematic Artifice in Puig's The Buenos Aires Affair: The Case of Gilda." *West Virginia Univ. Philological Papers* 41 (1995): 119-123.

——. "Transcription, Invention and Fraudulence: Simulated Cinema in the Epitaphs of *The Buenos Aires Affair.*" *Revista Hispánica Moderna* 51/2 (Dic. 1998): 354-367.

1387. ——. *Cae la noche tropical.* 1988. Barcelona: Seix Barral, 1997. 255pp.

1388. ——. *Tombe la nuit tropicale.* Trad. al francés por Albert Bensoussan. Paris: Bourgois, 1990. 272pp.

1389. ——. *Tropical Night Falling.* Trad. al inglés por Suzanne Jil Levine. New York: Norton, 1990. 192pp.

DuPouy, Steven M. "Brazilian Nights, Argentine Voices: *Tropical Night Falling.*" *Review of Contemporary Fiction* 11/3 (Fall 1991): 246-251.

——. "Constantes narrativas en *Cae la noche tropical.*" *Narrativa hispanoamericana contemporánea: Entre la vanguardia y el posboom.* Ed. Ana M. Hernández de López. Madrid: Pliegos, 1996. 78-86.

Gudiño Kieffer, Eduardo. "Chismes, informes y cartas: *Cae la noche tropical.*" *La Nación* (31 dic. 1988): 4.

Link, Daniel. "*Cae la noche tropical.*" *Babel* 1/6 (Enero 1989): 8.

Martí, Guada. "La dinámica narrativa en *Cae la noche tropical.*" *Hispamérica* 23/69 (Dic. 1994): 89-95.

——. "La magia de contar. Estrategias narrativas de supervivencia en *Cae la noche tropical.*" *Chasqui* 25/1 (Mayo 1996): 12-24.

1390. ——. *Maldición eterna a quien lea estas páginas.* 1980. Barcelona: Seix Barral, 1998. 278pp.

1391. ——. *Pubis angelical.* 1979. Barcelona: Seix Barral, 1996. 261pp.

Bernal, A. Alejandro. "Sexo y poder en *Pubis angelical: Textos narrativo y fílmico.*" *Alba de América* 12/22 (Jul. 1994): 487-494.

Hughes, P. "Traditional and New Readings of *Pubis angelical.*" *Spanish Studies* 11 (1990): 21-29.

Kerr, Lucille. "The Dis-Appearance of Popular Author: Stealing Around Style with Manuel Puig's *Pubis angelical.*" In *Reclaiming the Author: Figures and Fiction from Spanish America:* Durham, N.C.: Duke Univ. Press, 1992.

1392. ——. *Sangre de amor correspondido.* 1982. Buenos Aires: Seix Barral, 1998. 239pp.

Lewis, Bart L. "The Reader and Manuel Puig." The Invention of *Sangre de amor correspondido.*" *Crítica Hispánica* 17/2 (1995): 286-292.

1393. ——. *La traición de Rita Hayworth.* 1968. Barcelona: Seix Barral, 1987. 299pp.

Amícola, José, ed. *Materiales iniciales para "La traición de Rita Hayworth."* La Plata: Univ. Nac. de La Plata, 1996.

Drucaroff, Elsa. "Para escribir una novela familiar: Sobre *La traición de Rita Hayworth.*" *Filología* 25/1 (1990): 111-132.

Herrero-Olaizola, Alejandro. "*La traición de Rita Hayworth* y el 'postmodernismo' literario latinoamericano: Manuel Puig y la exposición popular." *Hispanófila* 109 (Sept. 1993): 57-71.

Magnarelli, Sharon. "Manuel Puig's *La traición de Rita Hayworth:* Betrayed by the Cross-Stitch." *The Lost Rib: Female Characters in the Spanish American Novel.* London: Associated Univ. Presses, 1985. 117-146.

——. "Staging the Prescription of Gender: Manuel Puig's *La traición de Rita Hayworth.*" *Carnal Knowledge: Essays on the Flesh, Sex and Sexuality in Hispanic Letters and Film.* Ed. P. Bacarisse. Pittsburgh: Tres Ríos, 1993.

Schweizer, Federico. "La soledad: Tema recurrente en *La traición de Rita Hayworth.*" *Narrativa hispanoamericana contemporánea: entre la vanguardia y el posboom.* Ed. Ana M. Hernández de López. Madrid: Pliegos, 1996. 71-76.

CRITICAL STUDIES ON MANUEL PUIG

Amícola, José. "El escritor argentino y la tradición borgeana. Acerca de los papeles póstumos de Manuel Puig." *Espacios de Crítica y Producción* 15 (Dic. 1994): 23-25.

——. *Manuel Puig y la tela que atrapa al lector.* Buenos Aires: GEL, 1992.

——. ed. *Homenaje a Manuel Puig. Estudios e investigaciones, 21.* La Plata: Univ. Nac. de La Plata, 1994.

——. y Graciela Speranza, eds. *Encuentro Internacional Manuel Puig (1997).* Rosario: Beatriz Viterbo, 1998.

Bacarisse, Pamela. *Impossible Choices: The Implications of the Cultural References in the Novels of Manuel Puig.* Calgary: U of Calgary P, 1992.

——. *The Necessary Dream: A Study of the Novels of Manuel Puig.* Cardiff: U of Wales P, 1988.

Broughton, Nancy Jo. "Entrapmemt and Alienation in Four Novels of Manuel Puig." Tesis de doctorado, Michigan State Univ., 1994.

Bueno Chávez, Raúl. "Sobre la enunciación narrativa: De la teoría a la crítica y viceversa. A propósito de la novelística de Manuel Puig." *Hispamérica* 11/32 (Ag. 1982): 35-47.

Campos, René. "La poética del bolero en la novelas de Manuel Puig." *Alpha* 9 (1993): 3-18.

Clamurro, William. "Manuel Puig y la construcción de la lectura postmoderna." *Torre de Papel* 4/3 (Fall 1994): 31-42.

Clark, David Draper. "Manuel Puig: Selected Bibliography." *World Literature Today* 65/4 (Autumn 1991): 655-662.

Essoufi, Moumene. "Entretien avec Manuel Puig." *Cahiers du Monde Hispanique et Luso-Bresilien* 64 (1995): 173-178.

Fabry, Genevieve. "Las aporías de la visión en la novelística de Manuel Puig." *Revista Chilena de Literatura* 51 (Nov. 1997): 29-38.

Frost, Derek T. "From Screen to Page: Manuel Puig and the Rewriting of Hollywood Cinema." Tesis de doctorado, Univ. of Connecticut, 1997.

García, Germán L. "Manuel Puig y el psicoanálisis." *El Murciélago* 4 (1991): 58-61.

Giordano, Alberto. *La experiencia narrativa: J. J. Saer, F. Hernández, M. Puig.* Rosario: Viterbo, 1992.

Goldchluk, Graciela. "Borges-Puig: El asunto Buenos Aires." *Actas del VII Congreso Nacional de Literatura Argentina.* Tucumán: Univ. Nac. de Tucumán, 1993. 316-320.

_____. "Manuel Puig y la ciudad de La Plata." *El Día* (19 jun. 1994): Supl. Lit. 4.

González, Fernando. "Coincidencias de dos creadores: Mujeres al borde de una noche tropical." *Página/12* (29 jul. 1990): 22.

Hall, Kenneth E. "Von Sternberg, Lubitsch, and Lang in the Work of Manuel Puig." *Literature/Film Quarterly* 22/3 (1994): 181-186.

Josef, Bella, ed. *Homenagem a Manuel Puig. Revista América Hispanica* 4/3 (Jul.-Dic. 1990).

Kerr, Lucille. "Closing the Book: Some Thoughts on Manuel Puig." *Siglo XX/ 20th. Century* 8/1-2 (1990-1991): 195-199.

Kulin, Katalin. "El camino aparte de Manuel Puig." *Acta Litteraria Academiae Scientiarum Hungaricae* 33/1-4 (1991): 227-315.

Lavers, Norman. *Pop Culture into Art: The Novels of Manuel Puig.* Columbia: U of Missouri P, 1988.

Levine, Suzanne J. "Manuel Puig Exits Laughing." *Review of Contemporary Fiction* 11/3 (Fall 1991): 189-196.

Logie, Ilse. "Manuel Puig y el cine; un arte de la seducción." *Foro Hispánico* 10 (Mayo 1996): 53-63.

Martínez, Tomás Eloy. "Manuel Puig: La muerte no es un adiós." *La Nación* (7 sept. 1997): 6/1-2.

Martí-Peña, Guadalupe. "¿Los críticos? ¡Dios guarde a mis libros de esos bandidos!: Bibliografía de Manuel Puig (1932-1990)." *Revista Interamericana de Bibliografía* 43/1 (1993): 3-44.

Otero-Krauthammer, Elizabeth. *Represión y libertad de la condición humana en la narrativa de Manuel Puig. Un estudio psicosocial.* New York: Peter Lang, 1991.

Paez, Roxana. *Manuel Puig: Del pop a la extrañeza*. Buenos Aires: Almagesto, 1995.

Peck, Kenneth A. "'La fábrica de sueños': The Influence of North American Cinema of the 1930s and 1940s on Modern Latin American Literature–C. Fuentes, G. Cabrera Infante, M. Puig." Tesis de doctorado, New York Univ., 1995.

Piglia, Ricardo. "El primer novelista profesional." *Página 12* (24 jul. 1990): 19.

Pomeraniec, Hinde. "El idioma de los narradores." *Clarín* (9 jul. 1992): 6-7.

Robles, Mireyra. "Evasión testimonial y constancia eterna de una angustia: Un título kitsch para Manuel Puig." *Literatura como intertextualidad: IX Simposio Internacional de Literatura*. Ed. J. Arancibia. Buenos Aires: Instit. Lit. y Cult. Hisp., 1993. 206-214.

Roffé, Reina. "Entrevista a Manuel Puig." *Cuadernos Hispanoamericanos* 573 (Mar. 1998): 61-70.

Romero, Julia. "Del delito de la escritura al error Gay." *Revista Iberoamericana* 65/187 (Abr.-Jun. 1999): 305-325.

_____. "Puig: La seducción y la historia." *Cuadernos* (Univ. Nac. de La Plata, 1996): 145-163.

Rosenkrantz, Guillermo. "Mi Buenos Aires querido: Representaciones textuales del exilio en la narrativa de Manuel Puig." Tesis de doctorado, Yale Univ., 1997.

Santos, Lidea. "'Lo cursi va al paraíso: El arte de la tropicalia y las primeras novelas de Manuel Puig." *Alba de América* 10/18 (Jul. 1992): 173-181.

Schmidt, Karen E. "The Influence of Popular Culture in Three Novels of Manuel Puig: Imitation, Deception and Alienation." *Tinta* 1/3 (1983): 33-38.

Schoo, Ernesto. "Manuel Puig." En su *Pasiones recobradas: la historia de amor de un lector voraz*. Buenos Aires: Sudamericana, 1997. 62-66.

Soloterevsky, Myrna. *Literatura-paraliteratura: Puig, Borges, Donoso, Cortázar, Vargas Llosa*. Gaithersburgh: Hispamérica, 1988.

Speranza, Graciela. "Puig y Hitchcock: Psicoanálisis y folletín." *Espacios de Crítica y Producción* 17 (Dic. 1995): 55-59.

Steimberg de Kaplan, Olga. "La hibridez cultural en la obra de Manuel Puig." *Culturas del Río de La Plata (1973-1995)*. Francfort: Vervuert, 1995. 165-172.

_____. "Manuel Puig en el marco de la posmodernidad." *Alba de América* 13/24 (Jul. 1995): 235-242.

Tittler, Jonathan. *Manuel Puig*. New York: Twayne, 1993.

Weigle, Marta. "Spiders and Spinsters in Creation Mythology." *Creation and Procreation: Feminist Reflections on Mythologies of Cosmogony and Parturition*. Philadelphia: U of Pennsylvania P, 1989.

Yannuzzi, Andrea. "Tres lecturas sobre Manuel Puig." *Revista Iberoamericana* 62/174 (Enero 1996): 241-245.

Young, Richard A. "Narrative and Theatre: From Manuel Puig to Lope de Vega." *Canadian Review of Comparative Literature* 18/2 (June 1991): 307-322.

1394. PUMILLA, JUAN CARLOS (1948-). *¡Ay, Masallé!* Buenos Aires, c. 1990.

1395. PUPKO, JOSÉ RUBEN (1945-). *Las noches generales*. Buenos Aires: 1984.

1396. ——. *Los soles restantes.* Buenos Aires: Emecé, 1992. 247pp. Premio Emecé 1991-1992.

"La obra intenta una reconstrucción histórica capaz de relatar los últimos días de la vida de Alejandro Magno. Tienen particular importancia en la novela los pasajes reflexivos, donde la meditación y el cuestionamiento en torno de diversos temas adquieren visos filosóficos." [Daniel Celis, *La Nación* (23 ag. 1992): 7/4].

1397. PUSTILNIK, BEATRIZ (1953-). *Juegos y simulacros.* Buenos Aires, 1996. Premio FNA.

1398. ——. *El retorno de Edilberto.* Buenos Aires: GEL, 1997. 139pp.

"En *El retorno de Edilberto,* Pustilnik realiza un audaz abordaje a un tema considerado tabú: El incesto. Lo hace desde una perspectiva fantástica (el retorno a la vida de un hermano muerto) con 'un permanente ejercicio del humor, mezcla de humor negro y disparate surrealista'–según Horacio Salas." [Silvano Castro, *Breve diccionario biográfico.* 180].

Q

1399. QUESADA, VICENTE G. (1830-1913).

"Ferrari, Irene. "Los nombres de Vicente G. Quesada." *La Prensa* (10 oct. 1995): Secc. Cult., 12.

1400. QUIROGA, HORACIO (1878-1937). *Novelas completas.* Buenos Aires: Rafael Cedeño, 1994. 259pp.

1401. ——. *Novelas y relatos.* Buenos Aires: Losada, 1998. 508pp.

1402. ——. *Pasado amor.* 1929. Buenos Aires: Losada, 1993. 117pp.

Las Heras, Antonio. "Cuatro escritores que eligieron el camino del suicidio." *La Prensa* (27 ag. 1995): Secc. Cult., 2-3.

Orgambide, Pedro. *Horacio Quiroga: Una biografía.* Buenos Aires: Planeta, 1994.

Pasteknik, Elsa Leonor. *El mito en la obra de Horacio Quiroga.* Buenos Aires: Plus Ultra, 1997.

Pérez Martín, Norma. *Testimonios autobiográficos de Horacio Quiroga: Cartas y diario de viaje.* Buenos Aires: Corregidor, 1997.

R

1403. RABANAL, RODOLFO OSCAR (1940-). *El apartado.* 1975. Buenos Aires: Planeta, 1994. 220pp.

1404. ——. *Cita en Marruecos.* Buenos Aires: Seix Barral, 1996. 238pp.

"Un creativo publicitario repasa su pasado, en la soledad de su casa de campo, y rescata como único sentimiento auténtico su deseo de estar siempre en otra parte; la realidad irrumpe en su vida bajo la forma de una mujer casi salvaje, luego a través de la violencia." [F.G.C. (1996-97): 23].

1405. ——. *El factor sentimental.* Buenos Aires: Planeta, 1990. 220pp.

"Según los editores, 'trata sobre la felicidad escurridiza que se entrevé en el frenesí erótico, sobre las fugas y los regresos sin gloria, sobre el precio que impone la vida a quienes la persiguen a ciegas.'" [María Bastos. *HLAS* 54 (1995): 566].

1406. ——. *La vida brillante*. Buenos Aires: Planeta, 1993. 328pp.

"El 'gancho' para los no tan inteligentes está en las reseñas, según las cuales el escritor-protagonista nos brindaría aquí un roman à clé en cuyo personaje central podría esconderse un mentado financista argentino, cuya desaparición no fue nunca aclarada. También se nos habla del 'fresco social' que cubriría la historia en unas cuatro décadas. Pero la esencia de la novela reside en la desesperante busca de identidad que acosa a todos los seres humanos y en especial a los que pretendemos que la humanidad viva en palabras." [E. Gudiño Kieffer, *La Nación* (5 dic. 1993): 7/5].

——. "Entrevista con R. Rabanal." *La Maga* (13 jul. 1994).

1407. RADO, MARIA (n. Hungría). *Los tambores del miedo*. Buenos Aires: Vinciguerra, 1998. 242pp.

"Novela ambientada en los '50, en la Europa de posguerra. La protagonista huye del régimen soviético y busca refugio en Suiza, donde sufrirá la xenofobia de los ginebrinos." [F.G.C. (Sept. 1998): 66].

1408. RAMOS, JORGE FRANCO. *Rosario Tijeras*. Buenos Aires: Planeta, 1999. 198pp. Ganó la Beca Nacional de Novela del Ministerio de Cultura.

"Emilio, Rosario y el narrador, Antonio, son los protagonistas de una relación fundada en los celos, la competencia, el riesgo y el amor. Rosario es una pandillera famosa por su violencia y belleza; Emilio y Antonio, dos amigos de la alta sociedad que entran a formar parte del grupo de Rosario." [F.G.C., Dic. 1999].

1409. RAMOS, MARIA CRISTINA. *Azul la cordillera*. Novela juvenil. Buenos Aires: Sudamericana, 1998. 96pp.

"Es un hondo testimonio de la vida en una escuela albergue de Neuquén. Lirismo y maestría para registrar las voces y sentimientos de quienes trabajan día a día en aquellos solitarios parajes." [*Catál*, Ed. Sudamericana (1998-99): 36].

1410. RAMOS, PABLO (1971-). *El fin infinito*. Córdoba: Ser, 1993. 115pp. Premiada por la Municipalidad de Córdoba.

"*Ser Editorial*, una joven empresa con jóvenes integrantes. Amantes del desafío, de las nuevas formas y tendencias. *El fin infinito* es una novela audaz y sin prejuicios." [Contratapa].

1411. RAMOS SIGNES, ROGELIO (1950-). *En los límites del aire, de Heraldo Cuevas*. Buenos Aires, 1986.

1412. RAMSES, EZEQUIEL. *Entre el dolor y la esperanza*. Buenos Aires: Dunken, 1998. 170pp.

1413. RANEA, EDUARDO. *El pueblo de las luces*. Buenos Aires: Vinciguerra, 1994. 238pp.

"La esperanza de convertir viejas quimeras en realidad que traían los conquistadores, y las leyendas y tradiciones orales de los indígenas captados por los jesuitas, reavivaron la utopía de los aventureros europeos de encontrar la 'Fuente de Juvencia.' Así al oír hablar sobre el 'Tava Jhendî ('El pueblo de las luces'), se internan en lo más intricado de las selvas misioneras." [Contratapa].

1414. RAS, NORBERTO. *La lejanía.* Buenos Aires: Galerna, 1989. 433pp.

"Ras incursiona en el campo de la novela en un escenario rara vez frecuentado por la ficción: El tema de la frontera sur, que significó una lucha de tres siglos y medio entre dos culturas adversarias. La acción se ubica entre el 5 de jul. de 1816 y el 17 de noviembre de 1826, teniendo como principal protagonista a Manuela Eguía, una joven de la sociedad porteña que desdeñó el confort urbano para aceptar junto a su esposo el desafío de habitar en la inmensidad del desierto. Allí describe un mundo singular y extraña, por lo general hostil. Enriquece la narración un glosario lingüístico, con 170 vocablos, en su mayoría araucanos." [A.D., *La Voz del Interior* (1 jul. 1990): F/4].

1415. RASCHELLA, ROBERTO (1930-). *Diálogos en los patios rojos.* Buenos Aires: Paradiso, 1994. 202pp.

"Mi libro de poesía y las dos novelas tenían un hilo común: La historia de una familia, en parte la mía propia, abierta a otra historia, la de todo un pueblo, en el sur de Italia, y seguramente abierta también a una condición, la de los hombres que se ven obligados a emigrar por razones no sólo sociológicas o económicas, es decir movidos por una inquietud de desengaño continuo. Yo soy hijo de uno de esos hombres." [R. Raschella, entrevista con Pablo Ingberg, *La Nación* (14 feb. 1999): 6/8].

1416. ———. *Si hubiéramos vivido aquí.* Buenos Aires: Losada, 1998. 205pp.

"Las dos novelas de Raschella discurren en una lengua elaborada por un narrador a partir de voces que resuenan en su memoria. Pero *Diálogos en los patios rojos* transcurre en Buenos Aires y *Si hubiéramos vivido aquí* relata una estadía en la aldea natal de los padres. Lo que prima ya no es una experiencia personal de la marca del italiano en el habla argentina; ahora los diálogos deben ser totalmente re-producidos de una lengua a otra, que se 'contaminó' de la primera." [Pablo Ingberg, "Entrevista con Roberto Raschella." *La Nación* (4 oct. 1998): 6/10].

1417. RATH, MARIA BELEN (1976-). *Tierra enclave.* Buenos Aires: Francotirador, 1993. 86pp.

"Con ágil conocimiento de los ritmos de la intriga, avanza el relato de *Tierra enclave* hacia un clímax que es a la vez la destrucción total y la salvación. Un lenguaje diáfano, tanto en lo coloquial y humorístico como en la intensidad de la visión poética, permite que el lector discurra con alegría sobre estas páginas, aunque su asunto—traspasado en ráfagas por lo maravilloso—sea lo terrible causado por la violencia entre los hombres. Se trata de la violencia atrozmente impuesta por una autoridad impune y absoluta—la del Comisario de un pueblo, cualquier pueblo provinciano de Latino América." [María R. Lojo, Pról. 7-8].

1418. REDDY, TERESA DEANE. *La suerte al Sur.* Pról. de Eduardo Gudiño Kieffer. Buenos Aires: El Francotirador, 1994. 123pp.

"La imagen del sur argentino aparece reflejada con firmeza en esta novela de ajustado desenvolvimiento en la modalidad de la narración clásica" [Angel Mazzei, *La Nación* (31 jul. 1994): 7/7].

1419. REINGART, CARLOS ALBERTO. *Atulintai.* Buenos Aires: GEL, 1994. 253pp.

1420. REJTMAN, MARTIN (1961-). *Los argentinos.* En *Velcro y yo.* Buenos Aires: Planeta, 1996. 153-192.

1421. ———. *Quince cigarrillos.* En *Velcro y yo*, 1996. 69-133.

Russo, Miguel. "Martín Rejtman cree necesario empezar por contar pequeñas historias." *La Maga* (24 jun. 1992): 26.

1422. REY, ALEJANDRA, Y LUIS PAZOS. *No llores por mí Catamarca.* Buenos Aires: Sudamericana, 1991. 343pp.

"A la trama de una novela más que a la crónica de los sucesos cotidianos se asemeja esta investigación de los entretelones del asesinato de María Morales. Denuncias, reconstrucciones, conclusiones de expertos, concurren a cerrar el cerco, todavía incompleto, en torno del victimario de una chica catamarqueña transfigurada en símbolo de reivindicaciones postergadas." [Martín A. Noel, *La Nación* (17 nov. 1991): 7/4].

1423. RIESTRA, JORGE (1926-). *La ciudad de la Torre Eiffel.* 1963. Rosario: Municipal, 1994. 218pp.

1424. ———. *La historia del caballo de oros.* Buenos Aires: Boedo, 1992. 213pp.

"La novela rescata el mitológico clima del bar tradicional, con mesas de billar y ambiente bohemio. Un grupo de hombres enhebra anécdotas de mujeres, carreras de caballos o torneos de barriletes. La nostalgia del tiempo pasado crea un mundo metafórico." [Contratapa].

1425. ———. *Salón de billares.* 1960. Rosario: Del Peregrino, 1984. 122pp.

1426. ———. *Salón de billares.* Buenos Aires: Del Sol, 1993. 183pp. Incluye semblanza biográfica del autor, juicios críticos, y una bibliografía sobre Riestra.

1427. ———. *El taco de ébano.* 1963. En *El taco de ébano.* Rosario: Homo Sapiens, 1997. 19-81.

"El escenario de esta 'nouvelle' es un café con billares. Hay cerca de veinte narradores alborotados pasándose la posta de la crónica, que organiza un sujeto en primera persona plural. Pero ese 'nosotros' no puede comprender todo porque es nuevo en la historia del lugar. Esto permite que se despliegue un coro de versiones." [Inés Santa Cruz, Pról. 7].

Santa Cruz, Inés. *El rumor de la ciudad; la narrativa de Jorge Riestra.* Rosario: Fundación A. Ross, 1996.

1428. RIGAZIO, SERGIO. *Los pelados.* Rosario: Beatriz Viterbo, 1999. 105pp.

1429. RIGOTTI, HUGO (1955-). *Militantes.* Buenos Aires: RundiNuskin, 1990. 87pp.

1430. RIGUEIRO HERRERA, CARLOS. *La compañía.* Buenos Aires: Corregidor, 1997. 253pp.

"Un 'thriller' ágil y explosivo, que mezcla ficción y realidad; basado en la investigación del atentado a la AMIA y entrelazado con una historia cotidiana." [F.G.C. (Jul.1997): 64].

1431. RIOS, DAMIAN (1969-). *Habrá que poner la luz.* Buenos Aires: 1999.

1432. RIOS, RUBÉN HORACIO (1955-). *El rey Elvis.* Buenos Aires: Catálogos, 1994. 126pp.

1433. ———. *El mambo argentino.* Buenos Aires: Tres Haches, 1997. 157pp.

"Una novela que describe lo más absurdo y delirante, cruel y trágico de la vida sudamericana." [F.G.C. (Mayo 1998): 17].

1434. RITHNER, JUAN RAUL (1944-). *Una de amor.* Novela juvenil. Buenos Aires: Quirquincho, 1998. 59pp.

1435. RIVERA, ANDRÉS (1928-). *El amigo de Baudelaire.* Buenos Aires: Alfaguara, 1991. 90 pp. Reimpr., 1994.

"Pero la polémica de Bedoya con Sarmiento se desarrolla en otros planos; ambos se oponen tangencialmente. Son: El rico frente al pobre; el porteño frente al provinciano; el escéptico frente al fervoroso; el realista ante el romántico; el hombre que mira a Europa y el que mira a Norte América; el oligarca y el demócrata. Sin embargo, es indudable una proximidad entre Sarmiento y Bedoya y, aun más, cierta admiración del segundo hacia el primero. En todo caso, Bedoya envejece solo en la ciudad de Buenos Aires, como Sarmiento envejece solo en la ciudad apestada de Buenos Aires. [María C. de Olmos, "Historia y literatura, civilización y barbarie en *El amigo de Baudelaire*." En *III Jornadas de literatura desde la cultura popular*, 1995, 25].

Bastos, María L. "*El amigo de Baudelaire*." *HLAS* 54 (1995): 566.

1436. ———. *En esta dulce tierra.* 1984. Buenos Aires: Aguilar Argentina, 1995. 122pp.

Daszuk, Silviana. "Género y nación en la literatura argentina contemporánea." *La seducción de la escritura; los discursos de la cultura hoy.* Ed. R. Hernández Monroy. Mexico, 1997. 409-418.

1437. ———. *El farmer.* Buenos Aires: Aguilar Argentina, 1996. 122pp.

"*El farmer* significa el retorno crítico al personaje histórico desde una ficción que lo imagina en la vejez del exilio, granjero en el condado inglés de Southampton, en convivencia con una perra en celo, rodeado por la nieve y sus recuerdos. Leer este Rosas que enuncia un largo monólogo frente a su propio pasado, del cual no abjura, que interpela a quienes lo han interpelado, que justifica su lugar de poder–significa entablar un diálogo que revela la imposibilidad de pensarnos desde un presente joven, cuya herida madurez se ha intentado cerrar a fuerza de decretos." [A.G., *La Voz del Interior* (24 oct. 1996): C/10].

Cittadini, Gabriela. "Sarmiento, Rosas y Rivera: Apertura y cierre de una historia." *Segundas Jornadas Internacionales de Literatura Argentina/Comparatística.* Ed. D. Altamiranda. Buenos Aires: EUDEBA, 1997. 477-484.

Cruz Martínez, Patricia. "Rivera y su visión de Rosas." *Segundas Jornadas Internacionales de Literatura Argentina/Comparatística.* Ed. D. Altamiranda. Buenos Aires: EUDEBA, 1997. 471-476.

Levy, Clara I. Pilivsky de. "La construcción del sujeto histórico en *El farmer*." *Segundas Jornadas Internacionales de Literatura Argentina/Comparatística.* Ed. D. Altamiranda. Buenos Aires: EUDEBA, 1997. 485-491.

Requeni, Antonio. "El Rosas granjero de Andrés Rivera." *La Nación* (2 jun. 1996): Supl. Lit.

1438. ———. *La lenta velocidad del coraje.* Buenos Aires: Aguilar Argentina, 1998. 203pp.

"*La lenta velocidad del coraje* retoma uno de los temas centrales en la narrativa de Andrés Rivera: La historia argentina y la denuncia de los excesos del poder." [R.L., *La Nación* (19 abr. 1998): 6/12].

1439. ———. *Nada que perder.* 1982. Buenos Aires: Aguilar Argentina, 1997. 228pp.

1440. ———. *El profundo Sur.* Buenos Aires: Alfaguara, 1999. 92pp.

"En *El profundo Sur* la apuesta más peculiar radica, quizás, en una oscura resonancia del absurdo de la muerte y la intercambiabilidad de los destinos humanos ante el instante final. El dato histórico principal se concentra en una única escena que se expande y se reitera desde distintos ángulos: Una manifestacion callejera de huelguistas y un grupo de civiles armados que se ocupa de reprimirla. Es La Liga Patriótica y el episodio se sitúa en 1919." [Pablo Ingberg, *La Nación* (6 jun. 1999): 6/8].

1441. ——. *La Revolución es un sueño eterno*. 1987. Buenos Aires: Aguilar Argentina, 1993. 182pp.

Martínez, Patricia Cruz. "Dos novelas autobiográficas: *La revolución es un sueño eterno* de Andrés Rivera y *Memorias de Adriano* de Marguerite Yourcenar." *Primeras Jornadas Internacionales de Literatura Argentina / Comparística*. Actas. Ed. T. Frugoni de Fritzsche. Buenos Aires: UDEBA, 1996. 253-260.

1442. ——. *La sierva*. Buenos Aires: Aguilar Argentina, 1992. 94pp.

"Esta novela empalma con la precedente, *El amigo de Baudelaire*, pero no cierra su materia, que queda abierta para su prolongación narrativa. Hay una diferencia técnica entre ambas: El punto de vista. La primera consiste en el conjunto de notas que el juez Bedoya escribiera para sí. En ésta, la voz narrativa es o la de la protagonista o de una tercera persona objetiva. Una concluye con la asunción de Roca al gobierno (1880); la otra se cierra con la crisis del '90. El personaje tiene ahora 70 años. La vejez ha acentuado, frente a la impotencia que avanza, el deseo de perversiones en Bedoya. En *La sierva*, está definida la condición de Lucrecia: Es la sierva, con una sujeción infrahumana a su dueño y señor." [P. L. Barcia, *La Nación* (9 ag. 1992): 7/5].

Waldegaray, Marta. "*La sierva* de Andrés Rivera o como narrar la voz del otro." *Confluencia* 8-9/2-1 (Spring-Fall 1993): 243-248.

1443. ——. *Los vencedores no dudan*. Buenos Aires: GEL, 1988. 103pp.

1444. ——. *El verdugo en el umbral*. Buenos Aires: Aguilar Argentina, 1994. 228pp.

"En esta novela, Rivera desplaza su preferencia por el siglo XIX y vuelca su mirada a principios de éste para detenerse en la aventura bolchevique y en los grandes cambios impulsados en Europa y en el mundo. El punto de partida de la evocación es una aldea, Proskurou, en Ucranía, sacudida por persecuciones y progroms, primero, y por los acontecimientos del año 17, luego. De ella parte el grupo de judíos que se desplaza hacia la Argentina y que ya aquí encuentra azares adversos que pasan por el autoritarismo de la década infame, el fascismo, el antisemitismo, la revolución del '43. La voz que rememora el azaroso itinerario de la familia Reedson es la de la mujer anciana, en extenso diálogo con el hijo." [María E. de Miguel, *La Nación* (16 oct. 1994): 7/7].

CRITICAL STUDIES ON ANDRES RIVERA

Berg, Edgardo H. "La escena historiográfica en Andrés Rivera." *Celehis* 5/6 (1996): 41-47.

———. et al. "La ficción inacabada de la historia: Entrevista a Andrés Rivera." *Celehis* 4/4 (1995): 303-322.

Muleiro, Vicente. "Para resistir a la desesperanza." *Clarín* (17 ag. 1989). Entrevista.

Russo, Miguel. "Entrevista con Andrés Rivera." *La Maga* (18 nov. 1992), 26.

1445. RIVERO, PEDRO ADRIAN. *Los gallos del Diablo*. Buenos Aires: Alción, 1995. 150pp.

Los gallos del Diablo se va leyendo como una compleja alegoría de un mundo próximo y tangible. Un pueblo olvidado, construido sobre su propia memoria, aparece como el resumen histórico de un espacio mayor, abarcador, inclusivo, que rige el movimiento de las ideas, de las armas, de los cuerpos. En ese pueblo olvidado por Dios y por las ideologías, los intereses y las pasiones, la opresión y la tortura, la esperanza y la rebelión, germinan como plantas autóctonas, voraces de la carne de sus creadores y protagonistas." [D.I., *La Voz del Interior* (9 mayo 1996): C/10].

1446. ——. *Valerio, jabalí y la cuidadora de palomas.* Córdoba: Municipalidad de Córdoba, 1998. 258pp. Premio de Literatura Luis José de Tejeda.

1447. ROCCO, GUSTAVO ANDRES. *Los hijos del dolmen.* Buenos Aires: Torres Agüero, 1996. 161pp.

"Una novela poética, ambientada en los años finales de la dictadura militar, donde un joven dona su semen impulsado por un extraño designio de su ser interior." [F.G.C., 1996].

1448. ——. *El señor de las catacumbas.* Buenos Aires: Beas Ediciones, 1993. 157pp.

1449. ——. *Matar la tierra.* 1952. Mendoza: Ediciones Culturales, 1995. 106pp.

1450. RODRIGUEZ, MARCELO. *Viaje nocturno.* Buenos Aires: Vinciguerra, 1998. 219pp.

"Novela-ensayo en la que el autor vierte vivencias personales, reflexiones filosóficas y relatos imaginarios." [F.G.C. (Sept. 1998): 66].

1451. RODRIGUEZ MUÑOZ, ALBERTO. *El grito del verano.* Buenos Aires: Torres Agüero, 1992. 140pp.

"*El grito del verano* es un itinerario de amor recorrido a través de una serie de pruebas. En las varias etapas de ese camino se van sucediendo personajes, situaciones y paisajes visionarios propios del sueño o de la imaginación surrealista. El protagonista emprende su 'viaje' a partir de una experiencia adolescente convertida luego en meta, en empresa esforzada, asediada por acechanzas y decepciones. *El grito del verano* presenta al antihéroe, para quien los obstáculos son a veces jalones insuperables o victorias parciales. Su protagonista, en unas vacaciones campesinas, consuma con su prima Marcia el rito del amor. Desde entonces, la búsqueda de Marcia será tan empeñosa como ardua." [Jorge Cruz, *La Nación* (27 feb. 1994): 7/4].

1452. ROFFÉ, REINA (1951-). *El cielo dividido.* Buenos Aires: Sudamericana, 1996. 171pp.

"Siete personajes femeninos unidos por una red de sentimientos opuestos protagonizan este libro." [F.G.C., Sept. 1996].

1453. ——. *La rompiente.* 'Vuelta de página,' selección de *La rompiente* (1987), en Gustavo Fares y Eliana Hermann, *Las escritoras argentinas contemporáneas*, 1993. 197-215.

Flori, Mónica. "Reina Roffé." En su *Streams of Silver: Six Contemporary Women Writers From Argentina.* Lewisburg: Bucknell UP, 1995. 215-245.

Gimbernat González, Ester. "*La rompiente* o la integración de la escritura." *Aventuras del desacuerdo: Novelistas argentinas de los '80.* Buenos Aires: D. Albero Vergara, 1992. 186-190.

Masiello, Francine. "Cuerpo/presencia: Mujer y estado social en la narrativa argentina durante el proceso militar." *Nuevo Texto Crítico* 2 (Jul.-Dic. 1989): 155-171.

——. "Subversions of Authority: Feminist Literary Culture in the River Plate Region." *Chasqui* 21 (May 1992): 39-47.

Morello-Frosch, Marta. "Las tretas de la memoria: L. Demitropulos, R. Roffé, y M. Sánchez." *Memoria colectiva y políticas de olvido.* Rosario: B. Viterbo, 1997. 185-208.

Paris, Diana. "Entrevista a Reina Roffé." *Confluencia* 10/2 (Spring 1995): 204-207.

1454. ROJAS, GUILLERMO. *El reverso de la medalla.* Buenos Aires: Corregidor, 1997. 176pp.

"La obra es una recreación en forma novelada de la vida de Alejandro Heredia (1788-1838), llamado el 'protector del norte,' que llegó a ser gobernador de la provincia de Tucumán en 1832." [M.I.L.].

1455. ROJAS PAZ, PABLO (1896-1956). *Los cocheros de San Blas, sangre y tinta.* 1950. Buenos Aires: Ruy Díaz, 1994. 186pp.

1456. ROLDAN, ELISA (1948-). *Decir amigo.* Novela para adolescentes. Buenos Aires: Alfaguara, 1989. 144pp.

1457. ROLDAN, GUSTAVO. *Como si el ruido pudiera molestar.* Buenos Aires: Libros del Quirquincho, 1986. 48pp.

"La muerte como parte de la vida en *Como si el ruido pudiera molestar* abrió otro campo para esta temática tan temida de tratar por tantos adultos." [Susana Itzcovich, *Veinte años no es nada: La literatura para niños*, 1995. 38].

1458. ROMANO, ROBERTO (1939-). *El tren de las diez.* Buenos Aires: Simurg, 1999. 253pp. Finalista del Premio Emecé en 1996.

1459. ROMEU, HORACIO (1948-). *A bailar esta ranchera.* Buenos Aires: De la Flor, 1970. 204pp.

1460. ROSAS DE RIVERA, MERCEDES (1810-1870). *Emma o la hija de un proscripto.* Buenos Aires, 1963. "En 1863 Mercedes Rosas de Rivera dio a la imprenta otra novela, *Emma o la hija de un transcripto.*" [Lily Sosa de Newton, *Narradores argentinos*, 1995. 60]. No pude encontrar ejemplar de esta obra.

1461. ROSENFELDT, SERGIO (1963-). *La voz amiga.* Buenos Aires: De la Flor, 1998. 238pp. Primer Premio, Literatura, de la Fundación Octubre.

"Es una desopilante crónica familiar, sobre un post-adolescente y su inserción en el mundo laboral y amoroso." [F.G.C. (Sept. 1998): 67].

1462. ROSENZVAIG, EDUARDO (1951-). *Santísimas viruelas.* Tucumán: Univ. Nac. de Tucumán, 1997. 266pp.

1463. ——. *El sexo del azúcar.* Buenos Aires: Letra Buena, 1991. 362pp. IV Premio Internacional de Novela Luis Berenguer.

"Novela autobiográfica. En base a fragmentos de diarios, cartas y testimonios reconstruye los 100 años de un ingenio tucumano. La 'memoria' recuperada critica las alianzas y estrategias de sus inicios y su transformación en centro de torturas." [María C. Guiñazú, *HLAS* 54 (1995): 567].

1464. ROSENZVAIG, MARCOS (1954-). *Perder la cabeza: Los amores que la historia no perdonó.* Pról. de Hebe Clementi. Buenos Aires: Leviatán, 1998. 155pp.

"Novela histórica que es al mismo tiempo una biografía del poder en la Argentina, trazada en un recorrido que comienza en el degüello de Marcos Avellaneda y prosigue en otras muertes indignas: La de Camila O'Gorman, Lavalle, Urquiza, vistas de una nueva manera." [F.G.C. (Dic. 1998): 16].

1465. ROSSETTI, RAUL (1945-). *Túnez y otras orillas.* Buenos Aires: Sudamericana, 1993. 189pp.

"De la experiencia de Rossetti en Africa del Norte surge esta novela, autobiográfica al menos en parte. En *Túnez y otras orillas* parecen confluir la novela, el ensayo, la autobiografía, la crónica de viajes e incluso la poesía. El protagonista, ex-estudiante del conservatorio de arte dramático, exiliado en los Estados Unidos y más tarde en Europa por motivos personales, se encuentra de paso en Túnez. Durante un allanamiento en la casa de un amigo, la policía lo encuentra en posesión de hachís. Los jueces lo declaran culpable y se ve obligado a cumplir una pena de un año. En este punto comienza la acción de la novela, la estada en la casa se convierte en un viaje espiritual, durante el cual conoce a personajes inolvidables, como Mouldi o Chris." [Gonzalo Garcés, *La Nación* (21 nov. 1993): VII/5].

1466. ROTTMAN, DIEGO Y JORGE BERNARDEZ. *Ni yanquis, ni marxistas . . . humoristas.* (Véase bajo Jorge Bernárdez).

1467. ROZENMACHER, GERMAN N.

Goldenberg, Jorge. "Germán Rozenmacher." *Noaj* 6 (Ag. 1991): 44-48.

Ulla, Noemí. *Los años sesenta: Puig y Rozenmacher.* Buenos Aires: UDEBA, 1994.

1468. ROZITCHNER, ALEJANDRO (1960-). *El despertar del joven que se perdió la revolución.* (Una novela sobre la violencia de fin de siglo). Buenos Aires: Sudamericana, 1998. 257pp.

"El joven Andrés Núñez envía al editor un informe de investigación que le fue asignado por su profesor, a quien Andrés tiene en ese momento atado y amordazado. El desacuerdo entre las consignas del profesor y las conclusiones a las que el joven llega mientras realiza las entrevistas, han terminado enfrentándolos." [R.L., "Una reflexión sobre la violencia." *La Nación* (19 abr. 1998): VI/12].

1469. ——. *Pernicioso vegetal.* Buenos Aires: Sudamericana, 1999. 212pp.

"El uso de la marihuana por la joven generación es el tema de esta novela." [M.I.L.].

1470. RUIZ DAUDET, CARLOS (1901-).

Ighina, Domingo. "La novela sobre el caudillo como articulación ideológica-literaria." *III Jornadas de Literatura desde la cultura popular,* 1995, 179-184. En parte, sobre *El caudillo* de C. Ruiz Daudet.

1471. RUIZ GARASINO, MARIA MAGDALENA (1935-). *Hana.* Paraná: Colmegna, 1993. 79pp.

1472. ——. *Huésped de un verano.* Buenos Aires: Planeta, 1994. 207pp.

"Set in the summer doldrums of the Province of Buenos Aires on the eve of the 24 Feb. 1946 elections that brought Perón to power, Ruiz Guiñazú's novel imagines, with ferocious irony, the mentality of those who are insignificantly decent, those who make a life project [. . .] out of distinguishing between Good and Evil and who have an absolute commitment to ensuring that certain things never become part of public discourse." [David W. Foster, *World Literature Today* 69/3 (Summer 1995): 559].

Renard, María Adela. "*Huésped de un verano.*" *La Prensa* (15 enero 1995): Secc. Cult., 11.

1473. RUSSO, MIGUEL (1956-). *Perder la historia.* Buenos Aires: Alfonsina, 1997. 157pp.

S

1474. SAAVEDRA, NESTOR (1918-). *Los aventureros del Hotel Salta.* Salta: Imprenta de la Legislatura, 1988. 148pp.

1475. ———. *El camino de sangre.* Salta: 1980.

1476. ———. *Ciudad septentrional.* Salta: 1957.

1477. ———. *Locura en las montañas.* (Novela del extremo norte argentino). Salta: El Estudiante, 1948. 197pp.

1478. ———. *En otro tiempo en Tartagal.* Salta: Fundación de Canal 11, 1998. 267pp. Primer Premio, Concurso de Novela, 1998.

1479. ———. *El reino de los cielos.* Salta: Banco del Noroeste, 1990. 244pp.
"En esta obra se expone el comportamiento psicológico de un hombre quien debe afrontar su declinación física, los trastornos del alcoholismo y el conflicto aflictivo con su joven esposa. Un cuadro familiar problemático." [F.C., *La Voz del Interior* (20 mayo 1990): F/4].

1480. ———. *El señor gobernador y la insurrección.* Salta: El Estudiante, 1995. 160pp.

1481. SABAROTS, MERCEDES (1958-). *Así en la tierra.* Buenos Aires: Emecé, 1995. 253pp. Premio FNA, 1993.
"La novela narra la historia de una familia argentina y a través de ella, la de los criollos e inmigrantes que lucharon, crecieron y conformaron el país." [F.G.C., 1995].

1482. SABATO, ERNESTO (1911-). *Abaddón, el exterminador.* 1974. Buenos Aires: Planeta, 1984. 527pp.

1483. ———. *Abaddón, el exterminador.* Buenos Aires: Seix Barral, 1990. 470pp. Reimpr. 1996.
Serafín, Silvana. "Il tempo dell'apocalisse in *Abaddón, el exterminador.*" *Studi di Lett. iberiche e ibero-americane offerti a Giuseppe Bellini.* Roma: Bulzoni, 1993. 921-929.

1484. ———. *Sobre héroes y tumbas.* 1961. Buenos Aires: Seix Barral, 1992. 552pp. Reimpr., 1996.
Grana, María C. "Tradición e innovación en la imagen urbana de Sábato: *Sobre héroes y tumbas.* La ciudad como cuerpo y texto." *Revista de Crítica Literaria Latinoamericana* 22/43 (1996): 247-265.

Sánchez, Juan José. "Ernesto Sábato: *Sobre héroes y tumbas.*" *Der hispanoamerikanische Roman, II.* Darmstadt: Wissenschaftliche Buchgesellschaft, 1992. 31-40.

Stargardt, Ute. "El motivo de la princesa no redimida en *Sobre héroes y tumbas.* Estudio comparativo del Bildungsroman en E. Sábato y H. Hesse." *Epica dadora de eternidad: Sábato y la crítica americana y europea.* Buenos Aires: Planeta, 1985. 161-175.

1485. ———. *Informe sobre ciegos.* "Introducción" por Tamara Holzapfel. Buenos Aires: Espasa Calpe, 1995. 230pp.
Lukavska, Eva. "Esquemas, mitos y símbolos en el *Informe sobre ciegos.*" *Etudes Romanes de Brno* 22/13 (1992): 47-56.

Sauter, Silvia. "Sincronicidad entre el *Informe sobre ciegos* de E. Sábato y *Recuerdos y sueños* de C.G. Jung." *Revista Canadiense de Estudios Hispánicos* 18/2 (1994): 275-292.

1486. ———. *El túnel.* 1948. Buenos Aires: Sudamericana/Planeta, 1990. 136pp.

1487. ———. *El túnel.* Buenos Aires: Seix Barral, 1996. 137pp.

1488. ———. *El túnel.* Buenos Aires: Planeta, 1996. 157pp.

Hahn, Hannelore. "*La metamorfosis* de Franz Kafka y *El túnel* de Ernesto Sábato." *Círculo* 24 (1995): 80-85.

Lukavska, Eva. "Algunas reflexiones sobre la lectura mitológica de *El túnel.*" *Etudes Romanes de Brno* 25/16 (1995): 17-23.

1489. ———. *Obras completas de Ernesto Sábato. Narrativa.* Buenos Aires: Seix Barral, 1997. 961pp.

———. Bioy o Sábato: Dos argentinos ilustres podrían ganar el Nobel de Literatura." *La Nación* (31 mar. 1996): 6/3.

———. "Entrevista con E. Sábato y A. Castillo." *La Maga* (2 sept. 92): 2-5.

Borchardt, Edith. "Criminal Artists and Artisans in Mysteries by E.T.A. Hoffman, E. Sábato, etc." *Essays from the 13th International Conference on the Fantastic in the Arts.* Westport , Conn. Greenwood, 1995. 125-134.

Catania, Carlos. *Genio y figura de Ernesto Sábato.* Buenos Aires: EUDEBA, 1997.

Ferreiro Fente, J. Gregorio. "Once cartas a Lorenzo Varela: Seis de L. Seoane y cinco a E. Sábato." *Grial* 30/116 (Oct. 1992): 540-557.

Kohut, Karl. "Ciudad híbrida, ciudad oscura: Buenos Aires en la obra de Ernesto Sábato." *Salina* 9 (Nov. 1995): 83-90.

Lojo, María R. *Sábato: En busca del original perdido.* Buenos Aires: Corregidor, 1997.

Sánchez López, Pablo. "La recepción española de la narrativa de E. Sábato." *Cuadernos Hispanoamericanos* 553 (Jul. 1996): 145-159.

Vittori, José Luis. "La trilogía de Sábato." *La Nación* (10 nov. 1991): 7/6.

Wiman, Bjorn. "La mujer como objeto: Una lectura actancial de Ernesto Sábato." *Moderna Sprak* 88/2 (1994): 202-210.

1490. SACCOMANNO, GUILLERMO (1948-). *Bajo bandera.* Relatos de tema común. Buenos Aires: Planeta, 1991. 251pp.

1491. ———. *Bajo bandera.* Buenos Aires: Perfil, 1997. 275pp.

"Todo un tema: El servicio militar obligatorio. Todo un destino: El Sur. Todo un año: 1969. El Cordobazo y 'La balsa' retumban fuera del perímetro del cuartel. Adentro, un grupo de muchachos resisten día a día las humillaciones de rigor, añoran el modo de vida que les fue arrebatado por la milicia, ejercen cada vez que pueden su hombría aún vacilante." [Contratapa].

1492. ———. *El buen dolor.* Buenos Aires: Emecé, 1999. 154pp.

"Leyendo esta novela queda claro que hay un dolor bueno y ése es el dolor del aprendizaje. A partir de esta promesa, lo que Saccomanno construye es una novela de educación, un *Bildungsroman* que incluye todos los protocolos sobre cómo se aprende a vivir pero, sobre todo, cómo se aprende a escribir." [D. Link, *Página 12,* 20 jun. 1999].

Guyot, Héctor M. "*El buen dolor.*" *La Nación* (20 jun. 1999): 6/7.

Sifrim, Mónica. "Retrato de familia: Entrevista con G. Saccomanno." *Clarín* (13 jun. 1999): Secc. Cult, 7.

1493. ———. *Roberto y Eva: Historia de un amor argentino.* Buenos Aires: Legasa, 1989.

"Robero Arlt y Eva Duarte se conocieron. El creía en la Revolución, ella, la partiquina, en la Virgen de Itatí; ambos–imagina Saccomanno–visitaron al astrólogo en Temperley. A través de ellos, aquel teórico criollo del golpe de Estado pretendía adueñarse del poder. Para financiar su aventurerismo político contaba con las medias de goma, el invento de Roberto. Saccomanno ha realizado un notable trabajo intertextual para levantar este edificio." [Contratapa].

Caffaratti, Carla Marina. "Lo que fue antes de ser (imagen de Eva Perón en *Roberto y Eva*)." *III Jornadas de literatura desde la cultura popular.* Córdoba: Univ. Nac. de Córdoba, 1996. 57-60.

Requeni, Antonio. "Conversación con Guillermo Saccomanno." *La Nación* (30 abr. 1995): 7/4.

1494. ———. *El viejo Gesell.* Buenos Aires: Alfonsina, 1994. 185pp.

"La primera versión de este relato fue publicada en *Página 12* en febrero de 1992. En un estilo sencillo, sucinto y sin adorno de ningún tipo, Saccomanno narra la historia del desarrollo del pueblo atlántico, la Villa, que hoy en día 'le pelea el turismo a Mar del Plata.' Dividido en 32 breves capítulos, la novela traza los esfuerzos emprendedores de Carlos Gesell, nacido en Alemania, por construir y hacer fructificar la Villa y la región alrededor. Uno de los grandes méritos de la obra es el retrato de la participación colectiva en esta empresa por parte de los habitantes de la Villa y su consecuente interacción con Gesell." [M.I.L.].

1495. SAENZ, DALMIRO (1929-). *Los bebedores de agua.* Buenos Aires: Atlántida, 1994. 264pp.

"En esta novela se mezclan paisajes sórdidos, personajes de peculiares características y riesgosas cavilaciones filosóficas en torno a una historia policial que se inicia con un asesinato y va desarrollándose alrededor de sucesos de rara originalidad." [Daniel Celis, *La Nación* (27 mar. 1994): 7/5.

1496. ———, y ALBERTO CORMILLOT. *Cristo de pie.* 1988. Buenos Aires: Planeta, 1993. 463pp.

"La oscura y misteriosa historia de los Rollos del Mar Muerto, uno de los secretos mejor guardados del siglo, es reconstruida por los autores al investigar sobre la vida de Cristo. Novela de gran lirismo, incita a la polémica." [Aviso, *La Nación* (4 jul. 1993): 7/5].

1497. ———. *Malón blanco.* Buenos Aires: Emecé, 1995. 165pp.

"Dalmiro Saenz enriquece la figura del mítico coronel Villegas con esta ficcionalizacion. El auxilio de la ficción en *Malón Blanco* será bienvenido por cualquier lector que desprecie lo inexacto de la exactitud. En la tarea de reescribir a los guerreros, la imaginación es imprescindible para compensar la versión oficial, plagada de ingenuas muletillas puritanas que convierten a las personas en fantasmas operados, sin alma." [Gabriel Sánchez Sorondo, *La Prensa* (21 mayo 1995): Secc. Cult., 9].

1498. ———. *La mujer del vientre de oro.* Buenos Aires: Emecé, 1996. 224pp.

"Saenz ha congregado una incierta mezcla de personajes, bastante singulares por no llamarlos marginales, para atestiguar las variables que rigen la condición humana en sus extremos más miserables. Así acumula un marchand maricón; cierto ex-policía, de los duros y gay, metido a detective y en líos; un millonario que trafica droga, venta de niños, una red de curanderos; un policía corrupto; y asesinos por encargo." [María E. de Miguel, *La Nación* (12 mayo 1996): 6/5].

A., "*La mujer del vientre de oro*." *La Voz del Interior* (5 sept. 1996): C/10.

1499. ——. *La patria equivocada*. Buenos Aires: Planeta, 1991.

Marchetti, Pablo. "*La patria equivocada*." *La Maga* (19 sept. 1991): 15.

1500. —— , y SERGIO JOSELOVSKY. *San La Muerte*. Buenos Aires: De la Urraca, 1994. 246pp.

"La obra versa sobre la 'guerra subversiva.'" [M.I.L.].

1501. ——. *El sátiro de la carcajada*. Biografía novelada. Buenos Aires: Planeta, 1994. 141pp.

"En forma novelada, se narra la vida de Héctor Omar Mondragón Rivero, llamado 'El sátiro de la Carcajada,' ladrón y violador de los más buscados en la capital en la época de los '60. En un estilo sencillo y limpio, Dalmiro Sáenz relata las andanzas de este criminal y las diversas situaciones conflictivas en que se encuentran las víctimas de éste y sus familias." [M.I.L.].

Ranieri, Sergio. "Entrevista con Dalmiro Sáenz." *La Maga* (18 nov. 1992): 28.

1502. SAENZ, JOSE LUIS. *La traviata argentina*. Buenos Aires: El Francotirador, 1995. 407pp.

"Sáenz recrea aquí escenas y entretelones de una época, 1949 a 1972, ubicando el juego del poder en un ambiente que conoce muy bien y al que en buena ley pertenece. Sáenz concibe un conjunto de personajes integrado por individuos que caracteriza hasta el registro minucioso de conductas, actitudes y detalles, representativos de la fauna porteña de aquel momento." [María A. Renard., *La Prensa* 20 ag. 1995: Secc. Cult., 8].

1503. SAENZ DE MÉNDEZ, ESTELA. *La bruja en la colmera*. Buenos Aires: Lumen, 1990. 60pp.

1504. ——. *María de las islas*. (Novela histórica). 1982. Buenos Aires: Sudamericana, 1995. 124pp.

"A partir del diario de María Vernet, porteña, esposa del primer gobernador de ls Islas Malvinas, la autora recrea un aspecto casi desconocido de la historia argentina." [F.G.C., 1995].

1505. SAER, JUAN JOSE (1936-). *Cicatrices*. 1969. Buenos Aires: Seix Barral, 1994. 267pp.

"Luis Fiore, obrero metalúrgico, asesina a su mujer en la noche de un primero de mayo. El episodio sirve de base a las cuatro historias que integran esta gran novela." [Aviso, *La Nación* (4 sept. 1994): 7/3].

Gramuglio, María Teresa. "Las aventuras del orden: Juan José Saer y *Cicatrices*." *Los Libros*. 2/3 (Sept. 1969): 5-24.

1506. ——. *El entenado*. 1983. Barcelona: Destino, 1988. 200pp.

1507. ——. *The Witness*. Trad. al inglés de *El entenado*, por Margaret Costa. London: Serpents Tail, 1991. 176pp.

Díaz Quiñones, Arcadio. "*El entenado*: Las palabras de la tribu." *Hispamérica* 21/63 (Dic. 1992): 3-14.

Frohlicher, Peter. "Testimonios de irrealidad: *El entenado* de J. J. Saer." *Literaturas del Río de la Plata hoy: De las utopías al desencanto.*" Ed. K. Kohut. Frankfurt: Vervuert, 1996. 101-109.

Iglesia, Cristina. "Cautivos en la zona: *El entenado* de Juan J. Saer." *Revista Interamericana de Bibliografía* 45/4 (1995): 571-576.

Pons, María C. "The Cannibalism of History: The Historical Representation of an Absent Other in *El entenado.*" *Latin American Postmodernisms.* Ed. R. A. Young. Amsterdam: Rodopi, 1997. 155-174.

Premat, Jul.. "El eslabón perdido: *El entenado* en la obra de Juan José Saer." *Cahiers du Monde Hispanique et Luso-Bresilien* 66 (1996): 75-93.

1508. ——. *Glosa.* 1986. Buenos Aires: Seix Barral, 1995. 286pp.

1509. ——. *El limonero real.* 1974. Buenos Aires: Alianza, 1996. 229pp.

Colautti, Sergio. "Una lectura de *El limonero real.*" *La Voz del Interior* (15 abr. 1990): F/4.

1510. ——. *Lo imborrable.* Buenos Aires: Alianza, 1993. 254pp.

1511. ——. *L'Ineffaçable.* Trad. al francés de *Lo imborrable,* por Claude Bleton. Paris: Flammarion, 1994. 216pp.

"La provincia litoraleña de Saer, cofre de sucesos y personajes que trenzaron su historia; los hombres que actúan como personajes de ficción pero no siempre como héroes; la dimensión humana, alejada de lo literario; las confrontaciones de psicologías, de ambiente exterior y de medio inferior, de pronto la fabulación de lo estrafalario, todo esto forma parte de la literatura de Saer, y vuelve a inquietar en *Lo imborrable,* que retoma a Carlos Tomatis de la misma manera que vuelve a sus paisajes." [Haydée M. Jofre Barroso, *La Nación* (6 jun. 1993): 7/5].

1512. ——. *Nadie nada nunca.* 1980. Buenos Aires: Seix Barral, 1995. 238pp.

1513. ——. *Nobody Nothing Never.* Trad. al inglés de *Nadie nada nunca,* por Helen Lane. London: Serpent's Tail, 1994. 224pp.

1514. ——. *Las nubes.* Buenos Aires: Seix Barral, 1997. 239pp.

"Aira en *La liebre* y Saer en *Las nubes* coinciden en presentar a viajeros europeos, representantes de la civilización, cuyos presupuestos y valores son cuestionados en medio de las confrontaciones entre blancos e indígenas que se producen en la Argentina del siglo XIX." [Malva Filer, "Exploradores e indígenas en la novela argentina de fines del siglo XX," 85].

1515. ——. *La ocasión.* 1988. Buenos Aires: Alianza, 1992.

1516. ——. *La ocasión.* Buenos Aires: Seix Barral, 1998. 253pp.

Estiú, María E. "*La ocasión* de Juan J. Saer: El enigma de la racionalidad." *Literatura argentina y nacionalismo.* Ed. Miguel Dalmaroni. La Plata: Univ. Nac. de La Plata, 1995. 79-89.

1517. ——. *The Event.* Trad. al inglés de *La ocasión*: Serpents Tail, 1995. 208pp.

1518. ——. *L'occasion.* Trad. al francés por Laure Bataillon. Paris: Seuil, 1996. 212pp.

Estiú, María. "*La ocasión* de Juan José Saer: Un enigma de la nacionalidad." *Literatura argentina y nacionalismo.* Ed. M. Daimaroni. La Plata: Univ. de La Plata, 1996.

1519. ——. *Isabel, la razón de su vida.* Buenos Aires: Sudamericana, 1998. 236pp.

"Se narran la infancia de Isabel Martínez, su relación con Perón, los años de Puerta de Hierro y su oscura relación con López Rega." [R.L., *La Nación* (19 abr. 1998): 6/12].

1520. ——. *Responso*. 1964. Buenos Aires: Seix Barral, 1998. 189pp.

CRITICAL STUDIES ON JUAN JOSÉ SAER

Berg, Edgardo H. "Breves sobre el arte de narrar de J. J. Saer." *Revista del Centro de Letras Hispanoamericanas* 3/3 (1994).

Corbatta, Jorgelina. "Algunas notas sobre la 'praxis poética' de J. J. Saer." *Cuadernos Hispanoamericanos* 561 (Mar. 1997): 97-107.

Cortanze, Gerard de. "Juan José Saer: Don Quichotte en liberté." *Magazine Litteraire* 358 (Oct. 1997): 51-53.

Croce, Marcela. "Las cicatrices repetitivas de la tradición: La narrativa de J. J. Saer." *Filología* 25/1 (1990): 49-110.

Giordano, Alberto. *La experiencia narrativa: Juan José Saer, Felisberto Hernández, Manuel Puig.* Rosario: Beatriz Viterbo, 1992.

Pons, María C. "Memorias del olvido: Del Paso, García Márquez, Saer y la nueva novela histórica en América Latina." Tesis de doctorado, Univ. of Southern California, 1995.

Premat, Jul. "El crimen de la escritura: La novela policial según J. J. Saer." *Latin American Literary Review* 24/48 (July 1996): 19-38.

Riera, Gabriel. "Altering Fictions: Writing and the Question of the Other in Blanchot, Beckett, Borges, and Saer." Tesis de doctorado, Univ. of California, Irvine, 1977.

——. "La ficción de Saer: ¿Una antropología especulativa?" *Modern Language Notes* 111/2 (March 1996): 368-390.

Russo, Miguel. "Entrevista con Saer." *La Maga* (2 nov. 1994).

Saad, Gabriel. "An Interview with J. J. Saer." *The Faulkner Journal* 11/1 (Spring 1995): 59-65.

Saer, Juan José. *El concepto de ficción*. Buenos Aires: Espasa Calpe, 1997.

La narración-objeto. Buenos Aires: Seix Barral, 1999.

Solotorevsky, Myrna. La relación mundo/escritura en textos de R. Arenas, J. Saer, J. Martini. Gaithersburg, Md.: Hispamérica. 1994.

Zaina, José E. "De la Lesbia de Catulo a la Clodia (Lesbia) de Juan J. Saer." *Cuadernos del Sur* 25 (1992-1993): 65-71.

Zonana, Victor G. "Estrategias de des-simbolización en la narrativa de J. J. Saer." *Revista de Literaturas Modernas* 28 (1995-1996): 141-155.

1521. SAFRANCHIK, GRACIELA (1953-). *Kadish*. Rosario: Bajo la Luna Nueva, 1993. 56pp.

"A dying mother's final reunion with her children provides the setting for this nostalgic, sentimental and at times moving story of familial love and separation in a contemporary Argentine Jewish family." [M.I.L.].

1522. ——. *El cangrejo*. Rosario: Bajo la Luna Nueva, 1995. 99pp.

"¿Era eso el amor? ¿Esa implacable imposición de los nombres? se pregunta Akinari El Cangrejo, escribiendo su historia de amor por Miranda, una historia que crece entre las páginas de la cultura japonesa y una extemporánea casa de té." [Contratapa].

1523. SAGARZAZU, MARIA ELVIRA (1942-). *El exilio de la garcela*. Buenos Aires: Sudamericana, 1994. 254pp.

".. . es la sombra del Santo Oficio. Luis Araujo, protagonista, cumple un largo periplo desde su Sevilla natal hasta llegar a América, pasando primero por el Medio Oriente, en un silente huir de todo aquello que pueda poner en peligro su piel oscura, sus vestimentas orientales, y su indiferencia hacia toda religión." [Luis F. Núñez, *La Nación* (6 mar. 1994): 7/6].

1524. ——. *El imposible reclamo de la eternidad.* Madrid: Cátedra, 1987. 167pp. Premio Internacional Angel Guerra, 1987.

"Esta novela narra los cambios que sufre la personalidad de un jesuita del siglo XVIII enviado a las Misiones de guaraníes. El paisaje actúa sobre el carácter del sacerdote granadino, insertándolo en una realidad geográfica tan rica que sus ecos sacudirán un mundo interior que parecía acabado de formar." [Contratapa].

1525. ——. *Lucía Soledad, la comandante.* 1985. Rosario: Ovejero Martín, 1998. 247pp.

"Apasionada y apasionante, en Lucía conviven el compromiso y la sensualidad en sus más ricos matices y lo humano pareciera superar prejuicios e ideologías para quedar mano a mano con lo que importa: La vida." [Contratapa].

1526. ——. *La patria equivocada.* Buenos Aires: Planeta, 1991. 189pp.
Miguel, María E. de. "*La patria equivocada.*" *La Nación* (17 nov. 1991): 7/5.

1527. ——. *La puerta del tiempo, ¿no fue nuestro vivir una delicia?* Rosario: Ovejero Martín, 1998. 354pp.

"Dos mujeres en distintas épocas, una en la actualidad, la otra hacia 1640, recorren etapas semejantes a través de su vida. El interrogante del tiempo conduce a intimidades personales, culturales, que se entrecruzan." [F.G.C. (9 Dic. 1998): 30].

1528. SAGASTIZABAL, PATRICIA. *En nombre de Dios: La cruzada de un jesuita en tierra americana.* Buenos Aires: Sudamericana, 1997. 245pp.

"Se trata de Antonio Ruiz de Montoya, el célebre sacerdote que tanto trabajó por los indios y llegó a escribir crónicas notables y hasta un diccionario guaraní. Hay que olvidarse del jesuita histórico y aceptar este ficcional que cambia su rumbo de señorito noble al contacto con los hombres de la Compañía de Jesús, que lo educan con tanto acierto como para despertar en él la vocación apostólica." [María E. de Miguel, *La Nación* (30 nov. 1997): 6/4].

1529. ——. *La pesquisa.* Buenos Aires: Espasa Calpe/Seix Barral, 1994. 175pp.

"En *La pesquisa*, Saer utiliza el modelo de la novela policial como mediación semiótica para medirse con un tema central de la reciente experiencia histórica y moral argentina: La imposibilidad de saber qué ocurrió a (cada uno de) los desaparecidos durante el período de la represión." [Florinda Goldberg, "*La pesquisa* de Saer: Alambradas de la ficción." [*Hispamérica* 26/76-77 (Abr. 1997): 89].

Medina, Roberto. "*La pesquisa.*" *La Prensa* (22 enero 1995): Secc. Cult., 9.

1530. SAGRERA, JORGE LUIS (1959-). *El talón de Esaú.* Buenos Aires: GEL, 1996. 134pp. Primer Premio Novela 1995, FNA.

"*El talón de Esaú* es una apretada malla que se teje a partir de un desplazamiento permanente de los significantes, lo que le otorga al texto una dinámica infrecuente. Es una novela atravesada por la ironía, alimentada por el grotesco y la ambigüedad." [Contratapa].

1531. SAINT JEAN, MARIA (1957-). *No me dejes en domingo.* Buenos Aires: Vinciguerra, 1997. 112pp.

1532. SAINZ BALLESTEROS, HECTOR. *Prohibido estacionar.* Buenos Aires: Emecé, 1971. 187pp.

1533. ———. *El último recurso.* Buenos Aires: Emecé, 1981. 281pp.

1534. SALLENAVE, JORGE O. *El Club de las Acacias.* Buenos Aires: Galerna, 1996. 267pp.

"El Club de las Acacias, secta constituida por personajes socialmente muy representativos, tiene como misión rescatar un supuesto mensaje legado por Satanás a la humanidad. Es en una pintura de Rafael de Sanzio que se exhibe en el Vaticano, donde fue depositado el mensaje." [Contratapa].

1535. ———. *Elvira de Lesbene.* San Luis: Nahuel, 1993. 153pp.

1536. ———. *En fuga.* Buenos Aires: Galerna, 1995. 255pp.

"Personajes que existen al margen de la sociedad pueblan esta novela que cabe dentro de la así llamada novela negra." [M.I.L.].

1537. ———. *La quinta.* Buenos Aires: Galerna, 1994. 172pp.

"Novela conformada por cuentos que se eslabonan entre sí. Una novela que puede ser incluida dentro de la tradición de la literatura fantástica." [F.G.C. (1993-1995): 20].

1538. ———. *Las visitas.* Buenos Aires: Alfaguara, 1991.

"Combina la crudeza y el amor, el desamparo y la ternura." [Aviso, *La Nación* (10 nov. 1991): 3/7].

1539. SALOMON, OSCAR DANIEL (1956-). *Desencantar la tierra.* Buenos Aires: El Francotirador, 1996. 94pp.

1540. ———. *Mis olvidos: Lo que no dijo el General Paz en sus memorias.* Buenos Aires: Sudamericana, 1998. 172pp.

"En prisión, en diálogo consigo mismo, el general Paz recuerda su vida. En su mente recrea escenas en las que están presentes Belgrano, San Martín, Quiroga, Rosas y Urquiza. Una recreación de la vida y la personalidad del célebre general." [F.G.C., 1998].

1541. SAMPER PIZANO, DANIEL Y JORGE MARONNA. *El tonto emocional.* (Véase bajo Jorge Maronna).

1542. SAMPOL DE HERRERO, ANA. *Héroes sin nombre.* 1968. Buenos Aires: Cinco, 1999. El vol. incluye la novela *Mito Luján.*

1543. ———. *Mito Luján.* (Novela de la pampa). 1963. Buenos Aires: Cinco, 1999. 512pp.

Este vol. reúne en una sola obra dos novelas anteriormente publicadas: *Mito Luján* (1963) y *Héroes sin nombre* (1968).

"Esta es la epopeya de la lucha contra el indio. Su personaje masculino, paradigma del gaucho, lleva en su doloroso silencio la conciencia de que está combatiendo contra una etnia que defiende legítimos derechos. El personaje femenino es la mujer porteña de clase alta que abandona todo para largarse a la pampa a consumir su amor y a fundar pueblos." [Contratapa].

1544. SANCHEZ, MATILDE (1958-). *La canción de las ciudades.* Buenos Aires: Seix Barral, 1999. 243pp.

"*La canción de las ciudades* es un relato de viajes. Puede considerarse su tercera novela, diseñada menos por un programa literario que por cierto criterio de edición en el que el tiempo aparece como su estratega narrativo. Cada episodio, cada visita al extranjero, es un recorte autobiográfico que arrastra consigo un estado personal, una estética, un humor y una recepción intensa o difusa del escenario ajeno." [Juan J. Becerra, *Clarín* (16 mayo 1999): Secc. Cult.].

1545. ———. *Una comedia familiar*. Buenos Aires, c. 1996.

1546. ———. *El Dock*. Buenos Aires: Planeta, 1993. 301pp.

Bueno, Mónica. "*El dock* de Matilde Sánchez: La escritura femenina y la recuperación del relato." *Confluencia* 11/2 (Spring 1996): 66-75.

Domínguez, Nora. "El desorden materno: Sobre *El dock* de Matilde Sánchez." *INTI* 43 (Spring 1996): 263-267.

Gómez, Carlos A. "*El Dock*." *La Nación* (16 mayo 1993): 7/5.

Morello-Frosch, Marta. "Las tretas de la memoria: L. Demitropulos, R. Roffé y M. Sánchez. *Memoria colectiva y políticas de olvido: Argentina y Uruguay, 1970-1999*." Eds. A. J. Bergero y F. Reati. Rosario: B. Viterbo, 1997. 185-208.

1547. ———. *La ingratitud*. Buenos Aires: Ada Korn, 1990. 155pp.

"En *La ingratitud*, una mujer ajusta cuentas con su padre durante una estadía en Alemania." [Juan J. Becerra, *Clarín* (16 mayo 1999): Secc. Cult.].

Domínguez, Dora. "New Fiction by Argentine Women Writers." *Review* 48 (Spring 1994): 67.

1548. SANCHEZ, NESTOR (1934-).

Allen, R. F. "En busca de la novelística de Néstor Sánchez y Jul. Cortázar." *Cuadernos Hispanoamericanos* 237 (1969): 711-725.

Bell, Steven. "Postmodern Fiction in Spanish America: The Examples of Salvador Elizondo and Néstor Sánchez." *Arizona Quarterly* 42/1 (Spring 1986): 5-16.

Gallo, Marta. "Néstor Sánchez: Paradoja del *Cómico de la lengua*." *Revista Iberoamericana* 49/125 (Oct. 1983): 943-954.

Sosnowski, Saúl. "Del texto de Morelli a la textura de Néstor Sánchez." *Vórtice* 1/3 (1975): 69-74.

1549. SANCHEZ RIVAL, DAMIAN. *Dioses de papel*. Buenos Aires: Corregidor, 1997. 174pp.

"Esta novela es un severo cuestionamiento a los valores más profundos del ser humano, encarados en la rebeldía de un niño que se enfrenta intelectualmente a los mayores, a la sociedad y al falso dios creado por el hombre y para el hombre." [F.G.C. (Feb. 1998): 66].

1550. SANDRO, HECTOR. *Coronas de oro, coronas de laurel*. Buenos Aires: Corregidor, 1991. 245pp.

"La historia del secuestro de un hombre que ha hecho de la eyaculación un arte y hasta un 'tour de force' contra la naturaleza y la lógica, podría haber brindado algo más que el desfile incesante de personajes salidos de una antología del disparate, los que, a la postre, dueños de su vida, se le escapan de las manos al autor, pero no llegan a asombrar ni a escandalizar." [Luis F. Núñez, *La Nación* (17 nov. 1991): 7/4].

1551. ———. *Las damas del Edén*. Buenos Aires: Emecé, 1990. 273pp.

"Envidiable fantasía, imaginación rica y tormentosa, una obra singular." [*El Cronista*, citado en la solapa].

"Tono lúdico, estilo narrativo irreverente, vocabulario no habitual." [*La Prensa*, citado en la solapa].

1552. ——. *Me quiere, no me quiere*. (Novela lunática). Buenos Aires: GEL, 1992. 282pp.

"El plano imaginario del lugar donde transcurre esta historia, el índice de sitios y personajes y la calificación 'novela lunática,' colocan a quien lee en una situación de asombro. La acción–en apariencia situada en otra época, pero en realidad atemporal–es asaltada, de pronto, por alusiones contemporáneas, pues el tiempo abarcador no existe aquí." [Elizabeth Azcona Cranwell, *La Nación* (13 sept. 1992): 7/4].

1553. ——. *Pecado carnal*. Buenos Aires: GEL, 1994. 139pp.

"Un Héctor Sandro desconocido para el lector trata de indagar en los submundos crueles donde reinan la pasión y la falta de escrúpulos. Se trata de una pintura despiadada de todas las situaciones límites a las que pueden llegar las acrobacías del sexo, las frustraciones que los seres humanos padecen o se inventan como un camino para evadir otros límites más duros. El predominio del erotismo es constante." [E.A.C., *La Nación* (5 jun. 1994): 7/5].

1554. SANTA CRUZ, YIMA (1953-). *Desde la vida*. Buenos Aires: Legasa, 1990. 247pp.

"*Desde la vida* alterna cartas, poemas y fragmentos narrativos, aunque sus soterrados cauces sean novelísticos. La correspondencia que Laura mantiene con su hermana constituye el hilo conductor de una trama que tiene su nudo histórico en torno a 1979-1983, pero que se extiende hacia el pasado y llega hasta el presente." [Contratapa].

1555. ——. *Echada del paraíso*. Buenos Aires: GEL, 1993. 261pp.

"Dos mujeres, las dos casadas y con hijos, en un Buenos Aires cercano y a la vez atemporal, bucean, simultánea pero separadamente, en la extrañeza de una relación que nunca terminaron de entender ni de aceptar." [Solapa].

1556. SANTA MARIA CONILL, ALEJANDRO (1897-1957). *La ciudad de barro*. 1941. Mendoza: Ediciones Culturales, 1990. 194pp.

1557. SANTORO, OSVALDO (1948-). *Cementerio de caracoles*. Buenos Aires: GEL, 1995. 140pp.

"El protagonista encuentra, en el 2008, entre las hojas de una antigua biblia italiana, un cuento corto que él escribiera 48 años atrás. Con asombro descubre que el escrito se ha hecho realidad en el tiempo: El se ha cruzado a lo largo de su vida con los personajes del cuento, convertidos en seres de carne y hueso." [F.G.C. (Sept 1995): 15].

1558. SASTURAIN, JUAN (1945-). *Arena en los zapatos*. Novela policial. Buenos Aires: Zeta, 1989. 330pp.

"In *Arena en los zapatos* and *Manual de perdedores*, Sasturain adapted the style, the setting and the hard-boiled detective of the American school of detective fiction to an Argentinian milieu." [Victoria Cerrudo, "The American Hard-Boiled School Detective Novel and Its Influence on Argentinian Writers of the Seventies and Eighties." Tesis de doctorado, Brandeis Univ., 1995].

1559. ——. *Los dedos de Walt Disney*. Madrid: Anaya, 1992. 171pp.

1560. ——. *Parecido, S.A*. Madrid: Anaya, 1991. 163pp.

"Novela para adolescentes. En torno a la dicotomía ser/parecer, elabora episodios de aventura con gran imaginación." [María C. Guiñazú, *HLAS* 54 (1995): 567].

1561. ——. *Perramus.* Con dibujos de Alberto Breccia. Buenos Aires: Lumen/De la Flor, 1990. Premio Amnesty Internacional.

1562. ——. *Perramus: Escape From the Past.* Trad. al inglés de *Perramus.* Seattle: Fantagraphics Books, 1991.

"Esta fábula es una metáfora sobre la historia argentina entre 1976 y 1983. Alguien, cuyos compañeros son 'desaparecidos,' decide olvidar para seguir viviendo. Lo consigue e inclusive olvida su nombre, adoptando el de una prenda de vestir. Luego es obligado por los mariscales a tirar cadáveres al río. Tras vivir sucesivas aventuras con dos amigos, volverá a Santa María de los Buenos Aires con una misión asignada por un grupo revolucionario: Encontrar las claves que recuperen el espíritu de esa ciudad." [J.A.B., *La Voz del Interior* (4 abr. 1991): D/2].

1563. ——. *Los sentidos del agua.* Buenos Aires: Clarín/Aguilar, 1992. 167pp.

"Es un 'thriller.' Spencer Roselló es un traductor simultáneo que debe dejar precipitadamente París a causa de su afición por las apuestas, y junto con su pareja se instala en Barcelona. Roselló no tarda en ser contratado por un editor que necesita verter una serie de novelas de acción del español al inglés. El traductor comienza a desovillar un intricado problema que lo pone al borde de la muerte y descubre entretelones de un oscuro poder al que no detienen fronteras ni leyes." [Luis F. Núñez, *La Nación* (1 nov. 1992): 7/5].

Capalbo, Armando. "Espacios de la transposición cuento/historieta: 'El fin' (Borges, Breccia, Sasturáin)." *Primeras Jornadas Internacionales de Literatura Argentina/Comparística. Actas.* Ed. T. Frugoni de Fritzsche. Buenos Aires: EUDEBA,1996. 13-18.

Ranieri, Sergio. "Entrevista con Juan Sasturain." *La Maga* (11 nov. 1992): 8.

1564. SATZ, MARIO (1944-). *Azahar.* Buenos Aires, c. 1995.

1565. ——. *La fabulosa historia de Kallima y el árbol que canta.* Buenos Aires: 1987.

1566. ——. *Mercurio.* Buenos Aires: Heptada, 1992. 448pp.

"Esta novela se ocupa de los preparativos de un congreso florentino de alquimia, cuya inauguración sólo se alcanza en la página 414. Los congresales provienen de todas partes del mundo, lo que le da pie para trazar diversidad de escenas e ingerir frases en ruso, hebreo, francés, y viejo latín. El personaje central es el radioastrónomo y químico ruso Igor Vadiustov, disidente 'avenido' a las razones de Estado soviéticas." [Pedro L. Barcia, *La Nación* (22 mar. 1992): 7/5].

Lane, Helen H. "Mario Satz: Cosmic Choreographer." *Review* 24 (1980): 15-19.

1567. SCALONA, MARCELO E. *El camino del Otoño.* Buenos Aires: Corregidor, 1995. 156pp.

"*El camino del Otoño* es un libro acerca de los libros. Es varias otras cosas también. En sus páginas están vivos todos los libros que han existido, existen y existirán, gracias a que también están vivos sus personajes, empezando por Tesalio Feijóo, terminando por Juan Upcush y pasando por Ludmila y Luiggino y la hermana Chiara y hasta los funcionarios y los espías y los canas." [Angélica Gorodischer, Pról., 10.]

1568. SCARANO, NÉLIDA AZUCENA (1945-). *Ventana de escuela.* Buenos Aires: Faro, 1994. 63pp.

1569. SCHLAEN, CARLOS (1946-). *El caso del cantante de rock.* Novela para jóvenes. Buenos Aires: Quirquincho, 1994. 64pp.

1570. ——. *El caso del videojuego.* Novela para jóvenes. Buenos Aires: Quirquincho, 1996. 67pp.

1571. ——. *El caso de la modelo y los lentes de Elvis.* Novela para jóvenes. Buenos Aires: Alfaguara, 1999. 109pp.

1572. ——. *El escorpión de Osiris y la reina de la televisión.* Novela para jóvenes. Buenos Aires: 1998.

1573. ——. *La maldición del virrey.* Novela para jóvenes. Buenos Aires: 1997.

1574. ——. *Un medallón para Osiris.* Novela para jóvenes. Buenos Aires: 1996.

1575. SCOTTI, MARIA ANGELICA (1945-). *Buenos augurios.* Buenos Aires: Konex, 1986. 294pp. Premio Fundación Konex/FNA, 1985.

1576. ——. *Diario de ilusiones y naufragios.* Buenos Aires: Emecé, 1996. 203pp. Premio Emecé 1995-1996.

"Es un relato en forma de diario íntimo, donde una niña que emigra junto a su madre desde España a la Argentina, a comienzos del siglo, narra su historia y la del país a lo largo de 50 años." [Aviso, *La Prensa* (31 dic. 1995): Secc. Cult., 6].

1577. ——. *Señales del cielo.* Buenos Aires: Atlántida, 1995. 370pp.

"Poco frecuente resulta en la actual literatura (en la argentina al menos) encontrar una novela de tan largo e impetuoso aliento como ésta. Encara tres siglos de la historia americana, desde Colón y los conquistadores hasta las postrimerías del siglo 18. Está centrada en dos historias: La de un indio antillano que sobrevive a destrucciones y tiempos, y la de un jesuita en busca de los antepasados que configuran su estirpe." [María E. de Miguel, *La Nación* (31 jul. 1994): 7/6].

1578. SCHOO, ERNESTO (1925-). *Ciudad sin noche.* Buenos Aires: Planeta, 1991. 179pp.

"Ingrese en un Japón de fantasía y conozca a los más pintorescos personajes a través de una novela capaz de conjugar humor y erotismo." [Aviso, *La Nación* (10 mar. 1991): 4/3].

Chiaravalli, Verónica. "Tiempo de cosecha: Ernesto Schoo y *Pasiones recobradas.*" *La Nación* (9 mar. 1997): 6/6.

Gudiño Kieffer, Eduardo. "Autorretrato de un artista: Ernesto Schoo." *La Nación* (27 abr. 1997): 6/5.

1579. SCHOPFLOCHER, ROBERTO (n. Alemania 1923-). *Extraños negocios.* Buenos Aires: Milá, 1996. 175pp.

"El protagonista es un judío criado en una colonia del Barón de Hirsch, junto a un abuelo cabalista y un amigo inventor." [F.G.C. (Sept. 1996): 28].

1580. SCHUJER, SILVIA (1956-). *Historia de un primer fin de semana.* Buenos Aires: Libros del Quirquincho, 1988. 43pp.

"Aborda una de las temáticas 'tabú' en los libros argentinos para niños: La separación de los padres y la relación que se entabla entre los hijos y las nuevas parejas de mamá y papá, los celos, el rechazo y la aceptación de nuevas situaciones." [Susana Itzcovich, *Veinte años no es nada: La literatura y la cultura para niños.* 37].

1581. ——. *Las visitas.* Buenos Aires: Alfaguara, 1991. 94pp.

1582. SDRECH, ENRIQUE. *El hombre que murió dos veces.* Buenos Aires: Planeta, 1994. 190pp.

Memoria de un crimen en forma novelada. "Enrique Sdrech narra con lujo de detalles todas las alternativas del caso Scandinaro, una de las estafas mejor elaboradas que ocurrieron en nuestro país. Sdrech introduce al lector en un mundo en el que cerebros diabólicos y geniales planifican paso a paso cómo quedarse con el dinero de bancos y compañías de seguros." [Contratapa].

1583.   ——. *37 puñaladas para Oriel Briant.* Buenos Aires: Abr., 1986. 121pp.
Memoria de un crimen en forma novelada. "Podríamos considerar, entonces, que Oriel Briant fue sometida a un crimen ritual, muy practicado en la actualidad, como remedo de las misas negras de la edad media." [Juan-Jacobo Bajarlía, Pról., p. 5].

1584.   SEBASTIAN, ANA (1948-). *La gorda de la lechería.* Buenos Aires: 1991.

1585.   ——. *Los ladrones del tiempo.* Buenos Aires: 1994.

1586.   SEDOFF, MIGUEL. *Todos aquellos días.* Rosario: Municipal, 1996. 196pp. Primer Premio, Concurso de narradores jóvenes de Rosario.

1587.   SEGOVIA DE GIULIANO, SIXTA. *Elisa Lynch.* (Biografía novelada de la heroína paraguaya). Santa Fe: Castellví, 1968. 108pp.

1588.   SEMMOLONI, JUL. (1946-). *Contranovela.* Mendoza: Diógenes, 1998. 421pp.

1589.   SERENELLINI, JUAN ANTONIO. *Buscando a papá.* Buenos Aires: Guadalupe, 1996. 222pp.
"La manera en que tres niños enfrentan la pérdida de su padre es el tema de esta novela." [M.I.L.].

1590.   SERRA BRADFORD, MATIAS (1969-). *Fagans: El viaje y los viajes.* (Una novela seguida por dos cuentos). Buenos Aires: GEL, 1996. 81pp.

1591.   SGUIGLIA, EDUARDO (1952-). *No embromes con tu conciencia.* Buenos Aires: Libros de Tierra Firme, 1989. 125pp.

1592.   ——. *No te fíes en mí, si el corazón te falla.* Buenos Aires: Norma, 1999. 162pp.
"Basada en un hecho real, esta historia tiene como protagonista a un fugitivo de uno de los campos de concentración de la última dictadura militar, que en la década del 90 se ha convertido en un promisorio músico de jazz y parece tener encauzada su vida. Pero al encontrar a quien fuera su verdugo, la revancha personal se impone y lo impulsa a una carrera desenfrenada." [F.G.C., Nov. 1999].

1593.   ——. *Fordlandia: Un oscuro paraíso.* Bogotá: Norma, 1998. 276pp.
"Harto de pagar sobreprecios por el caucho que le venden los ingleses, Henry Ford decide empezar a producirlo. El lugar elegido para montar la fábrica es el Amazonas. Funda una ciudad: Fordlandia. Basada en hechos reales, esta novela es un notable relato de aventuras que narra la lucha de los hombres contra la naturaleza." [F.G.C., 1998].

1594.   SHUA, ANA MARIA (1951-). *Amores de Laurita.* 1984. Buenos Aires: Sudamericana, 1995. 196pp.
"Esta historia se apega a una convención realista, girando los capítulos alrededor de un día en la vida de una madre embarazada, cercana al momento del parto. Las actividades y conversaciones de ese día dan cabida al recuerdo de diversos momentos de su pasado, por lo general referidos a las relaciones de la protagonista con amigos, novios, amantes y marido." [Ester Gimbernat González, *Aventuras del desacuerdo.* 277-278].

1595. ——. *El libro de los recuerdos*. Buenos Aires: Sudamericana, 1994. 200pp.

1596. ——. *The Book of Memories*. Trad. al inglés por Dick Gerdes. Introd. por I. Stavans. Albuquerque: U of New Mexico P, 1998. 178pp.

"The novel gives full expression to the postmodern view of history and its representation through memory. Shua places her narrative primarily within the context of 'El Proceso' by focusing on secondary, oftentimes fictional events and characters whose treatment of history is shaped by the subjectification of time and the inclusion of memory." [Patrick O'Connell. "The Function of Memory in Argentine Postmodern Narrative by Mempo Giardinelli, Tununa Mercado & Ana M. Shua." Abstracto de la tesis de doctorado, Univ. of New Mexico, 1997.

Sánchez Sorondo, Fernando. "El libro de los recuerdos." *La Nación* (18 sept. 1994): 7/7.

1597. ——. *La muerte como efecto secundario*. Buenos Aires: Sudamericana, 1997. 235pp. Premio Sigfrido Radaelli.

"Más específicamente, la ficcionalización de esta visión apocalíptica finisecular se lleva a cabo mediante la creación de un protagonista narrador llamado Ernesto Kollody, quien asume características de antihéroe contemporáneo a ultranza. Como narrador central, Kollody desarrolla un relato epistolar consistente en una larga carta en torno a la relación con su padre, que le dirige a su ex-amante." [Guillermo García-Corales, *Hispania* 82/2 (Mayo 1999): 276].

Gudiño Kieffer, Eduardo. "*La muerte como efecto secundario*." *La Nación* (12 oct. 1997): 6/6.

Miguel, María E. de. "Acerca de los efectos secundarios: Entrevista con Ana M. Shua." *La Nación* (17 ag. 1997): 6/3.

1598. ——. *Soy paciente*. 1980. Buenos Aires: Sudamericana, 1996. 134pp.

Buchanan, Rhonda D. "Literature's Rebellious Genre: The Short Story in Ana María Shúa's *Casa de Geishas*." *Revista Interamericana de Bibliografía* 46/1-4 (1996): 179-192.

Paldao, Carlos E. "The Narrative Structure of Minifiction in Spanish American Literature." Tesis de doctorado, George Washington Univ., 1997. Sobre J. Cortázar, M. Denevi, A. M. Shúa.

Pollack, Beth. "Entrevista con Ana María Shúa." *Hispamérica* 23/69 (Dic. 1994): 45-54.

Sorín, Valeria. "Cuando la musa se va: Ana María Shúa y Daniel Guebel." *La Prensa* (16 jul. 1995): Secc. Cult., 6-7.

1599. SICARDI, FRANCISCO A. (1856-1927). *Libro extraño*. 1894-1902. Buenos Aires: Lugar, 1994. 248pp.

Vitagliano, Miguel. *La novela extraña de Sicardi*. Buenos Aires: UDEBA, 1997.

1600. SIEMENS, SANDRA. *El grito*. Novela juvenil. Buenos Aires: Sudamericana, 1998. 94pp.

"Un hecho ligado a la campaña del Desierto, el robo de la caballada blanca de Villegas, es el punto de partida de esta novela, en la que datos históricos se entrelazan con la ficción. Siemens revela los conflictos de una adolescente y su crisis con el mundo de los adultos." [F.G.C., 1998].

1601. SILEONI DE BIAZZI, GLAUCIA (1942-), Y EDUARDO ROBERTO BIAZZI. *El cielo abierto*. Posadas, Misiones: SADE, 1984. 147pp.

1602. ——. *El Dios vencido*. Buenos Aires: 1985.

1603. SILVESTRE, SUSANA (1950-). *Mucho amor en inglés.* Buenos Aires: Emecé, 1994. 191pp.

"El encuentro con 'una nena,' que sale de un colegio, asocia su imagen con la de la protagonista y su hija. La infancia, el despuntar de la adolescencia, todo ligado de este modo al relato de una vida y en él se instalan los episodios estudiantiles, las luchas, el divorcio, el aprendizaje de la soledad, la presencia materna, las relaciones sociales. 'La nena' tiene el carácter de un símbolo, la búsqueda de una realidad que nunca llega a asirse totalmente." [Angel Mazzei, *La Nación* (24 abr. 1994): 7/4].

1604. ———. *No te olvides de mí.* Buenos Aires: Espasa Calpe, 1995. 238pp.

"Protagonizada pasivamente por 'La mujer,' esta heroína, más que contamos su historia, nos traslada, como un testigo, la historia que le es narrada a través de los otros y de sus sueños, reservándonos, casi, el propio lugar o punto de vista del lector. La historia transcurre a propósito de una oficina de computación situada en Buenos Aires, pero que, con nitidez, satiriza los ámbitos de la robótica." [Fernando Sánchez Sorondo, *La Nación* (23 abr. 1995): 7/7].

Díaz, M. L. "*No te olvides de mí.*" *La Prensa* (3 sept. 1995): Secc. Cult., 9.

1605. ———. *Si yo muero primero.* Buenos Aires: Letra Buena, 1991. 280pp. Premio Concurso Emecé, 1990.

"Crónica prolija de la vida de una muchacha de un barrio periférico de Buenos Aires." [María L. Bastos, *HLAS* 54 (1995): 567].

1606. SILVEYRA, JESUS MARIA. *Pedro, la historia jamás contada.* Buenos Aires: Bonum, 1995. 491pp.

"Silveyra recrea la vida, pasión y muerte del apóstol Simón, pero lo hace con un enfoque nuevo. Actualiza la figura del personaje, vinculándola con nuestra realidad, a medio camino entre la crónica histórica y la novela. Con lenguaje libre y directo, Silveyra recrea la fuerza espiritual del personaje y, a la vez, le infunde carácter humano." [Modesto Montecchia, *La Prensa* (29 enero 1995): Secc. Cult., 9].

1607. SINAY, SERGIO (1947-). *Dale campeón.* Buenos Aires: Puntosur, 1988. 189pp.

1608. ———. *Es peligroso escribir de noche.* Buenos Aires: Aguilar, 1993. 167pp.

"En *Es peligroso escribir de noche,* el narrador es un hombre desesperado que sabe que esa noche va a morir. Definida por el crítico Jorge Lafforgue como un 'thriller erótico,' para Sinay se trata de 'una novela de la angustia; todo lo que allí sucede se desencadena en estado puro: El sexo, la violencia y las pasiones.' *Es peligroso escribir de noche* se inserta dentro de la novela negra porque presta atención a los lados oscuros de los hombres." [Sergio Kisielewsky, *La Maga* (18 nov. 1992): 26.

1609. SISCAR, CRISTINA (1947-). *Las líneas de la mano.* Buenos Aires: Colihue, 1993. 74pp.

1610. ———. *La sombra del jardín.* Buenos Aires: Simurg, 1999. 150pp.

"El exilio reúne a una argentina con un grupo de teatro de marionetas y sombras y la lleva al encuentro de otros inquietantes personajes de diversos orígenes." [F.G.C. (Jun. 1999): 12].

1611. ———. *Lucero Zarza.* Buenos Aires: El Francotirador, 1999. 251pp.

"Todos han poseído a Basilia, aunque ella no reconozca a ninguno de ellos como su amante. Entre reflexiones, perplejidades y sorpresas se distribuyen los 19 capítulos de esta novela en la que todos huyen, desaparecen o se tornan invisibles." [I. Malinow, *La Nación* (27 jun. 1999): Secc. Cult.].

1612. ——. *Las visitas.* Buenos Aires, 1994. Tercer Premio Nacional de Literatura.

1613. SLAVUSKI, VICTORIA. *Música para olvidar una isla.* Buenos Aires: Planeta, 1993. 348pp.

"Hay muchos personajes en esta novela, pero los principales son dos mujeres: Beatriz y Ada. Se encuentran por circunstancias distintas en la isla de Juan Fernández, la casi mítica tierra de Robinson Crusoe. Ada proviene de otra isla, Manhattan, y arrastra consigo un amor inconcluso y un presunto crimen que habría cometido; Beatriz tiene sus propias razones para convertir a la otra en una especie de objetivo entre estético y mítico, que justificaría sus propias ansiedades de identidad." [E. Gudiño Kieffer, *La Nación* (6 mar. 1994): 7/7].

Foster, David W. "*Música para olvidar una isla.*" *World Literature Today* 68/3 (summer 1994): 537-538.

Vázquez, María E. "Literatura en zona de riesgo: Entrevista con Victoria Slavuski y Alejandra Margulis." *La Nación* (20 feb. 1994): 7/5.

1614. SMANIA, ESTELA (1942-). *Pido gancho.* Novela juvenil. Buenos Aires: Sudamericana, 1991. 78pp.

"Smanía relata la historia de una niña de doce años, Anahí, en ese momento en que se abandona la niñez y se despierta a las bondades y sinsabores de la verdad adulta. Anahí deberá asumir el incómodo descubrimiento de que es adoptada." [Anon., *La Voz del Interior* (17 oct. 1991): D/2].

1615. ——. *Pido gancho II.* Buenos Aires: Sudamericana, 1998. 128pp.

"La avalancha de sensaciones nuevas y confusas que vivía Anahí en *Pido gancho* permanece y evoluciona. Ambas novelas son monólogos interiores que recrean con maestría las preocupaciones y códigos de la adolescencia." [*Catál*, Ed. Sudamericana (1998-99): 34].

1616. SOBA, SUSANA ESTHER. *Memorial de la sangre.* Buenos Aires: Vinciguerra, 1996. 171pp.

"Esta obra es un estremecedor canto al desarraigo y un homenaje a los ancestros de la autora, los inmigrantes que conoció y los antepasados que los antecedieron." [F.G.C. (Enero-feb. 1997): 11].

1617. SOLA, MARCELA. *El silencio de Kind.* Buenos Aires: Planeta, 1999. 213pp.

"Mercedes Ferrer narra sus recuerdos de una inolvidable infancia. Mercedes y los suyos veranean en Mar del Llano, frecuentado por muchos extranjeros. Con un general alemán Mercedes pasea y comparte su afición por la música. A ese misterioso militar debe recurrir años después, cuando intenta ubicar a una de sus hermanas, desaparecida durante el Proceso." [E.G.K., *La Nación* (27 jun. 1999): Secc. Cult.].

1618. SOLA GONZALEZ, ROSARIO. *La luz de la siesta.* Salta: Del Robledal, 1999. 160pp.

"Novela que retrata un mundo provinciano anacrónico y cerrado, el de Salta y su entorno de valles y selvas." [F.G.C., Dic. 1999].

1619. SOLER, GUSTAVO (n. España). *La ciénaga.* Buenos Aires: Corregidor, 1997. 204pp.

"*La ciénaga* es una narración histórica de las luchas armadas en la década del setenta en la Argentina. La ficción se entremezcla con un episodio de Argentina en 1972, con motivo del secuestro de un industrial italiano y su trágico final. Pero todo ello orientado a presentar a una sociedad desguarnecida, donde el poder armado terminó en la dialéctica de una oposición armada. El crimen del Estado fue el sometimiento de las instituciones a lo que le imponían los grupos subversivos." [Pról. p. 9].

1620.   ———. *La pequeña batalla de Empalme Graneros.* Buenos Aires: Corregidor, 1994. 189pp.

"Un grupo de terroristas copan la comisaría de Empalme Graneros, y luego huyen siendo perseguidos por las autoridades. Corre la década del '60 y los sediciosos comienzan a hacer estragos en la Argentina. Soler se apoya en aquel suceso para elaborar una novela que pinta un cuadro de la guerrilla urbana. El relato carece de energía y de equilibrio, y sus personajes están delineados con rasgos demasiado caricaturescos." [A. Martínez, *La Nación* (28 ag. 1994): 7/6].

1621.   SORIANO, OSVALDO (1943-1997). *La hora sin sombra.* Bogotá: Norma, 1995. 231pp.

"Soriano has redefined his art of narrative as an odyssey, a journey of exploration and enlightenment, and not, as he used to, as a satire of corruption and use of power. *La hora sin sombra* is a 'road novel' in the tradition of Jack Kerouac, Paul Auster, and, yes, Wim Wenders. [. . .] The narrator, Soriano's alter ego, is assigned by his publisher to stroll around from one province to another, from town to town, and write an unlikely 'Guía de pasiones argentinas,' a map to the inner life of Soriano's countrymen and women. [. . .] and soon we find him traveling in Torino along with his sick father, who, as it turns out, becomes the leit motif behind the plot." [Ilan Stavins. *World Literature Today* 71/1 (Winter 1997): 121]

———. *"La hora sin sombra." La Gaceta de Tucumán* (17 mar. 1996): Supl. Lit., 2.

Zicolilli, Jorge. *"La hora sin sombra." La Prensa* (24 dic. 1995): Secc. Cult., 7.

1622.   ———. *El ojo de la patria.* Buenos Aires: Sudamericana, 1992. 286pp.

"Esta nueva novela de Soriano es, sin lugar a duda, su apuesta más ambiciosa. Recrear el lugar del fracaso. Con ello, Soriano provoca el desentumecimiento de la historia nacional por boca de un prócer computadorizado y su salvador: Jul. Carré, espía, chanta, buen tirador, hombre común metido en medio de una historia de traiciones y amores desmesurados que ocurre al borde de la simulación." [M.R., *La Maga* (9 dic. 1992): 10].

Ponce, Néstor. "Género, parodia y tipología de los personajes en *Triste, solitario y final* y *El ojo de la patria." Cuadernos Angers-La Plata* (1996): 9-25.

Villordo, Oscar H. *"El ojo de la patria." La Nación* (6 dic. 1992): 7/5.

1623.   ———. *Una sombra ya pronto serás.* Buenos Aires: Sudamericana, 1990. 251pp.

1624.   ———. *Un'Ombra ben presto sarai.* Trad. al italiano por G. Felici. Torino: Einaudi, 1991. 222pp.

Ares, Carlos. "Van a filmar *Una sombra ya pronto serás." La Maga* (5 sept. 1991): 15.

Guiñazú, María. *"Una sombra ya pronto serás." HLAS* 54 (1995): 567.

Guntsche, Marina. "El cronotopo de la cárcel laberíntica en *Una sombra ya pronto serás." Monographic Review* 11 (1995): 302-315.

A. *"Una sombra ya pronto serás." La Voz del Interior* (29 nov. 1990): D/3.

CRITICAL STUDIES ON OSVALDO SORIANO

Croce, Marcela. *Osvaldo Soriano: El mercado complaciente.* Buenos Aires: América Libre, 1998.

Delgado, José A. "Binarración y parodia en las novelas de Osvaldo Soriano." Tesis de doctorado, Univ. of Virginia, 1997.

Devesa, Patricia. "La imagen extranjera y el exilio en los cuentos de Osvaldo Soriano." *Homenaje a María T. Maiorana. II Coloquio Internacional de Literatura Comparada.* Ed. M. Vanbiesem de Burbridge. Buenos Aires: Fundación María T. Maiorana, 1995. II :181-185.

Hortiguera Apelián, Hermes. "Literatura cambalachesca: La heterogeneidad discursiva en la novelística de Osvaldo Soriano." Tesis de doctorado, Univ. of New South Wales, 1999.

Margulis, Alejandro. "Entrevista con Osvaldo Soriano." *La Nación* (15 enero 1995): Supl. Lit., 4.

Martínez, Tomás Eloy. "Osvaldo Soriano." *La Nación* (9 feb. 1997): 6/1-2.

Ossorio, Diane. "Cine y puesta de abismo en *Triste, solitario y final* de O. Soriano y *Denario de sueño* de M. Yourcenar." *Primeras Jornadas Internacionales de Literatura Argentina/Comparística: Actas.* Ed. T. Frugoni de Fritzsche. Buenos Aires: EUDEBA, 1996. 109-114.

Rabasa, Mariel. "Transposición fílmica de *No habrá más penas ni olvido.*" *Primeras Jornadas Internac. de Literatura Argentina/Comparística: Actas.* Ed. T. Frugoni de Fritzsche. Buenos Aires: EUDEBA, 1996. 115-118.

Regazzoni, Susanna. *Osvaldo Soriano: La nostalgia dell'avventura.* Roma: Bulzoni, 1996.

Soumerou, Raúl. "Crónica de la derrota con honra. Tres novelas de Osvaldo Soriano: *Triste, solitario y final, No habrá más penas ni olvido, y Cuarteles de invierno.*" *Cahiers d'Etudes Romanes* 16 (1990): 77-98.

Tandeciarz, Silvia R. "Engaging Peronism: Gender Conflict and Culture Wars in Recent Argentine Literature." Tesis de doctorado, Duke Univ., 1975. Sobre J. Cortázar, O. Soriano, T. E. Martínez.

Van Der Kooy, Eduardo. "La mirada del ausente." *Clarín* (24 enero 1999): Supl. Cult., 4-7.

Vázquez, María E. "Los gatos sabios: Osvaldo Soriano." *La Nación* (9 feb. 1997): 6/1-2.

1625. **SORIN, DANIEL** (1951-). *Error de cálculo.* Buenos Aires: Emecé, 1998. 238pp. Premio Emecé, 1997-1998.
"Alguien realiza una investigación, luego del año 2000, sobre sucesos ocurridos en Argentina en 1976. Sorín se propone darle una interpretación más profunda al drama argentino. El masoquismo, la morbosidad, el sadismo, la necrofilia, son los auténticos gestores de la tragedia, más allá de los nombres ya conocidos." [F.G.C. (Dic. 1998): 16].

1626. **SORRENTINO, FERNANDO** (1942-).
Meehan, Thomas C. "Scatological Humor in a Short Story by Fernando Sorrentino." *Latin American Fiction Today.* Ed. Rose Minc. Takoma Park: Hispamérica, 1989. 119-130. A Symposium.

Vázquez, María E. "Entrevista con Fernando Sorrentino." *La Nación* (6 dic. 1992): 7/2.

1627. **SOSA LOPEZ, EMILIO** (1921-).
Reati, Fernando. "La realidad como simulacro: En torno a la novelística de Emilio Sosa López." *Revista Iberoamericana* 57/155 (Abr. 1991): 643-647.

Zárate, Armando. "La poesía de Emilio Sosa López." *Revista Iberoamericana* 52/135 (Abr. 1986): 613-619.

1628. SOTO DEL CASTILLO, RENEE. *La muerte de Ifrán Rojas*. Pról. de Hebe Clementi. Buenos Aires: Tu Llave, 1994. 113pp.

"El protagonista tiene una talla vigorosa, fruto de la autenticidad de sus rasgos y de la coherencia del estilo. Las vicisitudes políticas son como el río subyacente de esta narración, centrada en Corrientes, pero la fuerza del personaje central acentúa la impresión de verdad que emerge de todas sus páginas." [Angel Mazzei, *La Nación* (31 jul. 1994): 7/7].

1629. SPETT, LIZ. *Claramente: Del humor al amor*. Buenos Aires: Belgrano, 1996. 143pp.

"Sobre el fondo de un engaño se construirá el malentendido del amor. Que el lector saque sus propias conclusiones, ya que no hay receta universal para el amor." [*Catál.* Belgrano 1999, 110].

1630. SPILZINGER, NELIDA. *Destinos*. Buenos Aires: Dunken, 1998. 87pp.

"Historia de la amistad entre dos jóvenes mujeres, de distinta raza, religión, y entorno familiar." [F.G.C., (Sept. 1998): 67].

1631. SQUIRRU, LUDOVICA. *Mi china*. (Relato autobiográfico). Buenos Aires: Planeta, 1990. 208pp.

"La dueña de esta china tan decepcionante es Ludovica Squirru, conocida astróloga dedicada al horoscopio chino, quien, evidentemente convencida de la existencia de un público masivo interesado en su biografía, parte de detalles que a grandes rasgos configuran su vida y sus orígenes, corregidos y aumentados por cierto para culminar con su relato minucioso del viaje que efectuara a la China un par de años atrás." [Anon., *La Voz del Interior* (8 jul. 1990): F/3].

1632. STALLO, LUIS A. *El enigma de la calle Arcos*. 1932. Buenos Aires: Simurg, 1996. 208pp.

"Esta obra es considerada texto fundador del género policial argentino y un verdadero mito de la crítica literaria argentina, a partir del artículo de Enrique Anderson Imbert, donde se la señala como intertexto de "El acercamiento a Atmótasim" de J. L. Borges, hipótesis retomada por Jorge Rivera y Jorge Lafforgue." [F.G.C. (Sept. 1996): 25].

1633. STAMADIANOS, JORGE (1961-). *Latas de cerveza en el Río de la Plata*. Buenos Aires: Emecé, 1995. 228pp. Premio Emecé 1994-95.

1634. ———. *Beer Cans in the Río de la Plata*. Pittsburgh: Latin American Literary Review Press, 1999. 154pp.

"Ahora todos podemos divertirnos con la increíble odisea de este personaje que, abrumado por sus roles de marido, futuro padre y mozo en un bar de estación, se lanza al sueño americano de un barco próximo a zarpar a su mundo tan lujoso como despiadado." [Daniel Gayoso, "Entrevista con Jorge Stamadianos." *La Prensa* (3 sept. 1995): Secc. Cult., 4].

1635. STANCHINI, LORENZO (1900-1987). *Tanka Charowa*. 1934. Buenos Aires: EUDEBA, 1999. 163pp.

"Esta novela tiene la virtud de documentar con vigoroso realismo un ambiente y una época, así como los ultrajes que debieron sufrir las mujeres traídas con engaño desde Europa por la Zwig Migdal y otras organizaciones, para ser obligadas a ejercer la prostitución." [Antonio Requeni, *La Nación* (13 jun. 1999): 6/7].

1636. STARACE, MARISA (n. Italia). *Sara Sims incursiona en el crimen.* En *Las aventuras de Sara Sims.* San Juan, Argentina: Ed. de la autora, 1990. 7-88.

"Meet Sara Sims, an English woman. Her mother is from Argentina, her father from London. She is a proper lady with a unique hobby: She is a detective. Witness her at her best as she solves three murders: A homicide in England; another in Egypt; and a third, which is a complex case of political corruption and greed, in a kibbutz in Israel." [*Bilingual Publication Catalogue*, 1990, p.7].

1637. ———. *Sara Sims viaja a Egipto.* En *Las aventuras de Sara Sims*, 1990. 89-144.

1638. ———. *Sara Sims viaja a Israel.* En *Las aventuras de Sara Sims*, 1990. 145-197.

1639. STEIMBERG, ALICIA (1933-). *Amatista.* 1986. Barcelona: Tusquets, 1989. 147pp.

Tenewicki, Inés. "El erotismo irrumpe en la literatura argentina." *La Maga* (28 oct. 1992): 28.

1640. ———. *El árbol del placer.* 1966. Buenos Aires: Emecé, 1986. 172pp.

"Gimbernat González, Ester. "*El árbol del placer:* Retóricas de enfermedad." *Aventuras del desacuerdo: novelistas argentinas de los '80.* Buenos Aires: D. Albero Vergara, 1992. 289-294.

1641. ———. *Cuando digo Magdalena.* Buenos Aires: Planeta, 1992. 216pp. Primer Premio de Novela Planeta.

"'Las Lilas,' estancia de algún lugar de Buenos Aires, recoge en estival fin de semana a un heterogéneo grupo humano. Lo integran alumnos de un cierto curso de control mental que, en la ciudad, intentan alcanzar los beneficios de la paz para sus mentes más o menos atribuladas. Alguna, como la protagonista, porque sencillamente teme volverse loca. Pero, el lector no puede menos que gozar de un encantador itinerario a través de los dislocados diálogos entre protagonista e interlocutor." [María E. de Miguel, *La Nación* (6 sept. 1992): 7/5].

Barone, Roxana. "La memoria antojadiza." *El Cronista Comercial* (9 sept. 1992).

Battista, Vicente. "Buscando a Magdalena." *Clarín* (3 sept. 1992).

Guiñazú, María C. "*Cuando digo Magdalena.*" *HLAS* 54 (1995): 567.

Russo, Miguel. "Alicia Steimberg obtuvo el Premio Planeta." *La Maga* (24 jun. 1992): 29.

Tompkins, Cynthia. "Intertextualidad en *Amatista* y *Cuando digo Magdalena.*" *Hispamérica* 26/76-77 (Abr.-Ag. 1997): 197-201.

1642. ———. *De músicos y relojeros.* 1971. Buenos Aires: Planeta, 1993. En el mismo vol. con *Su espíritu inocente.*

1643. ———. *Recuerdos del Tigre.* (Nouvelle). En *Vidas y vueltas.* Buenos Aires: Adriano Hidalgo, 1999. 121-151.

1644. ———. *Su espíritu inocente.* 1981. Buenos Aires: Planeta, 1993. En el mismo vol. con *De músicos y relojeros.*

1645. ———. *I. El templo de Júpiter y II. Ultima voluntad y testamento de Cecilia.* (Nouvelle). En *Vidas y vueltas*, 1999. 153-187.

Conde, Susana. "Entrevista con Alicia Steimberg." *Hispamérica* 23/67 (Abr. 1994): 43-53.

Flori, Mónica. "Alicia Steimberg." En su *Streams of Silver: Six Contemporary Women Writers From Argentina.* Lewisburg: Bucknell UP, 1995. 147-184.

Russo, Miguel. "Alicia Steimberg: Escritora." *La Maga* (23 feb. 1994): 35.

1646. STILMAN, ALEJANDRO (1954-). *Caballos desbocados*. Buenos Aires: Narrante, 1981. 83pp.

1647. ——. *La noche del reloj solar*. Buenos Aires: Nuevos Tiempos, 1996. 95pp.

1648. STIMMLER, ANDRES. *Ostavi*. Río Grande: Ed. del autor, 1991. 382pp.

"Narración autobiográfica enmarcada en años de la Segunda Guerra Mundial, que trata de los padecimientos de los naturales del territorio de la ex-Yugoslavia, sojuzgados por las tropas del Tercer Reich. Con un estilo ameno y coloquial, Stimmler lleva a buen puerto su trabajo, llegando a aclarar, inclusive, algunos aspectos que permanecieran entre las sombras atinentes a la inmigración serbo-croata llegada a nuestro país." [Roberto Santana, *Literatura fueguina, 1975-1995*. 122].

1649. STORNI, ALFONSINA (1892-1938). *Un alma elegante*. Novela corta. En *La Novela Elegante 1/3* (15 dic. 1919).

"Storni describes the almost utopian marriage enjoyed by Elena, a sensitive, fragile woman, and Ernesto, who caters to her with old-fashioned gallantry. Suddenly, this pleasant harmony is interrupted by the visit of Elena's cousin Nidia, a rather brash woman who is supposed to be recuperating from the loss of her fiancé." [Sonia Jones, *Alfonsina Storni*. Boston: Twayne, 1979. 113].

1650. ——. *Una golondrina*. Novela corta. *Hebe* 7 (1919). 3-26.

1651. ——. *Una golondrina*. En un vol. con *Cinco cartas*. Buenos Aires: IALA, 1959.

"The infidelity of one of the partners in an apparently happy relationship is the theme once again of the only other short novel Alfonsina was ever to write: *Una golondrina*. The protagonist, Lucila, is another delicate young girl who is over-protected throughout her childhood by her doting parents. She accepts the first marriage proposal that comes her way. When her husband takes to drinking, carousing, and threatening her, Lucila leaves with her small son." [Sonia Jones, *Alfonsina Storni*, 117-118].

1652. STOYANOFF, BORIS. *Corazón de quebracho*. Prol. de Carlos Zamorano. Buenos Aires: Ed. del autor, 1996. 119pp.

"Una obra que evoca la vida social, laboral y cultural en el Chaco de 1945, al tiempo que es una denuncia contra los ricos y contra la Gendarmería Nacional, fuerza represiva fundada en 1938." [F.G.C. (Enero 1997): 11].

1653. ——. *El pájaro*. Buenos Aires: Ed. del autor, 1994. 128pp.

1654. STRAFACCE, RICARDO (1958-). *El crimen de la Negra Reguera*. Rosario: Beatriz Viterbo, 1999. 138pp.

"Cautivo de los vicios de una condesa que, aunque no sangrienta, mora rodeada de sirvientes en un retirado palacio, el lector gozará además de ese oro que enjoya a toda genuina narración: La invención de una lengua, y con ella la postulación de una política del idioma." [Contratapa].

1655. ——. *Red Gardel*. Buenos Aires. c. 1994.

1656. SUCHECKI, DORIS. *Las mujeres del presidente*. Buenos Aires: GEL, 1994. 166pp.

1657. SUEZ, PERLA (1947-). *El árbol de los flecos*. Buenos Aires: Sudamericana, 1995. 54pp.

1658. ———. *Memorias de Vladimir.* Buenos Aires: Colihue, 1991. 69pp.

1659. SVANASCINI, OSVALDO (1920-). *Huir a solas.* Buenos Aires: Fraterna, 1984. 166pp.

> Guio, Andrea. "Entrevista con Osvaldo Svanascini." *La Voz del Interior* (28 enero 1990): C/4.

1660. SZICHMAN, MARIO (1945-).

> Barr, Lois Baer. *Isaac Unbound: Patriarchal Traditions in the Latin American Jewish Novel.* Tempe: Ariz. State Univ., 1995.

> Hall, Kenneth E. "Visual Media in the Work of Mario Szichman." *Hispanófila* 121 (Sept. 1997): 53-59.

> Valverde, Ester. "The Question of 'Argentinidad': Perception of Arab and Jewish Ancestry in Recent Argentine Literature." *Anales* 1 (1992).

1661. SZWARC, SUSANA (1952-). *Trenzas.* Buenos Aires: Legasa, 1992. 112pp.

> "*Trenzas* es un muestrario de escritura en primera persona y en tercera, con interferencias epistolares, viajes y otros detalles a los que recurre legítimamente la novelística. Ahora bien, esos detalles, en párrafos muy breves, no se enhebran de modo que el argumento atrape. Nos quedamos pensando en incomunicación." [E. Gudiño Kieffer, *La Nación* (1 mar. 1992): 7/4].

T

1662. TABAROVSKY, DAMIAN (1967-). *Bingo.* Rosario: Beatriz Viterbo, 1977. 88pp.

1663. ———. *Coney Island.* Buenos Aires: Sudamericana, 1996. 101pp.

> "Relato detectivesca que versa sobre un grupo extremado cuyo fin es posesionarse del mundo." [M.I.L.].

1664. ———. *Fotos movidas.* Buenos Aires: GEL, 1992. 132pp.

> "*Fotos movidas* se ocupa de la 'betise' cotidiana, de la banalidad como acontecimiento. Los personajes se mueven en un permanente 'casi': Casi trágicos, casi mediocres, casi banales. Es una casi novela, un texto a punto de convertirse en un discurso, fragmentos a punto de transformarse en personajes." [Solapa].

1665. ———. *Kafka de vacaciones.* Rosario: Beatriz Viterbo, 1998. 38pp.

1666. TABORDA, OSCAR. *Las carnes se asan al aire libre.* Rosario: Municipal, 1996. 154pp.

1667. TABORDA, SAUL ALEJANDRO.

> Torres Roggero, Jorge. *La donosa barbarie.* Córdoba/Buenos Aires: Alción. 1998. Comentario sobre S. Taborda.

1668. TALTAVULL, MARIA EUGENIA. *Vidas para armar.* Buenos Aires: Nueva Generación, 1998. 116pp.

"Novela cuya trama gira alrededor de la transformación de una empresa, ocasionada por nuevos directivos que muestran una total desconsideración hacia el personal que ve amenazada su estabilidad social y económica." [F.G.C. (Jun. 1999): 30].

1669. TAPIA, ATOLS. *La dulzura del mundo.* Buenos Aires: Torres Agüero, 1993. 109pp.

"Con una clara visión del hombre envuelto en sus contrariedades cotidianas, Tapia elabora la historia de un solitario en busca del amor que siempre le fue esquivo. Pablo es un joven al que sus padres, luego de separarse, lo dejan librado a su suerte y con el sello de eterno perdedor, deja transitar su monótona existencia entre el empleo aburrido y fantasías angustiosas." [Adolfo C. Martínez, *La Nación* (26 sept. 1993): 7/4].

1670. TARNOPOLSKY, SAMUEL (1908-). *La mitad de nada.* 1969. Buenos Aires: Milá, 1992. 292pp.

1671. TASCA, SUSANA. *La víspera del ángel.* Buenos Aires: GEL, 1992. 128pp.

"Tasca es dueña de una voz directa, ácida a veces, que mira sin pestañear las miserias de la vida cotidiana de aquéllos que viven en la miseria, sea ésta material o espiritual. En *La víspera del ángel,* se narran las vicisitudes de una familia que apenas ha logrado escapar de una población y de una condición marginal, caracterizada por las aglomeraciones precarias conocidas como villa-miserias. La novela presenta una mirada crítica a la situación del país fundamentalmente por lo que dice acerca de las condiciones en la villa." [Gustavo Fares, *Hispamérica* 22/66 (Dic. 1993): 132-133].

Miguel, María E. de. "*La víspera del ángel.*" *La Nación* (5 jul. 1992): 7/4.

1672. TASSARA, ROBERTO. *Taxi Boy.* Buenos Aires: El Francotirador, 1993. 230pp.

1673. TCHERKASKI, OSVALDO. *El horizonte.* Buenos Aires: Emecé, 1997. 232pp.

"Novela de aventuras, juego de enigmas con lo ambiguo de nuestra sociedad. *El horizonte* es un ajedrez de conspiraciones, signado por guerras de mafias." [Aviso, *La Nación* (2 mar. 1997): 6/3].

1674. TELLO, ANTONIO (1945-). *Los días de la eternidad.* Buenos Aires: Barcelona, Muchnik. 1997pp.

1675. ———. *El hijo del arquitecto.* Madrid: Anaya, 1993. 117pp.

1676. ———. *El interior de la noche.* Barcelona: Tusquets, 1989. 154pp.

1677. TERRANEO, EDUARDO (1969-). *El sueño del cordero.* Rosario: Ameghino, 1999. 187pp.

"Narra la aventura de un grupo de jóvenes en un accidentado viaje para ver a un conjunto de rock. Viaje iniciático que opera como catarsis y que expresa con voces del metalenguaje de un sector marginal de la juventud." [Silvana Castro, *Breve diccionario biográfico de autores argentinos.* 217].

1678. TERUGGI, MARIO E. (1919-). *Casal de patitos. Vida y pasión en el tercer milenio.* La Plata: Ramos Americana, 1982. 341pp.

1679. ———. *El meterólogo y Shakespeare.* Buenos Aires: Tres Haches, 1997. 235pp.

"En esta obra, el autor muestra su vasta erudición. La historia es la de la relación amorosa entre un sabio argentino que investiga en las selvas peruanas el fenómeno meteorológico de 'El Niño,' y una estudiante universitaria a la que dobla en edad." [F.G.C. (Mayo 1998): 17].

1680. ——. *Prohibido tocar los gauchos.* La Plata: Argentea, 1994. 113pp.

1681. THOMAS, JOSE LUIS (1954-). *Los amores ocultos de San Martín.* Buenos Aires: El Francotirador, 1998. 204pp.

"Thomas se ha propuesto en este libro romper el mármol del mito sanmartiniano y presentar al gran capitán como lo que fue: Un hombre de carne y hueso. En ese intento, el autor ha sacado a luz aspectos poco conocidos de la vida de San Martín, en particular los vinculados con su vida amorosa. La creación literaria se mezcla con la información histórica. Ficción y realidad se hermanan así en un relato bien urdido, en el que la soltura periodística del estilo no elude el toque poético." [M.A.N., *La Nación* (30 ag. 1998): 6/7].

1682. ——. *Los jinetes del acoplelipsis.* Buenos Aires: El Francotirador, 1995. 141pp.

1683. TIRRI, NESTOR (1939-). *La claridad de la noche.* Buenos Aires: Puntosur, 1988. 117pp.

"En primera persona, la novela reconstruye una memoria truncada por el exilio. Particulariza los horrores ocurridos durante las últimas dictaduras." [María C. Guiñazú, *HLAS* 54 (1995): 567].

1684. TIZON, HECTOR (1929-). *Extraño y pálido fulgor.* Buenos Aires: Aguilar Argentina, 1999. 206pp.

"La novela narra la historia de un viajante de comercio que recorre pueblos sin nombre, rumia desencantos y siente cómo su vida se convierte en arena, comido por una rara tristeza. Hasta que en un hotel encuentra las cartas apasionadas de Abigail, una mujer que le reprocha a un tal Fernández su silencio. y se enamora." [Raquel Garzón, *Clarín* (29 ag. 1999): Secc. Cult.].

1685. ——. *Luz de las crueles provincias.* Buenos Aires: Alfaguara, 1995. 201pp.

"Tizón deja de lado en *Luz de las crueles provincias* la trasculturación del hombre del norte, que protagonizara sus novelas anteriores, para dedicar su atención a la problemática de la inmigración de fuera del país, representada por un matrimonio italiano que llega a Buenos Aires. El texto muestra el desarraigo, la angustia y la incomunicación del hombre falto de sus raíces ancestrales. Testimonios y recuerdos, imágenes espaciales, rupturas temporales, visiones de uno y del otro, son los polos que limitan el viaje del inmigrante hacia un espacio concebido desde la mirada eurocéntrica como ideal y de futuro." [Nilda Flawia de Fernández, "Las novelas de Héctor Tizón," en *De memorias y utopías,* 118-119].

1686. ——. *La maison et le vent.* 1984. Trad. al francés de *La casa y el viento,* por Françoise Campo-Timal. Paris: Actes Sud, 1991. 180pp.

Lorenzano, Sandra. "El país que dibuja la memoria. Un acercamiento a *La casa y el viento.*" *Hispamérica* 24/72 (Dic. 1995): 91-99.

1687. ——. *L'Etranger au village.* 1988. Trad. al francés de *El hombre que llegó a un pueblo,* por Françoise Campo-Timal. Paris: Actes Sud, 1990. 144pp.

1688. ——. *The Man Who Came to a Village.* Trad. al inglés de *El hombre que llegó a un pueblo,* por Miriam Frank. London: Quartet Books, 1993. 120pp.

"Tanto *El cantar del profeta* como *El hombre que llegó a un pueblo* se organizan alrededor no de una partida, sino de la llegada de personajes que buscan memoria y olvido; lo que origina textos que asumen múltiples versiones populares, visiones colectivas, mitos que en la escritura adquieren la pervivencia que los momentos actuales le niegan." [Nilda Flawiá de Fernández, "Las novelas de Héctor Tizón." *De memorias y utopías*, 114].

1689.   ——. *La mujer de Strasser*. Buenos Aires: Perfil, 1997. 139pp.

"Strasser y su mujer Hilde llegan a un pueblo del noroeste argentino. Se debe dirigir la construcción de un puente que por su inutilidad y obsesiva presencia en las vidas de los personajes, recuerda a la fortaleza de *El desierto de los tártaros*. Allí está Janos, un húngaro que les sirve de nexo con la gente del lugar. Los tres traen a cuestas una historia europea, carga pesada con la que conviven a duras penas. La novela alterna ese pasado con el tiempo en que se erige el puente en el desierto, tiempo de pasiones y conflictos existenciales que van tejiendo el destino de cada uno: La muerte, la soledad, quizá la posibilidad de salvarse." [Raúl Brasca, *La Nación* (9 nov. 1997): 6/5].

1690.   ——. *Obras escogidas*. Buenos Aires: Perfil, 1998. 540pp. Vol. I incluye *Fuego en Casabindo* (1969), pp. 334-399; y *El cantar del profeta y el bandido* (1972), pp. 403-540. Vol. II incluye *Sota de bastos, caballo de espadas*, *La casa y el viento*, *El hombre que llegó a un pueblo*, y *Luz de las crueles provincias*.

1691.   ——. *Sota de bastos, caballo de espadas*. 1975. Buenos Aires: CEAL, 1994. Vol.1, 164pp; Vol. 2, 251pp; Vol. 3, 251pp.

Buchanan, Ronda Dahl. "Entrevista con H. Tizón." *Hispamérica* 23/69 (Dic. 1994): 37-44.

Flawia de Fernández, Nilda. "El discurso literario de H. Tizón: Diálogo entre dos culturas." En *Literatura, historia, sociedad*. San Miguel: Univ. Nac. de Tucumán, 1993.

Manzoni, Celina. "Migración y frontera en la escritura de Héctor Tizón." *Hispamérica* 26/78 (Dic. 1997): 29-37.

——. "*El traidor venerado* de Héctor Tizón." *Cuadernos Hispanoamericanos* 417 (Mar. 1985): 160-165.

Massei, Adrián P. "Centro y periferia en la novelística de Héctor Tizón." Tesis de doctorado, Univ. of Iowa, 1995.

——. *Héctor Tizón, una escritura desde el margen*. Córdoba: Alción, 1998.

Real, Carmen. "La narrativa de Héctor Tizón: Una epopeya de la derrota." *Cuadernos Hispanoamericanos* 380 (1982): 419-431.

Schettini, Ariel. "La cultura en pedazos: Entrevista con Héctor Tizón." *La Nación* (18 mayo 1997): 6/6.

Vázquez, María E. "Entrevista con Héctor Tizón." *La Nación* (28 sept. 1997): 6/3.

1692. TIZZIANI, RUBEN (1937-). *Mar de olvido*. Buenos Aires: Emecé, 1992. 290pp.

"*Mar de olvido* es una historia familiar cíclica que se inicia con un viaje y concluye con otro. El viaje inicial lo abre la familia integrada por ella, Marietta y Giacomo. Parten de Genova camino a América utópica, donde, sueñan, los aguardan bienestar y riqueza. En verdad, los iniciadores de la gesta sólo conseguirán en las nuevas tierras apaciguar el hambre ancestral." [María E. de Miguel, *La Nación* (2 ag. 1992): 7/4].

Bastos, María L. "*Mar de olvido*." *HLAS* 54 (1995): 567.

1693. TOGNI, JORGE (1941-). *Ya fue*. Pról. de María A. Bosco. Buenos Aires: Ed. del autor, 1994. 223pp. Primer Premio, Certamen Literario de Chilvilcoy, 1993.

1694. TORELLI, RODOLFO. *Capra*. Rosario: Fundación A. Ross, 1994. 180pp.
"Denuncia de la corrupción, venalidad y falta de escrúpulos entre grupos de periodistas." [M.I.L.].

1695. ———. *La muerte del recaudador*. Buenos Aires: Legasa, 1990. 120pp.
"Es una novela tramada con profundidad y maestría; una historia revulsiva, pero cuyo penetrante humor arranca al lector más de una sonrisa. La novela fue escrita en la década del '70, pero su texto definitivo es reciente. Muestra un sistema dominado por la opresión impositiva en que los hombres conviven entre regresiones al pasado e imágenes futuras." [F.G.C., 1990].

1696. TORRE, PABLO (1963-). *La ensoñación del biógrafo*. Buenos Aires: Simurg, 1999. 158pp.

1697. TORRE NILSSON, LEOPOLDO.
Willcham, Marcelo. "Literatura y cine argentinos: Autoritarismo y testimonio en Beatriz Guido y Leopoldo Torre Nilsson." Tesis de doctorado, Arizona State Univ., 1997.

1698. TORRES, ALFREDO. *Ojalá*. Buenos Aires: Marymar, 1997. 272pp.
"El protagonista se marchita en una vida rutinaria, asediada por la miseria, la enfermedad de su hijo y la incomunicación. Su vida cambiará al conocer a un ser maravilloso que le ayuda a descubrir el amor a la vida." [F.G.C., 1997].

1699. TORRES, ENRIQUE. *Un sudaca en la corte de Don Juan*. Buenos Aires: Torres Agüero, 1994. 305pp.
"El exilio. ¿Qué sucede en el interior de una persona al desarraigarse? ¿Cómo la reciben en esa sociedad a la que es ajena? Los éxitos o los fracasos no alcanzan a disimular la violencia de un trato casi nunca justo, casi siempre hostil." [Contratapa].

1700. TORRES ZAVALETA, JORGE (1951-). *La casa de la llanura*. Buenos Aires: Atlántida, 1993. 222pp.
"*La casa de la llanura* es, probablemente una novela de agonías. La agonía de una clase que se va replegando, pasiva y a veces grotescamente; la de un diario que fue grande y se diluye en la inoperancia y el ridículo; la de una estancia, donde vivió y escribió Fermín Castellanos a 20 años de su muerte perdido en el olvido. *La casa* acusa las contradicciones entre un mundo de un ayer al que le cuesta abandonar el espacio usufructuado durante décadas y la percepción de nuevas fuerzas emergentes." [María E. de Miguel, *La Nación* (18 jul. 1993): 7/5].

1701. TOURN, ENRIQUE. *El tesoro de Sobremonte*. Buenos Aires: Autores Unidos, 1993. 354pp.
"Muy divertida es esta historia de aventuras bonaerenses, en que se aunan el humor irónico y el erotismo." [M.I.L.].

1702. TOYA, NILO (1931-). *La invasión de los perrombres*. Buenos Aires: Corregidor, 1994. 171pp.

1703. TRABA, MARTA (1930-1983).
Cobo Borda, Juan G. "Marta Traba: Crítica de arte." *Escritura* 19/37-38 (Enero-dic. 1994): 15-20.

——— . "Marta Traba: Persona y obra." *Texto Crítico* 10/31-32 (Enero 1985): 318-339.

Gadhoum, Khedija. "Exilio, Identidad, Mujer: Trazando espacios periféricos en la narrativa de M. Traba." Tesis de doctorado, Ohio State Univ., 1998.

Gómez, Jaime P. "La representación de la dictadura en la narrativa de M. Traba, I. Allende, D. Eltit, y L. Valenzuela." *Confluencia* 12/2 (Spring 1997): 89-99.

———. "Testimonio, magia, polifonía: Denuncia de la dictadura militar en la narrativa femenina del Cono Sur." Tesis de doctorado, Univ. of Iowa, 1993.

Tomlinson, Emily. "Rewriting Fictions of Power: Texts of L. Valenzuela and M. Traba." *Modern Language Review* 93/3 (July 1998): 685-709.

1704. TREBUCQ, JOSEFINA (1951-). *Primera sangre.* Buenos Aires: Letra Buena, 1991. 89pp. Primer Premio Municipal para Novela Inédita.

1705. TRIEP, ARTURO. *Un domingo diferente.* Buenos Aires: El Francotirador, 1997. 203pp.
"Así como los Simpson agazapados tras la máscara del humor denuncian este mundo encasillado en los valores del consumismo, Triep agazapado tras la máscara de la estética no sólo denuncia en sus personajes la indiferencia, sino que incorpora al lector como un personaje más a ese bello infierno que el mismo Triep ha concebido." [Dalmiro Sáenz, citado en la contratapa].

1706. TURBAY, SILVIA. *A pesar del infierno.* Buenos Aires: Corregidor, 1986. 258pp.
"A pesar de no mencionar ningún personaje ni lugar históricos reconocibles, la novela presenta el cuadro de un país bajo un régimen dictatorial, con una reconocible maquinaria represiva emparentada con la sufrida por la Argentina. Se cuenta la historia del pasaje de Leandro Gam desde la zona de sombras hacia la luz; en su tránsito de una a otra, durante el momento de cambio y crisis va a medir la dimensión del mal y del bien." [E. Gimbernat González, *Aventuras del desacuerdo.* 50].

1707. ———. *La paz rechazada.* Buenos Aires: Corregidor, 1983. 71pp.

1708. ———. *La salida.* Buenos Aires: Cuarto Mundo, 1979. 99pp.

U

1709. UGARTE, MANUEL (1878-1951).
Arpini, Adriana. "Ecos martianos en el latinoamericanismo de un argentino: Manuel Ugarte." *Cuadernos Americanos* 6/34 (Jul. 1992): 164-170.

1710. UHART, HEBE STELLA (1946-). *Camilo asciende.* Buenos Aires: Torres Agüero, 1987. 92pp.
"La novela explora la inmigración italiana, movida por un factor económico, por lo tanto, exilio voluntario de búsqueda. Uhart traza cronológicamente la construcción de los dominios de Teresa en el Nuevo Mundo. Desposeída de su origen, se aferra a levantar una casa propia, un territorio de limitación, que la margina a través de una lengua que la sobrepasa." [Ester Gimbernat González, "*Camilo asciende:* Toponimia del arraigo." En su *Aventuras del desacuerdo.* 235-239].

1711. ———. *La elevación de Maruja.* Buenos Aires: Cuarto Mundo, 1974. 54pp.
"*La elevación de Maruja* se ocupa, en tono burlón, del tema de la vocación. Maruja es una muchacha suburbana que quiere 'elevarse en la vida.' Maruja es caprichosa, un poco grosera,

injusta a la manera de los chicos, exuberante y peleadora. Sus arranques conspiran contra su deseo de elevarse. Viaja a París, pero en todas partes sigue siendo Maruja." [Contratapa].

1712. ULLA, NOEMI. *Urdimbre*. Buenos Aires: Belgrano, 1981. 122pp.

1713. ———. *Urdimbre*. Fragmento en *Narrativa argentino, Primer encuentro* (1991): 24.

Ezquerro, Milagros. "La voz por ti perdida: Sobre 'Cuento sin nombre' de Noemí Ulla." *Mujer y sociedad en América. VI Simposio Internacional.* Ed. J. Arancibia. Westminster: Inst. Lit. y Cult. Hisp., 1990. 119-124.

1714. URBANYI, PABLO (n. Hungría 1939-). *Puesta de sol.* Ottawa: Girol, 1997. 194pp.

"Es la historia de un niño que jamás tendrá nombre, o si lo tiene, no es más que una variante de su diagnóstico. El nombre que le pondrán los demás nunca dejará de ser un número para sus padres. Cruel deseo del narrador: El que no está de acuerdo que tenga un hijo así. Todos parecen olvidarse de que tal vez el niño también tenga sus deseos." [Contratapa].

1715. ———. *Silver*. Buenos Aires: Atlántida, 1994. 383pp.

"Es la historia de un simio, a quien sacan de Africa para educarlo en el mundo civilizado. En realidad, estos simios se llaman 'espaldas de plata,' porque a los gorilas viejos se les pone el pelo gris. Lo llevan a los Estados Unidos y lo introducen en lo que definen un ambiente enriquecido. Lo importan dos científicos; uno norteamericano; el otro, inglés. Mejor dicho, inglesa; ella es la heroína de la historia y no le gusta los Estados Unidos por una cuestión de orgullo británico." [P. Urbanyi, entrevista con María E. de Miguel, *La Nación* (4 sept. 1994): 7/2].

Colombi, Beatriz. "*Silver.*" *Hispamérica* 25/75 (Dic. 1996): 156-157.

1716. ———. *2058, en la corte de Eutopia: Relato verídico*. Buenos Aires: Catálogos, 1999. 219pp.

"Novela sobre el futuro: En el año 2058 un escritor es invitado a un banquete para celebrar el Centésimo Aniversario de la Comunidad de Eutopia. El desarrollo de ese banquete, en el que se reúnen 400 escritores y artistas, es el tema de la obra." [F.G.C., Sept. 1999].

1717. URONDO, FRANCISCO (1930-1976). *Los pasos previos*. 1974. Pról. de Angel Rama. Buenos Aires: A. Hidalgo, 1999. 391pp.

1718. URTIZBEREA, RAUL. *Los fakires de San Isidro*. Buenos Aires, c.1980. Premiada por la Municipalidad de Buenos Aires.

V

1719. VALENZUELA, LUISA (1938-). *Cola de lagartija*. 1983. México: UNAM, 1992. 259pp.

Díaz, Gwendolyn. "Postmodernismo y teoría del caos en *Cola de lagartija.*" *Letras Femeninas* (1994): 97-105.

Gartner, Bruce. "'Un regodeo en el asco': Cuerpos despedazados en *Cola de lagartija.*" *La palabra en vilo: Narrativa de Luisa Valenzuela*. Ed. G. Díaz. Santiago: Cuarto Propio, 1996. 79-111.

Perches, Ana. "El discurso hémbrico de Luisa Valenzuela en *Cola de lagartija." Discurso femenino actual.* Ed. A. López de Martínez: Univ. of Puerto Rico, 1995. 111-120.

1720. ——. *Novela negra con argentinos.* Hanover, New Hampshire: El Norte, 1990. 234pp.

1721. ——. *Novela negra con argentinos.* Buenos Aires: Sudamericana, 1991. 233pp.

1722. ——. *Black Novel with Argentines.* Trad. al inglés, por Toby Talbot. New York: Simon & Schuster, 1992. 220pp.

Caldwell, Wendy. "El laberinto del discurso: Reflejos de la huida-búsqueda en *Novela negra con argentinos." Revista Iberoamericana* 62/175 (Abr. 1996): 439-446.

Campello, Eliane T. "Romanceando a Arte de Narrar o Femenino: *Novela negra con argentinos." La Chispa '95: Selected Proceedings.* Ed. Claire Paolini. New Orleans: Tulane Univ., 1995.

Corbatta, Jorgelina. "Metáforas del exilio e intertextualidad en *La nave de los locos* de C. Peri Rossi y *Novela negra con argentinos* de L. Valenzuela." *Revista Hispánica Moderna* 67/1 (Junio 1994): 167-183.

Cordones-Cook, Juanamaría. "La práctica textual/sexual de en *Novela negra con argentinos." Letras Femeninas* 21/1 (Spring 1995): 37-46.

Díaz, Gwendolyn. "Estructuras caóticas en *Novela negra con argentinos." La palabra en vilo: Narrativa de Luisa Valenzuela.* Ed. G. Díaz. Santiago, Chile: Cuarto Propio, 1996. 177-190.

Lagos, María Inés. "Sujeto, sexualidad y literatura en 'Cambio de armas' y *Novela negra con argentinos." La palabra en vilo: Narrativa de Luisa Valenzuela.* Ed. G. Díaz. Santiago, Chile: Cuarto Propio, 1996. 131-161.

Logan, Joy. "Luisa Valenzuela and the Body Politic: Desire, Sexuality, and Political Transgression in *Novela negra con argentinos* and *Realidad nacional desde la cama." Antipodas* 6-7 (1994-1995): 219-228.

Potvin, Claudine. "Escribir con el cuerpo: *Novela negra con argentinos." Antipodas* 6-7 (1994-1995): 205-217.

1723. ——. *Realidad nacional desde la cama.* Buenos Aires: GEL, 1990. 106pp. Reimpr., 1992.

Bastos, María L. "*Realidad nacional desde la cama." HLAS* 54 (1995):568.

Bilbija, Ksenija. "El gran teatro del mundo (argentino): *Realidad nacional desde la cama." La palabra en vilo: Narrativa de Luisa Valenzuela.* Ed. G. Díaz. Santiago, Chile: Cuarto Propio, 1996. 191-208.

Marting, Diane. "Luisa Valenzuela and New Realities: *Realidad nacional desde la cama." Letras Femeninas* 22/1 (Spring 1996): 107-120.

CRITICAL STUDIES ON LUISA VALENZUELA

Andre, María C. "Con el filo de la palabra: Respuestas de la literatura argentina al discurso de la dictadura." Tesis de doctorado, SUNY, Albany, 1995. (Sobre L. Valenzuela, M. Lynch).

Bach, Caleb. "Un viaje introspectivo con la escritora Luisa Valenzuela." *Américas* 47/1 (1995).

Burgos, Fernando. "Literatura a orillas del Mississippi: Diálogo con Luisa Valenzuela." *Confluencia* 8/2 (Spring 1993): 157-178.

Clark, David Draper. "Selected Bibliography on Luisa Valenzuela." *World Literature Today* 69/4 (Autumn 1995): 675-680.

Cogdell, Cheryl Novak. "Re-Appropriation of Patriarchal Female Myths in the Short Fiction of Luisa Valenzuela." Tesis de doctorado, Univ. of Illinois, Urbana, 1997.

Cox, Victoria. "Jul. Cortázar y Luisa Valenzuela: Reflexiones en torno a la relación entre la escritura y el exilio." *Alba de América* 15/28 (Jul. 1997): 298-306.

Chaves Abad, María. "Ahora me narro sola: Luisa Valenzuela." *Quimera* 123 (1994): 60-61.

Christoph, Nancy Kunz. "Body Matters: The Female Grotesque in Contemporary Latin American Narrative." Tesis de doctorado, Cornell Univ., 1995.

Díaz Gwendolyn. "Entrevista con Luisa Valenzuela." *La palabra en vilo: Narrativa de Luisa Valenzuela*. Ed. G. Díaz. Santiago, Chile: Cuarto Propio, 1996. 177-190. 27-52.

Figueroa, Alvin. "Feminismo y homosexualidad: Las voces de L. Valenzuela, M. Ramos Otero y C. Valle." *New Voices in Latin American Literature*. Ed. M. Fálquez-Certain. Jackson Heights, N.Y.: Ollantay, 1993. 175-185.

Geloven, Ineke van. "Entre modernismo y postmodernismo: *El gato eficaz.*" *Alba de América* 12/22 (Jul. 1994): 271-278.

Gutiérrez Mouat, Ricardo. "La alegoría nacional de Luisa Valenzuela." *La palabra en vilo: Narrativa de Luisa Valenzuela*. Ed. G. Díaz. Santiago, Chile: Cuarto Propio, 1996. 209-220.

Magnarelli, Sharon. "El discurso del cuerpo en el cuerpo del discurso. *Hay que sonreír* de L. Valenzuela." *Mujer y sociedad en América: IV Simposio Internacional*. Ed. J. Arancibia. Westminster: Inst. Lit. y Cult. Hisp., 1988. 223-232.

———. "Luisa Valenzuela: Cuerpos que escriben (metonímicamente hablando) y la metáfora peligrosa." *La palabra en vilo: Narrativa de Luisa Valenzuela*. Ed. G. Díaz. Santiago, Chile: Cuarto Propio, 1996. 27-52.

Melis, Antonio. "Luisa Valenzuela: Uno sguardo femminile sulla violenza." *Maschere: Le scritture delle donne nelle culture iberiche*. Ed. S. Regazzoni. Rome: Bulzoni, 1994. 203-210.

Mohlenhoff, Jennifer Joan. "Reading for Bodies: Literature from Argentina's Dirty War." Tesis de doctorado, Cornell Univ., 1997.

Muñoz, Willy O. "Luisa Valenzuela: Tautología lingüística y/o realidad nacional." *Revista Canadiense de Estudios Hispánicos* 17/2 (Winter 1993): 333-342.

Paz, Marcelo. "Una historicidad 'insólita' en la narrativa argentina de la última dictadura militar." Tesis de doctorado, Univ. of Cincinnati, 1996.

Ramírez, Alicia. "Black Humor of Differing Voltage in J. Cortázar and L. Valenzuela." Tesis de doctorado, Univ. of Washington, 1996.

Schulz, Barbara. "Changing Patterns of Power: From South to North." Tesis de doctorado, Univ. of Oregon, 1997.

Tomlinson, Emily. "Rewriting Fictions of Power: The Texts of Luisa Valenzuela and Marta Traba." *Modern Language Review* 93/3 (July 1998): 695-709.

Tompkins, Cynthia. "Aporias resultantes de la deconstrucción del sujeto en *Como en la guerra* de L. Valenzuela, *Son vacas, somos puercos* de C. Boullosa, y *Las andariegas* de A. Angel." *Torre de Papel* 7/3 (Fall 1997): 148-165.

Vázquez, María E. "Entrevista con Luisa Valenzuela." *La Nación* (3 mayo 1992): 7/2.

Wenzel, Marita. "An Approach to Power Relations: Bessie Head and Luisa Valenzuela." *Literator: Tydskrif vir Besondere en Vergelykende Taal en Literatuurstudie/Journal of Literary Criticism, Comparative Linguistics and Literary Studies* 19/1 (April 1998): 51-64.

World Literature Today 69/4 (Autumn 1995). Special issue, "Focus on Luisa Valenzuela."

Zee, Linda. "The Boundaries of the Fantastic: The Case of Three Spanish American Women Writers." Tesis de doctorado, Indiana Univ., 1993.

1724. VALSI, EDUARDO. *Sr. Brooks.* Prol. de Marisa Arana. Buenos Aires: Embajada de Las letras, 1995. 156pp.

1725. ——. *Mudanzas.* Rosario: Bajo la Luna Nueva, 1995. 125pp.
"Una historia de casas y de la familia que vive en ellas, en Moreno, Paso del Rey y Buenos Aires, en la época de Irigoyen, momento de grandes cambios y modernización de la gran ciudad." [F.G.C. (Sept.-Oct. 1995): 15].

1726. VALLACO, HECTOR. *El ramal estancado.* Buenos Aires: Torres Agüero, 1989. 141pp. Premio FNA, 1988.
"Los relatos fragmentarios que componen la novela consiguen unidad por medio del yo narrador que cuenta su propia historia." [María C. Guiñazú, *HLAS* 54 (1995): 568].

1727. VALLE, DANIEL DEL. *Cárcel, trampa mortal.* Buenos Aires: Beas Ediciones, 1993. 335pp.
"La novela narra las vidas, en una suerte de contrapunto, de un presidiario y un carcelero." [M.I.L.].

1728. ——. *Operación Capicúa: Matar a Menem.* Buenos Aires: Beas Ediciones, 1994. 189pp.

1729. VALLE, PABLO (1961-). *Angeles torpes.* Buenos Aires: Almagesto, 1995. 135pp.

1730. VALLE MANRIQUEZ, MARIA DEL. *Mesa de dinero, piedra del sacrificio.* Buenos Aires: Corregidor, 1996. 204pp.
"Una escritora urde una trama novelística desnudando el mundo subyacente de los negociados financieros. Un relato que es, a la vez, una aguda reflexión sobre las relaciones entre dinero, poder, amor, identidad nacional, cultura migratoria y literatura." [Contratapa].

1731. VALLINI, FREDDY. *Basdra.* Buenos Aires: Solaris, 1998. 278pp.
"El proyecto Cóndor II fue uno de los secretos militares más ocultos de los últimos tiempos; se trataba de un avanzado sistema de misiles balísticos, que se desarrolló en la provincia de Córdoba a mediados de la década del '80. Esta novela imagina la continuación de ese proyecto hasta su utilización en Medio Oriente, desencadenando una confrontación aterradora." [F.G.C. (Sept. 1998): 68].

1732. VARELA, ALFREDO. *El río oscuro, la aventura de los yerbales vírgenes.* 1943. Aparecen fragmentos y un breve estudio de esta novela en G. Kaul Grimwald, *Historia de la literatura en Misiones,* 1995. 139-142.

1733. VARELA, LUIS VICENTE (1845-1911).
Ponce, Nestor et al., *Literatura policial en la Argentina: Waléis, Borges, Saer.* La Plata, 1997.

1734. ——. *Der finsterer shtrom.* Trad. al ídish de *El río oscuro.* Buenos Aires: Ikuf, 1953.

1735. ——. *Temnaya reka.* Trad. al ruso de *El río oscuro.* Moskva: 1974.

1736. VARELA, SERGIO. *Un puente es un hombre cruzando un puente.* (Una nouvelle). En *Cafés especiales.* Buenos Aires: Distal, 1997. 91-121.

1737. ———. *Señorita.* Buenos Aires: Simurg, 1999. 98pp. La obra contiene dos narraciones.

1738. VARSAVSKY, PAULA (1963-). *Nadie alzaba la voz.* Buenos Aires: Emecé, 1994. 189pp.

"Esta es la dura historia de una chica acomodada que vive su juventud en la Argentina del Proceso. Con frases breves y punzantes, esta novela descarnada transmite toda la angustia de la protagonista." [Aviso, *La Nación* (30 abr. 1994): 7/3].

1739. VASQUEZ, RAMON. *Un hilo violeta.* Buenos Aires: Corregidor, 1993. 159pp.

1740. VASSER, RAFAEL (1967-). *Las trampas del deseo.* Buenos Aires: Cangrejal, 1992. 125pp. Premiada en la Nueva Bienal de Arte Joven, 1991.

1741. VAZQUEZ, JAVIER. *Cruce de fuegos.* Buenos Aires: RundiNuskin, 1990. 94pp.

1742. VEGA, PERLA DE LA. *El proceso no afecta su buen nombre.* Buenos Aires: Ed. del autor, 1994. 121pp.

"Novela ambientada en los últimos días del gobierno peronista." [F.G.C. (1993-95): 23].

1743. VENTURINI, AURORA. *Me moriré en París, con aguacero.* Buenos Aires: Corregidor, 1998. 121pp.

"Novela que refresca los acontecimientos de la revolución de 1955, que derrocó a Perón, y los años de plomo." [F.G.C. (Sept. 1998): 68].

1744. ———. *La Plata mon amour.* Buenos Aires: Pueblo Entero, 1994. 64pp.

1745. VERBITSKY, BERNARDO (1907-1979). *Hermana y sombra.* 1977. Buenos Aires: Planeta, 1993. 231pp.

1746. ———. *Un noviazgo.* 1956. Buenos Aires: Planeta, 1993. 278pp.

Balla, Andrés, "*Un hombre de papel.*" *La Prensa* (26 mar. 1995): Secc. Cult., 12.

Reyes García, Ismael. "La narrativa de Bernardo Verbitsky." Tesis de doctorado, Univ. of Puerto Rico, 1972.

1747. VERBITSKY, HORACIO (1952-). *El vuelo.* Buenos Aires: Planeta, 1995. 197pp.

1748. ———. *La guerre sale en Argentine.* Trad. al francés de *El vuelo,* por Anatole Muchnick. Paris: Dagomo, 1995. 222pp.

1749. ———. *Confessions of an Argentine Dirty Warrier.* Trad. al inglés de *El vuelo.* New York: New Press, 1996. 207pp.

"Este texto recoge el testimonio del capitán de corbeta Scilingo, en su proceder como integrante de la ESMA durante la guerra contra la subversión. Estas declaraciones fueron hechas de forma espontánea en el presente. Estructuralmente, el libro se compone de cinco partes que son susceptibles de reunirse en dos grupos: El primero que incluye el testimonio de Scilingo y la nómina de notas que registran periodísticamente algunos hechos." [Paula

Andrea García, "Narrativa de no-ficción: *El vuelo.*" *III Jornadas de literatura desde la cultura popular.* 174-175].

Ares, Carlos. "Entrevista con H. Verbitsky." *La Maga* (11 mar. 1992): 2.

1750. VERGARA, SANTOS. *Las vueltas del perro.* Salta: Víctor M. Hanne, 1998. 178pp. Mención Especial en el Concurso Literario Premio Nelly Cortés de Ubiergo, 1996.

1751. VERGIATI, AMLETO (n. Italia, 1910). *El vaciadero.* (Novela de la lunfarda porteña). 1971. Buenos Aires: Quetzal, 1996. 92pp.

1752. VEROLIN, IRMA (1953-). *El puño del tiempo.* Buenos Aires: Emecé, 1994. 309pp. Premio Emecé 1993-1994.

"Dos planos se advierten en esta novela extraña por su tema, su desarrollo y su estilo. Uno lo integra la visión de la niña, que descubre el mundo, y en la profundidad de su mirada extrae de las cosas insospechables perfiles, aspectos originales, y dota a sus figuras esenciales de las presencias y el movimiento de las marionetas movidas por la mano ágil de Irma Verolín." [Angel Mazzei, *La Nación* (21 ag. 1994): 7/6].

1753. VERON, VICTOR D. *Los pájaros sagrados.* Misiones: Univ. Nacional de Misiones, 1995. 387pp.

"Obra considerada como una de las novelas fundamentales de la literatura contemporánea de la provincia de Misiones." [F.G.C. (1993-95) : 23].

1754. VEZZULLA, JUAN CARLOS. *Nervios de madre: Memorias de una empresaria.* Buenos Aires: Letra Buena, 1992. 161pp.

1755. VIDELA, DIEGO DANIEL. *Desde el balcón.* Buenos Aires: Torres Agüero, 1997. 126pp.

1756. VIERI, SUSANA. *La saga de los Liñán.* Buenos Aires: Vinciguerra, 1997. 187pp.

"Una historia de pasiones y odios que abarca cuatro generaciones." [F.G.C. (Julio 1997): 65].

1757. VIEYTES, RAUL (1961-). *Kelper.* Buenos Aires: Clarín/Aguilar, 1999. 237pp.

"Es una novela negra original y provocadora, que tiene por escenario las Islas Malvinas, adonde llega un argentino, en secreta misión de paz. Muerto por los kelpers, su cadáver es encomendado a un estanciero que es un defensor acérrimo del capitalismo inglés." [F.G.C., Dic. 1999].

1758. VIGIL, LETICIA. *No hay poetas en la bolsa de valores.* Buenos Aires: GEL, 1994. 181pp.

"Novela del desencanto, del triunfo de la frivolidad social sobre los ideales de juventud, de nuestra inserción como país en una economía global donde los emergentes fatídicos predominan sobre los valores esenciales de libertad Y justicia." [Contratapa].

1759. VILLALONGA, JULIO, Y EDUARDO BARCELONA. *Relaciones carnales.* (Véase bajo Eduardo Barcelona.)

1760. VILLAR, MARIA ANGELICA. *La sangre, no.* Novela policial. Buenos Aires: Ed. del autor, 1981. 79pp.

1761. VILLECCO, MIGUEL HÉCTOR. *Mamajuana: Cacique cristiana de los comechingones.* Buenos Aires: Faro, 1994. 57pp.

"La trama no es más que un pretexto para revelar la vida y las costumbres de este grupo indígena que habita la provincia de Córdoba." [M.I.L.].

1762. VILLORDO, OSCAR HERMES (1929-1993). *El ahijado.* Buenos Aires: Planeta, 1990. 167pp. Reimpr., 1993.

"El asunto base consiste en las experiencias homosexuales vividas por el narrador en el decurso de una noche y un día. El principal escenario es una obra en construcción donde se congregan diversos personajes: El Provinciano, el hijo de la casilla, el hijo bajito, los albañiles, el Acróbata, un sereno. Casi todos ellos conocen, esperan o desean a un joven, huido de la cárcel, al que llaman el Ahijado y al que suelen confundir con el propio narrador. La atmósfera entre fantasmal y grotesca de la obra en construcción opera como un detonador para las escenas." [María Lojo, *La Nación* (6 enero 1991): 4/4].

Paz, Marcelo. "Una historicidad 'insólita' en la narrativa argentina de la última dictadura militar." Tesis de doctorado, Univ. of Cincinnati, 1996.

1763. ———. *Ser gay no es pecado.* Buenos Aires: Beas Ediciones, 1993. 128pp.

"Una historia con tintes autobiográficos, con nostalgia, ternura, poesía, donde el amor es el protagonista. La obra de madurez de un autor que vuelca sobre sus personajes una mirada desprejuiciada, piadosa, casi mítica." [Aviso, *La Nación* (6 nov. 1993): 7/2].

1764. VIÑAS, DAVID (1929-). *Cayó sobre su rostro.* 1955. Buenos Aires: Siglo Veinte, 1975. 142pp.

1765. ———. *Claudia conversa.* Buenos Aires: Planeta, 1995. 239pp.

". . . una novela donde se utiliza la imagen tal vez metafórica de una muchacha que llega desde su provincia natal para estudiar en Buenos Aires, en medio de los turbulentos años sesenta. Claudia va a descubrir la gran ciudad al mismo tiempo que irá descubriéndose ella misma. Reflejando el espíritu de una década en la que la libertad en la expresión, el arte y la moda hacían que los jóvenes reclamaran un mayor protagonismo, Viñas muestra la efervescencia intelectual de esos años, las búsquedas desencaminadas." [D. Celis, *La Nación* (23 abr.1995): 7/7].

Zicolillo, Jorge. "*Claudia conversa.*" *La Prensa* (6 ag. 1995): Secc. Cult., 8].

1766. ———. *Dar la cara.* 1962. Buenos Aires: Siglo Veinte, 1975. 542pp.

Ferrer de Cowes, María. "*Dar la cara:* Literatura y política en la novelística de David Viñas." Tesis de doctorado, Univ. of Illinois, 1976.

1767. ———. *Un Dios cotidiano.* 1957. Buenos Aires: CEAL, 1987. 248pp. Reimpr., 1992.

1768. ———. *Un Dios cotidiano.* Buenos Aires: Carlos Serrano, 1996. 248pp.

1769. ———. *Los dueños de la tierra.* 1958. Buenos Aires: Contrapunto, 1987. 270pp.

1770. ———. *Los dueños de la tierra.* Buenos Aires: Losada, 1998. 376pp.

Sosnowski, Saúl. "*Los dueños de la tierra,* de David Viñas: Cuestionamiento e impugnación del liberalismo." *Cahiers du Monde Hispanique et Luso-Bresilien* 25 (1975). 57-75.

1771. ———. *Los hombres de a caballo.* 1967. Buenos Aires: Hyspamérica, 1988. 416pp.

1772. ———. *Los hombres de a caballo.* Buenos Aires: Del Sol, 1996. 427pp.

1773. ——. *Jauría.* 1974. Buenos Aires: Galerna, 1984. 249pp.

1774. ——. *Obras escogidas.* 3 vols. Prol. de David Viñas. Buenos Aires: Jorge Alvarez, 1969.

1775. ——. *Prontuario.* Buenos Aires: Planeta, 1993. 249pp.

". . . su novela *Prontuario,* que se internaba en un paisaje suburbano, de personajes que sobrevivían entre sombras, prosperando en el afilado borde de la marginalidad y el destierro, unificándose en una impiadosa mirada que los retrataba en toda su grandeza y su miseria, que hacía de esos personajes desamparados en equívoco paisaje, fragmentario y clandestino." [D. Celis, *La Nación* (23 abr. 1995): 7/7].

Miguel, María E. de. "*Prontuario.*" *La Nación* (23 mayo 1993): 7/5.

CRITICAL STUDIES ON DAVID VIÑAS

Foster, David W. "David Viñas: Lecturas desconstructivas y correctivas de la historia sociocultural argentina." *Ideologies and Literature* 2/2 (Fall 1987): 15-167.

Jackowski, Aníbal. "Sobreviviente en una guerra; enviando tarjetas postales." *Hispamérica* 21/63 (Dic. 1992): 15-24. Sobre *Cuerpo a cuerpo.*

Link, Daniel. *La chancha con cadenas: Doce ensayos de literatura argentina.* Buenos Aires: Del Eclipse, 1994.

McBride, Cathryn A. "Referents in Discourse: A Study of Narrative Cohesion in the Spanish Originals and English Translations of Three Latin American Novels: C. Fuentes, D. Viñas, M. L. Bombal." Tesis de doctorado, Univ. of Wisconsin, 1977.

Valverde, Estela. "David Viñas: En busca de una síntesis de la historia argentina." Tesis de doctorado, Univ. of New South Wales, 1987.

Spina, Jul. "Entrevista con David Viñas y Pedro Orgambide." *La Maga* (2 feb. 1994): 46-47.

Szichman, Mario. "Entrevista con David Viñas." *Hispamérica* 1 (1972): 61-67.

1776. VIRASORO, RAFAEL. *El largo tiempo de la espada.* Buenos Aires: Libros de Tierra Firme, 1999. 319pp.

"En 1919 se produce una conquista del Gran Chaco. Un fortín en medio de la selva es recuperado por el ejército, que persigue al jefe de los indios que lo ocuparon. Al mismo tiempo existe la amenaza de un levantamiento de hacheros y peones de hacienda, obrajes y plantaciones, dirigidos por anarcosindicalistas y comunistas." [F.G.C., Dic. 1999].

1777. VITAGLIANO, MIGUEL (1961-). *Cielo suelto.* Buenos Aires: Tusquets, 1998. 198pp.

"A bordo del Fayauay, el Capitán, con la apostura viril algo marchita de un Hemingway averiado, convoca a una tripulación de prófugos de geriátrico a cortar amarras con tierra firme y abrazar el río como única forma de vida posible. Vitagliano despliega en *Cielo suelto* un agudo sentido de observación y afirma el poder irresistible de la vida aun frente al dolor." [Verónica Chiaravalli, *La Nación* (24 mayo 1998): 6/3].

1778. ——. *El niño perro.* Buenos Aires: Tantalia, 1993. 126pp.

1779. ——. *Los ojos así.* Buenos Aires: Tusquets, 1996. 318pp. Premio Anna Seghers de Berlín: Tusquets, 1996. 318pp.

"Este libro contiene dos grandes preguntas implícitas: ¿Qué es un mandato? y ¿Qué es una mujer? Desde las primeras páginas, Anselmo anuncia nueve hijos varones a su futura esposa, Dana. Como nunca nacen, aparecen de otra forma. Gloria, la no esperada y única hija, estará acompañada de los no nacidos: Las voces que oye desde su infancia. José Martín, el novio de Gloria, es el hombre que deviene hijo sin haber nacido para esos padres." [Silvia Hopenhayn, *La Nación* (30 mar. 1997): 6/4].

1780. ———. *Posdata para las flores*. Buenos Aires: Ultimo Reino, 1991. 140pp.

1781. VITTORI, JOSE LUIS (1928-). *Gente de palabra*. Buenos Aires: Colmegna, 1981. 237pp.

1782. VIVIAN AUSTIN, CLAUDIO. *Viaje de ida y vuelta a la muerte*. Bariloche: Kaimé, 1995. 237pp.

1783. VOLPIN, FELIX (1915-). *Cachito*. Buenos Aires: RundiNuskin, 1990. 59pp.

"Este libro lo escribí para chicos de 15 a 85 años. Cuando yo era chico no teníamos televisión, radio, discoteca, drogas. Muchas revistas para leer. y fuimos felices. Hacen falta libros para chicos—libros de aventuras con deporte, con ciencia, con amor, pero sanos. Libros limpios." [Palabras del autor, contratapa].

1784. VOTA, LUCIA. *Barajar y dar de nuevo*. Buenos Aires: Argenta Sarlep, 1997. 254pp.

"La historia de tres generaciones de mujeres, en Buenos Aires, entre 1910-1982." [F.G.C. (Feb. 1998): 67].

W, X, Y, Z

1785. WAJSMAN, PAULA. *Informe de París*. Buenos Aires: La Flor, 1990. 223pp.

"Wajsman tells the story of a group of leftist intellectuals from Argentina who live in exile in Paris. Disillusioned and unable to return home, the exiles turn to drugs, sex, and alcohol in a vain attempt at finding universal significance in uprootedness. The most emotionally powerful scene takes place when the protagonist visits the Polish village where her parents grew up, before it was demolished in World War II." *[Bilingual Publications,*1990, p. 7].

1786. WALD, PINIE (n. Polonia, 1886 -m. Buenos Aires, 1966). *Koschmar (Pesadilla)*. En *Crónicas judeoargentinas*. Vol. 1: *Los pioneros en ídish*, 1890-1944. Buenos Aires: Milá, 1987. 328-407.

1787. ———. *Pesadilla. (Una novela de la 'Semana Trágica' 1919)*. Rosario: Ameghino, 1998. 123pp.

"Originally published in Yiddish in 1929, *Koschmar* is an early example of the documentary novel that Rodolfo Walsh and Ricardo Piglia made popular in the 70s and 80s. The work chronicles Wald's terrifying experiences during the "Semana Trágica" in 1919, when he was accused of subversive Communist activities. [M.I.L.].

1788. WALSH, MARIA ELENA. *Dailan Kifki*. Novela juvenil. Buenos Aires, c. 1994.

"Bueno, *Dailan Kifki* no empezó como novela, sino como una serie de cuentitos en un programa que hacía Pinky por Canal 9, el año pasado. Sólo después decidí darle forma de novela." [M. E. Walsh en entrevista con Susana Itzcovich, en *Veinte años no es nada: La literatura para niños*. 66].

1789. ———. *Novios de antaño: 1930-1940*. Buenos Aires: Sudamericana, 1990. 346pp.

1790. ———. *Novios de antaño*. Buenos Aires: Seix Barral, 1995. 342pp.

"Autobiografía novelada. El lenguaje poético, sin eludir sátira ni comicidad, ha sido magistralmente adaptado para rememorar percepciones y episodios de la infancia." [María C. Guiñazú, *HLAS* 54 (1995): 568].

Foster, David W. "Playful Ecphrasis: María E. Walsh and Children's Literature in Argentina." *Mester* 13/1 (May 1984): 40-51.

Pagni, Andrea. "María E. Walsh und die Alltagslyrik in Buenos Aires." *Die Legitimation der Alltagssprache in der modernen Lyrik: Antworten aus Europa und Lateinamerika*. Ed. H. Wentzlaff-Eggebert. Erlangen: Univ. Erlangen-Nurnberg, 1984. 165-184.

Pujol, Sergio. *Como la cigarra: Biografía de María E. Walsh*. Buenos Aires: Beas Ediciones, 1993.

Sibbald, Kay. "Tradición y transgresión en la poética de María E. Walsh." *Poética de escritoras hispanoamericanas al alba del próximo milenio*. Ed. L. Rojas-Trempe. Miami: Universal, 1998. 49-61.

Walsh, María E. "Testimonio: Escribir en la Argentina." *Hispamérica* 23/69 (Dic. 1994): 55-60.

1791. WALSH, RODOLFO (1927-1977). *Asesinato a distancia*. 1985. En *Variaciones en rojo*. (Tres novelas cortas escritas al estilo clásico). Buenos Aires: La Flor, 1994. 123-174.

1792. ———. *El caso Satanowski*. 1983. Buenos Aires: De la Flor, 1986. 179pp.

1793. ———. *El caso Satanowski*. Ed. corregida y aumentada. Buenos Aires: De la Flor, 1997. 268pp.

1794. ———. *Operación masacre*. 1957. Buenos Aires: Planeta, 1996. 300pp.

De Grandis, Rita. "L'Historique et le quotidien: *Operación masacre* de R. Walsh: Du fait divers a la guerre populaire." *Tangence* 37 (Sept. 1992): 29-44.

———. "Lo histórico y lo cotidiano en *Operación masacre*: Del suceso a la guerra popular." *Actas de la AIH*, 1992. Ed. J. Villegas. Irvine: Univ. of California, 1994. V: 305-313.

Ferro, Roberto. "*Operación masacre*: Investigación y escritura." *El lector apócrifo*. Buenos Aires: De la Flor, 1998. 99-151.

1795. ———. *¿Quién mató a Rosendo?* Buenos Aires: De la Flor, 1994. 170pp.

1796. ———. *Variazioni in Rosso*. Trad. al italiano por E. Mogavero: 1998. 224pp.

Amar Sánchez, Ana M. *El relato de los hechos. Rodolfo Walsh: Testimonio y escritura*. Rosario: Beatriz Viterbo, 199].

A. "Operación Rodolfo Walsh." *Primera Plana* (16 jun. 1972).

Cohen Imach, Victoria. "Las máscaras o el pintor de paredes: Asunción de la periferia en *Variaciones en rojo*." *Hispamérica* 20/58 (Abr. 1991): 3-15.

Grandis, Rita de. *Polémica y estrategias narrativas en América Latina: José María Argüedas, Mario Vargas Llosa, Rodolfo Walsh, Ricardo Piglia*. Buenos Aires: Beatriz Viterbo, 1993.

El Matadero: Revista crítica de literatura argentina 1/1 (1998). Número especial dedicado a Rodolfo Walsh.

Sebastián, Ana. *Rodolfo Walsh o la desacralización de la literatura*. Buenos Aires, 1983.

Walsh, Rodolfo. *Ese hombre y otros papeles personales*. Buenos Aires: Seix Barral, 1996.

——. El violento oficio de escribir: Obra periodística (1953-1977). Buenos Aires: Planeta, 1995.

1797. WARSCHAVER, FINA (1910-).

Bernazza, Claudia. "Fina Warschaver y la escritura femenina en un mundo de hombres." *La Prensa* (5 mar. 1995): Secc. Cult, 12.

1798. WERNICKE, ENRIQUE (1915-1968). *El agua*. 1968. Buenos Aires: CEAL, 1994. 87pp.

1799. ——. *Mirar desde la orilla*. Buenos Aires: Atril, 1998. 246pp.

1800. ——. *La ribera*. 1955. Buenos Aires: Atril, 1998. 248pp.

1801. WILCOCK, JUAN RODOLFO (1919-1978). *El estereoscopio de los solitarios*. 1972. Trad. del original italiano, *Lo steroscopio dei solittari*, por Guillermo Piro. Buenos Aires: Sudamericana, 1998. 175pp.

"Una comedia humana en que una cólera amarga, a lo Céline, se disimula bajo 'gags' al estilo de los hermanos Marx." [Héctor Bianciotti, citado en F.G.C., Nov. 1998].

1802. ——. *El ingeniero*. Trad. del original italiano por Guillermo Piro. Buenos Aires: Losada, 1998. 192pp.

"Enigmas de una novela hecha de cartas. No es en realidad una novela sino un epistolario. Es difícil explicarse qué motivó a Wilcock a publicar este epistolario que sólo contiene referencias personales de una época que no parece haber tenido mayor trascendencia. y hacerlo en Italia treinta años después de escritas esas misivas es un enigma mayor todavía." [Horacio Armani, *La Nación* (15 feb. 1998): 6/5].

Bianciotti, Héctor. "Juan Rodolfo Wilcock: La felicidad del poeta." *La Nación* (1 feb. 1998): 6/1-2.

Schoo, Ernesto. "Juan R. Wilcock." En *Pasiones recobradas: La historia de amor de un lector voraz*. Buenos Aires: Sudamericana, 1997. 55-59.

1803. WILDE, EDUARDO (1844-1913).

Bujaldon de Esteves, Lila. "Eduardo Wilde and Japan: The Japanese Image of an Argentine Writer in the 19th Century." *Proceedings of the XIII Congress of the International Comparative Literature Association*. Ed. E. Miner. Tokyo: International Comparative Literature Association,23 1995. 456-465.

Modern, Rodolfo. "Homenaje a Eduardo Wilde en el sesquicentenario de su nacimiento." *BAAL* 59/233 (Jul. 1994): 355-361.

Molloy, Sylvia. "Lectura de Eduardo Wilde." *Nueva Revista de Filología Hispánica* 22 (1973): 337-348.

1804. WILLIAMS, INÉS. *Sin puertas la pared*. Buenos Aires: GEL, 1994. 295pp.

"Varios jóvenes se ven envueltos en situaciones de violencia en un barrio de la Capital Federal, durante la realización del Mundial de fútbol de 1978." [F.G.C, (1993-95): 24].

1805. WINAZKI, MIGUEL (1956-). *Sobremonte*. Buenos Aires: Perfil, 1997. 184pp.

"Con el telón de fondo de las Invasiones Inglesas, se relatan los últimos meses de la gestión de este virrey, que huyera con los dineros públicos al entrar los ingleses en Buenos Aires. Mariquita S. de Thompson y Mariano Moreno son algunos de los personajes que aparecen en este fresco de los últimos días de la colonia en el Río de La Plata." [F.G.C. (1996-97): 27].

1806. ———. *El último feudo*. Buenos Aires: Planeta, 1995. 218pp.

"El secuestro de Adolfo Rodríguez Saá en 1993 mezcló elementos que habría desechado el más arriesgado guionista: Siete amantes, una 'turca' enigmática, trampas, venganzas, mentiras y violencia. Una añeja enfermedad, el caudillismo, queda al desnudo y refleja a nuestro país de hoy." [Aviso, *La Nación* (9 abr. 1995: 7/3].

1807. WINOGRAD, ALEJANDRO (1958-). *El viento que gira*. Buenos Aires: Nuevos Tiempos, 1996. 188pp.

"En una trama en la que se conjugan elementos del policial 'negro' y del detectivesco, hilvanada por la voz narradora de Sebastián, *El viento que gira* centra su desarrollo en la realización de un gigantesco fraude llevado a cabo por Uki (con la complicidad de Sebastián), basado en torno a una prospección petrolera de la cuenca denominada 'Ballena Varada,' tan inexistente como aquélla." [Roberto Santana, *Literatura fueguina, 1975-1995*. 123].

1808. YANOVER, HECTOR (1929-).

Vázquez, María E. "Entrevista con Héctor Yanover." *La Nación* (30 enero 1994): 7/3.

1809. YELPO, JOSÉ A. (1943-). *En la mira de la muerte*. (Novela negra). Buenos Aires: Ricardo Vergara, 1995. 47pp.

1810. YUDICELLO, LUCIO (1950-). *Las voces*. Buenos Aires: Galerna, 1991. 91pp. Premio Novela, XXX Aniversario del FNA.

"*Las voces* es una revisión sin concesiones de nuestra memoria colectiva. Roberto Bernardini, agobiado por el hallazgo del cadáver de su hija, se debate entre la culpa y la piedad, el desprecio y el autodesprecio, el sentimiento de víctima y de victimario, en definitiva una sombría incógnita." [Contratapa].

1811. ZAMBONI, MARCELO (1956-). *Gardel*. Biografía novelada. Buenos Aires: Perfil, 1997. 244pp.

"Es una novela que dispara sobre el mito del zorzal. Una biografía hecha con odio puede entregar sus frutos, y tal vez ése fue el punto de partida de Zamboni. La idea de escribir una novela para destacar lo negativo de su personaje llevó a Zamboni a abundar en información sobre él mismo, y, ya que deseaba abocarse a un mito popular, tomó uno de los caminos posibles. Enfrenta así al lector con un Gardel que habla casi siempre con citas de tangos." [Inés Malinov, *La Nación* (20 jul. 1997): 6/4].

1812. ———. *Moriré una mañana de verano en Nueva York*. Buenos Aires: GEL, 1991. 141pp.

1813. ———. *West 4th St.: Moriré una mañana de verano en Nueva York*. Ed. corregida. Buenos Aires: Perfil, 1997. 117pp.

"El protagonista de *Moriré una mañana de verano en Nueva York* es uno de esos muchachos simples, de barrio, que se traslada a los Estados Unidos repleto de esperanza, para advertir en pocos días las difíciles aristas de su quimera. A través de sus cartas pinta un panorama alentador que pronto será desbordado por una realidad sórdida, agobiante. En un alarde de recursos técnicos, manejos verbales de difícil concreción, Zamboni traza un primer libro de enorme madurez, un texto de problemática argentina aunque transcurra en los barrios bajos de Nueva York." [Horacio Salas, Pról. p. 11].

1814. ZEBALLOS, ESTANISLAO SEVERO (1854-1923).
Clucellas, María Isabel, "Estanislao S. Zeballos: Viajero y escritor." *La Prensa* (16 jul. 1995): Secc. Cult., 12.

1815. ZEIGER, CLAUDIO (1964-). *Nombre de guerra*. Buenos Aires: Vian, 1999. 122pp.
"Andrés apenas quiere encontrarse a sí mismo en uno de los tantos departamentos que frecuenta por las noches. Perdido en una ciudad en la que todo el tiempo se huele el perfume de la clandestinidad, juega a cambiar de indentidades: Esos nombres de guerra que lo ayudan a despistar y a sobrevivir lejos de casa." [Contratapa].

1816. ZELARAYAN, RICARDO (1940-). *La piel de caballo*. Buenos Aires: Catálogos, 1986. 103pp.
"No existe un estilo Zelarayán, lo que sí existe (y esto se comprende leyendo especialmente *La piel de caballo*) es una lengua zelarayana." [Silvana Castro, *Breve diccionario biográfico de autores argentinos*. 236].

1817. ZICOLILLO, JORGE (1950-). *Los demonios de Mayo*. Buenos Aires: Grupo Zero, 1990. 223pp.

1818. ——. *La voz de la revolución: Juan José Castelli, gloria y ocaso de un jacobino americano*. Buenos Aires: Sudamericana, 1998. 278pp.
"Castelli es una de las figuras paradigmáticas y a la vez más controvertidas de la Revolución de Mayo. Fue denominado 'el orador de la revolución,' fue el primero que desde el descubrimiento de América desconoció jurídicamente a España. Amado por el pueblo, fue luego encarcelado por los políticos de Buenos Aires. En pocos años conoció la gloria y el olvido. Esta novela recrea su vida y su personalidad." [F.G.C. (Dic. 1998): 32].

1819. ZUBERBULHER DE SANCHEZ ELIA, CLARA. *De cardos y semáforos*. Buenos Aires: GEL, 1994. 203pp.
"Con el hilo conductor de las impresiones del personaje central se describen las transformaciones que en algo más de medio siglo se produjeron en ambientes de la ciudad y el campo. Los seis capítulos muestran una diversidad de temas que, sin embargo, quedan sólidamente relacionados por la visión de la narradora, que sabe equilibrar el carácter a las situaciones y los episodios de amor y celos, las alternativas de la vida familial, un hecho policial y un homicidio motivado por un sórdido personaje." [Angel Mazzei, *La Nación* (31 jul. 1994): 7/7].

BIBLIOGRAPHY

A. General Reference Works

——. *Estudio e índice general de la revista "Nacional,"* 1886-1908. Buenos Aires, 1968.

——. *Libros argentinos ISBN: producción editorial registrada en 1982-1988* (CD-ROM). Buenos Aires: Cámara Argentina del Libro, 1998.

Auza, Néstor T. *Estudio e índice general de "El Plata científico y literario" (1854-1855) y "Atlántida."* Buenos Aires: Univ. del Salvador, 1968.

Botoschansky, Jacobo. *La producción literaria y periodística en idioma idish en La Argentina.* Buenos Aires: Bialik, 1986.

Castro, Silvana. *Breve diccionario biográfico de autores argentinos: desde 1940.* Buenos Aires: Atril, 1999.

Cruz, Jorge. "Indice del suplemento literario de *La Nación,* 1945-1949." *Revista Internacional de Bibliografía* 44/1 (1994).

Furlan, Luis Ricardo. *Indice del 'Suplemento de letras, artes y ciencias' del diario Mayoría, Buenos Aires (1974-1976).* Buenos Aires: Soc. de Estudios Bibliográficos Argentinos, 1977.

Salvador, Nélida, y Elena Ardissone. *Indice de la revista "Letras de Buenos Aires" (1980-1995).* Buenos Aires: Soc. de Estudios Bibliográficos Argentinos, 1996.

Tesler, Mario. *Seudónimos de autoras argentinas: diccionario.* Buenos Aires: Dunken, 1997.

B. The Argentine Novel/Argentine Literature

——. *Antología literaria Piedra de Sol: 13 narradores y 24 poetas.* Buenos Aires: Nueva Generación, 1996.

——. *Concurso nacional para jóvenes narradores "Haroldo Conti"* Buenos Aires: Gobierno de la Prov. de Buenos Aires, 1996.

——. *Congreso argentino de Hispanistas: España en América y América en España.* Buenos Aires: EUDEBA, 1992.

——. *Congreso Argentino de Hispanistas (Mar del Plata, Mayo 1995): la cultura hispánica y Occidente. Actas.* Buenos Aires: UDEBA, 1997.

——. *Cuadernos Angers-La Plata.* Año 1/1. Buenos Aires: Univ. Nac. de La Plata. 1996.

——. *Después: narrativa argentina posterior a la dictadura.* Buenos Aires: Instituto Movilizador de Fondos Cooperativos, 1996.

——. "Encuesta sobre la narrativa argentina." *La Maga* (15 jun. 1994): 12-14.

——. "Los escritores, la crítica, la literatura, en crisis: un debate." *Narrativa argentina: encuentro de escritores Dr. Roberto Noble.* Cuaderno 4. Buenos Aires: Fundación Roberto Noble, 1994. 53-64.

——. *La función narrativa y sus nuevas dimensiones: Simposio Internacional CEN* Buenos Aires: Centro de Estudios de Narratología, 1999.

——. *Los héroes difíciles: la literatura policial en Argentina y en Italia.* Buenos Aires: Corregidor, 1991.

——. *Historia de revistas argentinas.* 2 Vols. Buenos Aires: Asoc. Arg. de Editores de Revistas, 1995, 1997.

——. *III Jornada de literatura (creación y conocimiento) desde la cultura popular.* Córdoba: Univ. Nac. de Córdoba, 1995.

——. "La lectura, ¿Una actividad en crisis, o una actividad en la crisis?: un debate." *Narrativa argentina: encuentro de escritores Dr. Roberto Noble.* Cuaderno 4. Buenos Aires: Fundación Roberto Noble, 1994. 79-88.

——. *Letras jujeñas: antología de poetas y cuentistas.* Jujuy: Libros de Arco Iris, 1998.

——. *Literatura de Salta: Historia Sociocultural.* Salta: Univ. Nac. de Salta, 1996.

——. *Los libros de los argentinos.* Buenos Aires: El Ateneo, 1998.

——. "Los nuevos lenguajes, las nuevas tecnologías: nuevas formas de lectura: un debate." "Los escritores, la crítica, la literatura, en crisis: un debate." *Narrativa argentina: encuentro de escritores. Dr. Roberto Noble.* Cuaderno 5. Buenos Aires: Fundación Roberto Noble, 1994. 23-44.

——. *Narrativa argentina: séptimo encuentro de escritores Dr. Roberto Noble.* Buenos Aires: Fundación Roberto Noble, 1994. *Octavo encuentro,* 1995. *Noveno encuentro:* 1997. *Ondécimo encuentro:* 1998.

——. "Relaciones entre los escritores. ¿Narradores y críticos enfrentados?: un debate." *Narrativa argentina: encuentro de escritores Dr. Roberto Noble.* Cuaderno 3. Buenos Aires: Fundación Roberto Noble, 1994. 41-62.

——. *Viña nueva: certamen de narrativa joven.* Mendoza: Ed. Culturales, 1997.

Abós, Alvaro. *El cuarteto de Buenos Aires.* Buenos Aires: Colihue, 1997.

Abut, José M. *Convergencia: poetas y narradores del oeste bonaerense.* Buenos Aires, 1995.

Amícola, José. "La literatura argentina desde 1980: nuevos proyectos narrativos después de la desaparición de Cortázar, Borges y Puig." *Revista Iberoamericana* 62/175 (Abr.-Jun. 1996): 427-438.

Anderson Imbert, Enrique. *Modernidad y posmodernidad.* Buenos Aires: Torres Agüero, 1997.

Balart de Vallejo, Erica. *Cuentos del noroeste argentino.* Buenos Aires: Vinciguerra, 1995.

Barbieri, Osvaldo J. *Octopus: 8 narradores argentinos contemporáneos.* Santa Fe: Univ. Nac. del Litoral, 1998.

Biagini, Hugo E. *La generación del ochenta.* Buenos Aires: Losada, 1995.

Blanco de García, Trinidad. *Italia en el imaginario de los escritores argentinos.* Buenos Aires: Ed. del autor, 1998.

Braceras, Elena. *Cuentos con detectives.* Buenos Aires: Colihue, 1995.

Brughetti, Romualdo. *Pensar la Argentina.* Buenos Aires: Emecé, 1995.

Bustos Fernández, Amalia. *La literatura de la Patagonia norte: un imaginario en la frontera.* Neuquén: Univ. Nac. de Comahue, 1996.

Capanna, Pablo. *El cuento argentino de ciencia ficción. Antología.* Buenos Aires: Nuevo Siglo, 1995.

Carrega, Hemilce. *Aspectos del inmigrante en la narrativa argentina.* Buenos Aires: El Francotirador, 1997.

Castellanos, Luis Arturo. Situaciones conflictivas en la historia y literatura argentina entre 1880-1910. *Actas de las terceras jornadas de investigación de la historia y literatura ríoplatense y de los Estados Unidos."* Mendoza: Univ. Nac. de Cuyo, 1968.

Cédola, Estela. "Captifs et transfuges dans la littérature argentine de frontière." *L'indien: une instance discursive.* Montreal: Balzac, 1992.

Chas, Susana. *Las nuestras: entrevista con 9 novelistas de Córdoba. Mujer, escritura y vida entremadas en la novela.* Córdoba: Marcos Lerner, 1994.

Cincotta, Héctor D. *El tiempo y las letras: estudios de literatura argentina.* Tucumán: Univ. Nac. de Tucumán, 1997.

Clark, María B. "The Feminine Fantastic in Short Fiction from the River Plate." Tesis de doctorado, Univ. of Tennessee, 1993.

Cohen Imach, Victoria. *De utopías y desencantos: campo intelectual y periferia en la Argentina de los '60.* Tucumán: Univ. Nac. de Tucumán, 1994.

Costilla, Jessica. "¿De qué viven los escritores?" *La Prensa* (12 mar. 1995), Secc. Cult., 6-7.

Cruz, Jorge. "Un año en la cultura argentina." *La Nación* (3 enero 1993): 7/1-2.

Dalmaroni, Miguel, ed. *Literatura argentina y nacionalismo.* La Plata: Univ. Nac. de La Plata, 1996.

Dellepiane, Angela B. "El aporte femenino a la narrativa última argentina." *Actas de la décimotercera conferencia anual de literatura hispánica en Indiana Univ. of Pennsylvania: la escritora hispánica.* Ed. N. Erro-Orthmann. Miami: Universal, 1990. 61-71.

——. "Critical Notes on Argentinian Science-Fiction Narrative." *Monographic Review* 3/1 (1987): 19-32.

——. "Literatura y realidad social en la novela argentina 1880-1910: homenaje a Concha Meléndez." *Sin Nombre* 14/2 (Enero 1984): 38-51.

——. "Narrativa argentina de ciencia ficción: tentativas liminares y desarrollo posterior." *Actas del IX Congreso de la AIH*, I y II. Ed. S. Neumeister. Frankfurt: Vervuert, 1989. II: 515-525.

——. "Sara de Etcheverts: una novelista argentina olvidada." *Melanges María Soledad Carrasco Urgoiti*. Ed. A. Al-Tamimi. Tunisia: Fondation Temimi pour la Recherche Scientifique et l'Information, 1999. II.

Domínguez, Mignon. *Historia, ficción y metaficción en la novela hispanoamericana contemporánea*. Buenos Aires: Corregidor, 1996.

Domínguez, Nora. "New Fiction by Argentine Women Writers." *Review* 48 (Spring 1994): 67-68.

Escliar, Myriam. *Mujeres en literatura y la vida judeo-argentina*. Buenos Aires: Milá, 1996.

Eujanian, Alejandro. *Historia de revistas argentinas: 1900-1950*. Buenos Aires: Asoc. Arg. de Editores de Revistas, 1999.

Feierstein, Ricardo. *Crónicas judeoargentinas*. Vol. 1: *Los pioneros en ídish*, 1890-1944. Buenos Aires: Milá, 1987.

Fernández de Tujague, Silvia. *Visión periodística de la literatura*. Rosario: Homo Sapiens, 1997.

Ferro, Roberto. *El lector apócrifo*. Buenos Aires: De la Flor, 1998.

Filc, Judith. "Representations of Family and Practices of Resistance Against Argentine Dictatorship, 1976-1983." Tesis de doctorado, Univ. of Pennsylvania, 1994.

Filer, Malva. "Exploradores e indígenas en la novela argentina de fines del siglo XX." *Studies in Honor of Myron Lichtblau*. Ed. Fernando Burgos. Newark: Juan de la Cuesta, 2000. 80-92.

Flawiá de Fernández, Nilda M. *De memorias y utopias: ensayos de literatura argentina*. Buenos Aires: Corregidor, 1996.

Fletcher, Lea, ed. *Mujeres y cultura en la Argentina del siglo XIX*. Buenos Aires: Feminaria, 1994.

Flores, Félix G. "Las revistas literarias." *La Voz del Interior* (13 mayo 1990): F/1.

Ford, Aníbal, Jorge Rivera y Eduardo Romano. *Medios de comunicación y cultura popular*. Buenos Aires: Legasa, 1985.

Forn, Juan. *Buenos Aires: una antología de nueva ficción argentina*. Barcelona: Anagrama, 1992.

Foster, David W. "Imagining Argentine Socio-Political History in Some Recent American Novels." *Yearbook of Comparative and General Literature* 39 (1990-1991): 75-86.

——. "Recent Argentine Women Writers of Jewish Descent." *Passion, Memory and Identity: Twentieth-Century Latin American Jewish Women Writers.* Ed. M. Agosín. Albuquerque: U of New Mexico P, 1999. 35-57.

Freidenberg de Villalba, Ana. *Dialogismos: temas y engranajes sobre escritores mendocinos contemporáneos.* Mendoza: Univ. Nac. de Cuyo, 1997.

Fridman, Viviana. "Les Avatars d'un mythe national: la Figure emblematique du gaucho dans la litterature juive-argentine." *Canadian Folklore Canadien* 18/2 (1996): 35-50.

Funes, Mirta I. *Jornadas cuyanas de literatura (14-16 sept. 1990).* 2 Vols. San Luis: Ed. Sanluiseño, 1993.

Furlong, Guillermo. *Historia cultural y social del Río de la Plata.* Buenos Aires, 1940.

Gargurevich, Eduardo. "Reacción anti-inmigrante en la literatura argentina de los ochenta." *Revista de Crítica Literaria Latinoamericana* 20/39: (1994).

Garra, Lobodón. *1900-2000: cien años de letras argentinas.* Buenos Aires: Badijo, 1998.

Garramuño, Florencia. *Genealogías culturales: Argentina, Brasil y Uruguay en la novela contemporánea (1981-1991).* Rosario: Beatriz Viterbo, 1997.

Gazzera, Carlos, y Carlos Schilling. "Nueva literatura de Córdoba." *La Voz del Interior* (26 dic. 1996): C/9.

Gemrich, Anna J. "Secret Information and Secret Societies in Argentine Narrative From 1900-1949." Tesis de doctorado, Univ. of Texas, Austin, 1994.

Gimbernat González, Ester. *Aventuras del desacuerdo: novelistas argentinas de los '80.* Buenos Aires: Danilo Alberó Vergara, 1992.

——. "The Eloquence of Silence: Argentine Women Writers After the 'Proceso.'" *Fiction International* 19/1 (Fall 1990): 72-82.

Giordano, Alberto, y María C. Vázquez. *Las operaciones de la crítica.* Rosario: Beatriz Viterbo, 1998.

Girbal de Blacha, Noemí M. y Diana Guatrocchi-Woisson. *Cuando opinar es actuar: revistas argentinas del siglo XX.* Buenos Aires: Acad. Nac. de la Hist., 1999.

Gnutzmann, Rita. "La batalla del naturalismo en Buenos Aires." *Revista Interamericana de Bibliografía* 48/1 (1998): 53-68.

Gobello, José. *El lunfardo en la novela.* Buenos Aires: Acad. Porteña de Lunfardo, 1990.

Guntsche, Marina. *Entre la locura y la cordura: cinco novelas argentinas del siglo XX.* Mendoza: Univ. Nac. de Cuyo, 1998.

——. "Novela argentina del siglo veinte: entre la locura y la cordura." Tesis de doctorado, Univ. of Michigan, 1993.

Hopkins, Lori J. "Writing Through the Process: The Argentine Narrative, 1980-1990." Tesis de doctorado, Univ. of Wisconsin, Madison, 1993.

Iglesia, Cristina. *Letras y divisas: ensayos sobre literatura y rosismo.* Buenos Aires: EUDEBA, 1998.

Jeep, Lynda Hoffman. "Feminist Intertextuality: Fiction by Contemporary Argentine and German Women Writers." Tesis de doctorado, Univ. of Chicago, 1994.

Jitrik, Noé. *El ejemplo de la familia: ensayos y trabajos sobre literatura argentina.* Buenos Aires: EUDEBA, 1998.

——. *Historia e imaginación literaria: las posibilidades de un género.* Buenos Aires: Biblos, 1995.

Jones, Sonia. *Alfonsina Storni,* Boston: Twayne, 1979.

Kantaris, Elia G. *The Subversive Psyche: Contemporary Women's Narrative from Argentina and Uruguay.* New York: Oxford Univ. Press, 1996.

Kaul Grunwald, Guillermo. *Historia de la literatura en Misiones (1615-1965).* Misiones: Univ. Nac. de Misiones, 1995.

Kurlat-Ares, Silvia Gabriela. "La transformación ideológica de los novelistas argentinos (1974-1989)." Tesis de doctorado, Univ. of Maryland, 1997.

Lafleur, Héctor René, y Sergio Provenzano. *Las revistas literarias argentinas (1893-1967).* Buenos Aires: CEAL, 1968.

Lamborghini, Leonides, et al. *La historia y la política en la ficción argentina.* Santa Fe: Univ. Nac. del Litoral, 1995.

Lanza, Silvia K. "La chusma en nuestra literatura de 1830-1930." *En III Jornadas de literatura (creación y conocimiento) desde la cultura popular.* Córdoba: Univ. Nac. de Córdoba, 1995. 185-192.

Lewis, Marvin A. *Afro-Argentine Discourse: Another Dimension of the Black Diaspora.* Univ. of Missouri Press, 1996.

Lindstrom, Naomi. "Oral Histories and the Literature of Reminiscence: Writing Up the Jewish Argentine Past." *The Jewish Diaspora in Latin America: New Studies on History and Literature.* Ed. Lois Baer Barr. New York: Garland, 1996. 89-100.

Link, Scott Alan. "Other Voices: Argentine Narrative During the Military Process (1976-1983)." Tesis de doctorado, Univ. of Kansas, 1998.

Lojo, María R. *La barbarie en la narrativa argentina (siglo 19).* Buenos Aires: Corregidor, 1994.

——. "Letras argentinas vistas desde Alemania: entrevista con Karl Kohat." *La Nación* (12 jun. 1994): 7/4.

Loubet, Jorgelina. *Coordenadas literarias: estudios de literatura argentina.* Vol. 1. Buenos Aires: El Francotirador, 1996.

Ludmer, Josefina. *El cuerpo del delito: un manual.* Buenos Aires: Perfil, 1999.

——. *El género gauchesco: un tratado sobre la Patria.* Buenos Aires: Sudamericana, 1988.

Llarena, Alicia. "El espacio narrativo o 'el lugar de la coherencia': para un estudio de la novela hispanoamericana actual." *Hispamérica* 24/70 (Abr. 1995): 3-16.

Maristany, José. *Narraciones peligrosas: resistencia y adhesión en las novelas del Proceso.* Buenos Aires: Biblos, 1999.

Masiello, Francine. *Entre civilización y barbarie: mujeres, nación y cultura literaria en la Argentina moderna.* Rosario: Beatriz Viterbo, 1997.

——. *La mujer y el espacio público. El periodismo femenino en la Argentina del siglo XIX.* Buenos Aires: Feminaria, 1994.

Miguel, María E. de. "La narración de la historia." *La Nación* (17 mar. 1996): 6/6.

Mizraje, María G. *Argentinas de Rosas a Perón.* Buenos Aires: Biblos, 1999.

Moisé, Melina, y Pilar Aráoz. *Rama joven: selección de autores tucumanos.* Tucumán: L. Pierola, 1994.

Montaldo, Graciela. *De pronto el campo: literatura argentina y tradición rural.* Rosario: Beatriz Viterbo, 1993.

Morello-Frosch, Marta. "Borges and Contemporary Argentine Writers: Continuity and Change." *Borges and His Successors: The Borgesian Impact on Literature and the Arts.* Ed. E. Aizenberg. Columbia: Univ. of Missouri Press, 1990. 26-43.

——. "The Opulent 'Facundo': Sarmiento and Modern Argentine Fiction." *Sarmiento: Author of a Nation.* Ed. T. Halperin Donghi. Berkeley: Univ. of California Press, 1994. 347-357.

Mudrovcic, María E. *Mundo nuevo: cultura y guerra fría en la década del '60.* Rosario: Beatriz Viterbo, 1996.

Mujica, Hugo. "La identidad del hombre: la narración del narrador." *La Nación* (21 feb. 1993): 7/2.

Newman, Kathleen. "The Modernization of Femininity: Argentina, 1916-1926." *Women, Culture and Politics in Latin America.* Berkeley: Univ. of California Press, 1990. 74-104.

——. *La violencia del discurso: el Estado autoritario y la novela política argentina.* Trans. del inglés por Beba Eguía. Buenos Aires: Catálogos, 1991.

Nouzeilles, Gabriela. "Pathological Romances and National Dystopias in Argentine Naturalism." *Latin American Literary Review* 24/47 (Jan.-June 1996): 23-39.

Omil, Alba. *La letra profunda: ensayos de literatura argentina.* Tucumán: Univ. Nac. de Tucumán, 1996.

Otero, José M. *Treinta años de revistas literarias argentinas (1960-1989)*. Buenos Aires: Catedral al Sur, 1990.

Palermo, Zulma, y Elena Altunz. *Literatura de Salta. Historia socio-cultural.* Vols. 1-3. Salta: Univ. Nac. de Salta, 1996.

Parada, Alejandro. *El mundo del libro y de la lectura durante la época de Rivadavia: una aproximación a través de los avisos de La Gaceta Mercantil* (1823-1828). Buenos Aires: UDEBA, 1998.

Paz, Carlos. *Efemérides literarias argentina*s. Buenos Aires: Biblioteca Nacional, 1997.

Pellicer, Jaime O. *El Facundo: Significante y significado: estudio de raíces, influencias y proyecciones.* Córdoba: Trilce, 1990.

Pereyra, Washington Luis. *La prensa literaria argentina.* Vols. 1, 2, 3. Buenos Aires: Librería Colonial, 1993, 1995, 1996.

Perilli, Carmen. "Un mapa del infierno: la novela argentina entre 1982 y 1992." *Hispamérica* 24/70 (Abr. 1995): 95-101.

——. *Las ratas en la Torre de Babel: la novela argentina entre 1982 y 1992.* Buenos Aires: Letra Buena, 1994.

Peterka, Martha Lane. "The Argentine Novel in the 1970's: The Generation of '76." Tesis de doctorado, Univ. of Missouri, Columbia, 1988.

Piña, Cristina. *Mujeres que escriben sobre mujeres (que escriben).* Buenos Aires: Biblos, 1997.

Piñero, Fernando J. *Encuentro de dos culturas. Antología: géneros narrativo y lírico.* San Luis: San Luis, 1995.

Prieto, Adolfo. *Literatura autobiográfica argentina.* Buenos Aires: C. Alvarez, 1966.

Ramos García, María Teresa. *La consolidación de la novela argentina: Lectura y escritura en las novelas del período 1880-1896.* Tesis de doctorado, Washington Univ., 1997.

Reynolds, John Robert. "Selected Argentine Crime Novels, 1973-1983: Social and Literary Expression." Tesis de doctorado, Univ. of Texas, Austin, 1992.

Rivera, Jorge. *El escritor y la industria cultural.* Buenos Aires: Atuel, 1998.

Roca, Agustina. "Una literatura atrapada en las redes el cine." *La Prensa* (15 oct. 1995), Secc. Cult., 2-3.

Rocco-Cuzzi, Renata. *"Leoplán": contrapunto de la biblioteca al kiosco.* Buenos UDEBA, 1996.

Roig, Arturo A. *Mendoza en sus letras y sus ideas.* Mendoza: Edic. Cult., 1996.

Romero, Luis A., y Sylvia Saitta. *Grandes entrevistas de la historia argentina (1879-1988).* Buenos Aires: Aguilar Argentina, 1998.

Rosa, Nicolás. *La lengua del ausente.* Buenos Aires: Biblos, 1997.

——. *Políticas de la crítica: historia de la crítica literaria en la Argentina*. Buenos Aires: Biblos, 1999.

Russo, Miguel. "Un debate sobre nuevas tendencias en la narrativa argentina." *La Maga* (9 jun. 1993): 44-45.

——. "La enseñanza de la creación literaria según cuatro escritores." *La Maga* (2 mar. 1994): 44-45.

——. "Los escritores argentinos debaten acerca de la relación entre la literatura y el mercado." *La Maga* (26 mayo 1993): 47.

——. "Los escritores de 'veintipico' debaten sobre la literatura argentina." *La Maga* (10 nov. 1993): 48.

Saciuk, Olena. "The Literary Gaucho as Fantasy and Symbol." *Romance Languages Annual* 6 (1994): 581-585.

Saitta, Sylvia. *Regüeros de tinta: el diario "Crítica" en la década de 1920*. Buenos Aires: Sudamericana, 1998.

Salvador, Nélida, Elena Ardissone y M. Gover de Nasatsky. *Revistas Literarias Argentinas (1960-1990): aporte para una bibliografía*. Buenos Aires: Fundación Inca Seguros, 1997.

Santana, Roberto. *Literatura fueguina, 1975-1995: panorama*. Buenos Aires: Medrano, 1998.

Schvartzman, Jul.. *Microcrítica: lecturas argentinas (cuestiones de detalle)*. Buenos Aires: Biblos, 1996.

Schwartz, Jorge. *Vanguardia y cosmopolitismo en la década del Veinte*. Rosario: Beatriz Viterbo, 1993.

Sebreli, Juan José. *Escritos sobre escritos, ciudades sobre ciudades (1950-1997)*. Buenos Aires: Sudamericana, 1997.

Serra, Edelweis. *Literatura del Litoral Argentino en textos de Alcides Greca, Leonardo Castellani, José Pedroni, Juan L. Ortiz, Luis Gudiño Kramer, Diego Oxley y Juan J. Manauta*. Rosario: Univ. Nac. de Rosario, 1977.

Shumway, Nicolas. *The Invention of Argentina*. Berkeley, Univ. of California Press, 1991.

Soler, Amadeo P. *El libro de los que yo conocí*. Rosario, 1995.

Sosa, Nilda, ed. "Diálogo sobre la novela." *La Nación* (25 feb. 1990): 4/1-2.

Sosa de Newton, Lily. *Selección de narradoras argentinas 1852-1932*. Buenos Aires: Plus Ultra, 1995.

Spiller, Roland, comp. *La novela argentina de los años ochenta*. Frankfort am Main: Vervuert, Lateinamerika-Studien, 1991.

——. "El vacío paradigmático en el discurso de la identidad argentina." *Actas, VII Congreso de Literatura Argentina*. Tucumán, 1993.

Szwarc, Susana. *Cuentos de los llanos*. Buenos Aires: Movilizi, 1995.

Tarifeño, Leonardo. "Escritores, lectores y editoriales ante el umbral del siglo XXI." *La Nación* (3 enero 1999): 8/6.

Taylor, Diane. *Disappearing Acts: Spectacles of Gender and Nationalism in Argentina's "Dirty War."* Durham, N.C.: Duke Univ. Press, 1997.

Toledo, Dionysio. "Erico Verissimo et la littérature gauchesca." *Nova Renascenca* 15 /57-58 (Spring 1995): 395-406.

Torres Roggero, Jorge. *La donosa barbarie (Córdoba: literatura y cultura).* Córdoba: Alción, 1998.

——— y María E. Legaz, eds. *Calibar sin rastros: aportes para una historia social de la literatura argentina.* Córdoba, 1994.

Trillo, Carlos. *Historia de la historieta argentina.* Buenos Aires: Record, 1980.

Ulla, Noemí. *La insurrección literaria. De lo coloquial en la narrativa ríoplatense de 1960 y 1970.* Buenos Aires: Torres Agüero, 1996.

Villafañe, Javier, María Walsh, et al. "Libros para chicos." *La Nación* (13 mayo 1990): 4 a/1-2.

Vinciguerra, Lidia, y María R. Lojo, eds. *Cuentistas argentinos de fin de siglo.* 2 Vols. Buenos Aires: Vinciguerra, 1997.

Vittori, José Luis. *Viajes y viajeros en la literatura del Río de la Plata: siglos XIX y XX.* Vol. 2. Buenos Aires: Vinciguerra, 1999.

Weinstein, Ana, y Miryam Gover de Nasatsky. *Escritores judeo-argentinos. Bibliografía 1900-1987.* Prol.: Saúl Sosnowski. 2 Vols. Buenos Aires: Milá, 1994.

Zuleta, Emilia de. *Españoles en la Argentina: el exilio literario de 1936.* Buenos Aires: Atril, 1999.

C. Hispanic American Novel

———. *El relato breve en las letras hispánicas actuales.* Número especial de *Foro Hispánico* II. Amsterdam: Rodopi, 1997.

Duchesne Winter, Juan. *Narraciones de testimonio en América Latina. Cinco estudios.* San Juan: Univ. de Puerto Rico, 1990.

Fitts, Alexandra. "Reading the Body/Writing the Body: Constructions of the Female Body in the Work of Latin American Women Writers." Tesis de doctorado, 1995.

Foster, David W., y Roberto Reis, eds. *Bodies and Biases: Sexualities in Hispanic American Cultures and Literatures.* Minneapolis: Univ. of Minnesota Press, 1996.

Jitrik, Noé. *Historia e imaginación literaria: las posibilidades de un género.* Buenos Aires: Biblos, 1995.

Khut, Karl, ed. *La invención del pasado: la novela histórica en el marco de la posmodernidad.* Frankfurt/Madrid: Vervuert Verlag, 1997.

Lagos, María Inés. *En tono mayor: relatos de formación de protagonista femenina en Hispanoamérica.* Santiago, Chile: Cuarto Propio, 1996.

Link, Daniel. *Escalera al cielo: utopia y ciencia ficción.* Buenos Aires: La Marca, 1995.

Lipp, Solomon. "The Popular Novel in Nineteenth-Century Latin America." *Canadian Review of Comparative Literature 9/3* (Sept. 1982): 406-423.

Masiello, Francine. "Melodrama, Sex, and Nation in Latin America's Fin del Siglo." *The Places of History: Regionalism Revisited in Latin America.* Ed. D. Sommer. Durham, N.C.: Duke Univ. Press, 1999.

Montaldo, Graciela R. *Ficciones culturales y fábulas de identidad en América Latina.* Rosario: Beatriz Viterbo, 1999.

Perilli, Carmen. *Historiografía y ficción en la narrativa hispanoamericana.* Tucumán: Univ. Nac. de Tucumán, 1995.

Perilli, Carmen, y Nora Domínguez. *Fábulas del género: sexo y escrituras en América Latina.* Rosario: Beatriz Viterbo, 1998.

Pino, Miriam. *Relatos del sur: ensayos críticos sobre narrativas latinoamericanas, 1970-1999.* Córdoba: Comunic-Arte, 1999.

Shaw, Donald L. *The Post-Boom in Spanish American Fiction.* Albany: State University of New York Press, 1998.

Ulla, Noemí. *Identidad rioplatense, 1930: la escritura coloquial (Borges, Arlt, Hernández, Onetti).* Buenos Aires: Torres Agüero, 1990.

Zanetti, Susana. *La novela latinoamericana de entresiglos.* Buenos Aires: UDEBA, 1997.

D. Hispanic American Literature

——. *The Cambridge History of Latin American Literature.* Cambridge/New York: Cambridge Univ. Press, 1996.

——. *Symposium Internacional de crítica literaria y escritura de mujeres de Latino América.* Vols. 1 y 2. Salta: Biblioteca de Textos Univ., 1998.

Castillo, Debra A. *Talking Back: Toward a Latin American Feminist Literary Criticism.* Ithaca: Cornell Univ. Press, 1992.

Castro-Laren, Sara, Sylvia Molloy, Beatriz Sarlo, eds. *Women's Writing in Latin America.* Boulder: Westview Press, 1991.

Di Antonio, Robert and Nora Glickman, eds. *Tradition and Innovation: Reflexions on Latin American Jewish Writing.* Albany: State University of New York Press, 1991.

Díaz, Eduardo. "Pesadillas de la ciencia-ficción latinoamericana." *La Maga* (28 nov. 1991): 6.

Erro-Orthmann, Nora, y Juan Cruz Mendizábal, eds. *La escritora hispánica.* Miami: Universal, 1990.

Foster, David W. *Cultural Diversity in Latin American Literature.* Albuquerque:Univ. of New Mexico Press, 1994.

Genoud de Fourcade, Mariana. *Literatura y conocimiento: estudios teórico-críticos sobre narrativa, lírica y teatro.* Mendoza: Univ. Nac. De Cuyo, 1998.

Guerra Cunningham, Lucia. "Algunas reflexiones teóricas sobre la novela femenina." *Hispamérica* 10/28 (1981): 29-39.

——. "El personaje literario femenino y otras mutilaciones." *Hispamérica* 15/43 (1986): 3-19.

Jitrik, Noé. *Atípicos en la literatura latinoamericana.* Buenos Aires: EUDEBA, 1997.

Lindstrom, Naomi. *The Social Conscience of Latin American Writing.* Austin: Univ. of Texas Press, 1998.

Montaldo, Graciela. *La sensibilidad amenazada: fin de siglo y modernismo.* Rosario: Beatriz Viterbo, 1994.

Pérez, Genaro J., y Janet I. Pérez. "Experimental Fiction by Hispanic Women Authors." *Monographic Review* 8 (1992).

Sosnowski, Saúl. *La cultura de un siglo: América Latina en sus revistas.* Buenos Aires: Alianza, 1999.

Trevizán, Liliana. *Política/sexualidad: nudo en la escritura de mujeres latinoamericanas.* Lanham, Md.: Univ. Press of America, 1997.

Zamora, Lois Parkinson. *The Usable Past: The Imagination of History in Recent Fiction of the Americas.* New York: Cambridge Univ. Press, 1997.

JOURNALS, MAGAZINES, AND NEWSPAPERS CITED

Acta Litteraria Academiae Scientiarum Hungaricae. Budapest.
Afro-Hispanic Review. Columbia, Missouri.
Alba de América. Revista Literaria. Westminster, California.
Alcor. Asunción, Paraguay.
Alpha. Revista de artes, letras y filosofía. Osorno, Chile.
Américas. Unión Panamericana. Washington, D.C.
Anclajes. Revista del Instituto de Análisis Semiótico del Discurso. Rosa, Argentina.
ANSA. Bariloche, Argentina.
Antípodes. Brooklyn, New York.
Arbor. Revista de Ciencia, Pensamiento y Cultura. Madrid.
Ariel. Univ. of Kentucky. Lexington, Kentucky.
Arizona Quarterly. A Journal of American Literature, Culture and Theory. Tucson, Arizona.
El Atlántico de Mar del Plata. Mar del Plata, Argentina.
Atenea. Revista de ciencia, arte y literatura. Univ. de Concepción. Chile.
Axxon. Revista electrónica. Argentina. Buenos Aires.
Babel. Buenos Aires. Cooperativa de periodistas independientes.
Boletín de la Academia Argentina de Letras. Buenos Aires.
Boletín Informatico. Athens, Georgia.
Bulletin of Hispanic Studies. Liverpool Univ. Press, Liverpool, England.
Cahiers d'Etudes Romanes. Paris.
Cahiers du Monde Hispanique et Luso-Brésilien. Université de Toulouse, France.
Canadian Folklore. Sackville, New Brunswick.
Canadian Review of Comparative Literature. Edmonton, Canada.
La Capital. Mar del Plata. Argentina.
Caras y Caretas. Buenos Aires.
Casa de las Américas. La Habana.
Celehis. Revista de la Univ. Nacional del Mar del Plata. Argentina.
Chasqui. Revista de Literatura Latinoamericana. Provo, Utah.
Chiricu. Bloomington, Indiana.
Círculo. Revista del Círculo de Cultura Panamericano. Verona, New Jersey.
Clarín. Diario. Buenos Aires.
Coloquo/Letras. Lisbon, Portugal.
Comentario. Revista del Instituto Judío-Argentino de Cultura e Información. Buenos Aires.
Conceptos. Buenos Aires.

Confluencia. Revista Hispánica de Cultura y Literatura. Univ. of Northern Colorado, Greeley.

Crítica Hispánica. Pittsburgh, Pennsylvania.

Critique. Studies in Modern Fiction. Atlanta, Georgia.

El Cronista Comercial. Buenos Aires.

Cuadernos. Univ Nac. de la Plata. Argentina.

Cuadernos Americanos. La Revista del Nuevo Mundo. México.

Cuadernos Angers. La Plata, Argentina.

Cuadernos de Historia. Madrid.

Cuadernos del Sur. Buenos Aires.

Cuadernos Hispanoamericanos. Revista mensual de cultura hispánica. Instituto de Cooperación Iberoamericana. Madrid.

Cultural Critique. Cary, North Carolina.

El Día. La Plata, Argentina.

Diálogos. Revista de Letras y Artes. México.

El Diario. Mendoza, Argentina.

Discourse. Berkeley, California.

Discurso. Revista de estudios iberoamericanos. Asunción, Paraguay.

Dispositio. American Journal of Cultural Histories and Theories. Univ. of Michigan, Ann Arbor.

Escritura. Revista de teoría y crítica literarias. Univ. Central de Venezuela. Margarita, Venezuela.

Español Actual. Madrid.

Estudios. Buenos Aires.

Estudios Filológicos. Valdivia, Chile.

Etudes Françaises. Montreal, Canada.

Etudes Romanes de Brno. Brnenske Univerzity. Brno, Czech Republic.

Explicación de Textos Literarios. California State Univ. Sacramento.

The Faulkner Journal. Akron, Ohio.

Fenarete. Letture d'Italia. Italian cultural literary periodical. Milan, Italy.

Fiction International. Canton, New York.

Filología. Revista de la Facultad de Filosofía y Letras, Univ. de Buenos Aires.

Foro Hispánico. Revista Hispánica de los países bajos. Groningen, The Netherlands.

Grial. Revista Gallega de Cultura. Vigo, Spain.

Hatcher Review. Salisbury, Wiltshire, England.

Handbook of Latin American Studies. Univ. of Texas Press, 1979.

Hebe. Buenos Aires.

Hispamérica. Revista de literatura. Gaithersburg, Maryland.

Hispania. Journal of the American Association of Teachers of Spanish and Portuguese. Mississippi State Univ.

Hispanic Journal. Indiana Univ. of Pennsylvania. Indiana, Pennsylvania.

Hispanic Review. A quarterly journal devoted to research in the Hispanic Languages and Literatures. Univ. of Pennsylvania, Philadelphia.

Hispanófila. Univ. of North Carolina, Chapel Hill.

Ibero-Amerikanisches Archiv. Berlin.

Iberoromania. Tubingen, Germany.

Impacts. Revue de l'Université Catholique de l'Ouest.

Imprévue. Une nouvelle conception de la critique sociologique des textes. Université Paul Valéry. Montpellier, France.

Indice. Materia sobre arte, literatura, y baile. Madrid.

Instituto Nacional de Cultura y Bellas Artes. Caracas.

Insula. Revista de Letras y Ciencias Humanas. Madrid.

International Fiction Review. Univ. of New Brunswick, Fredericton, Canada.

INTI. Revista de Literatura Hispánica. Providence College, Rhode Island.

Jornada. Chubut, Argentina.

Journal of Inter-American Studies. Univ. of Florida, Gainesville.

Journal of Interdisciplinary Literary Studies. Lincoln, Nebraska.

Journal of Latin American Lore. Univ. of California, Los Angeles.

Journal of Spanish Studies: Twentieth Century. Lincoln, Nebraska.

Káñina. Revista de Artes y Letras de la Universidad de Costa Rica. San José.

Latin American Literary Review. Carnegie-Mellon Univ., Pittsburgh, Pennsylvania.

Latin American Theatre Review. A journal devoted to the theatre and drama of Spanish and Portuguese America. Univ. of Kansas, Lawrence.

Letras. Revista de la Pontificia Univ. Católica Argentina. Buenos Aires.

Letras. Organo de la Facultad de Letras y Ciencias Humanas de la Univ. Nacional Mayor de San Marcos. Lima.

Letras Femeninas. Lincoln, Nebraska.

Literature/Film Quarterly. Salisbury, Maryland.

Literatura y Lingüística. Santiago, Chile.

Lucero. A Journal of Iberian and Latin American Studies. Berkeley, California.

Magazine Litteraire. Paris.

Mairena. Río Piedras, Puerto Rico.

Mester. Univ. of California, Los Angeles.

Minas Gerais. Suplemento literario de *Belo Horizonte*, Minas Gerais, Brazil.

Modern Fiction Studies. Johns Hopkins Univ., Baltimore, Maryland.

Modern Jewish Studies. Queens College Press, New York.

Modern Language Forum. Modern Language Assoc. of Southern California. Los Angeles, California.

Modern Language Notes. Johns Hopkins Univ. Press, Baltimore, Maryland.

Modern Language Review. Belfast, Northern Ireland.

Moderna Sprak. Modern Language Teachers Assoc. of Sweden.

Monographic ReviewRevista Monográfica. Lubbock, Texas.

La Nación. Diario. Buenos Aires.

Neophilologus. Dordrecht, Netherlands.

The New Criterion. New York.

Nexos. México, D.F.

Noaj. Revista Literaria. Jerusalem.

Nova Renascenca. Revista Trimestre de Cultura. Oporto, Portugal.

La Novela Elegante. Buenos Aires.

Nueva Revista de Filología Hispánica. El Colegio de México. México.

Nuevo Texto Crítico. Stanford Univ., California.

El Oeste. Bariloche, Argentina.

Página 12. Diario de Buenos Aires.

Patoruzú. Buenos Aires.

Pennsylvania English. Pennsylvania College English Assoc., Abington.

Perspectives on Contemporary Literature. Louisville, Kentucky.

Plural. Revista Cultural del periódico *Excelsior.* México.

Plus Ultra. Buenos Aires.

Point of Contact/Punto de Contacto. Syracuse Univ., New York.

La Prensa. Diario. Buenos Aires.

Primera Plana. Buenos Aires.

Proa. Buenos Aires.

Proof Texts. A journal of Jewish literary history. Johns Hopkins Univ. Press. Baltimore, Maryland.

Quimera. Revista de Literatura, Barcelona.

Rassegna Iberística. Seminario di lingue e letterature iberiche e iberoamericano.Venice, Italy.

Razón y Fábula. Bogotá, Colombia.

Review. Latin American Literature and Arts. New York.

The Review of Contemporary Fiction. Elmwood Park, Illinois.

Revista Canadiense de Estudios Hispánicos. Carleton Univ., Ottawa, Canada.

Revista Chilena de Literatura. Universidad de Chile. Santiago.

Revista de Bellas Artes. Mexico, D.F.

La Revista de Buenos Aires. Hist. americana, literatura y derecho. Buenos Aires.

Revista de Ciencias y Letras del Círculo Literario de Buenos Aires. Buenos Aires.

Revista de Crítica Literaria Latinoamericana. Berkeley, California.

Revista de Crítica Literaria Latinoamericana. Lima, Peru.

Revista de Estudios Hispánicos. Río Piedras, Puerto Rico.

Revista de Estudios Hispánicos. St. Louis, Missouri.

Revista de Literaturas Modernas. Univ. Nacional de Cuyo, Mendoza, Argentina.

Revista de Literatura. Buenos Aires.

Revista de Literatura Argentina e Iberoamericana. Mendoza.

Revista de Literatura Chilena. Santiago de Chile.

Revista de Literatura Hispanoamericana. Maracaibo, Venezuela.

Revista de Literaturas Modernas. Mendoza, Argentina.

Revista del Centro de Letras Hispánicas. Mar del Plata, Argentina.

Revista Hispánica Moderna. Columbia Univ., New York.

Revista Iberoamericana. Instituto Internacional de Literatura Iberoamericana. Univ. of Pittsburgh, Pennsylvania.

Revista Interamericana. San Juan, Puerto Rico.

Revista Interamericana de Bibliografía/Inter-American Review of Bibliography. Organization of American States. Washington, D.C.

Revista Libro El Juguete Rabioso. Buenos Aires.

Revista Literaria. Buenos Aires.

Revista Universitaria de Letras. Mar del Plata, Argentina.

Revue de Littérature Comparée. Paris.

Río de La Plata. Centro de Estudios de Literaturas y Civilizaciones del Río de la Plata. Saint Ouen, France.

Rocky Mountain Review of Language and Literature. Rocky Mountain Modern Language Association, Salt Lake City, Utah.

Romance Languages Annual. West Lafayette, Indiana.

Romance Notes. Univ. of North Carolina, Chapel Hill.

Romance Studies. Swansea, Wales.

Salina. Revista de Letras, Tarragona, Spain.

Siete Días. Buenos Aires.

Sin Nombre. Revista trimestral literaria. San Juan, Puerto Rico.

Southwest Review. Dallas, Texas.

Studi di Letteratura Ispano-Americana. Rome, Italy.

Studies in Latin American Popular Culture. Tucson, Arizona.

Symposium. Quarterly journal in modern literatures. Syracuse Univ., New York.

Taller Literario. Los Angeles, California.

Texto Crítico. Centro de Investigaciones Lingüístico–Literarias. Univ. Veracruzana, Jalapa, México.

Todo para usted. Bariloche, Argentina.

Tokonoma. Traducción y literatura. Buenos Aires.

La Torre. Revista general de la Univ. de Puerto Rico. Río Piedras.

Torre de papel. Buenos Aires.

Tri-Quarterly. Northwestern Univ., Evanston, Illinois.

Tropos. East Lansing, Michigan.

Vórtice. Literatura, arte y crítica. Stanford, California.

Vuelta. Amigos del Arte. México, D.F.

West Virginia University Philological Papers. Morgantown, West Virginia.

Wide Angle. Ohio Univ. School of Film. Athens, Ohio.

World Literature Today. Univ. of Oklahoma Press. Norman, Oklahoma.

Yearbook of Comparative and General Literature. Bloomington, Indiana.

Yiddish. Queen's College. City Univ. of New York.

PSEUDONYMS

Charles Crossbow   (unknown)

John Darnay   Oscar Frávega

María Moreno   María Cristina Forero

Vicky Mariano   Julio Acosta

ABOUT THE AUTHOR

Born in New York City in 1925, Myron I. Lichtblau received his B.A. from the City College of New York in 1947, M.A. from the Universidad Nacional Autónoma de México in 1948, and Ph.D. from Columbia University in 1957 with a dissertation on the Argentine novel. He began his teaching career in the secondary schools of New York City and upon completion of his doctorate was appointed instructor of Spanish at Indiana University. In 1959 he began his long association with Syracuse University, rising from the rank of assistant to full professor and chairing the department of Roman Languages from 1986 to 1988. On two occasions he served as visiting professor of Spanish: in the summer of 1970 at Colgate University and in fall 1979 at the State University of New York–Binghamton.

Professor Lichtblau was executive secretary of the Instituto Internacional de Literatura Iberoamericana from 1959 to 1963 and language coordinator of the Peace Corps training program at Syracuse University in summer 1966. He was book review editor of *Symposium*, 1967-1995, and of *Hispania*, 1974-1983, and served as editor of *Symposium* from 1995 to 1998.

Professor Lichtblau has published widely in such journals as *Revista Hispánica Moderna, Revista Iberoamericana, Revista de Estudios Hispánicos, Revista de Literatura Argentina, Symposium,* and *Hispania*. His articles also appear in the *Encyclopedia of World Literature in the Twentieth Century* and the *Encyclopedia of Latin American History*. His lifelong dedication to Argentine literature has resulted in many books and articles, among them *The Argentine Novel in the Nineteenth Century* (1959), *El arte estilístico de Eduardo Mallea* (1967), *Manual Gálvez* (1972), *"Rayuela" y la creatividad artística* (1989), and "La soledad, el destino y la ironia en '*En la creciente oscuridad*' de Eduardo Mallea." (1983). He has also edited Manuel Gálvez' *Las dos vidas del pobre Napoleón* (1963) and *La maestra normal* (1991), and *Mallea ante la critica* (1985), and translated Mallea's *Historia de una pasión argentina* (1983).